Matthew Collin

Im Rausch der Sinne

Matthew Collin

Im Rausch der Sinne

Ecstasy-Kultur und Acid House

Mit Beiträgen von John Godfrey

Aus dem Englischen übersetzt von
Kirsten Borchardt

hannibal

Titel der Originalausgabe: Altered State

Erstausgabe erschienen 1997 by Serpent's Tail, London

Robert Azderball, Hannibal Verlag
A-3423 St. Andrä/Wördern

Lektorat: Matthias Inhoffen
Umschlaggestaltung und Typographie: Michael Bergmeister
Satz: Interletter, Wien
Druck: Ebner Graphische Betriebe, Ulm
ISBN 3-85445-151-2

Inhalt

Für Stephanie, für unsere Familien
und für alle Freunde, die es mit uns gelebt haben.

danksagung

Ohne die Beratung und Ermutigung durch Steve Beard und Jim McClellan wäre dieses Buch niemals fertig geworden. Besonderen Dank schulden wir auch Mandi James, Rav Singh, Kodwo Eshun und Bethan Cole für die unermeßlich große Hilfe bei der Recherche; unserer Agentin Lisa Eveleigh und unserem Herausgeber bei Serpent's Tail, Laurence O'Toole.

Vielen Dank auch an die vielen Kollegen, die uns Recherchematerial, Quellen und Unterstützung angeboten haben: James Baillie, Richard Benson, Bill Brewster, das British Library, Frank Broughton, Calvin Bush, Rowan Chernin, Audrey Collin, Richard Collin, Will Collin, David Davies, Bruce Dessau, DiY, Steve Dixon, Tony Elliott, Ekow Eshun, Tracey Ewart, Terry Farley, dem Football Trust, Sheryl Garratt, Sven Harding, Lee Harpin, Mark Harrison, Nicky Harwood, Alan Haughton, Jayne Houghton, dem Institute for the Study of Drug Dependence, Chris Jones, Nick Knight, Simon Lee, Lifeline, Avril Mair, Jon Marsh, Peter McDermott, Jimmy McKenzie, Hannah McLennan, der Multidisciplinary Association for Psychedelic Studies, Peter Nasmyth, das National Newspaper Library, Richard Norris, John Oakey, Frank Owen, Dom Phillips, Dave Piccioni, Michael Pilgrim, Denis Radaman, Mark Ratcliff, Simon Reynolds, Jonathan Richardson, Ian St Paul, Harry Shapiro, Kellie Sherlock, Pam Smith, Paul Staines, Jay Strongman, Peter Stuart, Dave Swindells, Jag Takhar, Sonny Takhar, Ken Tappenden, Tracy Thompson, Wolfgang Tillmans, Alan Tribe, Rina Vergano, Ian Wardle, Irvine Welsh und Tony Wilson.

Vielen Dank an all diejenigen, die sich die Zeit nahmen, um sich interviewen zu lassen. Alle Interviews wurden von Matthew Collin und John Godfrey geführt, außer: Frankie Knuckles, Cedric Neal (Frank Broughton); Fabio, Grooverider, Kemistry, Storm (Bethan Cole); Tony Colston-Hayter, Dave Roberts (Kodwo Eshun); Eric Barker, Paul Cons, Stephen Cresser, Anthony und Chris Donnelly, Graham Massey, Chris Nelson, Leroy Richardson, Justin Robertson, Derek Ryder, Tommy Smith (Mandi James).

prolog

eine nacht in den achtzigern

manchester, 1988

Wir bekamen die Kapseln etwa gegen zehn. Ich hielt die kleine Gelatinekugel in meiner geöffneten Hand und sah sie mir verstohlen an: Sie hatte eine undurchsichtige weiße Ummantelung, knapp über einen Zentimeter lang, leicht klebrig durch die Hitze und meine schwitzigen Finger. Es war nur eine Kapsel; ihr Aussehen verriet nichts darüber, was ihr Inhalt bringen mochte. Nun, *ab geht's* ... Ich steckte sie mir in den Mund und zerbiß sie mit den Zähnen, die Gelatinesplitter fühlten sich an wie geborstenes Plastik, und das weiße Pulver wurde frei. Bitter, nicht wie der Übelkeit erregende Geschmack von Paracetamol, sondern mit einem schärferen, chemischen Beigeschmack, der sich unangenehm über Zunge und Zähne legte. Ich spülte sie mit einem Schluck Cola runter, die den widerlichen Nachgeschmack nicht ganz auslöschen konnte, und wir setzten uns an einen Tisch auf der Balustrade, von der aus man die Tanzfläche überblicken konnte.

Minuten zählen. Zehn. Wir waren beide leicht angespannt, versuchten, Small talk zu machen, verfielen immer wieder in grüblerisches Schweigen und fragten uns, was wohl als nächstes passieren würde. Wir wußten beide nicht viel – wenn überhaupt etwas – über dieses Zeug, was es auslösen würde, was für Nachwirkungen es gab, ob es uns auf irgendeine Weise schaden würde. Wohin würde es uns führen? Gab es Dämonen in dieser anderen Welt? Würden wir unversehrt zurückkommen? Würden wir noch dieselben sein, wenn wir zurückkehrten? Keiner dieser Gedanken nahm richtige Formen an, sie schwirrten nur dunkel an den Rändern unseres Bewußtseins herum.

Fünfundzwanzig Minuten. Noch ein Schluck Cola. Bier wäre mir lieber – kein Modebier wie Red Stripe, und hier wird eh nur Breaker verkauft –, aber man hatte uns gesagt, daß dieses Zeug sich nicht gut mit Alkohol verträgt. Noch ein Schluck Cola. Trinken. Trinken. Warten. Trinken. Warten ... war da etwas? Ein kurzer Stich? Die

Lichter schienen seltsam zu flimmern, nur für eine Millisekunde, ein Kribbeln im Bauch, ein winziges Glühen. Ich horchte in meinen Metabolismus hinein, ob es Anzeichen für seltsame Empfindungen gab. Nichts?

Vierzig Minuten. Fast unmerklich veränderte sich alles, wie ein Fahrstuhl, der nach oben fährt. Eine überwältigende, mächtige Dynamik strömte durch meinen Körper, stieg in den Venen und Arterien und Knochen und Zähnen auf, drückte mich auf den Plastikstuhl hinunter. Zurücklehnen … Scheeeeeiße … zurücklehnen und abwarten, sich davon tragen lassen... Mein Verstand begann, meinen Körper zu beruhigen: Laß dich fallen, laß dich fallen, geh einfach mit. Du wirst dich gut fühlen, alles okay, alles okay, laß dich fallen.

Dann ließ es leicht nach, und ich fühlte das verzweifelte Bedürfnis zu reden – einen Ausdruck für das Gewirr von Gefühlen zu finden, die in mir aufwallten. Wir wechselten einige kurze Worte, die man kaum als Gespräch bezeichnen konnte, aber sie schienen mit einer derart intensiven Bedeutung erfüllt zu sein wie keine andere Unterhaltung, die wir je zuvor gehabt hatten. Ich verstand seine Schwächen, seine Hoffnungen, seine Träume, seine Lust und sein Leid, was er bisher erlebt hatte, was wir gemeinsam erlebt hatten, was wir alle erlebt hatten, und ich wußte, daß er dasselbe fühlte. Jetzt, in diesem Augenblick, löste sich das alles auf ... es würde gut werden. Alles würde gut werden.

Dann spülte diese Welle wieder über mich hinweg und ich war wie erschlagen … Oh … dieses Gefühl … *sooooo* stark … Ich konnte nicht sprechen, aber meine Gefühle tobten noch wilder in mir als vorher. *Berührt werden müssen* … meine Haut fühlte sich feuchtkalt an, aber über alle Maßen sensibilisiert. „Bist du okay?“ Gelähmt wie ich war, fiel es mir schwer, bejahend zu nicken. „Alles in Ordnung“, er faßte mich am Arm. „Alles in Ordnung.“ Das streichelnde Licht fühlte sich unglaublich gut an. Wir hielten uns fest an der Hand. Sinnlich. Toll. „Mir geht's gut.“ Ich versuchte, einen Schluck zu trinken. Ging nicht. Unmöglich. Dieser Flash schien stundenlang zu dauern, aber es können nur ein paar Sekunden gewesen sein.

Plötzlich schoß die Musik, die aus den über der Tanzfläche aufgehängten Lautsprechern dröhnte, blitzartig in den Mittelpunkt, bohrte sich in unser Bewußtsein. Es fühlte sich an, als ob der Sound, mit jedem wunderbaren Hieb des Riffs jede einzelne Zelle durchschnitt und alle Vorgänge in meinem Körper verwandelte. Die Drums schienen mitten in der Luft zu funkeln, wie in einer Kathedrale widerzuhallen, und der Baß ... es war, als hätte ich ihn noch nie zuvor gehört. Er drang bis ins Innerste, pulsierte gleichzeitig von innen und von außen. Der Ton zerfiel in seine Einzelteile, ein Gitterwerk verschiedener Bestandteile, von denen jeder einzelne mit engelsgleicher Klarheit nachhallte, mich einschloß, festhielt, losließ ...

Der Druck in meinem Kopf ließ mit einem Schlag nach, und ich fühlte mich überall warm; als ich leicht über meinen Arm streichelte, merkte ich, daß mir der Schweiß ausgebrochen war, obwohl ich mich überhaupt nicht bewegt hatte. Die Welt hatte sich überall geöffnet, das nackte Lagerhaus hatte sich irgendwie in eine Wunderwelt verwandelt, die nur für uns entworfen worden war und die in einem mystischen Schimmern erglänzte, das ich vorher nicht bemerkt hatte. Eine neue Welt. Ein neuer Sound. Ein neues Leben. Alles fühlte sich so richtig an. Ein riesiges, glühendes, magisches JA.

Der Freund, der uns die Kapseln gegeben hatte, kam an unseren Tisch zurück. Es war, als ob man sich zum ersten Mal nach langer Zeit wiedersah; wir hatten uns alle verändert, aber die Zeit, die inzwischen verstrichen war – war es möglich, daß das nur eine Stunde gewesen war? – hatte uns erkennen lassen, wie sehr wir ihn liebten und vermißt hatten. „Seid ihr okay?“ fragte er und las die Antwort aus unserem Lächeln. „Die Musik ist toll, oder? Ihr müßt aufstehen, ihr müßt euch bewegen, wir müssen runtergehen und tanzen. Sonst sitzt ihr die ganze Nacht nur hier rum.“ Wir standen schwankend auf, und als wir uns vorsichtig die Treppe zur Tanzfläche hinuntertasteten, begannen wir, in die Umrisse des Rhythmus hineinzuschlüpfen, darin aufzugehen, wobei sich der Baß um die Wirbel- säule schlang, die sich anfühlte, als ob sie ihre beschränkende Unbeweglichkeit verloren hätte, als ob sie aus all den Grenzen, die sie – uns – zurückhielten, herausgeschlüpft sei und jetzt einfach fließen konnte, gelöst, warm, *lebendig* ... Und eine Sekunde später waren wir mitten in der Menge, eingebunden in die Matrix von Körpern und Sound; entrückt, verwandelt, zusammen. *Alles klar,* das Gefühl hallte in uns wider, als die Drums auf einen Höhepunkt zustrebten, *let's go* ...

london 1997

Let's go ... Ein hell blitzendes Licht, das für jeden anders und einzigartig war, aber gleichermaßen ungemein bedeutsam. Als Ecstasy in den Achtzigern erstmals mit House Music in Verbindung gebracht wurde, entstand aus der daraus erfolgenden Reaktion die lebendigste und vielseitigste Jugendkultur, die es in Großbritannien je gegeben hatte. Die Ecstasy-Kultur – die Kombination von Dance Music (in all ihren vielen und verschiedenen Ausprägungen) und Drogen – ist seit fast einem Jahrzehnt die treibende Kraft in der britischen Jugendkultur. Sie hat Schockwellen ausgesandt, die kulturell und politisch noch immer spürbar sind, die noch immer Musik, Mode, Gesetzgebung, Regierungspolitik und zahllose andere Gebiete des öffentlichen und privaten Lebens beeinflussen. Der hauptsächliche Grund, weshalb sie so umfassend und durchdringend jede Stadt, jedes Dorf erreichte und weit über die Grenzen des Landes hinausging, ist ganz schlicht und einfach: Die Ecstasy-Kultur bietet das beste Entertainment, das momentan auf dem Markt zu haben ist, eine Kombination von Technologien – musikalisch, chemisch und computertechnisch –, die für ein verändertes Bewußtsein sorgen; Erfahrungen, welche die Art verändert haben, wie wir denken, wie wir fühlen, wie wir uns verhalten, wie wir leben.

In jeder Kultur kommt es zwangsläufig zu ständiger Reibung zwischen zwei konkurrierenden Ideologien: das Elitäre gegen das Populistische, die Avantgarde gegen die Masse. Obwohl jede Phase der Ecstasy-Kultur von solchen Konflikten geprägt wurde, ist ihr vorherrschendes Ethos allumfassend. Ihr Grundsatz liegt in Offenheit und Zugänglichkeit: Anstelle einer festgelegten Ideologie bietet sie eine Reihe von Möglichkeiten, mit denen jeder seine eigene Identität definieren kann, Möglichkeiten, die auf den individuellen Background, sozialen Status und die Glaubensrichtung eines jeden zugeschnitten werden können. Sie läßt sich endlos formen und paßt sich neuen Bedeutungen an. Die stets wiederkehrende Geschichte innerhalb der Ecstasy-Kultur verläuft so, daß neue Leute, inspiriert von der Offenbarung durch den Kick der ersten Ecstasy-Erfahrung, in die Szene kommen, dann ein Teil dieser Szene werden und ihre Richtung ändern, indem sie den persönlichen Bezugspunkt für ihre Erfahrung einbringen. Clubber, Unternehmer, Traveller, Hippies, Kriminelle und Musiker haben alle dazu beigetragen, der Szene neue Richtungen zu geben, indem sie diese ihren eigenen Wünschen und Bedürfnissen angepaßt haben – daher auch die schonungslose Dynamik, die ständige Selbsterneuerung und die bei einer Jugendkultur bisher noch nicht dagewesene Langlebigkeit. Die Tatsache, daß die Ecstasy-Erfahrung an sich so unglaublich persönlich ist – der Einfluß von Musik und Chemikalien auf Körper und Gehirn, der Spaß am Tanzen, das gefährliche Gift des Sich-befreit-Fühlens –, ermöglicht weiterhin, daß jeder sie nach seinen eigenen Vorstellungen definieren kann. Es ist eine Kultur, die Möglichkeiten anstelle von Regeln bietet.

Im Mittelpunkt steht der konzertierte Versuch, die normalen Wege von Wahrnehmung und Kommunikation auszuhebeln, wenn auch nur für eine Nacht. Eine Mission, um das Bewußtsein neu zu bestimmen, um eine Art Utopia zu erschaffen, wenn auch nur für kurze Zeit – das, was der anarchistische Philosoph Hakim Bey als eine „temporäre autonome Zone" beschreibt. Solche Zonen, so Bey, sind „erfolgreiche Überfälle auf die Realität des Konsenses, der Durchbruch zu einem intensiveren und erfüllteren Leben", flüchtige Momente, in denen Phantasien wahrgemacht werden und die freie Ausdrucksfähigkeit regiert, bevor die äußere Realität wieder einschreitet. „Geben wir doch zu", verlangt Bey, „daß wir auf Parties waren, wo für eine kurze Nacht eine Republik erfüllter Wünsche erreicht wurde. Sollten wir nicht gestehen, daß die Politik hinter einer solchen Nacht für uns realer und gewaltiger ist als die von, sagen wir, der gesamten amerikanischen Regierung?"[1]

Mit der Annahme, daß die Ecstasy-Kultur keine politische Dimension hat, weil sie nicht über ein Manifest und über eigene Slogans verfügt, daß sie *keine Aussage hat* oder aktiv der sozialen Grundordnung widerspricht, verkennt man ihre Natur. Eben dadurch, daß jegliche Dogmen fehlen, kommentiert sie die Gesellschaft der Gegenwart, und gleichzeitig ist ihre sich ständig verändernde Manifestation – Raver kämpfen gegen die Polizei, damit sie zu einer Warehouse-Party gehen können, Verbrecher erschießen sich bei Fehden um den Drogenhandel in der Dance-Szene, Teenager-Girls zeigen sich halbnackt in Babydolls, Schwarzmarkthändler verkaufen Platten gleich vom LKW – auf dramatische Weise eine Darstellung der Zeiten, in denen wir leben. Die Ecstasy-Kultur bietet ein Forum, in dem die Leute Geschichten über die Klassen-, Rassen- oder Geschlechterfrage, über wirtschaftliche Umstände oder Moral umsetzen können. Auch hier ist die Definition wieder der individuellen Interpretation unterworfen: Es könnte schlicht um den Spaß beim Tanzen gehen, um Umweltbewußtsein, Rassen- und Klassenkonflikte, es könnte um die Auswirkungen des Drogenhandels gehen, um das sich verändernde Verhältnis der Geschlechter zueinander oder um das Wiedererstarken eines verlorenen Gemeinschaftsgefühls – all diese Themen sagen etwas aus über das Leben in den Neunzigern. Und die wenigen Male, wo wirklich eine offen geäußerte politische Meinung ins Spiel kam – um sich von bestimmten Zwängen zu befreien oder sich etwa den Schankgesetzen oder den internationalen Wirtschaftskräften, die die Freizeitindustrie kontrollieren, entgegenzustellen –, gab es sofort intensive Bemühungen, das wieder einzuschränken.

All das passierte keineswegs in einem Vakuum. Die Entwicklung der Ecstasy-Kultur wurde durch Zeit, Ort und ganz bestimmte wirtschaftliche und soziale Umstände geprägt. Sie entstand gegen Ende der Thatcher-Ära, nachdem die psychische Landkarte Großbritanniens von Grund auf neu gezeichnet worden war, alte Regeln ihre Bedeutung verloren hatten, alte Sicherheiten nicht mehr galten und es noch keine neuen gab, die ihren Platz hätten einnehmen können. Nachdem Margaret Thatcher 1979 an die Regierung kam, vollzog sich ein gesellschaftlicher Wandel, der das kollektive Bewußtsein des ganzen Landes verändern sollte, indem sich während der vier Amtszeiten der konservativen Partei die Neustrukturierung der wirtschaftlichen Gegebenheiten in der Verschiebung sozialer Verhältnisse niederschlug. Im Thatcher-Traum befreite man sich von der Vergangenheit, warf alle Hindernisse über Bord und betrat ein Paradies uneingeschränkter Möglichkeiten für Unternehmer und Verbraucher; dahinter stand die Idee, daß alles zu erreichen war, wenn man den festen Willen dazu und eine gute Kreditkarte hatte. Aber während die individualistisch-kapitalistische Doktrin den Verbrauchermaterialismus salonfähig machte, schufen die durch eine Reihe verschiedener politischer Strategien umgesetzten thatcherschen Angriffe auf den Kollektivismus bewußt eine zersplitterte und individualisierte Gesellschaft. Die absolute wirtschaftliche Freiheit des einzelnen war mit harter Autorität verbrämt, ihre Widersprüche und die harten Nebenwirkungen wurden gnadenlos durchgedrückt. Die Freiheit wurde gleichzeitig propagiert und beschnitten.

Die von Margaret Thatcher beschworenen Tugenden sollten dazu dienen, den einzelnen zu stärken, aber gleichzeitig vergrößerten sie aktiv durch Massenarbeitslosigkeit, Niedriglöhne, die Förderung von Zeitarbeit und Scheinselbständigkeit ein weitgreifendes Unsicherheitsgefühl, gaben den Arbeitgebern immer mehr Macht und den Reichen immer mehr Geld, während das Einkommen der unteren Klassen immer geringer wurde. Als sich der Traum der Nachkriegszeit von lebenslanger Vollbeschäftigung und einem umfassend gesicherten Sozialstaat zu verflüchtigen begann, wurde Großbritannien immer härter und ungleicher. Zwischen der Macht des einzelnen als Verbraucher und der Machtlosigkeit des einzelnen auf dem Arbeitsmarkt entstand eine unübersehbare Kluft. Die Thatcher-Jahre pflanzten die Saat für unternehmerische Initiative, weckten aber gleichzeitig in materieller Hinsicht Träume, die sich viele niemals würden erfüllen können.

Die Ecstasy-Kultur bot ein Ventil für diese unternehmerischen Impulse, fachte sie sogar noch an; sie ermöglichte es den Leuten, sich selbst einzubringen, *etwas zu tun*, egal, ob man nun eine Platte machte oder einen Beutel Pillen verkaufte. Es ging grundsätzlich darum, mitzumachen und nicht nur zuzuschauen. Jugendkulturen sind unabdingbar von den zu ihrer Zeit herrschenden Ideologien durchsetzt, ganz gleich, ob sie sich nun mit diesen zusammenschließen oder sich gegen sie richten oder beides gleichzeitig tun. Die Ecstasy-Kultur schrieb mit am Buch des Thatcherismus – indem sie Grundideen wie freie Wahl und freier Markt in sich aufnahm, aber dennoch den Wunsch nach einer kollektiven Erfahrung ausdrückte, die Thatcher ablehnte und den die Konsumorientierung nicht bieten konnte. Der Thatcher-Konservatismus bot ein Schnittmuster für Erfolg und Leistung und verband es mit viktorianischen Moralvorstellungen, wodurch ein lebendiger, kompletter illegaler Wirtschaftszweig entstand, in dem nicht nur mit verbotenen Drogen gehandelt wurde, sondern alle möglichen anderen angegliederten Dienstleistungen ebenfalls bei bar bezahlten Deals zu haben waren, von den Karrieren der DJs bis zu selbstproduzierten Platten, wodurch eine bisher noch nie dagewesene Zahl kultureller Werke entstand.

Die Dance-Drogen-Szene machte sich den extrem freidenkenden Kapitalismus ebenso zu eigen wie schon zuvor die Technik und setzte ihn für Zwecke ein, für die er nicht gedacht gewesen war. Der Unternehmergeist in dieser Szene erkannte die gesetzlichen Grenzen nicht an. Schon allein die Weitergabe einer Ecstasy-Pille an einen Freund ist ein Vergehen im Sinne des Gesetzes, und daher sorgte bereits das schneeballartige, durch das Auftauchen von Ecstasy begünstigte und angefachte Anwachsen des Drogenkonsums in den letzten zehn Jahren dafür, daß innerhalb dieser Jugendkultur der größte Teil der Beteiligten mit der Übertretung von Gesetzen schnell vertraut wurde. Als der Drogenkonsum zur Normalität wurde, erfuhr das Kriminelle daran eine Demokratisierung. Die „chemical generation", wie Irvine Welsh sie nennt, ist also gleichzeitig eine Generation von Gesetzlosen.

Eine Möglichkeit, die Entwicklung der Ecstasy-Kultur darzustellen, wäre anhand ihrer wichtigsten Ausdrucksform, der Musik: eine sich ständig verändernde Klanggeschichte, die eine weit über die Sprache hinausgehende Magie heraufbeschwört. Eine weitere wäre anhand der Pharmakologie. Das Konzept von „Set und Setting" wurde in den Sechzigern von Timothy Leary als Schlüssel für die Durchführung eines erfolgreichen LSD-Trips vorgestellt. „Set" bezieht sich auf die Persönlichkeit des Konsumenten, sein soziales Umfeld, seine Erziehung, Gemütsverfassung, Motivationen; „Setting" ist die tatsächliche Umgebung, in der die Drogenerfahrung stattfindet. Wenn man Set oder Setting verändert, erhält man ein anderes Ergebnis: Verschiedene Leute können dieselbe Substanz nehmen, aber aufgrund der Unterschiede in Set oder Setting werden sie dadurch andere Bedeutungen oder Inspirationen erfahren – Faktoren wie die Zugehörigkeit zu einer Gesellschaftsschicht oder Rasse, Alter und Umstände schaffen eine Fülle verschiedener Reaktionen und Ergebnisse.

Der typische Zyklus des Ecstasy-Konsums kann ebenfalls kulturell dargestellt werden. Mit dem ersten Kick beginnen sozusagen die Flitterwochen – die glückselige, verliebte Phase, in der man sein neugewonnenes Glück jedem meint mitteilen zu müssen. Binnen etwa eines Jahres beginnt die anfängliche Begeisterung nachzulassen, und viele stellen fest, daß die Wirkung an Stärke nachläßt. Einige stürzen sich dann in den exzessiven Konsum, in einen Mißbrauch, der oft zu körperlichen oder psychischen Beschwerden führt. Die dritte Phase ist dann die Enttäuschung: Ernüchterung, verringerter Konsum und der Versuch, sich mit der Tatsache zu arrangieren, daß das anfängliche

High für immer weg ist. Zum Schluß folgt dann das erneute Arrangieren mit einer Welt nach der Ecstasy-Erfahrung, in der man sich neu zurechtfindet und das eigene Gleichgewicht wiederherstellt. Die tausenderlei verschieden Ausdrucksformen innerhalb von Kultur allgemein zeigen häufig Parallelen zu dieser pharmakologischen Geschichte: Jede Szene kennt ihre individuellen Flitterwochen sowie Phasen exzessiven Konsums, Enttäuschung und schließlich erneutem Arrangement.

Die Geschichte der Ecstasy-Kultur an sich ist wie ein Remix – eine Collage aus Tatsachen, Meinungen und Erfahrungen. Hier kommen verschiedene Auffassungen und persönliche Interessen derart zusammen, daß es keine geschichtliche Darstellung geben kann, die alle als Wahrheit anerkennen würden; einige Sachen wurden vergessen, andere übertrieben; Geschichten wurden aufgeblasen, sogar erfunden, und die Vergangenheit wird stets entsprechend den Bedürfnissen der Gegenwart aufpoliert. Hinter einer Erzählung stehen Hunderttausende, die niemals niedergeschrieben wurden, und wer wollte sagen, sie seien nicht gleichermaßen wichtig? Das zentrale Element der Ecstasy-Kultur ist ja gerade die individuelle Wahrnehmung der Ereignisse. Ihre Geschichte könnte in einer unendlichen Zahl verschiedener Darstellungen erzählt werden, indem man hier eine Anekdote mit hineinnimmt, dort eine Figur herauskürzt, die Betonung verändert oder die Perspektive wechselt. Sie wäre darum nicht weniger gültig. Sie wäre nur anders abgemischt. Die Erzählung könnte bei jeder Koordinate aus Raum und Zeit beginnen, an jedem Punkt der Geschichte. Die Ecstasy-Kultur war kein ausgeflippter Wirbelsturm, der wunderbarerweise aus dem Äther über uns hereinbrach; sie war vielmehr Teil einer fortlaufenden Geschichte der Entwicklung und Verbesserung der Technologien sinnlichen Entertainments, die Kontinente und Kulturen überschritt, bevor sie schließlich eine Reihe illegaler Utopien hervorbrachte und ganz Großbritannien in einen völlig anderen Zustand versetzte – mehr als nur der Übergang von der Entwicklungsstufe der Achtziger zu den Neunzigern, sondern Phänomene, die, während wir auf das nächste Jahrtausend zugehen, unser Weltverständnis kontinuierlich verändern.

Diese Geschichte erzählt, wie wir den Höhepunkt menschlicher Erfahrungen erklommen – und was danach geschah.

---

[1] Hakim Bey, *The Temporary Autonomous Zone, Ontological Anarchy, Poetic Terrorism*, Autonomedia, Brooklyn, 1991

1

vorsprung durch technik – entertainment für die Sinne

„Wo früher Frustration, Entfremdung und Zynismus herrschten, finden sich bei uns jetzt neue Eigenschaften. Wir sind voller Liebe füreinander und zeigen das; wir sind voller Zorn darüber, was man uns angetan hat. Und wenn wir an all die Selbstzensur und Unterdrückung so vieler Jahre denken, dann strömt ein Stausee von Tränen aus unseren Augen. Und wir sind euphorisch, high von der ersten Blüte einer Bewegung …"

Carl Wittman, *A Gay Manifesto*, 1969

NEW YORK KURZ vor Beginn der Siebziger. Das Ende der Bürgerrechtsbewegung, die letzten Tage der Hippies. In einer heißen Sommernacht im Juni 1969 um 1.20 Uhr führt das New York Police Department in einem Gay Club namens Stonewall Inn auf der Christopher Street in Greenwich Village eine Razzia durch. Polizeiterror in Gay Clubs war gang und gäbe, aber diesmal gab es irgendeinen Knacks, ein Überkochen berechtigten Zorns, der richtige Unruhen auslöste, die mehrere Nächte anhielten. Stonewall, sozusagen die „Boston Tea Party der Schwulenbewegung", führte zu einer steigenden Bereitschaft zu militantem Handeln und öffentlichem Eingeständnis im goldenen Zeitalter, in den euphorischen Tagen vor AIDS. „Die Stonewall-Unruhen waren ein Wendepunkt für Homosexuelle", erinnert sich der Historiker Ian Young, „und nachdem der Damm gebrochen war, kam unter all den gesellschaftlichen Zwängen sehr viel Idealismus, Zorn und Sehnsucht hervor …"[1] Vor Stonewall war Homosexualität als eine Krankheit betrachtet worden, als unheilbarer Zustand, eine Abnormität; isoliert und unsichtbar. Jetzt entstanden aus diesem Ausfluß unterdrückter Energie nicht nur die neue politische Richtung der schwulen Befreiungsbewegung, sondern eine ganz neue Gesellschaftsgruppe und Kultur.

Die beschwingte Stimmung bekam durch die Eröffnung des Salvation in der West 43rd Street im Hell's Kitchen District noch mehr

Aufwind. Salvation, eine der ersten richtig grellen Schwulendiscos, war als Tempel für Dekadenz und grenzenlosen Hedonismus konzipiert worden. In seinem Porträt dieser Ära, *Disco*, verglich Albert Goldman die Inneneinrichtung dort mit einem Hexensabbat – komplett mit einem riesigen, an die Wand gemalten Teufel, der von einer Gruppe Engel flankiert wurde, allesamt mit entblößten Genitalien und in sexueller Vereinigung verbunden; die Getränke wurden in Kelchen serviert, die Wände waren von Kirchenstühlen gesäumt, und von einem Altar über der Tanzfläche predigte der DJ Francis Grasso. Grasso war einer der Pioniere jener Technik, eine Platte übergangslos in die andere übergehen zu lassen; er legte das orgastische Gestöhne von Led Zeppelins *Whole Lotta Love* über einen harten Percussion-Break, drehte die Höhen und Tiefen wechselweise rauf oder runter, um den Energielevel zu erhöhen, wechselte von Soul zu Rock und dann zu hypnotischen afrikanischen Trommeln und Gesängen. „Francis spiegelte sozusagen die Energie", schrieb Goldman, „er sog die Vibes vom Dancefloor in sich auf und schleuderte sie, aufgeladen durch den mächtigen Sound seiner Lautsprecher, wieder zurück." Die Tänzer im Salvation stärkten sich mit Amphetamintabletten oder euphoriesteigernden Quaalude-Pillen, und in den Toiletten fanden wilde Orgien von Männern statt, die sich in aufgestachelt libidinöser Stimmung gegenseitig besprangen. Die neue militante Einstellung war auch deutlich spürbar; wenn die Cops kamen, um den Club mal wieder zu schließen, erscholl ein „Fuck you!" aus Hunderten von Kehlen. Als diese „Kathedrale Sodom und Gomorrahs" nach einer letzten Razzia von Polizei und Brandschutzbehörde im April 1972 endgültig geschlossen wurde, hatte sie nicht nur den Soundtrack der Nachtlebens beeinflußt, sondern auch seine Form und Gestalt.[2]

Der zukunftsweisende Afterhours-Nachtclub der frühen Siebziger war eigentlich gar kein Club. Das Loft war nicht mehr, als der Name vermuten ließ: ein alter Fabrikloft am Ende des Broadway, wo der junge Designer David Mancuso wohnte. Ab 1970 dekorierte der langhaarige, bärtige Mancuso seine Wohnung an jedem Samstag wie für einen Kindergeburtstag, füllte sie mit grellbunten Luftballons und öffnete die Tür für eine hauptsächlich schwule, schwarze, puertoricanische Menge, die bis in den Sonntag hinein tanzte, schwitzte und herumtollte. Er baute ein Buffet aus Früchten, Nüssen und Säften auf, keinen Alkohol, und spielte die Musik, die ihm gefiel – Songs von Lust und Leidenschaft, überladen mit kunstvollen Studioeffekten, eine Brücke zwischen Psychedelia und Disco –, über ein selbstgebautes Soundsystem.

Die Clubs von Homosexuellen und Schwarzen haben stets als Brutkasten neuer Entwicklungen in der Populärkultur gedient, als Labore, wo Musik, Drogen und Sex miteinander gekreuzt wurden, um stilistische Innovationen zu schaffen, die langsam in die straighte, weiße Gesellschaft durchsickern. Mancuso war ein Fanatiker, der sehr spezielle Vorstellungen davon hatte, wie man Musik präsentieren sollte. „Er war auf der Suche nach einem neuen Discosound, einem neuen Mix", vermutete Albert Goldman. „Er wollte die Leute auf Trip bringen, sie in einen Bann ziehen. Viele Leute betrachteten ihn als einen Magier."[3] Wenn man zu den „Loft Babys" gehörte, dann fühlte man sich als Eingeweihter in einem Geheimbund (Eintritt war strikt nur mit Einladung möglich), einer privilegierten Sekte, die irgendwie neue Konturen menschlichen Erlebens beschrieb. David Morales, der später einer der berühmtesten New Yorker DJs wurde, kam extra aus Brooklyn, mit Kleidung zum Wechseln unter dem Arm, und blieb bis sechs Uhr am Sonntag abend; er erinnert sich, daß Tanzende auf Acid unter Mancusos Bann in ekstatische Trancezustände fielen, Glieder und Gehirn völlig auf die Matrix von Rhythmus und Melodie abgestimmt.

Bis dahin beherrschte der üppig orchestrierte Discosound aus Philadelphia, der „Stadt der Bruderliebe", den Sound in den Clubs. Sein inspirativer Höhepunkt war *Love Is The Message* von MFSB, eine überkippende Welle aus Streichern, die mit einer elastischen Bassline und der Botschaft von Freude und Hoffnung verbunden war: Es wurde die Hymne des schwarzen Amerika und erreichte 1974 auch die Nummer eins der amerikanischen Charts. Das International-Label aus Philadelphia war für die Siebziger, was Motown für die Sechziger gewesen war, seine festen Studiomusiker schufen eine ganze Reihe von Juwelen für MFSB, die Three Degrees, die O'Jays und zahllose andere; eine Dance-Fabrik, die sich auf den Schweiß virtuoser Musiker, die Schlagzeug, Baß, Gitarre und Streichinstrumente spielen konnten, gründete. Philadelphias herausragende, überaus üppige Orchestrierung wurde von Salsoul fortgeführt – aber dieses New Yorker Label löste noch eine weitere bahnbrechende Entwicklung aus. 1975 begann der

DJ Tom Moulton, Promo-Platten für andere DJs zu produzieren. Anstatt die Songs auf kleine, blechern klingende 7-Inch-Singles aufzunehmen, ließ er sie auf Vinyl in Albumgröße, 12 Inch, pressen, was nicht nur eine bessere Klangwiedergabe ermöglichte, sondern auch die Gelegenheit bot, Songs abstrakter zu verlängern.

Die Maxi-Single, der erste neue Tonträger seit fast dreißig Jahren, war nicht nur deshalb so revolutionär, weil sie über große Lautsprecher fast körperlich angreifend klang, sondern auch, weil sie der Dance Music eine neue Dynamik gab: mehr Länge und mehr Tiefe. Remixer konnten den Breakdown – die wenigen Takte, wo die Instrumente zu spielen aufhören und der Puls nur noch durch Schlagzeug und Baß weitergeführt wird – zu einem hypnotischen Trommelritual ausdehnen, wie bei den afrikanischen Trommeln und lateinamerikanischen Percussion-Platten, die im Loft und im Salvation schon für Stimmung gesorgt hatten. Die erste 12 Inch, die kommerziell erhältlich war, war der auf Salsoul erschienene Walter-Gibbons-Remix von Double Exposures *Ten Percent*: Er zielte nun, nach seiner Verwandlung von einer dreiminütigen Single in eine neunminütige Hymne, direkt auf den Club-Underground in New York City ab. Die Themen der Salsoul-Platten schienen der Gay Community direkt aus der Seele zu sprechen: leidenschaftlich, rücksichtslos, sinnlich, durchdrungen von Schweiß, Sex und der Ekstase des Losgelassenseins.

Ab 1975 erschien dann eine Reihe von Platten, bei denen Computer eingesetzt wurden, um die bisherigen Erscheinungsformen zu revolutionieren: Donna Summers *I Feel Love*, die opulente Verdorbenheit von Cerrone, Patrick Crowleys Breitwand-Produktionen für Sylvester und der karge Minimalismus des Düsseldorfer Quartetts Kraftwerk. Viele dieser Platten waren dem europäischen Elektronik-Sound verbunden, aber Kraftwerk hatten wahrscheinlich den größten Einfluß: Für das 1977 erschienene Album *Trans Europa Express* und *Mensch-Maschine* von 1978 verkleideten sie sich in geklonte Roboter, *Schaufensterpuppen* in identischen Anzügen, die aus ihren Computer-Keyboards Motorik-Rhythmen herausklopften. „Ich glaube, die wußten nicht einmal, wie sehr die schwarzen Massen 1977 auf sie standen, als sie *Trans Europa Express* veröffentlichten“, meint Hip-Hop-Altvater Afrika Bambaataa. „Für mich war das eine der besten und seltsamsten Platten, die ich je in meinem Leben gehört hatte... Sie war funky.“[4] Kraftwerk kamen ursprünglich aus der Ecke der Klassik-Avantgarde, aber ihre Vorstellung von der Synthese zwischen Mensch und Maschine hinterließ große Spuren in der Dance Music der schwarzen Amerikaner; Bambaataa And The Soul Sonic Force bearbeiteten *Trans Europa Express* zusammen mit Produzent Arthur Baker, fügten gerappte Texte hinzu und schufen damit ein völlig neues Genre, Rap mit elektronischer Basis: Electro.

Computer schienen vor Möglichkeiten nur so überzusprudeln, und sie kamen genau zur rechten Zeit. Der Disco-Boom, der sich durch den Film *Saturday Night Fever – Nur Samstag Nacht* 1978 in ganz Amerika breitgemacht hatte, hatte ein Underground-Phänomen auf den Massenmarkt gebracht, es karikiert und seine Unebenheiten und Tiefen ausgebügelt, um es massenkompatibel zu machen, wobei der schwarze und homosexuelle Kontext völlig verlorenging. Die Story, auf die *Saturday Night Fever* aufgebaut war, stammte von Nik Cohn und war ein Porträt von Jugendlichen aus der Arbeiterklasse, deren gesamte frustrierte Träume sich am Wochenende in einem irren, verzweifelten Ausbruch entluden. Der Film trug dazu bei, Disco zu einem Millionengeschäft zu machen, aber er ließ diese Szene gleichzeitig billig und abgedroschen wirken, wie eine bloße Modeerscheinung.

Der stete Vorwärtstrend der Technik veränderte Disco schließlich von Grund auf. Black Music war immer an vorderster Front gewesen, wenn es um neue Entwicklungen ging, von den ersten elektrischen Gitarren der Blueser aus Chicago über die primitiven Soundeffekte, die in Motowns Detroiter Studio verwendet worden waren, bis hin zu den abgespaceten Riesenbands wie Parliament und Funkadelic, und jetzt, als es gerade schien, daß Disco nach kurzer Blütezeit schon verwelkt war, verlagerte sich die Betonung. Die Labels, welche Electronic Dance, die neue Richtung, prägten, waren Prelude und Westend: Beide beschäftigten die besten und angesagtesten Remixer, um die Grooves mit schlichten synthetischen Strukturen zu überziehen, die den Deep Space von jamaikanischem Club Reggae widerspiegelten. Rockkritiker betrachteten Disco als frivole, unauthentische Wegwerfmusik – „Disco ist Scheiße!“ lautete ihr Schlachtruf auf dem Höhepunkt der Dancewelle der Siebziger – und dennoch gab es hier Disco-Remixer, welche die Grenzen des Möglichen überschritten, Könner, die sich bemühten, höhere Bewußtseinsebenen durch Sounds zu öffnen, Virtuosen, deren

Instrument das Aufnahmestudio selbst war: François Kevorkian, Shep Pettibone und vor allem der aus Brooklyn stammende DJ Larry Levan.

Das Paradise Garage, wo Levan ab 1976 an jedem Wochenende auflegte, bevor es 1987 geschlossen wurde, war eine ehemalige LKW-Werkstatt in Soho. Die Anlage dort war vom Feinsten, maßgefertigt von Levan und dem besten Tontechniker der ganzen Stadt, Richard Long. „Wenn man auf der steil nach oben führenden Rampe in den zweiten Stock klettert", schrieb Albert Goldman 1978, „fühlt man sich wie eine Gestalt aus einem Kafka-Roman. Von oben dringen die schweren, pumpenden Discobeats wie ein gefürchteter Migräneanfall. Wenn man die ‚Bar' erreicht, eine große, nackte, leere Fläche, staunt man über die riesigen pornographischen Wandgemälde, die vom Boden bis zur Decke reichen und griechische und trojanische Krieger bei sadomasochistischen Kampfspielen zeigen. Auf der größeren Tanzfläche finden sich die durchgeknalltesten Tänzer der ganzen Discoszene: die schwarzen und puertoricanischen Gays, nackt bis auf Unterhemden und Jeans-Shorts, die ihre Körper wild hin und her schwenken, während aus ihren Gesäßtaschen lange Schweißtücher hängen, die wie Pferdeschweife fliegen."[5]

Levan, 1954 unter dem Namen Lawrence Philpot geboren, hatte seine Erfahrungen in David Mancusos Loft gesammelt und war vielleicht wie kaum ein anderer in der Lage, mit Hilfe der psychoaktiven Kraft der Dance Music die flüchtige Vision eines spirituellen Utopia zu erzeugen. „Larry Levan benutzte Musik auf einzigartige Weise, um Geschichten zu erzählen, die sein Publikum auf eine kollektive Reise schickten", erklärten Mel Cheren und François Kevorkian, „indem er bis auf den Grund ihrer Emotionen ging und unerreichte Wellen von Erregung und Energie auslöste."[6] Obwohl „Garage" Music, nach dem Paradise Garage benannt, heute eher für schnelle House Music mit Gospelgesang verwendet wird, hatte Levan einen unglaublich eklektischen Geschmack und legte alles auf, was das hingebungsvolle, lebensbejahende Gefühl einfing, dem er nachjagte: Disco, Soul, Gospel, Rock, Reggae, europäischen Elektropop, sogar kosmische Synthesizer-Epen aus Deutschland wie Manuel Göttschings *E2: E4* – in voller Länge von sechzig Minuten. „Er experimentierte mit Platten, die die meisten Leute gar nicht in die Hand nehmen würden", sagt Cheren. „Er war ein Genie an den Reglern, was den Sound betraf – es gab sogar

Lautsprecher, die nach ihm benannt wurden. Er war brillant. Er war kein einfacher Mensch, aber das sind die wenigsten Künstler. Er war sehr selbstzerstörerisch – aber es gab viele DJs zu der Zeit, die sehr selbstzerstörerisch waren."

Levan war ein Wissenschaftler, der so auflegte, als ob er versuchte, mit den Drogen zu arbeiten, die ins Gehirn der Tänzer sickerten – versuchte, auf der Chemie ihrer Körper zu *spielen* –, und eine Übereinstimmung zwischen der Klangstruktur und der chemisch auf Hochtouren gebrachten Großhirnrinde erschuf. „Larry erfand neue Baß- und Höhenlevel, die auf verschiedene Teile des Körpers einwirkten", glaubt sein New Yorker DJ-Kollege Richard Vasquez.[7] Was die pure Stimmungsverstärkung betraf, waren seine Mixe aus Gwen Guthries dahinschmelzendem *Seventh Heaven* oder Taana Gardners zugedröhntem, metallischem *Heartbeat* ohnegleichen und setzten neue Maßstäbe für Disco in den Anfangsachtzigern. „So, wie die Leute jetzt Party machen, bei den Drogen, die es jetzt auf der Straße gibt, muß alles wild und durchgeknallt und elektronisch sein", bemerkte Levan einmal[8]. Zu den Drogen, die im Garage die Laune anhoben, gehörten Ecstasy, Meskalin, Kokain und LSD; obwohl die Drogen noch wesentlich weniger offen genommen wurden als später in den britischen Clubs, wurde in der damaligen Schwulenszene im Hinblick auf den Sinnesrausch eine erstaunliche Apotheke verschiedenster Substanzen konsumiert – ein Vergnügen, das sich auch Levan freimütig und reichlich gönnte, obwohl er sein Leben lang unter Herzproblemen litt. Der Club vibrierte geradezu vor Energien sexueller, spiritueller, musikalischer, chemischer Art.

Die letzte Nacht des Garage am 26. September 1987 bezeichnete das Ende der Disco-Ära, die letzte Zusammenkunft eines Clans, der bis zum heutigen Tage darauf besteht, daß das Gefühl einer solchen allübergreifenden Zusammengehörigkeit nie wieder erreicht wurde. Keith Haring, dessen richtungweisende Graffiti-Kunst die Wände des Gebäudes zierte, kam extra aus Japan zurück, um dabeizusein. „Im Bann von Levans betäubendem Mix schienen die Leute die menschlichen Grenzen zu überschreiten", schrieb der Journalist Frank Owen. „Männer krochen auf Händen und Knien und heulten wie Hunde, während andere sich verrenkten und herumsprangen, als könnten sie fliegen. Nach einem 24stündigen Marathon kam eine erschöpfte Menge vor Levans DJ-Pult zusammen und bettelte: ‚Larry, bitte geh noch nicht!'"[9]

Nachdem das Garage zugemacht hatte, erreichte Levans ungeheurer, berüchtigter Drogenkonsum, vor allem von Heroin und Kokain, bedenkliche Ausmaße. Er gab sein ganzes Geld für Pharmaka aus, und seine Stimmungsumschwünge wurden extrem. „Als Larry klar wurde, daß das Garage schließen würde, flippte er aus. Er ging auf einen Selbstzerstörungstrip", erinnert sich DJ David DePino[10]. Er ließ Auftritte platzen, lieferte schlechte Studioarbeiten ab, und sein Gesundheitszustand verschlechterte sich. Am 8. November 1992 starb er an Herzversagen. Er war achtunddreißig.

chicago und detroit

Die fast religiöse Intensität der Atmosphäre in den schwarzen Gay Clubs in New York schuf eine ideologische Blaupause, die seither – ob bewußt oder unbewußt – in jeder Dance-Kultur angewandt worden ist. Es war eine Euphorie, die aus der Not geboren worden war: Als Schwarze waren sie von den wirtschaftlichen und sozialen Vorteilen des Mainstream-Amerika ausgeschlossen, als Homosexuelle waren sie aus seinem moralischen Universum ausgeschlossen, als schwarze Homosexuelle war es ihnen sogar verwehrt, ihre Identität in ihrem eigenen Umfeld auszuleben. Das führte zu einer mächtigen, unterdrückten Frustration, die ihr Ventil in den Clubs fand, dem einzigen Ort, wo sie wirklich sie selbst sein und ihre Wünsche ohne Angst und Verklemmtheit ausleben konnten. Die Energie, die dort explodierte, war von daher enorm; das Zusammengehörigkeitsgefühl ebenfalls. Das Konzept von Einheit und Zusammenhalten, das sich später in allen Club-Kulturen finden würde, nahm in diesen Clubs, unter dem Einfluß einer unterdrückenden Umwelt, seinen Anfang; zusammengeschmiedet durch die Drogen, die sie nicht nur noch weiter von der allgemeingültigen amerikanischen Realität entfernten, sondern auch zu ihrem exaltierten Geisteszustand beitrugen. Der Club wurde zu Kirche, Schlafzimmer und Familie in einem. Das konnte man der Musik auch anhören: Disco und House mixen beide das Profane, das Heraufbeschwören von Orgien und sexueller Maßlosigkeit, mit dem Spirituellen, der utopischen Sehnsucht nach einem „better day", wenn „we will all be free". Die schwarzen homosexuellen Tänzer wurden in doppelter Hinsicht unterdrückt. Sie hatten nur noch sich selbst, herrliche Sünden und die blinde Hoffnung auf Errettung.

Larry Levan hatte seine Karriere im Continental Baths begonnen, dem berühmtesten der vielen homosexuellen Badehauskomplexe der Stadt, die von den New Yorker Gesundheitsbehörden geschlossen wurden, als AIDS immer weiter um sich griff, und wo auch Bette Midler ihren Durchbruch feierte (übrigens am Klavier begleitet von einem jungen Barry Manilow). Das Continental Baths war ein Sexpalast mit allem Drum und Dran, einer Tanzfläche, Sauna, Duschen und Apartments, wo die Männer die Körperlichkeit ausschwitzen konnten, die in der Musik ihren Ausdruck fand.

Der zweite DJ dieses Clubs war ein in South Bronx geborener sanftmütiger Riese, auch ein Loft-Baby, der Frankie Knuckles hieß (übrigens sein echter und kein Künstlername). Knuckles hatte schon zuvor mit Levan gearbeitet, als er noch der Assistent eines anderen bahnbrechenden Mixers, Nicky Siano, im Gallery war, wo es zu den Aufgaben des Duos zählte, für dauernde Bombenstimmung zu sorgen. „Zu unserer Arbeitsbeschreibung gehörte, den Punsch aufzupeppen", sagt er. „Wir bekamen Acidtabletten und versetzten den Punsch damit."[11] 1977 bekam der 22jährige das Angebot, nach Westen, nach Chicago umzusiedeln, um dort bei einem neuen Club, dem Warehouse, anzufangen – dem Club, der schließlich der House Music ihren Namen gab.

„Es war eine hauptsächlich schwarze, hauptsächlich schwule Szene", erinnert sich Knuckles. „Sehr soulig, sehr spirituell. Für die meisten Leute, die dort hingingen, war das wie die Kirche. Das gab's nur an einem Tag in der Woche: Samstag nacht, Sonntag morgen, Sonntag nachmittag. In der Anfangszeit, zwischen '77 und '81, waren die Parties unheimlich intensiv – sie waren immer intensiv –, aber das Feeling damals war einfach total echt, glaube ich."

Zuerst legte Knuckles die klassischen schwulen Disco-Hymnen von Philadelphia International und Salsoul auf. Aber als dann die Discowelle ans Ufer brandete und dann wieder abebbte und Musiker damit begannen, Elektronik einzusetzen, um damit neue Dance-Muster zu schaffen, begann er, mit dem Rohmaterial der Sounds selbst herumzuspielen: Er nahm Platten auseinander, schnitt sie auf Tonbändern wieder zusammen, verlängerte bestimmte Teile, nahm andere heraus, veränderte den ganzen Fluß, um seinem Dancefloor-Mix den besonderen Kick zu geben. In New York hatte es das schon gegeben, aber in Chicago war es aufsehenerregend neu. Es dauerte nicht lange, und Knuckles hatte eine hervorragende Reputation und zog das beste Publikum an. Er begann, vorprogrammierte Rhythmen aus einer primitiven Beatbox in seine Mixe zu integrieren; als er 1984 das Warehouse verließ, um einen anderen Club, das Powerplant, aufzubauen, besorgte er sich von Derrick May, einem hyperaktiven Jugendlichen aus Detroit, einen Roland TR-909-Drumcomputer. Unter der Woche spielte er mit der Box herum, legte Beat Patterns fest, die er dann Samstag nach live abfahren ließ, indem er das harte, typische Klappern des 909 in die Platten ein- oder es ausblendete, es als Verbindungsteil zwischen den einzelnen Tracks einsetzte oder die Kicks vom Baß an den entscheidenden Stellen im Song damit verstärkte.

Knuckles arbeitete aber nicht etwa in einem Vakuum. Chicago hatte seine eigene hervorragende Dancemix-Show im Radio, auf WBMX. Das „Hot-Mix-5-DJ"-Quintett – Farley „Jackmaster" Funk, Ralphi Rosario, Kenny „Jammin" Jason, Mickey „Mixin" Oliver und Scott „Smokin" Seals – war ebenfalls virtuos an seinen Decks, die sich bei ihren Schnellfeuer-Cut&Dice-Collagen gegenseitig zu übertreffen versuchten. Bald schon verwendeten sie ebenfalls Drummachines, wie auch Knuckles', neuer Rivale im nahegelegenen Music Box Club; seine Nemesis, Ron Hardy.

Hardy, der 1992 nach langer Heroinabhängigkeit an einer von AIDS verursachten Krankheit starb, war ein Alchimist, der mit purer, reiner Energie wirklich zaubern konnte. Er hatte seine Kunst seit 1974 in den Clubs der Stadt perfektioniert. „Ich war noch nie auf einer Party, wo der DJ so viel Kontrolle über die Leute hatte, wo sie tanzten und schrien, manchmal weinten und, je nachdem, wie sehr sie drauf waren, auch mal vor Begeisterung einfach umkippten", sagt Cedric Neal, damals Stammgast im Music Box. „Du konntest daran, wie Ron Hardy seine Platten auflegte, erkennen, wie er drauf war. An der Reihenfolge, in der er sie spielte, wie lange er sie laufen ließ. Du hast gemerkt, ob er deprimiert war, weil er und sein Lover Streit gehabt hatten. Du hast gemerkt, ob er gut drauf und glücklich war oder einfach nur high, völlig nebendran wegen den Drogen. Frankie Knuckles arbeitete ausgefeilter, was das Auflegen anging, ordentlicher. Ron Hardy war viel ungeschliffener. Seine Energie wirkte auf die Leute, sie rückten damit in ihr eigenes Zentrum: Die Leute lebten für den Augenblick. Das war alles, worauf es ankam, diese Zeit und dieser Ort, das war der Augenblick."

„Ron Hardy war der größte DJ, den es je gab", sagt Marshall Jefferson, ein anderer Music-Box-Stammgast und ansonsten Postangestellter, der später ein einflußreicher Produzent wurde. „Jeder haßte ihn, er war gemein und eklig, ein Drogensüchtiger, er hatte ein riesiges Ego. Aber, oh Mann, er war super." Manchmal ließ Hardy die Beats zehn lange Minuten lang scheppern und krachen und fuhr das Publikum richtig heiß, bevor er endlich in den Song einstieg. Das war nicht mehr bloß Disco, das war etwas anderes. Die Kids im Warehouse hatten Frankie Knuckles' üppige Soulmischung „House Music" genannt; dieser Ausdruck wurde nun auf diesen neuen, schroffen Sound übertragen: House.

Das Music Box, eine antialkoholische „Saftbar", in der bis mittags durchgemacht wurde, war sowohl psychedelisch als auch ekstatisch. Es gab eine verborgene Symbiose zwischen Drogen und Musik, die dazu beitrug, den Sound in Magie, Disco in House zu verwandeln. „Es war eine Saftbar, weil es illegal war, in den Underground-Clubs Alkohol auszuschenken", sagt Cedric Neal. „Es gab jede Menge PCP [Phencyclidin oder Angel Dust], Happy Sticks [in LSD getauchte Joints] und jede Menge Acid. Ecstasy war bei den Schwulen absolut angesagt."

Was tatsächlich der „allererste House-Track" war, ist noch immer Gegenstand hitziger Diskussionen: Jeder Musiker in Chicago erzählt eine andere Geschichte. Einige sagen, es sei Jesse Saunders' und Vince Lawrences *On And On Trax* gewesen, oder Sachen von Jamie Principal wie *Waiting On My Angel* und *Your Love*, die Frankie Knuckles schon Jahre vor ihrer Veröffentlichung von Tapes abspielte. Zweifellos dauerte es jedenfalls nicht lange, bis nicht nur Knuckles, Hardy und die Jungs von Hot Mix 5, sondern auch die Tänzer, die von ihnen beeinflußt waren – Adonis, Chip E, Marshall Jefferson –, diese neuen Sounds zuerst auf Tapes festhielten, die sie dann ins Music Box oder ins Powerplant mitbrachten, damit Hardy oder Knuckles sie spielten, dann später auf Vinyl, auf roh gepreßten, knisternden Maxisingles, die auf den beiden wichtigsten Independent Labels in Chicago, Trax und DJ International, erschienen.

Mehr als zehn Jahre danach fällt es schwer, sich klarzumachen, wie radikal diese frühen House-Platten sich zu der Zeit anhörten. Schnell, hart, ungeschliffen, aufregend, adrenalingeladen, mit unbarmherziger Percussion und nackten, eindringlichen Baßläufen stellten sie einen entschiedenen Bruch zu den Streichern und den mitreißenden Refrains von Disco dar, obwohl sie natürlich nur eine Weiterentwicklung dieser Tradition waren. „House Music war nichts anderes als Disco, da muß man sich nur mal all die frühen House-Platten anhören", sagt Farley Keith Williams alias Farley „Funkin" Keith alias Farley „Jackmaster" Funk. „Wir taten nichts anderes, als die Musik anderer Leute zu klauen – meine erste EP, *Funkin' With The Drums*, war zum Beispiel nichts anderes als MFSB [die wichtigste Band von Philadelphia International], wir klauten uns eine Bassline von ihnen und fügten dann noch irgendwas anderes hinzu. House Music ist nichts als eine Art Disco mit einem härteren Beat, das ist alles."[12]

Wenn eine Technik, die von den Firmen des Establishment entwickelt wurde, die Straßen erreicht, wird sie neu definiert und neu interpretiert. „Die Straße findet ihre eigene Art, die Dinge zu verwenden", bemerkte der Science-fiction-Autor William Gibson einmal. Anfang der Achtziger waren Drumcomputer der japanischen Firma Roland längst veraltet, wurden nicht mehr hergestellt und waren gebraucht billig zu haben, und die jungen Hustler in Chicago entlockten ihnen Möglichkeiten, die ihren Herstellern niemals eingefallen wären. Die Modelle 808, 909 und 727 waren Schatztruhen synthetischer Percussion, ihr Zischen und Wummern verband sich ideal mit der Stimmung in den Clubs. Wenn sie über eine große Anlage liefen, gingen sie durch Mark und Bein. Das war Do-it-yourself-Musik; jeder konnte mitmachen, auch ohne daß man die Stimmbänder eines Opernstars oder ein Salsoul-Orchester zur Verfügung hatte; man warf einfach seine Kiste an und legte los. Die neue Technik eröffnete kreative Möglichkeiten für jeden.

Eines Abends spielte Ron Hardy einen Track, der selbst für seine Begriffe seltsam war. Dann spielte er ihn ein zweites Mal. Und noch einmal. Und noch einmal. Jeder wollte wissen, was das war; dieses verrückte Vibrieren, das sich zuckend hin und her wand und abdrehte wie ein abgestürzter Computer. Das Tape hatten Marshall Jefferson und sein junger Protegé Nathaniel Jones alias DJ Pierre zusammengestellt. Während einer Jam Session hatten die beiden angefangen, Blödsinn zu machen und sich zu betrinken, und Pierre fummelte am Frequenz-Control des Roland TB-303 Bass Line herum, einem Gerät, das eigentlich als Übungshilfe für Gitarristen konzipiert worden war. Den Sound, den Pierre dieser Kiste entlockte, schien aus einer anderen Dimension zu stammen, und sie hielten es sofort auf Tape fest.

Das Resultat, *Acid Trax* von Phuture, machte den 303 zu einer Ikone der Dance-Kultur und schuf die erste stilistische Unterteilung von House Music: Acid House. Zur Entstehung dieser Bezeichnung gibt es auch hier wieder widersprüchliche Geschichten. Einige sagen, sie habe ihren Ursprung in den Gerüchten, daß sie im Music Box LSD ins Wasser kippten, um die Tänzer noch mehr ausrasten zu lassen; Larry Sherman, der Boß von Trax Records, erklärte, daß der Sound ihn an das Geräusch der Acid Rocks erinnerte, die er aus Vietnam kannte. Marshall Jefferson besteht darauf, daß die Platte an sich einfach so seltsam klang, daß sie wie ein simulierter Trip war: „Es war eine Stimmung, es hatte nichts mit Drogen zu tun." Wie auch immer, der Ausdruck paßte gut und blieb hängen.

Im Nachbarstaat Michigan, in Detroit, entwickelte sich ein weiteres Netz von Aktivitäten, das einen ähnlich großen Einfluß auf die Clubkultur des nächsten Jahrzehnts haben sollte. Juan Atkins und Richard Davis, ein Vietnamveteran, der sich 3070 nannte, nahmen Platten als Cybotron auf. Sie waren eine Electro-Band, hatten aber keine gerappten Texte und waren schwer beeinflußt von *Trans Europa Express*; ihre Wurzeln lagen sowohl in der schwarzen Funk-Tradition Amerikas als auch in den europäischen Sounds der Postpunk-Ära.

Atkins war ein Fanatiker, der seine zwei jungen Freunde, Derrick May und Kevin Saunderson, an elektronische Musik heranführte: Yellow Magic Orchestra, Devo, The Human League, Gary Numan und natürlich Kraftwerk. Im Gegenzug brachten May und Saunderson, die beide begeisterte Clubgänger waren, Atkins darauf, was im Music Box in Chicago momentan aus den Boxen blubberte: die kathartische Power von Ron Hardys neuem elektronischen Discosound.

Als Cybotron sich trennten, begannen alle drei mit Soloprojekten. Atkins (unter dem Namen Model 500), Saunderson (als Reese) und May (als Rhythim Is Rhythim) teilten eine Vision, die einen Schritt weiter ging als der düster-dystopische Symbolismus von Cybotron. Ihre Gedankenwelt war geformt durch Videospiele, Ridley Scotts Roboterphantasie *Blade Runner* und die Vorstellung, daß eine neue Computerwelt die Industriegesellschaft ersetzen würde, wie es auf Kraftwerk-Platten und in dem Buch *The Third Wave* des Zukunftsforschers Alvin Toffler bereits dargestellt war. Das Resultat war Musik, die, wie May einmal bemerkte, so klang, „als wären George Clinton und Kraftwerk im Fahrstuhl steckengeblieben."

In gewisser Hinsicht war das ein Produkt ihrer Umgebung: Juan Atkins' *Night Drive Thru Babylon* war der Soundtrack zu einer Reise durch die heruntergekommenen, verfallenen Straßen der Detroiter Innenstadt, einer abgewirtschafteten Gegend, die sich nie von den Unruhen 1967 erholt hatte. In ihrer Musik flohen die drei aus Detroit in eine andere Welt, genau wie dem schwarzen Kulturwissenschaftler Paul Gilroy zufolge Parliament und Funkadelic das schon vor ihnen getan hatten: „Der Traum von einem Leben, in dem Rassismus nicht mehr greifen konnte, mußte etwas Außerirdisches, Utopisches haben und manifestierte sich schließlich in einer blitzenden, hochtechnologischen Form, die absichtlich völlig abseits der Realität des Ghettolebens lag. Wenn die unterdrückenden und zerstörerischen Kräfte, die ein ‚hirnloses' und ‚infantiles' Amerika auf sie losließ, sich schnell global ausweiteten, dann erschien ihnen als Antwort die Flucht, aber nicht zurück in ihre afrikanische Heimat, weil auch dort der Amerikanismus bereits seine Spuren hinterließ, sondern in den Weltraum."[13]

Während die Musiker der Chicagoer House-Szene eine neue Form der Disco-Begeisterung lostraten, versuchte sich die Detroiter Abteilung daran, die elektronischen Träume des europäischen Pop in visionäre Science-fiction umzuwandeln. In Detroit gab es kein Music Box oder Powerplant oder WBMX, also mußten sie auf ihre Phantasie zurückgreifen. In ihren Köpfen waren sie Cybernauten, die die Infosphäre durchquerten und elektrophonische Lebensformen für eine neue Ära züchteten: Sie waren die, die Alvin Toffler „Techno-Rebellen" genannt hatte, die Pioniere der Gesellschaft der Zukunft. Zwanzig Jahre zuvor hatte die Autostadt Detroit Motowns energiegeladenen

Gute-Laune-Soul hervorgebracht; jetzt begann die Autoindustrie, Arbeiter zu entlassen, und Atkins, May und Saunderson spiegelten diese sozialen Veränderungen wieder. „Berry Gordy hatte den Motown-Sound auf dieselben Prinzipien aufgebaut wie die Fließbänder bei Ford", erklärte Atkins. „Heute setzen die Fabriken sie gar nicht mehr so ein – heute bauen Roboter und Computer die Autos. Mich interessieren die Roboter bei Ford wahrscheinlich mehr als die Musik von Berry Gordy."[14]

Die drei verwendeten alles, was sie an primitivem Analog-Equipment erwischen konnten – führten Industrie-Schrott völlig neuen Zwecken zu – und schufen so einen trockenen, kinetischen Funk mit donnernden Drums, der aber gleichzeitig melancholisch und absolut romantisch war, als flüsterten die Maschinen ein Klagelied darüber, wie es war, als junger Schwarzer im postindustriellen Amerika zu leben. Sie nannten es Techno.

kalifornien, texas und washington

New York, Chicago und Detroit hatten neue Sounds hervorgebracht, die die Welt der populären Musik verändern sollten: Garage, House, Techno, drei miteinander verbundene Bereiche, die ähnliche Eigenschaften besaßen – den Einsatz von Technik, um Wahrnehmung und Wohlbefinden zu steigern, und die Flucht aus der grauen Alltagsexistenz in phantastische Geschichten voller Drama, Lebenskraft und Glück. Auch anderswo in Amerika versuchte man, ähnliche Energien freizusetzen, allerdings in einem völlig anderen Bereich. Sie arbeiteten nicht mit Sounds, sondern mit Chemie.

Ende der Sechziger, als die Hippies abstürzten und verglühten, schien es, als sei die psychedelische Mission gescheitert. Die Anstifter der Acid-Szene, Timothy Leary und Ken Kesey, hatte man gestellt und eingesperrt, ebenso wie den legendären Acid-Chemiker, Augustus Owsley Stanley III. Die Acid-Rock-Ikonen, Hendrix, Joplin und Morrison, waren tot. Richard Nixon saß im Weißen Haus. Der Vietnamkrieg ging weiter. „Hippie" war zu einem Konsumartikel geworden, den man den jungen Menschen in Form von Schallplatten, Mode und Posters zurückverkaufte ... Amerika war nicht gefallen. In Kalifornien war die letzte

Phase dieser Epoche von einem harten Absturz geprägt, verstärkt durch schlechte Drogen und allgemeine Verzweiflung. Aber in diesem Ende lag gleichzeitig der Anfang einer Bewegung, die sich realistischer und pragmatischer der Bewußtseinserweiterung widmete, die sich darauf konzentrierte, lieber im stillen eine Lobby aufzubauen, statt wilde, schlagzeilenträchtige Statements herauszubringen, die Untergrund-Labore betrieb, um kleine Mengen maßgefertigter Substanzen für Eingeweihte zu produzieren, statt einen landesweit operierenden Drogenhandel aufzubauen, die lieber im Privaten agierte, statt an die Öffentlichkeit zu gehen. Diese heimliche Bewegung wurde als „neuroconsciousness frontier" bekannt, als die Pioniere des Neurobewußtseins, und ihre Hoffnungen ruhten hauptsächlich auf einer legalen Droge, die die chemische Bezeichnung 3, 4-Methylendioxymethamphetamin trug – MDMA.

MDMA wurde 1912 erstmals vom deutschen Pharmakonzern Merck in Darmstadt hergestellt und zwei Jahre später patentiert; ein weiteres Produkt der kreativen deutschen Chemieindustrie, die der Welt zuvor schon Morphium und Kokain geschenkt hatte. Es war als Zwischenprodukt zur Erzeugung anderer Arzneimittel gedacht, nicht als Appetitzügler, wie heute gern behauptet wird. Dann kam der Erste Weltkrieg dazwischen, und MDMA wurde ins Regal gestellt und jahrzehntelang vergessen, bevor es schließlich wieder erwähnt wurde, zuerst in einer polnischen Zeitschrift nach dem Zweiten Weltkrieg. Dann gehörte es zu den vielen Drogen, die vom Edgewood Chemical Warfare Service der US-Armee in Maryland für den potentiellen Einsatz im kalten Krieg getestet wurden. Als Experimental Agent 1475 wurde es Meerschweinchen, Ratten, Mäusen, Affen und Hunden verabreicht, um seine Giftigkeit zu prüfen. Einige der Drogen, die vom Militär getestet worden waren, tauchten schnell auf den Straßen auf – LSD ist das wohl bekannteste Beispiel –, aber MDMA blieb verschollen, bis es Mitte der Sechziger neu erzeugt wurde – zunächst von dem Drogenforscher Gordon Alles, dann von einem kalifornischen Chemiker namens Alexander Shulgin.

Der 1925 geborene Shulgin, Sohn russischer Emigranten, diente im Zweiten Weltkrieg in der US-Marine und studierte dann Chemie, bevor er eine Karriere als Psychopharmakologe anzustreben begann. 1960 probierte er erstmals Meskalin und entdeckte eine lebendige, wundersame Welt, die seine zukünftige Laufbahn maßgeblich beeinflussen sollte. „Dieser Tag wird mir stets klar und leuchtend im Gedächtnis bleiben, ein Tag, der fraglos die gesamte Richtung meines Lebens vorgeben sollte“, schrieb er später. „Ich begriff, daß unser gesamtes Universum im Verstand und im Geist enthalten ist. Wir verzichten vielleicht darauf, uns dazu Zugang zu verschaffen, aber es ist in der Tat in uns vorhanden, und es gibt Chemikalien, die es uns erreichbar machen können.“[15]

Shulgin bekam eine Stelle bei der Dole Chemical Company und begann, mit den Molekülen von Substanzen herumzuwerkeln, die dem Meskalin ähnlich waren, und er testete ihre Wirkung nicht nur bei Tieren, sondern auch am eigenen Körper. 1966 war sein Verhältnis zu Dole, obwohl er unglaublich produktiv war und einen Strom neuer Präparate zusammengemixt hatte, abgekühlt: Die Substanzen, an denen er interessiert war, die psychedelischen Drogen, waren weder zu vermarkten noch überhaupt akzeptabel, vor allem, da in Amerika zu dieser Zeit gerade eine landesweite moralische Panik gegenüber LSD geschürt wurde. Er kündigte und richtete sich zu Hause in Lafayette, Georgia, ein eigenes Laboratorium ein, wo er in einem Nebengebäude im Garten, einer echten Alchimistenküche, in den folgenden dreißig Jahren einen steten Strom bewußtseinsverändernder Drogen produzierte. 179 davon sind in seiner mit pharmakologischen Schätzen durchsetzten Autobiographie *PIHKAL* (Phenethylamines I Have Known And Loved – Phenäthylamine, die ich kennen- und lieben lernte) ausführlich beschrieben.

Shulgin glaubte, daß die pharmakologische Forschung wirkungsvollere Werkzeuge bereitstellen könnte, um die Pforten der Wahrnehmung aufzustemmen. Der vom Unbewußten faszinierte Wissenschaftler sah keinen Sinn darin, seine „Materialien“, wie er sie nannte, an Ratten und Mäusen zu testen. Wie konnte man dadurch Hinweise auf die labyrinthgleichen Vorgänge im menschlichen Gehirn erhalten? Statt dessen scharte er eine Gruppe von Anhängern um sich, darunter auch seine Frau Ann, die sich dann umfassend all den neuen Substanzen widmete, die in seinem Gartenlabor entwickelt wurden. Diese gemeinschaftlichen Drogensessions waren hochzivilisierte Angelegenheiten, ein sehr bourgeoises Nirwana: Eine kleine Gruppe von Freunden traf sich bei einem der Beteiligten zu Hause, und jeder brachte etwas zu essen und zu trinken und einen Schlafsack für die Übernachtung mit. Die Testpersonen konnten im schattigen Garten herumspazieren, Kunstbände durchblättern oder sich auf dem Kassettenrecorder klassische Musik anhören; wenn sie in die entsprechende Stimmung kamen, konnten sich die Paare auch in ein Schlafzimmer zurückziehen und miteinander schlafen. Anschließend gaben sie dann detaillierte Berichte über die Wirkung der Droge zu Protokoll.

Später wurde der bärtige, lächelnde, höfliche, sandalentragende „Sasha" eine geliebte Kultfigur der psychedelischen Generation der Achtziger, obwohl ihm seine angeborene Bescheidenheit und Vorsicht nie gestatteten, in dieser Rolle wirklich aufzugehen. Wie kam es, daß es Shulgin gestattet wurde, eine derartige Forschung weiterzuführen? Schließlich stellte er zahllose psychoaktive Substanzen her, die entweder schon illegal waren oder es schnell wurden, und nahm sie, ohne sie vorher an Tieren getestet zu haben. Aber er besaß eine Lizenz dafür, mit jeder Droge zu experimentieren, die ihn interessierte, die er der Tatsache verdankte, daß er Experte und Berater der Drogenbehörde Drug Enforcement Administration (DEA) und außerdem Mitglied im Bohemian Club war, einer Bastion der Republikaner in San Francisco. Später wurde die Situation sogar noch aberwitziger. Die DEA brachte neue Substanzen, die sie auf den Straßen entdeckt hatte, zu Shulgin, um sie analysieren zu lassen – und oft stellte sich heraus, daß es sich um „Materialien" handelte, die er ursprünglich in seinem Garten hergestellt hatte. Shulgins Freiheit, seine Chemikalien an Menschen auszuprobieren, wurde 1986 eingeschränkt, und er mußte seine Lizenz zur Arbeit mit illegalen Drogen 1994 nach einem „Besuch" der DEA abgeben, die, wie Ann Shulgin glaubt, „extrem bestürzt und verärgert" darüber war, daß er sein Wissen in *PIHKAL* so verbreitet hatte – obwohl das seine pharmakologischen Untersuchungen nicht beendete.

Shulgin hatte MDMA erstmals 1965 bei Dole hergestellt, aber er probierte es erst 1967 zum ersten Mal. Obwohl er sich mit LSD, Meskalin und zahllosen anderen psychedelischen Drogen gut auskannte, war er verblüfft über das, was er empfand. „Es war anders als alles, was ich vorher genommen hatte", berichtete er. „Es war kein Psychedelikum im visuellen oder interpretatorischen Sinne, aber die Helligkeit und Wärme eines Psychedelikums waren vorhanden und sehr bemerkenswert."[16]

MDMA beeinflußt die chemischen Vorgänge im Gehirn auf eine Weise, die noch nicht völlig geklärt ist, obwohl aktuelle Erkenntnisse darauf hinzudeuten scheinen, daß es auf die Neurotransmitter – im Gehirn vorhandene Stoffe wie Serotonin oder Dopamin – einwirkt, die Wohlgefühl vermitteln. Es ist sowohl mit dem psychedelischen Meskalin als auch mit den Amphetaminen verwandt (und auch mit Pflanzen wie Muskat) und wurde als „psychedelisches Amphetamin" bezeichnet, aber es verursacht weder halluzinogene Visionen noch führt es zu grundlegenden, alles in Frage stellenden und potentiell beängstigenden geistigen Phänomenen wie LSD. Zur Betonung dieses Unterschieds wird es als „Empathogen" (Empathie hervorrufend)[17] bezeichnet. Empathie ist das Gefühl, die Empfindungen eines anderen Menschen wie die eigenen zu erfahren, und das war der Effekt, den Shulgin (und die Psychotherapeuten, die dem von ihm eingeschlagenen Weg folgten) hauptsächlich begrüßten. MDMA schien den Leuten dabei zu helfen, sich zu öffnen und wirklich alles zu erzählen, ohne daß Angst oder Konditionierung sie zurückhielten. Es vermittelte den überwältigenden Eindruck, daß mit der Welt alles in Ordnung sei. Was jedoch zunächst niemandem auffiel, war, daß es außerdem unglaubliche Auswirkungen auf den Körper hatte und Rückgrat und Glieder zu lösen schien. Wenn man MDMA mit rhythmischer Musik kombinierte, verband es das Gehirn direkt mit den perkussiven Strukturen und Melodielinien. Bestimmte Sounds eigneten sich besonders gut für die Wirkung der Droge. Noch hat niemand erforscht, ob die Chemie des MDMA anders wirkt, wenn die Leute tanzen, als wenn sie ruhig mit ihrem Therapeuten zusammensitzen und eine Mozart-CD hören. Es könnte durchaus sein, daß die neurochemische Reaktion eine völlig andere ist; empirische Erhebungen legen das zumindest sehr nahe.

1977 machte Shulgin einen Freund, einen älteren Psychologen, mit MDMA vertraut. Leo Zoff hatte genug von seiner Praxis und bereitete sich eigentlich auf den Ruhestand vor, aber die Wirkung der Droge überwältigte ihn, und er begann mit neuer Energie durchs Land zu reisen, sie anderen Psychologen vorzustellen und diese über ihre therapeutischen Möglichkeiten aufzuklären. Man schätzt, daß dieser MDMA-Apostel etwa 4.000 seiner Berufskollegen auf den Geschmack brachte, die ihr Wissen anschließend ebenfalls weitergaben.

Die Therapeutengemeinde verteilte innerhalb von zehn Jahren etwa eine halbe Million Einzeldosen der Droge. Sie gaben ihren Patienten während der Therapiesitzungen MDMA, um ihre geistigen Blockierungen aufzubrechen und die Kommunikation und Intimität zu fördern. Die Patienten litten beispielsweise unter posttraumatischen Zuständen, Phobien, Neurosen, Drogenabhängigkeit, tödlichen Krankheiten oder Eheproblemen – ein großer Teil von ihnen hatte den Eindruck, daß die Sitzungen mit der Droge ihnen geholfen hatten, ihr Leiden gebessert oder ihr Selbstwertgefühl gestärkt hatten. Es handelte sich hier um progressive Therapeuten, keine Nullachtfuffzehn-Quacksalber; sie besaßen grundlegende Kenntnisse über die neuen Philosophien, die ihren Ursprung in den Sechzigern hatten, und interessierten sich für ganzheitliche Medizin, „menschliches Potential", EST und Ökologie – für eine Fülle von Ideen, die unter dem abwertenden allgemeinen Etikett „New Age" gehandelt wurden. Viele von ihnen glaubten, daß MDMA auch noch einen Schritt weiterführen konnte: daß es gesunde Menschen dazu bringen konnte, sich noch besser, glücklicher zu fühlen und eine positivere Einstellung zu ihrem Leben zu gewinnen. Wie Shulgin festhielt: „Es gab eine gewisse Ähnlichkeit zwischen Schlangenöl und diesem Elixier namens MDMA – in der Hinsicht, daß es als Allheilmittel für alles, was einen quälte, betrachtet wurde."[18]

Es herrschte allgemeine Übereinstimmung unter allen MDMA-Konsumenten, daß es unter Verschluß gehalten werden sollte, und es dauerte bis 1978, bis erstmals wissenschaftliche Berichte über die Wirkung der Droge auf den Menschen veröffentlicht wurden. Anfang der Sechziger war der Schriftsteller Aldous Huxley deutlich anderer Meinung gewesen als der Harvard-Professor Timothy Leary, was den möglichen Einsatz eines neuen chemischen Wundermittels, LSD, betraf. Huxley befürwortete eine vorsichtige, zurückhaltende Politik: in aller Stille die „intelligentesten und besten" in den Genuß der Erleuchtung kommen lassen, dann langsam fortschreiten, das Establishment auf seine Seite ziehen, nicht den Zorn des Gesetzes oder der sensationsgeilen Presse auf sich ziehen. Im Gegensatz dazu glaubte Leary, daß jeder die Möglichkeit zum *tune in* und *turn on* erhalten sollte: LSD für alle! Sofort! Learys Ansichten setzten sich durch und hatten genau die Folgen, die Huxley befürchtet hatte; LSD wurde eine gemeine Straßendroge, die nicht für intellektuelle Reflexion oder wissenschaftliche Untersuchungen, sondern nur dem Kick zuliebe konsumiert wurde, und binnen weniger Jahre wurde sie kriminalisiert und den Wissenschaftlern die Untersuchung ihres Potentials verboten. Das durfte nicht wieder passieren – MDMA war ein zu kostbarer Schatz, um ihn auf diese Weise zu verlieren. Vielleicht, nur vielleicht würde ja dieses Mal der gesunde Menschenverstand die Oberhand behalten.

„Die Pioniere des Neurobewußtseins von circa 1983 erinnerten mich in vieler Hinsicht an die psychedelische Bewegung von 1962", schrieb der LSD-Historiker Jay Stevens. „Es herrschte dieselbe Begeisterung, dieselbe Mischung therapeutischer und metaphysischer Interessen, derselbe vorsichtige Optimismus."[19] Timothy Leary, der seine Frau Barbara unmittelbar nachdem er seine erste MDMA-Erfahrung mit ihr geteilt hatte, heiratete, bezeichnete MDMA vorausschauend als „die Droge der Achtziger", obwohl auch er darauf drängte, die Lehren von LSD zu beherzigen und die Droge geheimzuhalten. „Sehen wir den Dingen ins Auge, wir reden hier von einer elitären Erfahrung", schrieb er. „XTC ist eine Droge, die durch Mundpropaganda gebildeten Leuten bekannt ist, die ehrlich bemüht sind, eine höhere Ebene von Selbstverständnis und Empathie zu erlangen. Wir reden von Menschen, die sich dieser Suche verschrieben haben und die ein Recht auf ein bißchen XTC haben, die es sich verdient haben. Deswegen hat die Öffentlichkeit nichts davon gehört. Niemand will, daß sich dieselbe Situation entwickelt wie in den Siebzigern, daß schmierige Typen rund um die Schlafsäle der Colleges herumhängen und Pillen an Faultiere verkaufen, die nur auf der Suche nach dem letzten Kick sind."[20]

Aber MDMA hatte wie alle Killer-Präparate seine eigene, nicht zu bremsende Dynamik. Es konnte nicht viel länger geheim bleiben. Die Testpersonen waren begeistert: Sie erzählten es ihren Freunden, die Freunde erzählten es ihren eigenen Bekannten, und die ganze Geschichte wurde eine echte Lawine. MDA – Methylendioxyamphetamin, eng verwandt mit MDMA – hatte ähnliche, wenn vielleicht auch nicht ganz so angenehme Eigenschaften wie MDMA, und das war bereits 1967 in den Hippie-Enklaven Kaliforniens aufgetaucht, von wo aus es in die Gay-Club-Szene der Siebziger gelangt war. Es hatte sogar Szene-Spitznamen: die „Liebesdroge", die „Mellow Drug of America", die weiche Droge Amerikas. 1970 war MDA gesetzlich verboten und in die Reihe verbotener Substanzen nach dem Controlled Substances

Act aufgenommen worden. Ende der Siebziger gab es auch schon einen kleinen Markt für MDMA.

Die Therapeuten hatten es „Adam" genannt – sanft und süß, mit subtilen religiösen Untertönen – aber die Drogendealer kamen jetzt mit einem brandneuen Namen: Ecstasy. „Der Mann, der es als erster ‚Ecstasy' nannte, erklärte mir, daß er den Namen gewählt hatte, ‚weil es sich besser verkaufen läßt als unter ‚Empathy'. ‚Empathy' wäre ja viel passender gewesen, aber wer weiß schon, was das bedeutet?'" schrieb der Forscher Bruce Eisner.[21] Die Leute, die die Drogen unters Volk bringen, haben eine Schlüsselrolle, was ihren Gebrauch betrifft; ihre Ansichten werden durch ihre Connections weitergegeben. Die „Boston Group", die ersten Massenhersteller von MDMA Anfang der Achtziger, gehörten einer elitären Therapeutenclique an; sie taten es, genau wie die allerersten Hersteller von LSD, weil sie schlicht an das zukunftsweisende Potential der Droge glaubten. MDMA wurde mit Flight Guides, „Fluganleitungen", ausgegeben, mit Hinweisen, wie man den Trip am besten genießen konnte, was man trinken, welche Vitamine man nehmen sollte und wie man sich am besten auf den Comedown vorbereitete. Diese Sorge um die Gesundheit und um das psychische Wohlergehen ging schließlich verloren, als die Droge ein reiner Konsumartikel wurde. Die Flight Guides waren in der typisch sanften Sprache der kalifornischen Hippies geschrieben: MDMA, so erklärte eine davon beispielsweise, „ist ein Werkzeug, um sich anderen zu nähern und an Seele und Geist zu berühren. Wenn es verantwortungsbewußt angewandt wird, dann können starke Bande von Einigkeit und Liebe geknüpft werden, die alle Beteiligten stärken. Feiert das Leben, fördert eure persönliche Entwicklung, schafft Frieden."[22] In den Flight Guides legte man besonderen Wert darauf, daß Set und Setting stimmen mußten: Der Trip sollte so programmiert werden, daß ein optimales Ergebnis erreicht wurde. Für diese privilegierten Psycho-Reisenden schien es kein großes Problem darzustellen, für eine sichere, stabile Umgebung zu sorgen – nur wenige Jahre später jedoch war ihr therapeutischer Kokon an einigen Stellen schon durchlöchert.

1983 erkannte ein Mitglied der Bostoner Gruppe, welche enormen Profitmöglichkeiten in dieser *legalen* Droge steckten, die offenbar jedermann haben wollte. Zusammen mit Freunden in Texas, ein paar ehemaligen Kokain-Dealern, die glaubten, daß MDMA durch seinen spirituellen Beigeschmack etwas war, auf dessen Verkauf man stolz sein konnte, gründete er sein eigenes Kartell. Die neue „Texas Group" warb aggressiv für Ecstasy; sie sorgte dafür, daß es in den Gay Bars und Clubs dieses Staates verfügbar war, ermöglichte die Zahlung per Kreditkarte, organisierte Telefon-Hotlines und druckte Werbezettel für „Ecstasy-Parties", auf denen es hieß, es sei eine „Spaßdroge" und „gut zum Tanzen". Die Bruderschaft der Therapeuten war außer sich: MDMA war kein Samstagnacht-Amüsiermittelchen für Discogänger, es war ein ernstzunehmendes Hilfsmittel für psychologische Studien! Die Texas Group hatte sich zu einer organisierten Bande von Drogenschiebern entwickelt und war nicht allein an der selbstlosen Weitergabe interessiert. Sie sollten ihr Set und Setting ernsthaft überprüfen, schlug einer der Lieferanten der Therapeutenseite vor: „Wir hatten den Eindruck, daß sie in erster Linie Kapitalisten waren und daß es schade ist, daß sie selbst die Droge nicht öfter und ein bißchen länger genommen haben, bevor sie ihr Projekt gestartet haben … Wären sie nicht auf der Szene aufgetaucht, hätten wir es vielleicht noch zehn weitere Jahre verkaufen können."[23]

Texas war nur eine von vielen Gegenden, wo Ecstasy als Dance-Droge verwendet wurde – die schwarze Schwulenszene in New York und Chicago stellte vielleicht ein viel wichtigeres Feld dar –, aber hier war die Droge am weitesten verbreitet und hier wurde ihr Gebrauch in den aktuellen Medien auch am besten dokumentiert, vielleicht, weil es hier von ordentlichen, weißen College-Kids und wohlhabenden Berufstätigen genommen wurde. Ein Foto, das in einem Club in Dallas für die im August 1985 erscheinende Ausgabe des Magazins *Life* aufgenommen wurde, spricht Bände: Ein Mädchen umfaßt seinen Kopf mit den Händen und tanzt sich durch eine Welle von Euphorie; auf dem T-Shirt, das ihren Oberkörper hauteng umschließt, steht in Großbuchstaben „XTC". Es hätte genausogut ein Schnappschuß aus einem britischen Acid-House-Club zu deren Blütezeit 1988 sein können.[24] MDMA legte seinen chemischen Namen und sein therapeutisches Umfeld ab und wandte sich einer neuen Aufgabe zu: der Vermittlung reinen Wohlbefindens.

Wieviel Ecstasy stellte die Texas Group her? Schätzungen variieren von Zehntausenden bis zu Millionen von Einzeldosen, in Tablettenform gebracht und in kleinen braunen Flaschen verkauft, auf denen „Sassyfras" stand, mit einer falschen Auflistung der Inhaltsstoffe, um die Gesetzeshüter auszutricksen und den Eindruck zu erwecken, daß es sich um ein Reformhausprodukt handelte. Natürlich blieb eine florierende neue Drogenszene nicht lange unentdeckt. Auf einige wenige kleine und ungenaue Artikel von Lokalreportern folgte schnell eine geballte Ladung von Berichten in Zeitungen und Zeitschriften aus dem ganzen Land: atemlose und anfänglich positive Untersuchungen eines Phänomens, das sie „Yuppie-Psychedelia" nannten. Bald trat die Drug Enforcement Administration auf den Plan und empfahl im Juli 1984, daß MDMA auf die Liste der illegalen Drogen gesetzt würde. Das, dachten sie, war schlicht eine Routinemaßnahme, um eine als Freizeitentertainment verwendete Droge zu verbieten; nichts Unnormales in einem Land, in dem Präsident Ronald Reagan den „Krieg gegen die Drogen" als Kreuzzug gegen die Dämonen der Andersartigkeit in der amerikanischen Gesellschaft sanktioniert hatte. Was dann passierte, kam für die DEA völlig unerwartet. Ein Kollektiv von Psychologen, Forschern und Rechtsanwälten setzte einen Brief auf, indem sie verlangten, daß die geplante Kriminalisierung von MDMA noch einmal bei einer Anhörung geprüft werden sollte: Das Heilungspotential sollte den Therapeuten nicht ebenso verlorengehen wie das von LSD. MDMA war die erste Droge, die ihren eigenen Rechtsbeistand besaß. Angesichts der unter Reagan herrschenden Stimmung war die Vorstellung, daß eine bewußtseinsverändernde Droge tatsächlich *heilsam* sein könnte, schlicht schockierend.

Rick Doblin, ein überzeugter junger Befürworter, übernahm die Rolle des Pressesprechers für die Droge und lobte furchtlos ihre Vorzüge – selbst die, die eher dem Genuß zuzurechnen waren, eine Einstellung, die viele seiner Mitstreiter nicht so vorbehaltlos teilten. Er schrieb an eine Reihe von Regierungsstellen, unter anderem auch an die National Federation Of Parents For Drug Free Youth, die Elterninitiative Nancy Reagans für eine Drogenfreie Jugend, erklärte die Vorzüge von MDMA und schlug den Vereinten Nationen ein Projekt vor, das er „Aufbau einer globalen Spiritualität im nuklearen Zeitalter" nannte. MDMA, so glaubte er, konnte die Welt tatsächlich verbessern – das hatte man in den Sechzigern auch von LSD behauptet. „Die religiöse Erfahrung, die Tatsache, daß die Leute verstehen, daß sie alle zu einer Gemeinschaft gehören, die ihre Unterschiede aufweist, aber jeden einschließt, diese Erkenntnis über die Menschheit hat enorme politische Konsequenzen, weil sie dazu führt, daß man die Menschen versteht, anstatt sie als Feinde zu betrachten", sagt er. „Die Menschen werden eher bereit sein, Auseinandersetzungen beizulegen und werden sich eher für umweltpolitische Themen engagieren." Wenn LSD eine Art gaianischer psychischer Regulator für das nukleare Zeitalter gewesen war, vielleicht war MDMA dann gekommen, um die ökologische Krise und die materialistische Selbstzerstörung abzuwenden? Doblin träumte davon, der psychedelische Therapeut der amerikanischen Regierung zu werden, um „die Hand auf dem roten Knopf ruhig zu halten".[25]

Solche Feinheiten waren all jenen, die ihre Karriere auf Slogans wie „Keine Macht den Drogen" aufgebaut hatten, natürlich nicht verständlich zu machen. Ihnen bot sich jetzt eine neue Droge, auf die eingeprügelt werden konnte. Während die Texas Group die Produktion vor der drohenden Kriminalisierung noch einmal ordentlich ankurbelte, rollte die Lawine von Presseberichten weiter, jetzt durchsetzt mit Horrorstories, die an die moralische Panik erinnerten, die 1966 rund um das Verbot von LSD ausgebrochen war. Ecstasy verursacht Hirnschäden oder die Parkinsonsche Krankheit, wurde behauptet, trocknet die Gehirnflüssigkeit aus, und selbst anerkannte Profis, die es nehmen, werden davon verrückt. Der hübscheste Ecstasy-Mythos, den es je gab, beschreibt einen Waffenstillstand im Niemandsland während des Ersten Weltkriegs, wo britische und deutsche Soldaten ihre Waffen ablegten, aus den Gräben hervorkamen und friedlich miteinander Fußball spielten – natürlich nachdem sie vorher das gerade frisch erfundene MDMA genommen hatten. Diese unwahrscheinliche Geschichte gehörte jedoch nicht zu den vielen, die in den Zeitungen in den USA zu Beginn des Jahres 1985 immer und immer wieder auftauchten. Ein paar Psychologen schlossen sich dem Ruf nach einem Verbot an und betonten, daß MDMA eine ungetestete, möglicherweise gefährliche Szenedroge war, die so lange verboten werden sollte, bis man sich ein genaueres Bild davon gemacht hatte.

Wie vorauszusehen war, entschied die DEA gegen MDMA und erklärte ein außerordentliches Verbot, das am 1. Juli 1985 in Kraft trat. „Alle Beweise, die der DEA vorgelegt wurden, zeigen, daß der Mißbrauch von MDMA ein landesweites Problem geworden ist und eine ernstzunehmende Gesundheitsgefährdung darstellt", erklärte ein Sprecher, der behauptete, daß die Droge möglicherweise Nervenenden im Gehirn zerstörte.[26] Er versprach außerdem, daß die genehmigte Forschung weiterlaufen könnte – obwohl die Kriminalisierung bedeutete, daß es für Berater nahezu unmöglich sein würde, es bei den Sitzungen mit Patienten einzusetzen und die Erforschung seiner Auswirkungen bei Menschen damit praktisch beendet war.

In den Wochen vor dem 1. Juli legte die Texas Group in ihrer Ecstasy-Fabrik den Turbogang ein und lieferte angeblich zwei Millionen Tabletten aus – viele Leute legten sich Vorräte zu. In den Monaten nach der Kriminalisierung zogen sich viele von ihnen mit ihren Millionen zurück, während andere das MDMA nun eben illegal weiterverkauften oder versuchten, das Gesetz zu umgehen, indem sie ein Derivat herstellten, das Eve genannt wurde (MDEA). Die Konsumenten betrachteten es allerdings als minderwertig – und es wurde kurz darauf ebenfalls verboten, als ein Gesetz durchkam, das neue Varianten illegaler Drogen ebenfalls für illegal erklärte. Obwohl die Anhörungen bezüglich des neuen Gesetzesentwurfs sich ein ganzes Jahr lang hinzogen, ging der Kampf letztendlich verloren: Die DEA wies die Empfehlung eines Richters zurück, der für weniger harte Beschränkungen eingetreten war, die weiterhin den medizinische Einsatz gestattet hätten. Damit drängte die amerikanische Regierung Ecstasy komplett in den Untergrund. Die einzigen Leute, die es sich noch zu produzieren trauten, waren die, die das Gesetz nicht fürchteten: Drogendealer und Hedonisten, die es zu Zwecken verwendeten, die nie in der Absicht der Therapeuten gelegen hatten.

Zu den Leuten, die Ecstasy nun konsumierten, gehörte die ganze Skala pseudomystischer Randgruppen, die sich aus den Überbleibseln der Hippie-Ära herausgebildet hatten: New-Age-Lehrer, die Begegnungsgruppen leiteten, und, was für die weitere Verbreitung der Droge besonders wichtig war, die Anhänger des weißbärtigen Dauer-Seligmachers Bhagwan Shree Rajneesh, dem umstrittensten indischen Guru seit den Sechzigern. Rajneesh, der 1990 starb, fühlte sich nicht zu erhaben, um neben dem spirituellen auch materiellen Reichtum anzuhäufen; er glaubte nicht an Selbstverleugnung oder Askese. Auf seiner Ranch in Oregon sammelte er eine beeindruckende Rolls-Royce-Flotte, und seine reichen Schüler wurden angehalten, riesige Beträge zu spenden. Er schuf ein Netz einzelner Zellen in Amerika und der ganzen Welt – zur Blütezeit der Bewegung waren es beinahe 600 – und errichtete ein Zentrum im indischen Poona. Hier war Religion ein Riesengeschäft, viele Millionen schwer; Rajneesh hatte Unternehmen auf der ganzen Welt, Discotheken, Kasinos und Verlage. Obwohl Drogen auf der Ranch strikt verboten waren, benutzten einige Bhagwan-Anhänger, darunter frühere Therapeuten, MDMA entweder als Teil ihrer Therapie oder auch für den eigenen Gebrauch – sowie zur Aufbesserung der Finanzen. In seinem Buch *Bhagwan – The God That Failed* behauptet Hugh Milne, ein früher Anhänger und ehemaliger Bodyguard Rajneeshs, daß die „Euphorie auslösende und stimmungsaufhellende Droge Ecstasy heimlich in die Getränke reicher Sannyassins gegeben wurde, bevor sie zu Spendengesprächen gerufen wurden".[27]

Die Tatsache, daß die Bhagwan-Bewegung nach unternehmerischen Gesichtspunkten vorging und nach außen ausgerichtet war, anstatt sich zu isolieren und einzuigeln, bedeutete, daß die Leute, die mit ihr in Kontakt standen, Ecstasy nicht nur populär machen, sondern auch in Vertriebssysteme einbinden konnten, die schließlich dazu führten, daß es auch außerhalb der USA verbreitet wurde. Mitte der Achtziger berichtet Arno Adelaars in seinem holländischen Buch über die Droge, „die holländischen Bhagwan-Anhänger nahmen so viel Ecstasy [das in den Niederlanden bis 1988 legal war], daß verschiedene Versorgungwege aufgebaut werden mußten, um die Nachfrage zu befriedigen".[28] Es dauerte nicht lange, und großangelegte kriminelle Unternehmungen begannen, in Holland, Deutschland, Belgien, Spanien und schließlich in den Staaten der ehemaligen Sowjetunion ihre Produktion aufzubauen. MDMA kam nach Europa.

new york

Zu der Zeit, als es verboten wurde, war Ecstasy bereits fest in der schwulen Clubkultur New Yorks verwurzelt. Das sollte sich als weiterer wichtiger Schritt auf seinem Weg nach Europa erweisen, mit Hilfe europäischer Musiker, die in der Stadt arbeiteten oder Urlaub machten. Wenn sie irgendwie an Nightlife interessiert waren, landeten sie unweigerlich im Studio 54 oder im Paradise Garage, Discos, die völlig anders waren als alles, was man sonstwo in der Welt erleben konnte. Das Paradise Garage hatte einen überwältigenden Einfluß auf eine ganze Reihe britischer DJs. Das extremste Beispiel war Justin Berkmann, der Jahre nachdem das Garage geschlossen hatte, versuchte, eine Entsprechung dieses Clubs in London aufzubauen, was schließlich 1991 zur Eröffnung des Ministry Of Sound in London führte.

1981 kamen Marc Almond und Dave Ball nach New York, um dort mit dem Produzenten Mike Thorne ihr erstes Album als Soft Cell aufzunehmen. Soft Cell gehörten zu den vielen britischen Synthesizerbands, die zu Beginn der Achtziger als Teil des britischen Popkults betrachtet wurden, den man als „New Romantic" oder „Futurist" bezeichnete. Almonds Einflüsse waren Platten von Kraftwerk oder Giorgio Moroder, die er im Warehouse-Club in Leeds gehört hatte; wie die Kollegen von Depeche Mode oder Human League glaubten auch Almond und Ball, daß Synthesizer neue Möglichkeiten für die Popmusik bargen. Ihre Aufnahmen waren geprägt von der Einfühlsamkeit des Camp, ironischem Witz und einem Gespür für alles Bizarre. Sie hatten in Großbritannien bereits einen Hit gehabt: das minimalistische, noch vor Techno aufgenommene *Tainted Love*, die elektronische Coverversion eines Northern-Soul-Klassikers, der die meistverkaufte Single des Jahres geworden war. Beide hatten sie beträchtliche Erfahrung, wenn es um nächtliche Genüsse ging, aber in New York kamen sie auf etwas Einzigartiges und Wundervolles – dank einer Dealerin aus Brooklyn, die sie unter dem Namen Cindy Ecstasy kannten, und die sie mit MDMA-Kapseln versorgte, zum Einkaufspreis von sechs Dollar pro Kick.

Almond erzählt auf eine Weise von dieser Erfahrung, die jeder, der Ecstasy einmal genommen hat, verstehen wird. „Ich sagte: ‚Was passiert da denn?' Sie sagte: ‚Es fühlt sich total euphorisch an, ein absoluter Flash, es wird die beste Droge sein, die du je genommen hast.' Ich hatte schon alles andere probiert, aber davon hatte ich noch nie gehört. Und es war... es war irgendwie phantastisch. In der Nacht, als wir es zum ersten Mal nahmen, hörten wir die LP *Faith* von The Cure, und einen Titel namens *All Cats Are Grey*, den ich immer mit dem ersten Mal verbinde, daß ich E genommen habe, weil ich mich erinnere, daß ich damals dachte, das ist die beste Platte, die ich in meinem ganzen Leben gehört habe. Jedesmal, wenn ich diese Platte höre, steht das wieder vor mir, kann ich das Gefühl wieder spüren. Ich erinnere mich, wie es bei diesem ersten Mal zu wirken anfing, und ich mußte raus, nach draußen, und ich setzte mich auf die Stufen vor ihrem Apartmenthaus, und sie kam runter und redete mit mir, half mir da durch. Ich erzählte ihr meine ganze Lebensgeschichte und verliebte mich total in sie; wir fühlten uns danach unzertrennlich. Es war unglaublich. Dann gingen wir tanzen, ins Studio 54, glaube ich – und ich wollte jede Platte kaufen, die ich hörte, weil sie alle so phantastisch waren, jede war die beste, die ich je gehört hatte."

Soft Cells Debütalbum, *Non Stop Erotic Cabaret*, wurde schließlich die erste britische Ecstasy-Platte. „Es wurde ein ganzes Album, das rund um Ecstasy und auf Ecstasy aufgenommen wurde – als wir uns die Abmischung des Albums angehört haben, nahmen wir auch Ecstasy. Es klang absolut phantastisch, und Mike, der Produzent, wunderte sich, daß wir diese glänzenden, geweiteten, leuchtenden Augen hatten."

Auf dieses Album folgte eine Zusammenstellung von Remixen – *Non Stop Ecstatic Dancing*. Einer der Tracks, *Memorabilia*, war eine Disco-Sequenz, durch die ein irreführendes Echo hallte; man hatte Cindy Ecstasy eingeladen, um einen weichen, hingehauchten Rap darüber zu sprechen, in dem sie ihre Interpretation von Hedonismus erläuterte. Das Video zeigte Almond und Ball, wie sie in einem schnell geschnittenen Super-8-Film durch die New Yorker City turnten, während Cindy Ecstasy im Vordergrund cool ihren Text ablieferte: „We can take a pill and shut our eyes and let our love materialize; I don't mean love on a chocolate box, I mean love that really rocks; because they call me the baby, the good time lady; just look at me and it's easy to see why they call me Cindy Ecstasy."[29] Es war ein herrlicher Insiderwitz, und den eigentlichen Hintergrund verstand in ihrer Heimat fast niemand. „Niemand wußte, wovon wir eigentlich sprachen, wir sind total damit durchgekommen", sagt Ball. „Als wir nach London zurückkamen, hatte noch nie jemand etwas davon gehört."

Die Droge beeinflußte sicherlich die Art und Weise, wie sich Soft Cell kreativ entwickelten, betont Almond. „Die Alben, die ich zu der Zeit gemacht habe, wären ohne Ecstasy sicher anders geworden. Die ersten drei Soft-Cell-Alben – *Non Stop Erotic Cabaret, Non Stop Ecstatic Dancing* und *The Art Of Falling Apart* – waren alles Platten, die rund um

Ecstasy und das ganze E-Gefühl entstanden. Ich schloß zu dieser Zeit innige Freundschaften mit einigen Leuten, Freundschaften, von denen ich allerdings sagen muß, daß sie nicht hielten. Mit dieser ganzen Gruppe von uns, die wir damals als erste Ecstasy nahmen, nahm es irgendwie kein gutes Ende. Alle waren miteinander zerstritten, es war zu viel in zu kurzer Zeit – Freundschaften und Verbindungen, die wir zu der Zeit hatten, entstanden und entwickelten sich zu schnell, und dann wurde es zu einer Routine, und jeder war vom anderen nur noch genervt, und es gab eigentlich nichts, was diese Freundschaften untermauert hätte.

Schließlich ging dann alles irgendwie schief, weil eine Zeit in meinem Leben kam, wo ich abends nicht mehr weggehen und mich amüsieren konnte, ohne Ecstasy zu nehmen, es machte einfach keinen Spaß. In sexueller Hinsicht kann es auch sehr viel kaputtmachen. Weil das Ecstasy sich über die Jahre verändert hat und du dich auch dran gewöhnt hast, erlebst du nie wieder, was du beim ersten Mal gefühlt hast. Und das verdirbt dich irgendwie, denn wenn du mal eine sexuelle Erfahrung auf Ecstasy gemacht hast, dann kannst du das nie wiederholen, das war's: Das war der Höhepunkt, den du erleben konntest."

Es ist bekanntermaßen immer schwierig, von solchen Höhepunkten wieder runterzukommen; wie kann man ein so extremes Wohlgefühl mit der profanen Realität in Einklang bringen? Wie kann man etwas, das so überwältigend ist, daß es das ganze Leben zu verändern scheint, in den eigenen Alltag integrieren, ohne sich betrogen und endlos enttäuscht zu fühlen? Almond war nicht der einzige, der sich diese Frage in den kommenden zehn Jahren stellen sollte.

Vier Jahre später hatte George O'Dowd, besser bekannt als Boy George, der damals mit Culture Club auf dem Höhepunkt seiner Karriere stand, eine sehr ähnliche Begegnung mit Ecstasy. In seiner entzückend freimütigen Autobiographie *Take It Like A Man* beschreibt er, daß es zu der Zeit, als er es das erste Mal in einem Club in New York probierte, als das perfekte Allheilmittel für sein stürmisches Liebesleben und die wachsende Isolation als Popstar erschien: „Nach einer halben Stunde überwältigte mich die Droge wie eine Flutwelle von Empfindungen. Ich verwandelte mich in eine vom Tastsinn geleitete Verführerin und wollte die ganze Welt streicheln. Es vermittelte mir ein unbeschreibliches Selbstbewußtsein ... Am nächsten Morgen wachte ich mit einem Gefühl des Befreitseins auf, als hätte ich die Pillenbüchse der Pandora geöffnet und darin den Sinn des Lebens gefunden. Ich wollte eine ganze Tüte E kaufen."[30]

Das war das erste Mal, daß er Drogen genommen hatte, und im Gegensatz zu den amerikanischen MDMA-Therapeuten, die Ecstasy als völlig gutartig betrachteten, ist O'Dowd absolut davon überzeugt, daß es eine ideale Heranführung an andere Drogen war; nicht weil es selbst suchterzeugend ist und nicht nur weil es den Widerstandswillen untergräbt, sondern weil es eine so positive Drogenerfahrung ist, daß es die Teufelspropaganda, die über andere Drogen verbreitet wird, unglaubwürdig macht. Für O'Dowd war Ecstasy der Zugang zur Welt der Drogen.

„Wir gingen alle ins Paradise Garage, eine Sweatbox für die Disco-Verrückten im West Village. Es öffnete um Mitternacht und dann ging's rund bis mittags ... Wir freundeten uns mit dem DJ Larry Levan an und hingen bei ihm oben am Pult rum, von wo aus wir die ganze Tanzfläche überblicken konnten. In diesem dunklen Disco-Kokon nahm ich auch meine erste Linie Koks. Ich fühlte mich wie ein Heuchler, als ich mit die zusammengerollte Dollarnote in die Nase schob. Vor mir lagen vier Linien, ich peilte die schmalste an und schnupfte etwa die Hälfte davon. Man ermutigte mich: ‚Komm schon, nimm auch den Rest'. Ich gab den Geldschein zurück. ‚Nein, das reicht.' Meine Augen tränten, mein Mund war trocken, ich konnte fühlen, wie das chemische Zeug meine Kehle hinunterrann. Ich war stundenlang drauf. Hoppeln, springen, tanzen. Ich brauchte nicht noch mehr zu nehmen, obwohl mir noch jede Menge angeboten wurde.

Ich war immer sehr mißtrauisch gewesen, was Drogen betrifft, ich wollte die Kontrolle nicht verlieren, aber ich sehnte mich im geheimen danach herauszufinden, was mit da entging. Mein Einstieg in die Drogen verlief dann so unspektakulär, vor allem, nachdem ich jahrelang so dagegen gepredigt hatte. Ich nahm mein erstes E in entspannter Atmosphäre zusammen mit Freunden, nicht in irgendeinem runtergekommenen Keller mit ein paar dreckigen Dealern, obwohl ich in den kommenden Monaten auch davon genügend kennenlernen sollte. Kokain war der nächste logische Schritt von E. Eins führte zum anderen, wie Sprossen einer dreckigen Leiter."[31]

london

„DIE VISITENKARTE EINES TÖDLICHEN HANDLUNGSREISENDEN ... Süd-Wales steht an vorderster Front im Kampf gegen die Bedrohung durch tödliche sogenannte ‚Designerdrogen' aus den USA. Bisher konnte man in Großbritannien nur eine Handvoll der perverserweise als Ecstasy bekannten Droge beschlagnahmen. ‚Wir müssen das mit Stumpf und Stiel ausrotten", sagte Detective Inspector John Wake vom Drogendezernat Süd-Wales. „Niemand weiß bisher, wie schädlich es wirklich ist. Wir glauben, daß es tödlich sein kann." Ein Clubgänger erklärte gegenüber dem *South Wales Echo*, daß in einer Disco in der Innenstadt Visitenkarten und Flugblätter an Jugendliche verteilt worden seien. „Wir haben schon öfter mal Drogendealer gesehen, aber keinen wie diesen. Er trug einen dunklen Nadelstreifenanzug, ging überall rum und verteilte seine Handzettel. Er war zwischen 45 und 50, mit zurückgehendem Haar. Er sagte, er hätte die Droge nicht bei sich, aber er würde uns bitten, die Flugblätter zu lesen. Dann würde er später wiederkommen, falls jemand dann etwas wollte." Das 22seitige Booklet enthält Artikel aus US-Zeitschriften über den Konsum von Ecstasy, Ratschläge bezüglich Gebrauch und Mißbrauch und „hippiemäßige" Ausdrücke. „Du schwebst in einem Raum der Gedankenlosigkeit ... das ist das Nirwana, von dem alle Meister und Heiligen reden.'"

South Wales Echo, 18. Januar 1986

Ecstasy wurde in Großbritannien 1977 verboten, lange bevor es in den Staaten kriminalisiert wurde. In den Siebzigern war ein geheimes Labor in den Midlands ausgehoben worden, wo ein Chemiker dabei überrascht wurde, wie er ein halluzinogenes Amphetamin herstellte, das gesetzlich nicht erfaßt war. Er verfügte außerdem über Formeln für andere, ähnliche Drogen. Um weiterhin gewappnet zu sein, beschloß die Regierung einen Nachtrag zum 1971 erlassenen Gesetz gegen den Mißbrauch von Drogen und erklärte MDMA und seine Derivate zu „Class A drugs", harten Drogen, deren Besitz mit bis zu sieben Jahren Haft und deren Verkauf unter Umständen mit einer lebenslangen Freiheitsstrafe geahndet werden konnte.

MDA kursierte bereits seit den Siebzigern in den Londoner Gay Clubs und in den exklusiven Nachtclubs von Soho, obwohl die Plastikbeutelchen mit Pulver ein Vergnügen waren, das strikt den Starlets und der Schickeria vorbehalten war, die sich um die Clubs der New Romantics, das Club For Heroes, The Wag oder das Camden Palace scharten. Es war nur eine unter vielen Substanzen, mit denen man dort, wenn man sie bekommen konnte, die übliche Diät aus Alkohol und Amphetaminen ergänzte. Das änderte sich, als Anfang der Achtziger die ersten von Reisen nach New York zurückkehrten und von Ecstasy, dieser neuen Wunderdroge, erzählten: Jeder wollte es probieren. Die ersten winzigen Lieferungen kamen gut verpackt in gepolsterten Umschlägen aus New York oder wurden von Reisenden mitgebracht, die sie sich auf den Körper geklebt hatten. Die Rückkehr dieser Kuriere wurde mit Ungeduld erwartet; Ecstasy kostete um die 25 Pfund und war eine äußerst begehrte Delikatesse. Die Ankunft eines Dealers – der im Grunde eher ein ebenfalls Begeisterter war, der ein paar Pillen in einer Tic-Tac-Dose schmuggelte, kein ernstzunehmender, profitorientierter Unternehmer – führte zu hektischem Gerangel um die Aufstellung. Vielleicht hatte er nur fünfzig Kapseln; wer würden die Glücklichen sein, die sie erhielten? „Du mußtest als erster drin sein und deine Lieferung vor allen anderen kriegen", erinnert sich Marc Almond. „Es führte auch zu echten Eifersüchteleien, die Leute waren manchmal richtig bitter und sauer, wenn jemand etwas bekommen hatte und sie hatten es nicht geschafft. Es war, als ob man ein bestimmtes Geheimnis teilte."

Bei denen, die Ecstasy in der Zeit zwischen 1982 und 1986 zum Vergnügen nahmen, gehörten zur Soho-Elite: Clubgänger und Club-„Gesichter", Musikjournalisten, Designer, Models, Leute aus dem Modebusineß und internationale Popstars wie Boy George, Marc Almond und George Michael, der bemerkte: „Für eine Weile nahm ich Ecstasy, als es hier noch nicht leicht zu bekommen war. Ich nahm es einfach, weil es mir das Gefühl gab, alles sei toll und wunderbar."[32] Einer der größten Dealer war ein Modedesigner, der sich mit diesen Importen seine Schuhkollektion finanzierte; ein anderer war ein bekannter Fotograf, der für die Modezeitschriften arbeitete. Es war nicht, trotz den Erfahrungen aus dem Paradise Garage, in erster Linie eine Dance-Droge, sondern mehr eine Privatparty für Eingeweihte, bei der dann alles möglich war. Diese kleinen Zusammenkünfte fanden in Wohnungen im Londoner Westen statt, wo man Ecstasy nahm und dann im Bad oder im Bett miteinander landete, auf Sofas herumlümmelte, redete und die Kissen streichelte, oder sich mit den Beinen in der Luft auf dem Boden herumrollte. Sehr spielerisch, überhaupt nicht ernsthaft. „Wir blieben meistens bei jemandem zu Hause und erlebten unsere eigenen Abenteuer", sagte damals ein bekannter Popjournalist. „Viel kindische Spielereien im Grunde, wir haben The Sound Of Music nachgespielt, die Piccadilly Line nachgemacht und so ..."[33]

Es gab noch einen weiteren aktiven Zirkel rund um Hampstead: Dort folgten die Konsumenten eher dem therapeutischen als dem hedonistischen Ansatz, und wie ihre amerikanischen Kollegen nannten auch sie die Droge „Adam". Peter Nasmyth, der Journalist, der 1985 für *The Face* den ersten Artikel über Ecstasy in Großbritannien schrieb, hatte den radikalen Psychiater R. D. Laing kennengelernt, der glaubte, daß MDMA ein enormes Potential als Hilfsmittel in der Psychotherapie besaß. Laing ermöglichte Nasmyth den Zugang zu diesem geschlossenen Zirkel intellektueller Mittelklasseprobanden. „Das waren ehemalige New-Age-Leute, Außenseiter, Dichter-Beatniks, die es deswegen nahmen, weil sie in den Sechzigern und Siebzigern Acid eingeworfen hatten. Jeder sagte, es sei vom Acid aus der nächste Schritt. Dann gab es da noch die aristokratischen Aussteiger in Hampstead, von denen nahm es auch jeder. Und sie wollten es geheimhalten. Es gab sehr viele Leute, die zu mir sagten: ‚Schreib nichts darüber, weil das *unsere* kleine Welt ist, wir wollen nicht, daß *sie* uns alles kaputtmachen' – *sie*, das waren die Leute, die die Drogengesetze machen. Es war zwar ohnehin illegal, aber sie hatten das Gefühl, wenn man es irgendwie publik machen würde, dann würde es die Aufmerksamkeit der Polizei auf sich ziehen, ihre Bezugsquellen würden versiegen und das Leben würde schwierig werden. Sie genossen ihre hübschen kleinen Ecstasy-Parties wirklich sehr.

Die meisten, die ich interviewte, hatten mit irgendeiner Art von Gruppe oder Therapie oder Organisation zu tun, und sie versuchten, jeden zu bekehren. Das waren auch wieder Leute mit Wurzeln in den Sechzigern und Siebzigern, die nach einem neuen Sakrament suchten und gerne glauben wollten, daß sie es in Ecstasy gefunden hatten."

Es war schwer für Nasmyth, das Material für den Bericht zusammenzubekommen. Alexander Shulgin weigerte sich, ein Interview zu geben, weil er zu der Zeit befürchtete, daß seine Worte von Journalisten falsch ausgelegt werden würden. Er wollte sich nicht als der „neue Leary" präsentieren und seine Forschung gefährden. „Es gab Bestrebungen, das alles unter Verschluß zu halten. Man hatte mir gesagt, es gibt diesen einen Menschen, *der* könnte die Geschichte erzählen, aber der würde nicht mit mir reden, weil ich zu den Feinden gehörte, zur bösen Presse, die ihm das Wort im Mund herumdrehen, alles zerstören und die Polizei auf den Plan rufen würde. Ich lernte einige seiner Freunde sehr gut kennen, und schließlich bekam ich nachts um elf einen Telefonanruf, und dieser Bekannte sagte zu mir: ‚Geh zu ihm, er wartet.' Ich radelte zu ihm. Er bot mir einen Tee an, und ich merkte plötzlich, daß er etwas hineingetan hatte. Sie glaubten, daß diese Droge so mächtig und wunderbar war, daß sie mich von der profanen Journalisten-Schiene direkt auf diese andere, spirituelle Ebene bringen würde."

1985, im gleichen Jahr, als die Droge erstmals in Großbritannien beschlagnahmt wurde, fanden in London die ersten Ecstasy-Parties statt, obwohl es immer noch nur in sehr kleinen Mengen erhältlich war. Das Taboo war eher einer dieser Clubs, in denen alles möglich war, kein richtiger Ecstasy-Club, obwohl MDMA hier eher zu haben war als anderswo, und der Club wurde schließlich geschlossen, nachdem ein Zeitungsbericht ihn mit Ecstasy- und Haschischkonsum in Verbindung brachte. Als Gastgeber fungierten zwei Berühmtheiten der Disco-Szene, Leigh Bowery und Trojan, die mittlerweile beide verstorben sind, und die Menge bestand aus ausgeflippten Modemachern, die sich gern zurechtmachen, was schließlich in fast komischen Extremkostümen gipfelte. „Wahrscheinlich war fast ein Drittel der Leute im Taboo auf E", sagt Dave Swindells, der Club-Korrespondent des Londoner Stadtmagazins *Time Out,* der als einer der wenigen Journalisten diese aufstrebende Szene dokumentierte. „Ich erinnere mich, daß sich die Leute auf dem Boden verrenkten, wie Leigh Bowery Leute über seine Schulter drehte und die anderen applaudierten."

Dann gab es noch den Hug Club; er hatte seinen Namen durch die empathischen Eigenschaften des MDMA erhalten und warb für sich mit dem Bild eines Teddybären, der ein T-Shirt mit dem Aufdruck „Worthington" anstelle von „Paddington", dem beliebten Bären aus dem Kinderbuch, trug – „Worthington E" war ein damals sehr beliebtes Bier. Man stellte sich ordentlich an, um seine Ecstasy-Kapseln zu kaufen, die extra von New York eingeflogen wurden; eine für jeden und nicht mehr, dafür waren es nicht genug. Ein Popsternchen kam sogar früher, um Pillen für ihre Band zu reservieren. „Damals bekam man nur fünfzig oder sechzig, deswegen mußte man sich überlegen, welchen Leuten man sie geben wollte", erinnert sich ein Dealer aus dem Hug Club. „Man verkaufte nicht an Leute, die man nicht kannte, selbst wenn sie doppelt soviel boten, es war etwas so Besonderes, da wollte man die Leute kennen, mit denen man es nahm." Es blieb immer noch eine hartnäckige Spur von Selbstlosigkeit im Vertriebsnetz, obwohl das meiste Hippie-Gedöns schon ausgemerzt worden war: „Ich sah, daß Leute nett zueinander waren, von denen ich schon immer gewollt hatte, daß sie sich anfreundeten, was aber einfach noch nie passiert war. Wir standen manchmal da und sagten zueinander: ‚Fühlst du dich nicht auch klasse, weil wir das hier bewirkt haben?' Wir sahen die Leute, wie sie alle lachten und sich amüsierten, und ich meinte immer nur: ‚Es ist einfach geil.'"

Aber London war gemessen an New York noch Jahre zurück; während Larry Levan aus der Drogenmusik eine hohe Kunst erschuf, hatte in London noch niemand begriffen, wie man aus Chemie und Sound ein synergisches Ganzes machte, das nicht nur Vergnügen, sondern auch Inspiration bereithielt. Der Londoner Ecstasy-Zirkel war in vieler Hinsicht nichts als eine stagnierende, selbstzufriedene Elite, die keinen Grund dafür sah, die Grenzen des Möglichen zu erweitern – sie hatten alles, was sie im Moment wollten, und waren damit glücklich, danke schön, während in der schwarzen New Yorker Schwulenszene Set und Setting durch Unterdrückung bestimmt wurden. Es würde eine ähnliche Explosion unterdrückter Energie erfordern, um mit den neuen Technologien wahres Entertainment für die Sinne zu schaffen. Doch woher sollte die kommen?

[1] Ian Young, *The Stonewall Experiment*, Cassell, London 1995
[2] Albert Goldman, *Disco*, Hawthorn Books, New York 1978
[3] Albert Goldman, *Disco*, Hawthorn Books, New York 1978

[4] David Toop, *The Rap Attack*, Pluto Press, London 1984
[5] Albert Goldman, *Disco,* Hawthorn Books, New York 1978
[6] *Streetsound*, 1992
[7] *Vibe*, 1993
[8] *Collusion*, ohne Datum
[9] *Vibe*, 1993
[10] *Vibe*, 1993
[11] *Muzik*, 4/96
[12] Aus einem unveröffentlichten Interview mit Calvin Bush
[13] Paul Gilroy, *There Ain't No Black In The Union Jack*, Hutchinson, London 1987
[14] *The Face*, 5/88
[15] Ann und Alexander Shulgin, *PIHKAL*, Transform Press, Berkeley 1991
[16] Ann und Alexander Shulgin, *PIHKAL*, Transform Press, Berkeley 1991
[17] Bruce Eisner, *Ecstasy – The MDMA Story*, Ronin Publishing, Berkeley 1989
[18] Ann und Alexander Shulgin, *PIHKAL*, Transform Press, Berkeley 1991
[19] Jay Stevens, *Storming Heaven*, Paladin, London 1989
[20] *Chic*, 7/85
[21] Bruce Eisner, *Ecstasy – The MDMA Story*, Ronin Publishing, Berkeley 1989
[22] Jerome Beck und Marsha Rosenbaum, *Pursuit Of Ecstasy*, State University Of New York Press, Albany 1994
[23] Jerome Beck und Marsha Rosenbaum, *Pursuit Of Ecstasy*, State University Of New York Press, Albany 1994
[24] *Life*, 5. 8. 1985
[25] *Tampa Tribune*, 11. 6. 1985
[26] Presseveröffentlichung der Drug Enforcement Administration vom 31. 5. 1985
[27] Hugh Milne, *Bhagwan – The God That Failed*, Caliban Books, London 1986
[28] Arno Adelaars, *Ecstasy*, In de Knipscheer, Amsterdam 1991
[29] Soft Cell, *Memorabilia*, 1982
[30] Boy George und Spencer Bright, *Take It Like A Man*, Sidgwick & Jackson, London 1995
[31] Boy George und Spencer Bright, *Take It Like A Man*, Sidgwick & Jackson, London 1995
[32] George Michael und Tony Parsons, *Bare*, Michael Joseph, London 1990
[33] *The Face*, 10/86

2

der sommer der liebe

„Die Geschichte ist schwer einzuschätzen, wegen der ganzen getürkten Scheiße, aber selbst wenn man sich bei der ‚Geschichte' nicht ganz sicher ist, erscheint der Gedanke ganz vernünftig, daß gelegentlich mal die Energie einer ganzen Generation wie ein langer heller Blitz nach vorn schießt, aus Gründen, die zu der Zeit niemand richtig versteht – und die auch im Rückblick nicht erklären, was wirklich passierte."

Hunter S. Thompson, *Fear And Loathing In Las Vegas*

Ibiza ist eine Insel, die voll und ganz, sogar in wirtschaftlicher Hinsicht, auf die heißen Sommer und die magischen Nächte ausgerichtet ist. Wenn im Mai die Urlaubszeit beginnt, erwacht Ibiza aus seinem friedlichen Schlummer und öffnet die Ankunftsschleusen für die heranströmende halbe Million Hedonisten, Sonnenanbeter und Vergnügungssüchtiger. Bis in die Sechziger war Ibiza nichts weiter als ein Stückchen Felsen, das aus dem Mittelmeer hervorschielte, eine obskure ländliche Gemeinde der Balearen, mit wenig Verbindung zum spanischen Festland und einer Bevölkerung von gerade 37.000 Menschen. Wenige reisten dorthin, noch weniger blieben da, abgesehen von einer Handvoll Gestalten der oberen Zehntausend und einer kleinen Gruppe von Künstlern. Die Unterkünfte waren billig, die Strände noch völlig einsam, es gab eine allenfalls rudimentäre Infrastruktur, und diese schläfrige Landschaft aus rotbrauner Erde, sauber geweißten Häusern und lebendigem Grün hatte sich eine fast feudale Existenz erhalten, deren Wirtschaft hauptsächlich auf dem Handel mit Salz basierte.

Mitte der Sechziger hatte eine langsame Veränderung begonnen. Spaniens faschistischer Diktator General Franco beabsichtigte, den Tourismus auf Ibiza zu fördern, um mehr Devisen in sein verarmtes Land zu bringen. Als 1967 der internationale Flughafen eingeweiht wurde, stiegen die Touristenzahlen um ein Vielfaches an und lagen Anfang der Siebziger bei 500.000 pro Jahr, wodurch der Tourismus die hauptsächliche Einnahmequelle für die Ibicencos wurde. Hunderte von Hotels wurden gebaut und die Landschaft der Insel irreparabel verändert. Das früher einmal so pittoreske ibizenische Fischerdorf Sant Antoni de Portmany wurde San Antonio, ein Babylon aus billigst hochgezogenen Touristen-*Urbanizaciones*, schmierigen Cafés, Souvenirläden und prolligen Amüsier-Kneipen mit Namen wie Wigan Pier, die auf den britischen Markt ausgerichtet waren, der die Hälfte der Urlauber stellte.[1]

Ibiza zog aber noch eine andere Art von Reisenden an: Beatniks, Hippies und Rucksacktouristen, die vor allem die warme, friedliche Einsamkeit der Insel und die Laissezfaire-Einstellung der Ibicencos liebten. 1965 stand es ebenso unverrückbar auf dem Reiseplan der Boheme wie Goa und Katmandu. Die *peluts* (die „Haarigen") errichteten eine eigene Infrastruktur mit Kommunen, Partys in abbruchreifen *fincas* (Bauernhäusern) und einem gut funktionierenden Drogenhandel. Dieser selige Zustand hielt nicht allzu lange: Ende der Sechziger kam die paramilitärische Polizei, die Guardia Civil, aus Spanien herüber und versuchte, die Hippies zu verjagen, obwohl es letztlich die Kommerzialisierung der Insel war und nicht irgendein Überfall der Polizei, der sie vertrieb.

Aber dessen ungeachtet war die Insel trotzdem noch ein liberales Idyll, gemessen an dem autoritären Regime, das auf dem Festland herrschte. Es wurde geradezu ein Magnet für Homosexuelle und Bohemiens, die dort eine Möglichkeit sahen, Francos faschistischem Konformitätsanspruch zu entfliehen, und außerdem für die internationalen Freizeitmenschen, die in abgelegenen Villen oben in den Bergen Urlaub machten und ihre nächtlichen Ausflüge in die Dekadenz des ibizenischen Nightlife unternahmen: Politiker, Aristokraten, Schauspieler und Popstars. Auch religiöse Sekten, unter anderem auch die Jünger von Bhagwan Shree Rajneesh, bauten hier Stützpunkte auf. Trotz der wachsenden Verwässerung der ursprünglichen Atmosphäre durch die Touristeninvasion erhielt sich die Insel eine goldene Aura, in der die Träume der Hippies noch weiterglühten und in der sich die Extravaganz der Gay-Szene und der Glamour des Jetset voll entfalten konnten.

„Der Einfluß der Hippies spielt eine große Rolle, weil der Geist, der hier herrscht, von ihnen stammt – die Freiheit und das wilde Leben", sagt José Padilla, der 1973 vom spanischen Festland nach Ibiza kam und sich zu einem der wichtigsten DJs der Insel entwickelte. „Das ist das Erbe und der wahre Geist von Ibiza – Partys mit freiem Eintritt, unter freiem Himmel, Mond und Sterne, gute Musik, Tanzen. Es gibt hier keine Hippies mehr – man sieht vielleicht noch mal einen oder zwei auf dem Markt von Las Dalias [ein sogenannter Hippie-Markt, der mittlerweile mehr zu einem Nostalgie-Freizeitpark geworden ist]. Sie begannen irgendwann zu verschwinden, weil die Gesellschaft sich langsam änderte, mehr aufbauen wollte, und die Leute anfingen, materialistischer zu denken. Die Hippies hatten zwei Möglichkeiten: Entweder Ibiza verlassen und irgendwo hingehen, wo sie so weiterleben konnten wie bisher, oder hierbleiben und sich ebenfalls ändern. Die Hippie-Geschichte ist vorbei, aber sie wurde gern benutzt, um dem Rest von Europa ein bestimmtes Bild von Ibiza zu vermitteln – die freie Insel, die Insel der Liebe.“

Seit Anfang der Sechziger wurde es nicht mehr als völlig exotisch betrachtet, ins Ausland zu reisen. Leute, deren Eltern ein Auslandsurlaub noch als das Privileg der Reichen erschienen war, buchten jetzt Pauschalreisen an die spanische Costa del Sol, die Costa Blanca oder auf die Balearen. Dank der schwachen spanischen Währung waren die Hotels, Essen und Trinken hier sehr billig, und so konnte sich nun auch die britische Arbeiterklasse, die sich früher mit Blackpool, Skegness oder Torquay hatte zufriedengeben müssen, diese Reisen leisten. Ibiza – vor allem die Betonmeile in der Bucht von San Antonio – wurde das klassische Urlaubsziel für die Briten im Ausland, mit jeder Menge Sonne, Sand, Sex und San Miguel.

In den Achtzigern, als die Arbeitslosigkeit in Großbritannien stieg, kam eine neue Art von Touristen auf die Insel. Das waren keine Rucksackreisenden mehr oder Leute, die nur zwei Wochen durchsaufen wollten, sondern clevere, aufgeweckte Jugendliche, denen die Aussicht darauf, sich ein Leben lang für Niedriglöhne krummzulegen oder vom Arbeitslosengeld dahinzudarben, nicht besonders verlockend erschien; es war besser, dort abzuhauen, ein bißchen was von der Welt zu sehen, ein bißchen Sonne und Spaß zu genießen, als im verregneten, deprimierenden Großbritannien zu bleiben. Sie fuhren im Winter nach Teneriffa, im Sommer nach Ibiza, vielleicht mit einem kleinen Umweg über Amsterdam, um dort das *Nederwiet* in den Coffieshops zu testen. Sie hielten sich mit Aushilfsjobs über Wasser, kellnerten in Bars, verteilten Werbezettel für Clubs, versuchten sich an Kreditkartenbetrügereien, kleineren Ladendiebstählen oder verkauften Hasch. Diese lebenskünstlerische Neuauflage der Hippieszene durch die Arbeiterklasse-Kids bot kaum ein Leben im Luxus, aber es war immer noch besser, als zu Hause zu versauern.

„In Teneriffa trafen wir eine Menge Jungs aus Nordengland, aus Manchester und Corby und Sheffield", erinnert sich Marie Marden, eine Clubberin aus London, die 1986 ihren ersten Sommer auf Ibiza verbrachte. „Sie waren schon mit sechzehn von zu Hause weg, weil es für sie keine Lehrstellen oder Aufstiegsmöglichkeiten gab, und im Grunde waren sie nichts anderes als Diebe. Sie reisten quer durch Europa und machten so Sachen wie sich tolle Anzüge anziehen und dann in Juwelierläden gehen und die Rolexuhren aus den Fenstern klauen, während sich jemand mit dem Verkäufer unterhielt. Ich erinnere mich, daß sie einen großen Safe im Pariser Hauptbahnhof aufbrachen und mit 20.000 Pfund abhauen konnten. Wenn sie gerade nichts unternahmen, lebten sie in Amsterdam, da hatten sie ihre Kontakte und auch Wohnungen, in denen sie bleiben konnten. Als wir sie trafen, nahmen sie sich vor, sich ein bißchen um uns sechs Mädchen zu kümmern. Sie kauften uns Schuhe oder schenkten uns Armbanduhren. Wenn sie irgendwo hingingen, kamen sie immer mit diesen ganzen Geschenken für uns zurück. Sie wohnten schließlich bei uns, und sie drehten da diese ganzen kleinen Dinger, mal hier ein bißchen, mal da ein bißchen. Sie fragten: ‚Warum kommt ihr nicht über den Sommer mit nach Ibiza?', und das taten wir."

Normalerweise reichte es den britischen Clubgängern, die auf der Insel Urlaub machten, in den Bars von San An billiges Bier zu schlabbern, in billigen Diskotheken nach den neusten Urlaubshits zu tanzen und dann in ihre Hinterhofapartments zurückzutorkeln. Aber Ibiza hatte noch eine andere Seite, eine andere Gesellschaft, die sie nach und nach entdeckten; eine Welt, in der die Reichen mit ihren Yachten im Hafen von Ibiza-Stadt vor Anker gingen, um sich dort in den Designerboutiquen, den teuren Restaurants und den tollen Gay Bars in der Calle de la Virgen zu vergnügen, bevor sie sich auf den Weg zu einer der großen Nightclub-Anlagen machten, die es im Inland gab.

Zwei der bedeutendsten Nightclubs auf Ibiza – das Pacha und das Amnesia – stammten noch aus der Hippiezeit. Das Pacha war 1973 eröffnet worden und hatte damals vor allem Reggae und Psychedelic

Rock für die *peluts* gespielt, während das Amnesia noch immer eine als Bauernhof betriebene *finca* ohne Strom geblieben war. Nachts versammelten sich dort die Hippies und *sannyasins* und tanzten draußen rund um die Lagerfeuer, und manchmal konnte man sogar jemanden wie den Flamenco-Stargitarristen Paco de Lucia oder jemanden von Pink Floyd vor der Glut knien sehen.

Als die Hippiebewegung von der Discoszene abgelöst wurde, erweiterten sich beide Clubs um weitere Bars und Tanzflächen, was die rege Bautätigkeit auf der Insel bestens widerspiegelte, bis sie sich zu richtigen Nightclubs entwickelt hatten. Trotzdem waren sie keine Disco, wie die Briten sie kannten, mit blechernen Anlagen, billiger Lightshow und Teppichen, die vor schalem Bier klebten. Auf Ibiza waren die Tanzflächen sozusagen alfresco, von Mond und Sternen beleuchtet, mit sprudelnden Quellen, Palmen, mit Plüschkissen ausgestatteten Kuschelecken und extravagantem, sich stets veränderndem Dekor. Und die Kundschaft! Transvestiten-Floorshows, aufregendes junges Blut aus Barcelona, mit muskulösen Körpern und makellosen Frisuren, Millionäre um die Fünfzig, die ihre Anzüge spazierentrugen, champagnerschlürfende Popstars, extrovertierte Homosexuelle, Menschen aller Altersstufen und Nationalitäten. Es gab Partys mit bestimmtem Motto, wo sich jeder in schwarz kleidete, sich maskierte oder der Club voller *espuma* gepumpt wurde. Das Amnesia, Pacha oder Ku waren Phantasiespielplätze, Dionysostempel, die zur Stimulanz der Sinne konzipiert waren, um die wildesten Phantasien wirklich auszuleben.

„Wir gingen ins Amnesia, aber wir waren die einzigen Engländer dort, alle anderen waren Spanier oder Italiener", sagt Marie Marden. „Man sah dort Leute wie Grace Jones oder die Stars aus *Dallas*. Wir konnten uns da drin nicht mal was zu trinken leisten. Aber wir gingen trotzdem rein und sahen dort die durchgeknalltesten Leute, die uns je begegnet sind, und die reichsten, und dann waren da eben wir, wie kleine Kinder, wir paßten da eigentlich überhaupt nicht rein. Ich dachte immer: ‚Was mache ich eigentlich hier?' Wenn dein Vater Maler und Tapezierer ist, deine Mutter in einem Laden arbeitet und du in einer Reinigung, als Zahnarzthelferin und Putzfrau gejobbt hast, dann geht dir all das durch den Kopf, und dann bist du da draußen, guckst dir Grace Jones an und denkst: ‚Mann, ich hätte mir nie träumen lassen, daß das wirklich passiert!'"

Das Amnesia war der beste Club mit der besten Musik. Der DJ, Alfredo Fiorillo, war Argentinier, ein ehemaliger Journalist, der vor der rechtsgerichteten Junta 1976 außer Landes geflohen war. „Ich hatte Probleme. Ich hatte vorher argentinischen Rock 'n' Roll promotet, und dann verboten sie alle Rockbands und lange Haare. Sie ließen Zeitungen schließen, Psychologie-Institute, alles – das war der Faschismus, weißt du?" Alfredo fing 1984 im Amnesia an, und da das Publikum vom Alter her genauso gemischt war wie von der Nationalität, konnte er eine ebenso variationsreiche musikalische Mischung präsentieren: Soul, Reggae, Hip-Hop, europäischen Elektropop, und später dann die ersten rudimentären House-Tracks aus Chicago. „Man legte da nicht für eine Gruppe von Zeitgeist-Kids auf, sondern spielte Musik für richtige Menschen."

Zu den Klassikern zählten gefühlvolle Songs von Bob Marley und Marvin Gaye, und am Ende der Nacht gab es John Lennons *Imagine*, aber die Art, wie Alfredo das alles zusammenstellte, konnte den undefinierbaren Zauber einfangen, der die Insel nach Einbruch der Dunkelheit umgab, ihre Hippie-Vergangenheit und den Hedonismus der Gegenwart – ein Stil, der später als „Balearic" bezeichnet wurde, obwohl es dann ironischerweise andere DJs und nicht Alfredo waren, die aus dem Balearic-Strickmuster Kapital schlagen würden. „Es gab drei oder vier DJs [auf der Insel], aber die gingen nicht so viele Risiken ein wie Alfredo", sagt José Padilla. „Alfredo war zur rechten Zeit am rechten Ort, und er hat sich absolut weit aus dem Fenster gelehnt und gesagt: ‚So sollte es meiner Meinung nach sein.' Er hatte den richtigen Ort – das Amnesia war noch immer open air – er hatte die ganze Ibiza-Atmosphäre, er hatte den Sound, er hatte die Leute, die neue Generation – alles kam zusammen. So was hält nicht lange, aber so ist nun mal das Leben."

Ecstasy gelangte Anfang der Achtziger nach Ibiza, auf denselben Wegen wie die internationalen Touristen, die Gays und die New-Age-Jünger. Bis dahin waren LSD, Meskalin und Kokain die nächtlichen Stimulanzien von Ibiza gewesen. Die Verbreitung von *Extasis* traf wie durch einen seltsamen Zufall mit dem Import der ersten House-Platten zusammen. Zu Beginn der Urlaubssaison 1987 eröffneten der britische DJ Trevor Fung und sein Cousin Ian St Paul aus Carshalton, die beide seit Beginn der Achtziger auf der Insel Urlaub gemacht hatten, für den Sommer eine Bar in San Antonio. Das Project (benannt nach einer Club Night im Londoner Stadtteil Streatham) wurde zum Magneten für alle britischen Discogänger auf der Insel, ein Treffpunkt für viele der wichtigsten Leute, die später den Kern der Acid-House-Szene in England bildeten.

Diese Boys und Girls, die vor allem aus der weißen Arbeiterklasse stammten, hatten bereits im Sommer 1986 angefangen, zusammen rumzuhängen. Die meisten stammten aus den südlichen Randgebieten der britischen Hauptstadt, dem Gürtel Londons, wo die Innenstadt und die Vorstädte zusammenstoßen, im Norden ungefähr eingegrenzt von der A205 und im Süden von der A232. Dieses Gebiet – absolut unauffällig bei erstem Augenschein – hatte während der Siebziger und Achtziger bereits großen Einfluß bei der Entstehung neuer kulturell bedeutsamer Bewegungen gehabt. Die Boheme-Zirkel, aus denen David Bowie stammte, hatten sich rund um Beckenham entwickelt; die ursprünglichen Punks und ihre ersten Fans wurden nicht umsonst als Bromley Contingent bezeichnet. Jetzt hatten die Teenager aus Carshalton, Wallington, Bromley, Beckenham und Streatham, getrieben von der Öde dieser Vorstädte und dem überwältigenden Wunsch, diese langweilige, flache Landschaft gegen die Glitzerwelt der Metropole einzutauschen, die nur fünfzehn Minuten mit dem Zug entfernt lag, den richtigen Schwung gefunden, um einen neuen Ausweg zu erfinden.

Die kleinen Grüppchen junger Briten, die im Vorjahr im Amnesia noch starr vor Ehrfurcht am Rand gestanden hatten, hatten sich nun zu einer großen lauten Gang zusammengeschlossen. Sie trafen sich in den Bars von San Antonio oder Ibiza-Stadt – erst zwanzig, dann dreißig, dann vierzig, es wurden immer mehr, je weiter der Sommer voranschritt – und fuhren dann über die Landstraße, die diese beiden Städte verband, zum Amnesia, wo sie Ecstasy nahmen und bis zum Sonnenaufgang durchmachten, oder sie gingen runter zum Strand bei Cala Salada, um runterzukommen und den Morgen dämmern zu sehen, ein paar Stunden am Strand zu schlafen. Anschließend ging's wieder zum Café del Mar in der Bucht von San Antonio, wo José Padilla das wahnsinnig tolle *Moments In Love* von Art Of Noise spielte, während die Sonne unterging, und zu einer weiteren Nacht im Amnesia. Der Sommer verwandelte sich in einen ausgedehnten Urlaub in eine veränderte Realität.

Im Urlaub fühlt man sich immer auf gewisse Weise dem Alltag entrückt. Es ist eine besondere Zeit, in der normale Regeln nicht mehr greifen; eine idealisierte Höhepunktserfahrung, die utopischen Träumereien viel Raum läßt und als Katalysator für kommende Dinge fungiert. In Ibiza, beim Tanzen in der lauen Mittelmeerluft, umgeben von all diesen sagenhaften, exotischen Geschöpfen, wo alle die besten Freunde waren und weiter nichts eine Rolle spielte, wurde dieses unwirkliche, phantastische Gefühl noch durch die Droge verstärkt. Ecstasy beschleunigte das Schließen von Freundschaften, schuf eine ausgedehnte Familie, einen Geheimbund, den niemand verstand und von dem auch niemand wußte, daß er überhaupt existierte.

„Wir waren da, um zu tanzen! Und tanzen und tanzen und tanzen! Und nicht wieder aufhören! Wir rutschten da in dieses Ideal, total auf E, total loved-up, auf Liebe: Ohne das wären wir nicht so eng miteinander gewesen. Es gab eine Zeit, da wohnten wir mit achtzehn Leuten in einem Apartment mit sechs Betten“, sagt Adam Heath, ein damals 19jähriger Clubber aus Bromley. „Wir kamen in die Clubs alle umsonst rein, die kannten uns alle, die nannten uns ‚die verrückten Engländer' und liebten uns. Alle waren noch ziemlich jung und schon ganz schön rumgekommen. Wir hatten alle dasselbe Ziel, nämlich eine richtig gute Zeit zu haben und so stark wie möglich zu versuchen, an nichts anderes zu denken. Als wir alle nach England zurückkehrten, merkte ich richtig, daß wir so etwas hatten wie ... es war wie eine Religion.“

Im September 1987 luden Trevor Fung und Ian St Paul ihren Freund Paul Oakenfold nach Ibiza ein, um seinen 26. Geburtstag zu feiern. Oakenfold, der eigentlich Koch gelernt hatte, war seit den frühen Achtzigern als DJ aktiv, hatte ein angeborenes Gespür für Trends und ein Ohr für die Popmusik von morgen. Er hatte mit St Paul zusammen in Carshalton Hip-Hop-Breakdance-Clubs geführt, war im Paradise Garage in New York gewesen und hatte die ersten Platten der Beastie Boys und Run DMC in England promotet. Er arbeitete für eine Plattenfirma, legte im Project Club in Streatham auf und schrieb unter dem Pseudonym Wotupski eine Hip-Hop-Kolumne für die Fachzeitschrift *Blues And Soul.* Er und Fung hatten schon 1985 versucht, einen Club im Ibiza-Stil in Furley hochzuziehen, aber das hatte nicht geklappt; die Soulboys hatten nicht begriffen, warum er all diese komischen Pop-

Platten zwischen den Jazzfunk-Sachen spielte, und Ecstasy hatte es natürlich auch nicht gegeben.

Oakenfold brachte zwei Kollegen mit: seinen Freund, den Funk-DJ Johnny Walker, 30 Jahre alt, und Nicky Holloway, 24, einen jungen Draufgänger, der ein gutes Auge für kleine Geschäfte hatte. Er hatte mit Party-Abenden in den Amüsierkneipen der Old Kent Road angefangen und organisierte jetzt als Special Branch die angesagtesten Soul-Wochenenden. Holloway lud außerdem seinen Kumpel Danny Rampling ein, einen 26jährigen ehemaligen Mod aus Streatham, der für den Piratensender Kiss FM und bei Holloways Veranstaltungen Soul auflegte.

Was als nächstes geschah – ihre Weihe und Verwandlung durch Ecstasy – ist seither zu *dem* Schlüsselmoment der House-Kultur hochstilisiert worden, aber weder das noch die folgenden Ereignisse, die dadurch ausgelöst wurden, wären möglich gewesen, hätten diese ungebundenen jungen Clubgänger nicht schon den Grundstein dafür gelegt. „Ich kann mich an den Moment noch klar und deutlich erinnern", sagt Johnny Walker. „Ich hatte vorher nie Drogen genommen – höchstens mal was geraucht oder so –, und ich wußte gar nicht so genau, ob ich das wirklich machen wollte. Die anderen nahmen ihre Es, und so etwa eine halbe Stunde später sah ich, wie sie lächelten und sich umarmten, und da dachte ich mir: ‚Das sieht ganz okay aus.' Bei den Es damals haben die Leute gesagt, daß man damit toll aussieht und sich toll fühlt, und das stimmte, ich habe noch Fotos von uns, wie wir drauf waren, und wir sahen toll aus. Du konntest dich richtig gut unterhalten und fühltest dich auch danach noch okay. Es war fast wie eine religiöse Erfahrung; die Kombination aus Ecstasy nehmen und dann in einen warmen Open-air-Club gehen, voller wunderschöner Leute – du bist im Urlaub, du fühlst dich super, und dann kommst du plötzlich mit total anderer Musik in Kontakt, als du aus London gewöhnt bist. Diese seltsame Mischung war absolut neu und aufregend für uns und sehr inspirierend."

Holloways Bericht dagegen wird durch die für ihn typische humorige Selbstkritik gefärbt. „Das war eigentlich nur so, daß vier Bekloppte mit Moonboots durch San Antonio gelatscht sind und dauernd ‚ist das geil, Mann' gesagt haben. Wir dachten immer, wir wären cool und würden uns überhaupt nicht blamieren, aber wenn wir da jetzt drauf zurückgucken, dann war das Ganze doch ziemlich peinlich. Das erste Mal, daß ich was nahm, dachte ich: ‚Oh, das ist geil, aber ich will das nicht jedesmal, höchstens noch ein paarmal diese Woche.' Und dann haben wir es natürlich jeden Abend für den Rest der Woche genommen, jede Nacht, die wir ins Amnesia gegangen sind, jedesmal voll drauf. Wir waren alle total loved-up – es war bewußtseinsmäßig eine echte Offenbarung. Da stehst du in Ibiza, hörst Musik, sagst immer nur ‚mein Gott, ist das gut', dann gehst du zum DJ und fragst, was das für Musik war und erfährst, das war 'ne Band aus Romford, der wir bloß nie eine Chance gegeben haben, weil wir echte Snobs waren. Wir kamen im Grunde als Handelsvertreter für das Zeug zurück ..."

Es war schwer, das nicht zu werden. Man tanzte vor den Lautsprechern, hielt sich mit den neuen Seelenverwandten an den Händen, die ihre Lebensgeschichten und ihre intimsten Gefühle Leuten erzählten, die sie zum ersten Mal *wirklich zu verstehen* schienen ... und dann ging's wieder zurück auf die Tanzfläche, wo die Musik lebendiger klang als irgend etwas, was sie sich hätten vorstellen können, und man brüllte und klatschte, als ob das niemals enden sollte.

streatham high road

„Eigenes Tagebuch vom 2. 12. 75: ... London Suburbia: Sterilität – Zynismus – Langeweile, jederzeit bereit, in Gewalt umzuschlagen; bevorstehender neuer Rechtsruck. Scheiß auf das öde London, auf die kleingeistigen Engländer und das kalte und dunkle Wetter."

Jon Savage in einer Beschreibung der
Prä-Punk-Ära in *England's Dreaming*

Die Saison war schnell vorüber. In Gatwick angekommen, stiegen sie aus dem Flieger, zurück in ein Land, das sie fast vergessen hatten. *Scheiß auf das öde London...* Wo konnte man jetzt hin? Nach Hause in ihr Zimmer bei den Eltern, die Wände mit Amnesia-Postern pflastern, sich zurücklehnen und von Erinnerungen träumen. Die düstere Stimmung war vorprogrammiert. Sie hatten sich verändert, Großbritannien aber nicht.

Hier hatte gerade die dritte Amtszeit der konservativen Regierung begonnen, eine Zeit, in der nun der Zusammenbruch aller in der Vergangenheit gültigen Wertmaßstäbe erfolgte. Die letzten Heere der Klassenkämpfer, die Bergarbeiter und die Drucker, waren nach langen und dramatischen Streiks untergegangen, der Sozialismus endgültig auf dem Rückzug, und Thatchers „Wirtschaftswunder", eine Konsumwelle, die durch unkontrolliertes Geldausgeben auf Kredit und wild wuchernden Individualismus angefacht worden war, ging jetzt in die letzte Phase, bevor der erschütternde Crash auf dem Aktienmarkt, der „Black Monday", den erneuten Fall in die Rezession einläutete.

Die Londoner Clubszene spiegelte dieses finanzielle Hoch wider; die exklusive „Style Culture" des Westend, die der Autor Jon Savage als „Paradebeispiel für den Thatcher-Materialismus" bezeichnete, erlebte ihren Höhepunkt.[2] Elitedenken wurde als Tugend betrachtet, Respekt mußte man sich erkaufen, und wer sich das nicht leisten konnte, wurde ausgegrenzt, dessen Stimme fand kein Gehör. Aber es gab auch erste Zeichen für das, was kommen sollte. In den Achtzigern waren Dance Music und elektronische Rhythmen zwei wichtige Strömungen in der britischen Jugendkultur geworden; nicht nur durch den Synthesizer-Pop der New Romantics und der darin liegenden Abkehr von der typischen Gitarrencombo und ihren „Rock"-Tugenden, sondern durch die punkbeeinflußte, avantgardistische Electronic Music von Cabaret Voltaire und Throbbing Gristle, durch die Rare-Groove-Funk- und Hip-Hop-Cliquen, die in den leerstehenden Lagerhäusern der Innenstädte ihre illegalen Partys feierten, und durch die Arbeiterkids aus den Vorstädten und ihre „Soul-Mafia"-Szene, die auf hedonistische Wochenendtrips durch die Feriensiedlungen der britischen Küstenorte zog. Diese Traditionen bildeten die Grundlage für das, was später folgte.

Die einzigen Gelegenheiten, bei denen im Herbst 1987 in der Londoner Innenstadt House Music gespielt wurde, waren die Delirium-Clubnacht und die Gay Nights von Noel und Maurice Watson im Jungle oder im Pyramid. Dort pilgerte die Ibiza-Crew also hin, ein Grüppchen extrovertierter Typen, leuchtend bunt angezogen, mit weiten Sweatshirts, Arbeitshosen, Ethno-Klamotten, Ketten aus Perlen um den Hals, die Haare, die über den Sommer lang geworden waren, mit einem Gummiband zum Zopf zusammengefaßt. Verglichen mit der langweiligen Uniformierung, die man in der Londoner Clublandschaft sonst Ende der Achtziger fand – Fliegerjacken, Doc Martens und Levi's 501 –, sahen sie aus wie Freaks aus einer anderen Dimension und benahmen sich auch so. „Es waren vielleicht dreißig von uns in der Disco, alle in einer Ecke, am Abtanzen, und die anderen in dem Laden starrten uns an, von wegen: ‚Wo sind diese Penner denn entsprungen?' Wir wollten die ganze Nacht abtanzen, und das ging einfach nirgendwo. Wenn die zumachten, fingen wir an, mit den Füßen zu trampeln und auf und ab zu springen und zu schreien", erinnert sich Adam Heath.

„Die trugen alle Ponchos, tanzten auf den Lautsprechern und schmissen ihre Es. Und wir fragten uns, ‚was zum Teufel geht denn hier ab?' Ich wollte die nicht in meinem Laden haben!" meint Noel Watson. „Ich sagte zu ein paar von unseren Türstehern: ‚Laßt die nicht rein, das sind Schläger aus Süd-London, ich bin sicher, das sind Schläger, das sind Hänger, wir wollen keine Hänger im Club.' Dann wurde mir langsam klar, daß die total cool waren."

Aber das Delirium war nicht ihr Ding, egal, wie gut die Musik war, es gehörte der Vergangenheit an, gehörte zum angesagten Westend. Sie brauchten etwas Eigenes, einen Club, ausgelegt und angepaßt an das bewußtseinsverändernde, überwältigende Erlebnis Ibiza, wo die Hemmschwellen wieder fallen würden und wo sie, in ihrer eigenen Umgebung, ohne Angst oder Einschränkungen herumhüpfen und spielen konnten. Paul Oakenfold und Ian St Paul begannen, den Project Club auf der Streatham High Road nach der Sperrstunde aufzumachen; ab zwei Uhr früh, wenn der Club offiziell zumachte, bis um sechs ließen sie die Ibiza-Clique durch die Hintertür rein, und dann fing der ganze Wahnsinn wieder an. Das ging nur ein paar Wochen so, aber bevor die Polizeirazzien kamen, flog Oakenfold Alfredo aus Ibiza ein und lud außerdem eine Abordnung vom *Boy's Own* Fanzine ein, die auf diese Weise das Sprachrohr der frühen Szene wurde, und die Oakenfold aus den Westend-Discos und von den Heimspielen des FC Chelsea kannte.

Boy's Own war Teil einer anderen, älteren Tradition, eine hippe Stadion-Fanzeitung, die selbst stark von dem Liverpooler Fanzine *The End* beeinflußt war, das von Peter Hooton, dem Leadsänger von The Farm gemacht wurde (eine Band, die in den kommenden Jahren ebenfalls noch eine Rolle in der Ecstasy-Kultur spielen sollte). *The End* überbrückte die Grenzen zwischen Fußball, Pop und Mode mit beißendem Humor und subversiven Breitseiten, die auf die in London herrschende Homogenität der Style Culture der Achtziger abzielte. *Boy's Own* in hatte seine Basis in Windsor und den Schlafstädten westlich von London und folgte der von Hooton eingeschlagenen Richtung, griff aber eher von innen heraus an. Auf dem Cover waren meist dreiste Straßenkids mit Pitbullterriern zu sehen, und die Texte waren wechselweise komisch (wenn man die Insiderwitze verstand) und gemein. *Boy's Own* war eine Art Kritiker der eigenen Reihen, ließ die Szene sofort in unmißverständlichen Worten wissen, wenn etwas verkehrt lief, und verfolgte eine streng puristische Ideologie, die an krasses Elitedenken grenzte. *Boy's OwnBoy's Own* begann unter der Führung von Terry Farley, Steve Mayes, Andy Weatherall und Cymon Enckel die Dance-Kultur in ganz Großbritannien zu beeinflussen, inspirierte eine ganze Welle ähnlicher Fanzines und machte Farley und Weatherall zu Star-DJs. Ende 1987 konzentrierte man sich dort noch immer darauf, obskure Fußball-Gangs in den Himmel zu heben und peinlich genau ihre stilistischen Schnitzer zu beschreiben, aber man kümmerte sich auch immer mehr um club-orientierte Themen. Im Mai 1988 latschten die Straßenkids schon unter dem Slogan „Schmeißt Acid statt Bomben" übers Cover, und im Vorwort der Herausgeber war davon die Rede, „am Tor der Nordtribüne [beim FC Chelsea] Blumen zu verteilen".[3]

Nachdem das Project eingestellt worden war, gab es wieder nichts, wohin man hätte gehen können, außer dem Delirium und den Gay Clubs, wo DJs wie Mark Moore und Colin Faver ihre Mischung aus Eurodisco und Hip-Hop mit ein paar House-Tracks anreicherten. Von den vier DJs, die diese entscheidende Woche auf Ibiza verbracht hatten, schien Rampling am meisten davon beeinflußt zu sein; er war auch derjenige, der in der Vergangenheit noch am wenigsten gezeigt hatte, wohingegen Oakenfold, Holloway und Walker bereits eine Karriere im Musikbusineß aufgebaut hatten. „Es hat Dannys Leben verändert", glaubt Steve Proctor, ebenfalls ein einflußreicher DJ, der zu der Zeit eng mit Rampling befreundet war. „Ich hatte schon Punk und die New-Romantic-Geschichte hinter mir, und für mich war es einfach spannend, wieder so intensiv in eine solche Sache einzusteigen, wo die Energie und Intensität durch die Drogen noch verstärkt wurden, aber für

Leute wie Danny, der noch gar nichts anderes kennengelernt hatte, als Soul-Platten in den Pubs der Old Kent Road aufzulegen, veränderte es das Leben. Er fuhr absolut drauf ab."

Und so ergab es sich, daß im November 1987 Danny Rampling und seine spätere Frau Jenni eine Party in einem Fitneßcenter in der Nähe der Southwark Bridge am Südufer der Themse organisierten. „Let the music take you to the top", lud ein Flugblatt alle „Sensationslüsternen" ein. Der Name der Party, Shoom (oder, ursprünglich, Klub Sch-oom), war angeblich eine Beschreibung des Gefühls, wenn der erste Ecstasy-Kick einsetzt. „Das Wort faßte die Atmosphäre des Clubs zusammen – ein Hochgefühl, positive Energie", sagt Rampling. „Die erste Nacht war ziemlich stressig. Carl Cox legte mit mir zusammen auf, und noch ein Typ, der Funk spielte, daher war es ein totales Mischmasch. Da war eine Funk-Clique und eine House-Clique, und das paßte einfach nicht zusammen. Es war eine Zitterpartie, aber lustig, daher hatten wir auch genug Enthusiasmus, um weiterzumachen."

Eine Woche später buchten Ian St Paul und Paul Oakenfold das Sanctuary, ein Hinterzimmer des Heaven, einem riesigen Gay Club bei Charing Cross, für eine Party, die den Titel Future trug. Eines Donnerstags nachts versammelte sich die Ibiza-Clique vor der Tür, sie alle zahlten brav ihre fünf Pfund Eintritt, bekamen einen Stempel auf den Handrücken und marschierten durchs Heaven ins Sanctuary, wo Oakenfold Alfredos größte Sommerhits auflegte: leichte, lockere Urlaubssongs, versetzt mit ein bißchen House. Zu dieser Zeit existierten vermutlich noch nicht genug House-Platten, um eine ganze Nacht damit zu bestreiten, und überhaupt war das Future eine *Balearic*-Clubnacht.

Es wurde viel darüber diskutiert, wer als erster House Music nach Großbritannien brachte und dort bekannt machte – Mike Pickering in Manchester, Graeme Park in Nottingham oder Londoner wie die Watson-Brüder, Mark Moore, Colin Faver, Jazzy M, Kid Batchelor und Eddie Richards? House hatte zwar eine Hardcore-Basis im englischen Nordwesten und in den Midlands, aber man kann wohl mit Fug und Recht behaupten, daß keiner dieser DJs ausschließlich House spielte; sie mischten es in der Regel mit Rap oder Soul, und die Ecstasy-Euphorie von Ibiza gab es dort auch nicht.

In London betrachtete man House oftmals als üble neue Ausrichtung von Gay Disco. Als Mike Pickering 1987 mit einer Kiste House-

Tracks aus Chicago runter nach London kam, wurde er oben am DJ-Pult beschimpft, wie sich Johnny Walker erinnert: „Ich weiß noch, wie ein Typ nach oben kam und Mike diesen Zettel gab, auf dem stand: ‚Warum spielst du diese beschissene Homo-Mucke? Verpiß dich!' So waren die damals drauf." Dennoch begann House schon die ersten Spuren in den Pop-Charts zu hinterlassen: Aufnahmen von Farley „Jackmaster" Funk und Steve „Silk" Hurley waren im August 1986 bzw. Januar 1987 bis in die Top Ten vorgedrungen, und auch die ersten britischen House-Tracks tauchten auf. Anfang 1988 vermarkteten London Records bereits Compilation-LPs mit dem Etikett „Acid House" als neue Popkult-Richtung.

Der Aufstieg der House Szene erfolgte zeitgleich mit einer optimistischen Aufbruchsstimmung in der britischen Poplandschaft, als deutlich wurde, wie einfach es war, eine Platte zu machen, indem man die neuen Technologien wie Digitalsampling und Drumcomputer verwendete. Für einen Augenblick erschien es Ende der Achtziger, als würden sich neue Möglichkeiten auftun und Musik würde nie mehr dieselbe sein. Die Scratch-Mixe von den Plattenspielern der Hip-Hop-DJs und die Drum-Machine-Formel der frühen Chicagoer House-Platten deuteten in eine billige Low-Tech-Richtung, die dennoch revolutionär erschien. Jetzt, wo Musik auf einem Vierspurrecorder komponiert, aus Samples und Beatbox zusammengesetzt, dann roh auf eine Maxisingle gepreßt und durch unabhängige Plattenläden verkauft werden konnte, fand eine Demokratisierung des kreativen Prozesses statt, ebenso, wie Desktop-Publishing die Druck- und Verlagslandschaft aufgebrochen und den Aufstieg der Fanzines ermöglicht hatte. Die Strategie von Do it yourself und freiem Zugang wurde wiederholt mit der Antimusikalitätshaltung des Punkrock verglichen, aber Sampler und Drumcomputer machten sogar mit der Notwendigkeit Schluß, daß man ein Instrument lernen, proben, ein Plattenstudio buchen, Gigs organisieren oder sich überhaupt um einen Plattenvertrag kümmern mußte.

Der erstaunliche Erfolg der ersten primitiven Platten der britischen DJs war ein Aufbruchssignal – Ende 1986, Anfang 1987 verzeichneten Jonathan Moore und Matt Blacks Coldcut, Mark Moores S-Express, Dave Dorell und CJ Mackintoshs M/A/R/R/S sowie Tim Simenons Bomb The Bass allesamt Pophits mit selbstgebastelten Tracks, die aus Samples zusammengesetzt waren. Computer stellten das gesamte Konzept einer „Band“ in Frage: Eine Band, das mußten jetzt nicht mehr länger vier Leute mit Gitarre, Baß, Schlagzeug und Mikrofon auf einer Bühne sein, sondern das konnte auch etwas viel Flexibleres, weniger Greifbares bedeuten: ein spontanes Kollektiv einer beliebigen Zahl von Leuten, das sich ständig veränderte und neu definierte, um sich neuen Situationen anzupassen. Natürlich waren beim Programmieren von House-Tracks nun neue Fähigkeiten gefordert, und entsprechend waren viele der tausend Veröffentlichungen amateurhaft oder abgekupfert, aber damals erschien es, als könnte man wirklich, wie die Independent Labels aus der Zeit nach Punk es sich erträumt hatten, die erstickenden Strukturen des Musikbusineß umgehen. Die Ereignisse der kommenden Monate sollten diese Hoffnungen zu einem lauten Crescendo anschwellen lassen.

southwark street

„Wir werden die Menschen lehren, nicht mehr zu hassen ... Beginnt eine Bewegung des Friedens und der Liebe.“

Allen Ginsberg, nach der ersten
Einnahme von Psilocybin, 1960

Die Zeit zwischen Dezember 1987 und April 1988 war eine Reise der Unschuld und des Entdeckens, unberührt von den Sorgen der Außenwelt. Die Shoomers hatten eine erregende neue Musik, die nicht im Radio lief und die man nur in speziellen Läden kaufen konnte, und eine überwältigende Droge, die sie in genau die Menschen verwandelte, die sie schon immer hatten sein wollen. Es gehörten so wenig Leute zu diesem Kreis, daß die Freundschaften geradezu allumfassend wurden. Plötzlich konnten sie über nichts anderes mehr reden als über Liebe, Zusammengehörigkeit, Teilen, schlichte Lebensfreude. Auf Ibiza hatten sie etwas kennengelernt, was sie kaum erfassen konnten, deswegen suchten sie nach dem nächsten Vergleich, den sie finden konnten – die Hippie-Zeit –, und erschufen einen Abklatsch des Eindrucks, den sie von den Sechzigern hatten, eine Second-Hand-Wundertüte aus Mode und Slogans ohne die radikale Politik dieser Zeit, die dann durch die Brille der Arbeiterklassen-Wertmaßstäbe betrachtet wurde. Aber sie glaubten ehrlich daran, daß sich die Struktur ihres Verstandes tatsächlich änderte. Verwandelten sie sich in Hippies, fragten sie sich, war das der Beginn eines neuen Zeitalters?

„Ich dachte damals, daß nun das Goldene Zeitalter bevorsteht, daß das Zeitalter des Wassermanns gekommen ist, und ich wollte das mit anderen Menschen teilen – laßt uns zusammenkommen, laßt uns die Menschen zusammenbringen!" sagt Rampling. „Das Shoom war ein Club, wo alles möglich war. Es herrschte dort ein unheimliches Gefühl von Freiheit, keine Einschränkungen. Wir begrüßten alle Leute, die kamen, und sagten tschüs, wenn sie wieder gingen. Als der Club zu allererst aufmachte, gaben wir umsonst Energiedrinks und Perrier aus. Wir gaben den Leuten das Gefühl, daß sie wirklich beteiligt waren, nicht nur, daß sie in einen Club gingen und dafür bezahlten."

Die einzigen echten Hippies im Shoom waren Maggie und Roger Beard, echte Stonehenge-Veteranen und alte Freunde von Ian St Paul aus Carshalton, die einen zehn Meter langen Bus fuhren, der noch aus ihren Zeiten on the road mit dem „Friedenskonvoi" stammte. Ihnen wurde nun natürlich enorme Aufmerksamkeit zuteil – vor allem, nachdem sie im Future in komplettem Indianerkostüm aufgetaucht waren. Eine kleine Gruppe Aufgeregter scharte sich meist um sie und wollte wissen: „Wie war das so in den Sechzigern? Doch bestimmt viel besser als heute?" Und sie antworteten dann: „Nein, nein, heute ist es viel toller – wir hatten damals nicht die Drogen."

Im Januar 1988 hatten die Ramplings den gelben Smiley als Logo entdeckt – das Symbol der Hippies und religiöser Verkünder, das kürzlich durch Alan Moores graphischen Roman *The Watchmen* zu neuen Ehren gekommen war. Auf ihrem neuen Flyer, wo sie den „happy happy happy happy happy Shoom club" anpriesen, purzelten die Smileys wie ein bunter Pillenregen über die Seite.

Shoom und Future setzten die Zeichen für das, was noch kommen sollte. Das Future war wie ein klaustrophobischer Kokon, als ob man in eine feuchtwarme Black Box eingeschlossen war, wo der Baß durch Mark und Bein vibrierte – man war tatsächlich „lost in music". Im Shoom konnte man manchmal keinen halben Meter weit sehen, weil soviel Trockeneisnebel mit Erdbeeraroma herumwaberte und das Stroboskoplicht die Bewegungen in zuckenden Formen einfror. Es ragten Beine aus den Lautsprechertürmen, Körper krümmten sich in die

Baßtöner. Die Leute liefen gegen die Spiegel an der hinteren Wand, weil ihnen nicht bewußt war, wie winzig der Club tatsächlich war. Die Art, wie hier getanzt wurde, war das genaue Gegenteil des funkigen Strut, der sonst in London angesagt war – man wirbelte die Arme windmühlenmäßig herum und teilte Kung-Fu-Schläge aus; zuckende Körper paßten sich dem Stroboskop und dem monotonen Beat an, die ausgestreckten Finger dirigierten den High-Hat-Rhythmus. Einmal beendete Paul Oakenfold eine Tanznacht mit *All You Need Is Love*, und alle schoomten zusammen, hielten sich an den Händen und umarmten sich.

Ecstasy hatte sozusagen eine psychische Falltür geöffnet, aus der jetzt alle möglichen bizarren Phänomene herausströmten. Für manche war das Shoom ein einziger großer Kindergeburtstag, wo man sich gegenseitig Geschenke machte, meist kleine Mitbringsel wie Smiley-Badges oder Herz-Anstecker, irgend etwas Niedliches halt, und jedermann schien irgendein verrücktes Accessoire mit sich herumzutragen, zum Beispiel eine Kristallkugel, die man unter die Spotlights halten konnte, oder einen Fächer, um sich Kühlung zuzuwedeln und geometrische Figuren ins Stroboskoplicht zu zeichnen – alle flippten zum gemeinsamen Groove aus, in harmonischer Konvergenz vereint – together as one, alle gemeinsam, als ob es nichts Wichtigeres in der ganzen Welt gäbe.

„Es war jede Woche wieder magisch, eine Gruppe Leute, die gemeinsam auf diesen verrückten Freundlichkeitstrip ging“, sagt Spencer Guinere, ebenfalls ein Ibiza-Veteran aus Süd-London. „Alle Hemmungen waren wie weggeblasen. Die Leute fingen an, sich gegenseitig mit Leuchtfarben zu bemalen oder in die Lautsprecher reinzukriechen. Sie wollten wahrscheinlich mitten in den Sound hineinkommen. Die Leute griffen wieder auf ganz kindliche Verhaltensmuster zurück.“ Jeder wußte eine Geschichte über spontane Freundschaftsbezeugungen oder Ausbrüche bedingungsloser Liebe, wenn zum Beispiel der ganze Club „Happy Birthday“ für einen strahlenden Shoomer sang oder eine riesige Smiley-Karte für jemanden bastelte, der gerade im Krankenhaus lag. „Wir hatten auch immer Teddybären dabei“, sagt Jason Hawkins. „Wir hatten einen Teddybären-Club im Shoom – jeder hatte seinen Bären. Man kann das irgendwie nicht direkt erklären, es war, als besinne man sich auf seine Kindheit zurück. Alle möglichen, eigentlich blöden Sachen liefen da unten. Es war total anders als alles, was es vorher gegeben hatte. Das lag natürlich total an der Droge, das machte die ganze Atmosphäre aus. Für die Leute, die das miterlebten, alle miteinander befreundet und alle auf demselben Level, war das total geil."

Ein Dealer, der den Hug Club beliefert hatte, war absolut verblüfft darüber, was das Shoom aus MDMA gemacht hatte. „Sie hatten es auf einen neuen Level gehoben. Von Leuten, die einfach Partys feierten, auf dem Rücken lagen, sich umarmten und beim Chillout *Moments In Love* hörten, bis zu einem Club mit zuckenden Lichtern, voller Trockeneis und diesem pulsierenden Sound – das war, boah, Wahnsinn! Es zeigte auch, wie sehr den Leuten diese Style-Geschichte zum Hals raushing."

Es entwickelte sich auch eine Geheimsprache, die für Außenstehende fast völlig unverständlich war: „on one", „toppy top", „acieed", „shooming" – Ausdrücke, die versuchten, die unbeschreibliche Landschaft der Drogenerfahrung zu erfassen. Bier wurde durch den Energiedrink Lucozade verdrängt, nicht nur weil Alkohol die Wirkung des MDMA beeinträchtigte, sondern auch,weil es einfach *ihr* Drink war, wie Steve Proctor erläutert: „Lucozade wurde *der* angesagte Drink, weil es schlicht und ergreifend das einzige war, was in diesem Fitneßcenter verkauft wurde – wenn die nur Malzbier gehabt hätten, wäre es eben das gewesen."

Sie waren mit der funktionalen Euro-Mode des Ibiza-Sommers zurückgekehrt – Shorts, T-Shirts, Baseballschuhe und Stirnbänder – und verzierten die jetzt mit den Kindergarten-Accessoires, wobei die angeheizte Atmosphäre jedes kühne Modeexperiment zuließ. Es war ein deutliches Befreiungsgefühl spürbar, als die Designerklamotten gegen ein lässiges T-Shirt und Jeans eingetauscht wurden; es war ein Statement, daß der Urlaub noch nicht vorbei war, daß die Rückkehr zur Realität noch nicht stattgefunden hatte. Es war auch eine bedingungslose Ablehnung der strengen Stilhierarchie, auf die die Londoner Szene aufgebaut war, das Outing der demonstrativen Konsumgier der späten Achtziger als lächerlich und albern ... es gab wichtigere Dinge im Leben.

Der Modedesigner Nick Coleman, ebenfalls ein Shoom-Clubmitglied, der gleichzeitig mit John Galliano seinen Abschluß am renommierten St. Martins College Of Art gemacht und 1985 sein eigenes

Label gegründet hatte, erkannte die Verlagerung vom Designer-Schick zu praktischer Kleidung sofort. „Plötzlich hatte sich mein Lifestyle komplett verändert – ich wollte keine Jacken und Hosen mit eingenähten Bügelfalten mehr, ich wollte was Sportliches, was pflegeleicht und funktional war. Die ganze restriktive, smarte Kleiderordnung wich einer viel lockereren Herangehensweise. Ich gehörten zu den ersten, die darauf einstiegen, weil ich in die Clubs ging und sah, das die Leute trugen, und dementsprechend kam ich mit meiner Version davon heraus."

Im darauffolgenden Jahr begann Coleman, Designer-Clubwear herauszubringen, da er sich sagte, daß Freizeitkleidung an sich bald Mode werden würde – eine Richtung, die in den kommenden Jahren noch mehrere andere Designer einschlagen würden. „Man kann aber davon ausgehen, daß ‚dressing down' sowieso irgendwann gekommen wäre", meint Coleman. „Wenn die Leute mehr Freizeit haben, dann ändert sich ihr Lifestyle, und damit ändert sich auch der Anspruch an die Kleidung. Was die Modeindustrie wirklich veränderte, war die Rezession; die Leute, die früher Designermode gekauft hatten, hatten immer weniger Geld zur Verfügung."

Dennoch machte das alles einen enorm großen Eindruck auf Coleman – er begann, Schallplatten und Plattenspieler zu kaufen, eröffnete seinen eigenen House-Club –, und das zeigte gleichzeitig, wie gründlich Ecstasy das soziale Strickmuster der Style-Ära aufzulösen vermochte. „Ich war jemand, der allgemein als Busineßmensch betrachtet wurde, der jede Stunde, die Gott werden ließ, arbeitete, immer total angespannt, der letzte, der bei so etwas mitgemacht hätte – es war für die meisten Leute ein totaler Schock. Ich kam auf Gedanken, die ich früher nie gehabt hätte; auf sehr positive Gedanken, die aber nicht unbedingt darauf gerichtet waren, hart zu arbeiten oder das eigene Geschäft zum Erfolg zu führen. Ich machte mir plötzlich weniger Sorgen darüber, ob das Geschäft lief oder nicht oder ob ich die beste Kollektion hatte."

Die Ecstasy-Versorgung in London Ende 1987 war immer noch extrem beschränkt. „Natürlich brauchte man Ecstasy für diese Clubs", sagt Ian St Paul. „Ohne Ecstasy hätte das alles keinen Sinn gemacht." Die Londoner Dealer konnten einfach nicht mit den erforderlichen Mengen dienen, also unternahmen einige der jungen Schnorrer selbst häufig Trips nach Amsterdam oder Ibiza, um die Connections anzuzapfen, die sie im Sommer geknüpft hatten, und tütenweise krümelig weißpudriges MDMA mitzubringen. Jeder wußte, wer verkaufte und was er verkaufte, und alle wußten, daß das guter Stoff war. Bald entstanden Versorgungskanäle rund um die Schlüsselfiguren und -clubs der Szene. Zu dieser Zeit herrschte allgemein der Irrglaube, daß die Droge legal sei – eigentlich wußte niemand wirklich besonders viel darüber. Aber bald sollten einige die Wahrheit kennenlernen – zu einem hohen Preis.

Obwohl sich jeder über das Potential dessen, was da passierte, im klaren war, konnte niemand dieses neue kollektive Bewußtsein definieren, und da die Auswirkungen von Ecstasy so stark persönlich gefärbt sind, blieben die allgemeinen Weisheiten darüber ungenau und vage. Ecstasy umging das Konzept der Verbalisierung; man führte keine intellektuellen Gespräche darüber, man fühlte es mit jeder Zelle seines Körpers, ohne daß die Störsignale der Sprache dazwischenfunkten. Weil sie eben waren, wie sie waren, kamen die Shoomer nicht auf den Gedanken, ein Manifest zu schreiben, und daher waren die wiederaufgebauten Hippie-Mythen alles, was sie hatten: „Peace and love". Die vorherrschende Einstellung war total definiert von MDMA – Empathie, Gefühl, Sound – und dem Set und Setting der Teilnehmer, was wiederum von der herrschenden wirtschaftlichen und sozialen Grundstimmung des von Unternehmergeist und freier Marktwirtschaft vibrierenden Großbritanniens geprägt wurde. Waren es Wünsche nach Alltagsfluch, oder bloß schlaue Kids, die sich ein bißchen amüsieren wollten? Saturday Night Fever oder eine ganz neue Lebenseinstellung?

„Danny und Jenni gehörten zu den mehr spirituell interessierten unter uns, aber ich glaube, dieses Love-&-Peace-Ding war einfach da, wenn man in einem Club ausrastete", sagt Lisa McKay. „Die Leute liefen in den Clubs echt rum und erzählten jedem, daß sie sich so liebten. Es gab ein Gefühl der Einheit, es war definitiv *etwas* da, aber das ist so schwer auf den Punkt zu bringen bei so einer Drogengeschichte, nicht wahr?"

Es herrschte das Gefühl, daß man alle alten Vorurteile ablegte und auch die eigene Vergangenheit nicht mehr wichtig war. „Viele dieser Kids waren ganz schön übel drauf, viele von ihren waren Fußballhooligans", bemerkte Rampling damals. „Aber das spielt jetzt alles keine Rolle mehr."[4] Einige von ihnen hatten eine Akte als „alte Bekannte" von den Chelsea-Spielen, andere waren beispielsweise Schläger oder Rassisten gewesen; einer hatte vor Jahren Leserbriefe an Mod-Fanzines geschrieben, in denen er vom Kampf gegen die „Kanaken“ sprach; aber jetzt, wo sie in diesem engen Club an Leute gedrängt wurden, mit denen sie vorher niemals in Kontakt gekommen waren, Schwule, Musiker und ältere Hippies, änderten sie sich. Einige von ihnen erlebten die klassische psychedelische Bekehrung – diese Droge konnte die Welt verändern! –, aber sie waren schlau genug zu wissen, daß es besser war, das nicht zu laut zu sagen.

Mit dem Erfolg kamen auch die ersten Probleme. Die Besucher brachten ihre Freunde mit, die wiederum wollten *ihre* Freunde mitbringen, und bald war in dem kleinen Raum einfach nicht mehr genug Platz für alle. Hunderte drängten sich vor dem Shoom und kämpften darum, Jenni Ramplings Aufmerksamkeit an der Tür zu erregen, und das führte schließlich dazu, daß sie in den Ruf einer der härtesten Türsteher der ganzen Stadt geriet. Es war unvermeidlich, daß schließlich einige Stammgäste nicht mehr hineingelassen wurden. „Jenni wurde gehaßt, richtig gehaßt“, sagt Jason Hawkins. „Wir nannten sie immer Hitler.“

Es dauerte nur wenige Wochen, dann entdeckte die Westend-Schickeria das Shoom. Zuerst bekamen sie keinen Eintritt: „Es gab eine Regel“, sagt Steve Proctor, „keine Popstars, keine Zeitgeistler im Club.“ Aber bald wurden Berühmtheiten wie Boy George, Patsy Kensit, Pete Wylie, Paul Rutherford von Frankie Goes To Hollywood, Martin Fry und Mark White von ABC, der Tänzer Michael Clark und Journalisten wie Gary Crowley und Robert Elms in den Club eingeführt, und die Kluft zwischen den ursprünglichen Grundsätzen und der neuerwachten Hipness begann zu wachsen. Verwandelten sie sich schon so schnell in die Leute, gegen die sie sich eigentlich einmal verschworen hatten? „Es war komisch, das war wie damals, als ich ein Punk war – ‚oh, wir sind nicht wie die alten Stars‘ – aber sie *waren* wie die alten Stars, eine total abgehobene Clique“, sagt Boy George.

Steve Proctor glaubt, daß die Ramplings schlicht von ihrem eigenen Erfolg überrollt wurden und nicht wußten, wie sie damit umgehen sollten. „Man darf nicht vergessen, daß Danny und Jenni beide fast ohne Abschlüsse von der Schule abgegangen sind. Danny war etwas älter, aber Jenni war noch sehr jung, stand plötzlich so im Rampenlicht und wurde gefeiert. Es gab Leute, die hatten Angst vor Jenni, weil sie absolut unfreundlich und arrogant sein konnte, aber das war keine Absicht – sie war einfach ein Mädchen aus Bermondsey, das dich k. o. schlagen konnte, wenn du ihm irgendwie blöd gekommen bist. Sie kannte nur diese direkte Sprache."

villiers street und clink street

Ian St Paul war eine beinahe überlebensgroße Figur, die Selbstbewußtsein geradezu verströmte, von Natur aus ein PR-Mann, der stets mehr als nur eine Übertreibung im Munde führte. Er glaubte, daß er die Szene auf einen neuen Level bringen könnte, und überredete Paul Oakenfold, daß sie sich für den 11. April 1988, einen Montag, das Heaven buchen sollten. „Niemand hatte zuvor eine Clubnacht dieser Größe – 1.500 Leute – für einen Montag angesetzt", sagt Oakenfold. „Das hatte man noch nie gehört. Jeder sagte: ‚Ihr Spinner, ihr habt euren kleinen Club, belaßt es dabei, ihr könnt keine Montagnacht in London veranstalten.' Aber Ian war fest entschlossen. Er glaubte daran."

„Spectrum: Theatre of Madness" stand auf dem Flugblatt. In seiner Mitte prangte ein greller Augapfel, durchzogen von den Primärfarben und umrankt von psychedelischen Buchstaben – das Design war an ein Grateful-Dead-Poster aus der Blütezeit von Haight Ashbury angelehnt. Das Heaven war die am besten ausgestattete Diskothek in London, mit einem überwältigenden Soundsystem, Laserstrahlern und automatischen Spotaufhängungen; bei der Einrichtung hatte man keine Kosten und Mühen gescheut. Aber in der Eröffnungsnacht war außer den Ibiza-Hardlinern niemand da – kaum mehr als 100 Leute, die umsonst verteiltes Ecstasy in einer leeren Halle konsumierten, was nicht einmal annähernd bis zum Break-Even reichte. In der dritten Woche waren St Paul und Oakenfold bis über beide Ohren verschuldet und dachten daran, die ganze Sache abzublasen. Hatten sie die Stimmung der City falsch eingeschätzt? Aber Maggie und Roger Beard glaubten daran; ein Erfolg war unausweichlich, sagten sie. „Wir waren so kosmisch-hippiemäßig drauf, was diese Sache betraf. Als wir das Flugblatt sahen, war uns klar, daß das gar nicht schiefgehen konnte; Montag war ein guter Tag, der Tag Shiwas, und es gab einen heidnischen Tempel in der Nähe dieses Londoner Stadtteils, daher waren die Strömungen hier sicher richtig, und außerdem war es die rechte Zeit und die rechte Droge." Und tatsächlich kam es so. In der vierten Woche, aus dem Nichts, standen die Leute plötzlich Schlange bis zur U-Bahn-Station Charing Cross, und im Theatre of Madness ging der Vorhang hoch.

Weder vorher noch nachher hatte es je einen so spektakulären wöchentlichen Event in London gegeben. Der breite grüne Strahl der Laser im Heaven erfaßte die ausgestreckten Arme und zuckenden Finger, die aus dem Trockeneis ragten. Es gab im Verlauf der Nacht unglaubliche visuelle Happenings – Raumschiffe, die von der Decke herabschwebten, Feuerwerk, Räume voller Styropor-Bälle, Explosionen von silbernem Konfetti, Schneestürme, die über die Tanzfläche hinwegfegten. Wenn es im Future um die Erinnerungen an Ibiza ging, dann war das Spectrum der Zukunftsschock von Acid House. Oakenfold und Johnny Walker sorgten dafür, daß der Beat richtig aus dem großen, kristallklaren Soundsystem herauspulsierte, während Roger Beard und Terry Farley oben in der VIP-Bar, wo sich die Ibiza-Clique versammelte, obskure Psychedelic-Tracks und Dub mit einer echt handgemachten Sechziger-Diashow unterlegten, die einer von Beards Freunden zur Verfügung gestellt hatte. „Can you pass the acid test – bestehst du den Acid Test?" fragten die Flugblätter für die erste Spectrum-All-Day-Party und stellten gleich klar, was vom Publikum bezüglich des Drogenkonsums erwartet wurde: „On one all day – den ganzen Tag drauf sein!"

Ende Mai 1988 erschien der erste Bericht über Acid House in der Jugendzeitschrift *i-D*, illustriert mit Fotos vom harten Kern der Ibiza-Clique, unter anderem Spencer Guinere, Nancy Turner und Lisa McKay (die beide mittlerweile auch ins DJ-Lager gewechselt waren, unter den Namen Nancy Noise und Lisa Loud). Diese muntere Gruppe von Leuten, die gerade mal über zwanzig waren, wurde „Amnesianer" genannt oder „Strandschlampen-Hippies". MDMA wurde nicht direkt erwähnt, ein bewußter Versuch, die Szene zu schützen, obwohl es im Text genug verborgene Hinweise auf den „ekstatischen Zustand" gab, um die Idee rüberzubringen. „Peace and love, Leute, und kommt gut drauf", hieß es am Schluß. „Acieeed!"[5]

Bis zu diesem Zeitpunkt hatten die Ramplings Presseberichte unterstützt, immer unter der Bedingung, daß in dem Artikel nirgendwo die Adresse des Clubs genannt wurde: „Wir wollten, daß es etwas Besonderes bleibt. Wir wollten das, was wir hatten, so lange erhalten, wie es ging." Ihnen war klar, wenn die Jugendmedien erst einmal auf die Szene einstiegen, dann würde die Entwicklung des Ganzen sich unglaublich beschleunigen. Was sie nicht ahnten, war, wie sehr das wirklich der Fall sein und wie sehr sich dann alles ihrer Kontrolle entziehen würde. Aber die Stärke der Formel, die sie mit entwickelt hatten – Ecstasy plus House Music gleich Masseneuphorie –, hatte ihre eigene unbezähmbare Dynamik. Sie war buchstäblich zu gut, um sie geheimzuhalten.

Im Mai hatten die Ramplings, ermuntert durch ihren beachtlichen Erfolg, die Shoom-Nächte ins YMCA an der Tottenham Court Road ins Westend verlegt und umwarben nun hippe Szenetypen, indem sie ihre Flyer in Designerboutiquen wie Browns verteilten. Sie begannen außerdem, ein Magazin herauszugeben, um ihr neues Publikum auf die Ethik des Clubs einzuschwören. Es war gespickt mit Smileys und naiven Gedichten und beinhaltete auch Schnipsel aus Briefen an die Ramplings. „Das tollste an Shoom ist die Freiheit, in der wir wir selbst sein können", lautete einer. „Shoom war nie eine Clubnacht", hieß es in einem anderen, „es ist wie eine glückliche Familie, die sich umeinander kümmert." Während jedoch „Peace & Love" als allgemeine Doktrin dargestellt wurde, bröckelte die Szene bereits auseinander. Die Ramplings hatten den Donnerstag für ihre neue Nacht gewählt – dieselbe Nacht wie Future. Die winzige Gemeinde war gezwungen, sich zwischen den beiden zu entscheiden, und diese Trennung beschwor sehr viel Bitterkeit herauf. Oakenfold und Rampling verkrachten sich. Einige meinten, Shoom sei jetzt „kommerziell geworden" und hätte seine eigene Philosophie verraten. „Ich war beleidigt", sagt Blane Scanlon. „Die Leute lebten für den Club, man hielt zu ihm wie zu seinem Fußballteam. Dann wollten die Schickeria-Typen unbedingt dazugehören. Da wurde dann alles so künstlich."

Auch im Spectrum bekamen die Ibiza-Veteranen langsam das Gefühl der Isolation in der Menge. Sie waren plötzlich umgeben von Leuten, die sie alle nicht kannten, die nicht zu ihrer Gang gehörten, die nicht von Anfang an dabeigewesen waren – und die alle grölten und schrien und tanzten, wie sie selbst es im Sommer zuvor getan hatten, die ihre grellbunten Shorts und Arbeitshosen trugen und sogar ihr Schlagwort „Acieeed" nachäfften. Es war, als seien diese „Acid Teds", wie *Boy's Own* sie nannte, eine Karikatur ihrer selbst. „Ich haßte es! Ich wollte überhaupt nicht mehr weggehen. Wir wollten nichts mit diesen Leuten zu tun haben. Wir glaubten, wir wären etwas besseres als die", sagt Marie Marden. „Als wir nur ein paar Auserwählte waren, hatten wir unsere Party, wir fühlten uns als etwas ganz Besonderes, und man ließ auch jeden anderen spüren, daß man ihn für etwas Besonderes hielt – ‚echt, ich liebe dich, du bist mein bester Freund' – wir waren alle so eng zusammen, weil wir nur so wenige waren. Wenn dann plötzlich so viele drauf einsteigen, dann weißt du, daß du deine Szene für immer verloren hast. Denn ab da war es eine Geldgeschichte. Wenn ich heute daran denke – ich hätte echt eine gute Zeit haben können, wenn ich weniger arrogant gewesen wäre, was das anging."

Die einzigartige, intime Vertrautheit begann sich ihrer Meinung nach aufzulösen. Aber in einer chaotischen sozialen Situation ohne definierte Ansichten, meint Roger Beard, war es unvermeidlich, daß der rekonstruierte Hippie-Idealismus unter dem Gewicht der zahlreichen Neuzugänge zusammensacken mußte. Abgesehen von *Boy's Own* das auch immer sporadischer erschien, versuchte niemand, die komplexen emotionalen Erlebnisse, die die Leute hatten, in Worte zu fassen. Acid House hatte lediglich Rituale für die Nächte entwickelt, meint Beard: „Das Problem mit der Szene war, daß sie nur solange existierte, wie man in einem Club war, und in den Sechzigern war das eine Sache, die sehr viel mehr einschloß. Als junger Hippie in den Sechzigern hattest du Zeitungen wie die *International Times* oder *Oz*. Aber nun hatten die Leute nur die Musikblätter, und das war schon ein bißchen traurig. Es ging alles so schnell, daß es eigentlich nur eine ganz kurze Zeit gab, bevor so viele andere Dinge hinzukamen und alles in die falsche Richtung zu gehen begann."

Es gab außerdem noch andere Gründe. Leute, die zu Anfang aus Spaß an der Sache dabeigewesen waren, sahen es jetzt als Möglichkeit, ihr Geld zu verdienen. Entweder arbeiteten sie als DJs, veranstalteten Clubnächte oder verkauften Drogen an die Neuzugänge. Der Drogenhandel hatte sich enorm vergrößert und ermöglichte es jetzt, die ganze Zeit für und in der Szene zu leben; die Pillen kosteten 15 Pfund das Stück und konnten durchaus einen hedonistischen Lifestyle finanzieren.

„Jeder tat es – jeder war ein Drogendealer. Ganz egal, ob nun drei oder dreißig – jeder verkaufte", sagt einer aus der Ibiza-Clique. „Am Anfang waren die Drogen da, die Musik war da, wir hatten die Partys wie Future und Shoom, und das war okay. Es dealten auch nicht viele Leute, nur ein einziger. Alle bestellten ihre Droge, dann kam man rein, stellte sich auf, und dann ging das ‚eins für dich, eins für dich, eins für dich', alle nahmen sie zur gleichen Zeit, bäng, Musik an, geil. Es gab kein Konkurrenzdenken. Als es dann mit dem Spectrum losging, gab es da verschiedene Gangs, die andere Gangs übertrumpfen wollten. Da gab's dann Typen, die rumstanden und den jungen Kids die Drogen zum Verkaufen gaben und anschließend das Geld kassierten. Wenn du dann so fünf verschiedene Gangs in einem Club hattest, dann wurde es schon ziemlich übel. Es wurden Leute bedroht. Alle, die zu der Zeit gerade tanzten und ‚Peace-&-love'-mäßig drauf waren, kriegten das gar nicht mit. Aber wir, weil es hier um unsere Freunde ging. Unsere Freunde waren die fünf verschiedenen Gangs. Und auf einmal stritten sie sich. Viele Freundschaften gingen wegen Geld kaputt."

Adam Heath wurde, in der Woche bevor das Spectrum eröffnet wurde, festgenommen und verbrachte im Anschluß daran ein Jahr im Gefängnis; er gehörte zu den ersten, die in Großbritannien wegen Ecstasybesitz verurteilt wurden. Aber seine Verurteilung wirkte nicht abschreckend; es ist eine der konstantesten Geschichten der Ecstasy-Kultur, daß die Leute so sehr hineingerieten, in dieser Erfahrung aufgingen, daß viele mit dem Dealen begannen – ob sie nun als Teil von „mutual societies", wie Drogentheoretiker das nennen, bloß ein paar für ihre Freunde kauften oder große Mengen erwarben, um sie dann weiterzuverkaufen, das Gesetz kennt da keinen Unterschied: Es ist in beiden Fällen Drogenhandel.

Als Nicky Holloway am 4. Juni im Astoria an der Charing Cross Road The Trip eröffnete, trat die Szene offiziell aus dem Untergrund hervor. Holloway hatte die riesige Halle mit langen weißen Tüchern bespannt und projizierte große, vollfarbige Bilder auf die Wände, rote Lichter glühten in den Winkeln oben auf der Balustrade, und Tausende strömten hinein, als sich die Türen öffneten. Holloway, der bis zu diesem Zeitpunkt mit seinen Special-Branch-Soulnächten weitergemacht hatte, war nun auf eine Marketing-Gelegenheit gestoßen, die er nicht verstreichen lassen wollte. Die Elite des Shoom und Future verurteilte ihn als Trittbrettfahrer, der die Acid Teds abkassieren wollte. „Holloway machte alles kaputt“, sagt Jason Hawkins. „Durch ihn wurde alles endgültig kommerzialisiert. Es gab keinen Stil mehr, es war nur noch etwas für die Massen, für die Mitläufer. Nicky Holloways Clubnacht war bloß noch Astoria pur, knallvoll mit Leuten, die an den Tischen standen und mit den Armen in der Luft rumwedelten. Das waren Acid Teds, und die hatten keine Ahnung. Sie konnten nicht tanzen, also hoben sie bloß die Arme und wedelten damit rum. Okay, vielleicht haben wir auch die Arme hochgestreckt, aber wir tanzten auf eine andere Art, angesagter, mit fließenden Bewegungen. Wir wußten, wie man tanzt, bevor wir zu Acid House tanzten.“

Aber The Trip erfüllte alles, was der Name versprach; diese Clubnacht und das Spectrum öffneten Acid House für die Arbeiterkids der Innenstadt und verpackten es hübsch für die Medien und die Schallplattenindustrie, indem sie ein ethnisch gemischtes Publikum anzogen, das es im Shoom oder im Future eigentlich nicht gegeben hatte. Jeder Zentimeter auf der Tanzfläche des Trip und jedes Tischchen auf der Galerie war von schreienden, sich windenden Irren in abgefahrenen Kostümen besetzt. Nun gab es auch überall Ecstasy; die Dealer sprachen die Leute sogar unter den Drogen-Warntafeln im Astoria an, und es gab Schilder an den Wänden, auf denen „acid“ und „drugs“ stand. Wenn The Trip um drei Uhr morgens schloß, verwandelte sich die ganze Charing Cross Road in eine Street Party, wo die Leute auf Autodächern oder in den Springbrunnen des nahegelegenen Centre-Point-Bürohauses tanzten. Die Polizei trat dann auf den Plan, um die tobenden Massen zu zerstreuen, hielt aber irritiert inne: Wenn sie die Sirenen anschaltete, fingen die grellbunten Spinner an, auf und ab zu springen und: „Can you feel it?!“ zu brüllen. Die Cops konnten ja nicht wissen, daß die Sirene und dieser Spruch den Refrain von Todd Terrys wildem House-Klassiker *Can You Party?* darstellten.

Ibiza, Shoom, Spectrum, The Trip – das ist die endlos wiederholte „offizielle“ Geschichte von Acid House, und wie alle offiziellen Geschichten gibt es auch hier sehr viel, was dabei nicht erzählt wird. Vielleicht lag es daran, daß die Leute, die das Shoom miterlebt hatten, gute

Kontakte zu den Popmedien hatten und vielfach auch ihre Karrieren auf den eigenen Mythos aufbauten, daß diese eine Geschichte alsbald zur einzig gültigen Version wurde. Aber es gab noch eine andere wichtige Strömung in der Londoner House-Szene, die sich aus Leuten zusammensetzte, die nie in Ibiza gewesen waren und dort auch nicht hinwollten. Statt dessen hatten sie Verbindungen zu schwarzen Dance-Projekten wie Soul II Soul und Shock, und ihre Wurzeln reichten bis zu den Warehouse-Partys zu Beginn der Achtziger zurück, zu legendären illegalen Veranstaltungen wie Dirtbox oder Wharehouse. Sie bezog sich auch auf die schwarze britische Reggae- und Soul-Tradition; auf Sound Systems und MCs, die zu Dub Plates rappten. Es gab außerdem eine enge Verbindung zu den Clubs im Londoner Norden, wie dem Camden Palace, das dem New Yorker Studio 54 nachempfunden, aber in einer ungleich nüchterneren Umgebung an der Camden High Street gelegen war, wo Eddie Richards und Colin Faver schon früh Electro und House gespielt hatten und wo es schon Anfang der Achtziger eine kleine Ecstasy-Gemeinde rund um Marc Almonds Soft Cell gegeben hatte. Jazzy Ms Show *Jackin' Zone*, die auf dem Piratensender LWR lief und die neusten Importe aus Chicago, Detroit und New York vorstellte, war eine weitere wichtige treibende Kraft, um in der Innenstadt ein Publikum für House Music zu schaffen, das nicht von Ibiza geprägt war – oder von dem, was einer der Zuhörer „die wohlbekannte Macht der Weißen" genannt hatte.

Es waren Leute, die sich von der im Shoom herrschenden Süd-Londoner Vorstadtfraktion ausgeschlossen fühlten. Richard West, ein ehemaliger Milchmann aus Nord-London, der im Camden Palace unter dem Namen Mr C zu den Platten von Richards und Faver gerappt hatte, erklärte, die meisten der Balearic-Platten wären für sie nichts als Popmusik gewesen (was auf viele davon ja auch zutraf). „Das Shoom war bei der ganzen Sache sehr wichtig, weil das schon zu einem recht frühen Zeitpunkt den Unterschied zwischen diesem zahnlosen platten Schrott und den richtig guten Sachen klarmachte. Das Shoom war Pop. *Lieb und nett*, wenn einem so was gefällt", setzt er bissig hinzu. „Es *war* da ziemlich spirituell. Jeder war das erste Mal auf MDMA. Da waren 400 Leute, die sich gegenseitig am liebsten totgeliebt hätten. Klar war das toll. Klar war das spirituell. Klar war die Atmosphäre super. Aber was hieß das denn eigentlich? Man muß das mal als das betrachten, was es wirklich war. Es war ein Pop-Club. Musikalisch und gesellschaftlich war es ein Pop-Club, und es war eine sehr weiße Angelegenheit. Es war nicht gemischt, es gab keine Integration, es war nicht eckig oder verrufen oder gefährlich oder rebellisch oder düster. Es war fröhlich und plüschig."

Paul Stone und Lu Vukovic, ein Pärchen aus Nord-London, waren von den ersten Warehouse-Partys der Ecstasy-Ära angesteckt worden, die zwischen Februar und April im Westen der Stadt in der Nähe des Verkehrskreisels Hangar Lane stattgefunden und passenderweise den Titel „Hedonism" getragen hatten. Sie buchten ein paar Räume in einem Plattenstudio in der Clink Street unterhalb der London Bridge, gar nicht weit vom Fitneßcenter-Quartier des Shoom, in der Nähe des Londoner Kerkers. Diese Gegend ist seitdem aufwendig saniert worden; 1988 war das Straßengewirr dort dunkel, heruntergekommen, trist und recht furchteinflößend. Die einzigen Zeichen menschlichen Lebens war der in der Nähe gelegene Straßenmarkt, der kurz vor dem Morgengrauen zum Leben erwachte, wenn die LKW-Fahrer den müde getanzten, zerzausten Clubgängern, die verschwitzt und erschöpft nach Hause wankten, amüsierte Blicke zuwarfen. Von innen spiegelten die Clink Street Studios den äußeren Anblick wider: ein abgerissenes, versifftes Labyrinth, bei dem man nie wußte, wohin die Türen führen konnten, und an dessen Wänden der kondensierte Schweiß herunterlief – oder war das die Feuchtigkeit, die von außen durchkam?

Auf dem Flyer von Stone und Vukovic stand schlicht: „RIP – Techno, Acid, Garage", aber was sie hier jede Woche, jeden Samstag und manchmal auch Freitag und Sonntag, bis Ende 1988 abzogen, war wesentlich komplexer und experimenteller. Außer den Haus-DJs, Kid Batchelor, Eddie Richards und Mr C gab es noch Rapper, Sänger, Keyboarder. Wie bei den Reggae-Rigs verwandelten auch sie die ineinanderlaufende Musik zu einer Performance, eine Formel, die besonders eine der Bands, die den Club häufig besuchte, beeinflussen sollte – The Shamen.

„Es passierten unglaubliche Dinge", erinnert sich Vukovic, „wie zum Beispiel eines Morgens die Sonne aufging, und alle waren total aufgeladen mit der Energie, der gefühlsmäßigen Intensität und dem allgemeinen Feeling, bis jemand rief: ‚Reißt die Mauern ein!', und alle sprangen auf und fingen an, die Bude auseinanderzunehmen, um tatsächlich die Mauern einzureißen! Diese Euphorie, dieses Zusammengehörigkeitsgefühl, die Möglichkeiten – das kann man mit Worten überhaupt nicht beschreiben. Das Band zwischen den Leuten da war enorm, es war, als ob sie zu einer Familie gehörten."

Es gab hier keine üppige Deko wie im Spectrum, nur unbarmherziges Stroboskoplicht und dichten Trockeneisnebel, der sich nie zu lichten schien. Die Atmosphäre war elektrisierend gefährlich. „Jede Woche versuchten irgendwelche Leute, die Rohre hochzuklettern, den Ordnern am Eingang zwanzig Pfund zuzustecken, damit man sie reinließ, und die Türsteher mußten Leute mit Baseballschlägern und Hunden abwehren, weil sie versuchten, die Türen zu stürmen. Totaler Irrsinn", sagt Mr C. „Das Publikum bestand aus den häßlichsten Typen, die du in deinem ganzen Leben gesehen hattest, alle in einem Raum. Leute mit riesigen häßlichen Narben, Gangster, Schläger, und dann aber auch unheimlich gutaussehende, hübsche, gut angezogene, clevere, nette, angesagte Leute. Dann gab's da noch die Acid-Houser in Leuchtfarben, Leute in Trainingsanzügen, in Anzügen, alles mögliche. Jede Farbe, Einstellung, Kombination; es war total gemischt. So einen Club habe ich seitdem nie wieder gesehen."

Vukovics Motivation war naiver Idealismus; ihre Wurzeln lagen im anarchistischen Punk, und sie glaubte, daß die Szene das Potential hatte, sich zu einer Kraft zu entwickeln, die politische Veränderungen bewirken konnte, daß sie von Grund auf gegen das Establishment war. Sie verbot Fotoapparate, ließ Journalisten prinzipiell nicht hinein und versuchte, Presseberichte zu unterbinden, und daher wurde das RIP auch niemals so legendär wie das Shoom oder das Spectrum.

„Das Shoom war für die Presse etwas zugänglicher. Sie schrieben lieber etwas über solche Clubs als über Orte wie die Clink Street, die ein bißchen zu heftig, zu wild und abgerissen waren", sagt Eddie Richards. Tatsächlich erschien es den Shoom-Jüngern heavy, hardcore und extrem. „In der Clink Street war alles dreckiger, verwegener. Verwegene Figuren an der Tür, noch wildere Typen innen drin, insgesamt ein etwas unheimliches Gefühl. Ich glaube, es war etwas beängstigend. Manchmal sogar sehr beängstigend", meint Richards. „Sie sahen das nicht als ‚Bewegung', wenn man so will, weil es einfach Leute waren, die ihr eigenes Ding durchzogen und es auch nicht nach irgendwas Besonderem aussah. Das Shoom dagegen schon, weil das einfach viel organisierter war, und daher schien es den ganzen Ruhm einzuheimsen."

Dennoch war die Clink Street, genau wie das Spectrum und The Trip, ebenfalls wichtig bei der Verbreitung von Acid House, indem dort die isolierte Ideologie verkörpert wurde, die ursprünglich von der Clique im Shoom aufgebaut worden war, und indem sie zeigte, daß die House-Szene eine unendlich flexible Erfahrung war, deren Form und Gestalt sich ganz danach richtete, wer, wann und warum daran beteiligt war.

charing cross road

Jetzt, wo das RIP, Spectrum und The Trip voll angelaufen waren, kam der „Sommer der Liebe" so richtig in Schwung. Das war der Moment, an dem die House-Szene aufhörte, eine einzige große Einheit zu sein, und an dem eine Diversifizierung begann, die sich immer mehr beschleunigte und in den folgenden Jahren zu unzähligen Subkulturen und Subgenres führen sollte, bis zu dem Punkt, wo bei vielen der Ursprung kaum noch erkennbar war. Im Juni und Juli schwenkten die großen Clubs im Westend reihenweise von einer Nacht zur anderen von Funk auf Acid House um, und die ganze Hierarchie der Londoner Clubszene wurde plötzlich völlig auf den Kopf gestellt.

„Da gab es Leute, die waren den einen Tag noch die angesagtesten in ganz London, und buchstäblich eine Woche später wurden die als echte Dinosaurier betrachtet", meint Sheryl Garratt, damals Redakteurin bei *The Face,* das wie alle Jugendzeitschriften verzweifelt versuchte, mit der unglaublichen Geschwindigkeit der Veränderungen Schritt zu halten. „Diese ganze Wag-Szene, wo man sich dunkle Sachen anzog und dann an der Bar lehnte und die Wangen einsog, um möglichst cool auszusehen – auf einmal sahen diese Typen aus, als wären sie neunzig. Plötzlich trug man grelle Farben, grinste übers ganze Gesicht und umarmte sich ständig."

Dieser friedvolle Zustand konnte nicht so weitergehen. Am 17. August, drei Monate nach den ersten Presseberichten, veröffentlichte das Massenblatt *The Sun* eine Untersuchung über die neue Drogenszene in Richard Bransons Nightclub Heaven, wobei auch ein Stückchen acidgetränktes Löschpapier abgebildet wurde. „Skandalös – fünf Pfund für einen Drogentrip im Heaven" lautete die Schlagzeile. „LSD – schon bei den Aussteigern der Siebziger hoch im Kurs – wird jetzt bei den Yuppies immer beliebter", hieß es weiter. „Junkies tragen ihre Sucht jetzt öffentlich zur Schau, indem sie die im Club verkauften T-Shirts anziehen, auf denen Slogans wie „Can you feel it" oder „Schmeißt Acid, keine Bomben" stehen ... Auf dem überfüllten Dancefloor schwenken junge Leute in Surfershorts und mit nackten Oberkörpern ihre Arme zum pumpenden Beat ... Die Tänzer, meist etwa Mitte zwanzig, versuchen, dem Streß des Arbeitsalltags zu entfliehen, indem sie sich jedes Wochenende mit Acid volldröhnen."[6] Das Blatt nahm die Bezeichnung „Acid House" wörtlich und ging davon aus, daß nur LSD gemeint sein konnte. Diese Naivität erscheint heute lachhaft – wie konnte ihnen entgehen, daß die Leute Ecstasy nahmen, wo doch jeder zweite versuchte, einem das Zeug zu verkaufen?

Am nächsten Montag ließ sich Richard Branson im Spectrum blicken, schlenderte herum und sah sich das bunte Treiben dort einmal an. Als Unternehmer, der sein ganzes Geschäft auf die Hippiebewegung aufgebaut hatte, war er nicht allzu schockiert, obwohl *The Sun* den anschließenden „Schlag gegen die Drogen" als Sieg ihres knallharten Enthüllungsjournalismus verbuchen wollte. „Ihn hat das nicht gestört", meint Paul Oakenfold, „wenn ihn das echt genervt hätte, hätte er sich auf dem Absatz umgedreht und gesagt: ‚Schluß mit der Clubnacht, verschwindet.' Er sagte aber: ‚Die Clubnacht kann bleiben, aber ihr solltet den Namen ändern, damit es für die Medien so aussieht, als hätten wir zugemacht; dann macht ihr einen Monat Pause und fangt dann wieder an.'" Im Oktober fiel der Vorhang im Theatre of Madness zum letzten Mal (obwohl es fast sofort wieder eröffnet wurde und jahrelang als Land Of Oz weiterlief). „Das Spectrum hatte seinen Zweck erfüllt", sagt Oakenfold. „Es hatte eine Szene aufgebaut, es hatte die Jugendkultur, wie wir sie heute kennen, geformt."

Die Regenbogenpresse nahm zu Anfang einen widersprüchlichen Standpunkt ein. Während man darauf bestand, daß Branson das Spectrum schließen sollte, druckte die *Sun* gleichzeitig einen „Acid House Fashion Guide" und begann, eigene Smiley-T-Shirts zu vermarkten. „It's groovy and cool!" blubberte die dazugehörige Sprechblase. „Nur fünf Pfund fünfzig, Alter."[7] Nur eine Woche später begann das Blatt dann aber mit einer Reihe von Berichten über das „Teufelszeug Ecstasy – die neue Drogengefahr in den Discos fordert Opfer". Der medizinische Experte der *Sun*, Vernon Coleman, warnte: „Man bekommt Halluzinationen. Wenn man beispielsweise keine Spinnen mag, wird man riesige Spinnen sehen ... Es ist gut möglich, daß man den Rest seines Lebens in der Psychiatrie verbringen muß ... Wenn man noch sehr jung ist, besteht auch die Gefahr sexueller Handlungen, während man auf Droge ist. Und man wird sich vielleicht erst Tage oder Wochen später daran erinnern."[8]

Sofort brach Hysterie aus. Konservative Abgeordnete, die zu jedem Thema ihre Sprüchlein absonderten, behaupteten, Acid House verderbe die unschuldige Jugend; Top-Shop-Besitzer Sir Ralph Halpern verbot die Smiley-T-Shirts in seiner Ladenkette; die zur besten Sendezeit ausgestrahlte Chartsendung *Top Of The Pops* der BBC beschloß, alle Platten, die das Wort „Acid" enthielten, einstweilen nicht zu spielen, nachdem D Mobs Astoria-Hymne *We Call It Acieed* in diesem Monat bis auf Platz 3 geklettert war.

Der zweite Todesfall durch Ecstasy in Großbritannien (der erste war der 21jährige Ian Larcombe gewesen, der eine Tüte mit 18 Pillen geschluckt und einen tödlichen Herzanfall erlitten hatte, nachdem er auf dem Weg zu einem Club im Juni 1988 von der Polizei angehalten worden war) erschien wie eine Rechtfertigung dieser Panik. Am 28. Oktober hatte Janet Mayes, eine 21jährige Kinderpflegerin, bei einer Party im Jolly Boatman Pub in Hampton Court, Surrey, zwei Ecstasy-Pillen geschluckt, eine mehr als gewöhnlich. Sie brach zusammen und starb auf dem Weg ins Krankenhaus. Ihre Eltern verbrannten symbolisch ihr Smiley-T-Shirt, ihre Schlaghosen und Kettchen und stellten diese Kleidung als Inkarnation des Bösen hin. Der Mann, der ihr die Drogen verkauft hatte, wurde zu einer Arbeitsauflage von 180 Stunden verurteilt, und die *Sun* stellte das Angebot mit den Smiley-T-Shirts ein, um nun unter dem Motto „Say No to drugs" eine Art „Keine-Macht-den-Drogen"-Kampagne mit einem grimmig dreinschauenden Smiley zu beginnen.

Die Polizei hatte zwar stets betont, daß Acid House kein größeres Problem darstellte, begann jetzt aber doch mit einer Reihe von Razzien gegen die vielen illegalen Acid-House-Partys, die plötzlich überall in verlassenen Lagerhäusern und Industriegebieten rund um London stattfanden. Höhepunkt dieser Aktionen war schließlich die „Operation

Seagull", eine Razzia auf eine Boat-Party auf der Themse bei Greenwich am 4. November. Die Ost-Londoner Promoter Robert Darby und Leslie Thomas wurden anschließend für schuldig befunden, „den Verkauf und die Einnahme von Drogen ermöglicht zu haben" und zu zehn bzw. sechs Jahren verurteilt. Jetzt wurde es langsam ernst; Acid House war kein Spiel mehr. „Es war ein hervorragendes Ergebnis", protzte Detective Chief Inspector Albert Patrick. „Die erste Verurteilung dieser Art in diesem Land."

Bis zu diesem Zeitpunkt hatte man Ecstasy nicht als „Droge" betrachtet, jedenfalls nicht im gleichen Sinne, wie Heroin oder Kokain „Drogen" waren. „Heroin", versprach eine der Anti-Drogen-Kampa-g-nen der Regierung in den Achtzigern, „macht dich fertig". Aber dies war ja nicht das dreckige, deprimierende Heroin; hier handelte es sich um das lebensbejahrende, spaßbringende Ecstasy! Wie John Jolly von der Drogenberatungsstelle Release so scharfsinnig bemerkte: „Viele der Leute, die Ecstasy auf Acid-House-Partys oder bei anderen Gelegenheiten nehmen, würden normalerweise nicht im Geringsten daran denken, illegale Drogen zu konsumieren."[9]

Niemand – weder die Boulevardpresse, noch die Beratungsstellen oder die Clubber – wußte besonders viel über MDMA. Die einzigen medizinischen Informationen, die unter den Clubgängern grassierten, waren alte Gruselstories, die irgendwie aus Amerika durchgesickert waren, Gerüchte, daß Ecstasy die Parkinsonsche Krankheit verursache oder die Rückenmarksflüssigkeit austrockne. Letzteres wurde als Tatsache akzeptiert. „Jeder redete darüber, und jeder glaubte das, was ziemlich blöd war – die Leute tanzten soviel, daß sie davon Rückenschmerzen bekamen", sagt Jon Marsh, der Sänger von The Beloved, einer Indie-Popband, deren Laufbahn durch das Shoom total verändert wurde. „Das war eine allgemein akzeptierte Weisheit." Dahinter verbarg sich etwas Bedeutungsvolleres – nach einem Jahr des Ecstasy-Konsums hatte die praktische Erfahrung sie gelehrt, daß das nicht der Freifahrtschein war, für den sie es einmal gehalten hatten; viele fühlten sich ausgebrannt, als ob sie ihr Nervensystem eingefroren hätten.

Das war eine typische Erfahrung für Ecstasy-Konsumenten. Wenn man die Droge regelmäßig über ein paar Monate nimmt, beginnt der Körper, sich an die physische Wirkung des Ecstasy zu gewöhnen, und das Gehirn hat die Grenzen dieser Erfahrung auch bereits abgecheckt.

Nach einer Reihe von Wiederholungseffekten und ständig geringerem Wohlgefühl wird das High immer weniger intensiv, und die Kicks fallen immer weniger euphorisch aus. Die Nachwirkungen erscheinen dabei immer stärker, und man kann immer weniger damit umgehen: Das Runterkommen an einem trüben Sonntag, die negativen Erfahrungen der Wochenmitte. Aber wenn etwas so toll ist, möchte man es natürlich immer wieder erleben. Und wieder und wieder und wieder. Obwohl es körperlich nicht abhängig macht, kann Ecstasy psychologisch durchaus zu einer Abhängigkeit führen, vor allem, wenn es mit einem so verlockenden Lifestyle und so phantastischer Musik verknüpft ist. Einige geraten dann in die unwiderstehliche Versuchung, mehr zu nehmen: zwei, drei, vier, fünf, sechs Es pro Nacht (diese Verlockung gibt es vor allem bei Männern – Drogenberater haben dieses Phänomen als „Macho-Konsumsyndrom" bezeichnet). Die Tatsache, daß die britische Clubszene für diesen Zustand so viele Slangausdrücke hervorgebracht hat – cabbaged, monged, caned etc. –, sagt schon an sich eine Menge aus. Eine Erhöhung des Konsums führt andererseits auch zu einer Reduzierung der empathischen Wirkung: Sie verursacht ein kribbliges Gefühl, wie bei Amphetaminen.

MDMA scheint – und das ist einzigartig unter den Freizeitdrogen – den Gebrauch selbst zu regulieren; es hat eine Art „pharmakologischen Begrenzungsfaktor", der einen Langzeitmißbrauch verhindert.[10] Oder, einfach ausgedrückt, wenn man einmal den Höhepunkt menschlicher Erfahrungen erreicht hat, dann geht es auch nicht mehr höher. Und von dort aus gibt es nur zwei Wege, entweder man springt über die Klippe oder nimmt weniger, akzeptiert die Enttäuschung, daß es nie wieder so sein wird, wie es war. Wie Jon Marsh betont: „Das Problem dabei ist: Wenn es die absolute Summe aller tollen Dinge ist, die man einmal im Leben erfahren zu haben glaubt, dann betritt man hier einen gefährlichen Grat, weil man immer wieder diesem Erlebnis nachjagt und man nichts dagegen tun kann, daß es niemals noch *besser* wird, sondern nur *weniger* toll – das liegt in der Natur menschlicher Möglichkeiten, Freude und Hochgefühl zu erfahren. Dann wird entscheidend, wie die Leute reagieren, wenn ihnen das langsam dämmert."

Für die ursprüngliche Ibiza-Clique war die Unschuldigkeit schon lange vergangen; die Flitterwochen waren vorbei. Jetzt loosten viele ab – losing it, um den Ausdruck zu verwenden, der für diesen Zustand aufkam –, vor allem jene, die selbst dealten und Zugang zu großen Mengen der Droge hatten. Einige, die früher mit einer einzigen Pille pro Nacht ausgekommen waren, hatten sich in den zweistelligen Bereich vorgearbeitet. Andere versuchten, den Kick mit Kokain zu verstärken; bei der Menge an unversteuertem Bargeld, das sie mit sich herumtrugen, konnten sie sich das problemlos leisten. Und dann hatte es immer schon eine kleine Gruppe im Shoom gegeben, die ihr E mit LSD versetzte oder am Sonntag auf Trip Ausflüge machte. „Morgens ein bißchen Acid", erinnert sich einer, „weggehen, jede Menge E schmeißen, nach Hause kommen, bißchen rumgammeln, dann einen Trip für den Tag nachwerfen. Wir haben uns alle Sehenswürdigkeiten angeguckt – die eine Woche gingen wir ins Planetarium, zu Madame Tussaud's, dann in den Battersea Park, dann mal zur Serpentine im Hyde Park, dann in den Londoner Zoo."

Jetzt, wo einige ihre Dosis gravierend erhöht hatten, fanden sie es zunehmend schwierig, wieder zur allgemein anerkannten Realität zurückzufinden. Ein Shoomer verschenkte seinen gesamten Besitz und wurde dann am nächsten Wochenende gesehen, wie er nackt die Portobello Road entlanglief. Andere fingen an zu glauben, daß die Kräfte von Gut und Böse um die Seele der City kämpften, daß die biblische Apokalypse nahe war. „Gute Leute, die ich kannte, drehten völlig durch", sagt Danny Rampling, „hauptsächlich durch die Trips, loosten ab auf E, weil sie zuviel Spaß haben wollten. Aber das wird wohl immer so sein, daß es Leute gibt, die zu weit gehen, die auf Acid zu tief hinter die Dinge blicken." Einige, die im Shoom abloosten, überzeugten sich selbst davon, daß Rampling Gott war, der Herr des Tanzes, der Orchestrator der Emotionen. Die Intensität der Gefühle, die man ihm entgegenbrachte, ist auf einem Foto deutlich zu erkennen, das im August 1988 im Fitneßcenter gemacht wurde; es sind nur ausgestreckte Arme darauf zu sehen, die Ramplings mageren Körper berühren wollen, und der DJ, wie er hinter seinen Plattenspielern hervorgrinst: Ein Porträt unerwiderter Hingabe, das durchaus an eine religiöse Szene erinnert.

„Danny und Jenni erlebten einen unglaublichen Ansturm von Erwartungen, die an sie herangetragen wurden – es gab Leute, die erwarteten, daß sie ihnen ihre Fragen und Gefühle beantworten und erklären konnten", sagt Steve Proctor. „Danny und Jenni wußten keine

Antworten; sie hatten auch nie behauptet, die zu haben. Viele, die vorher nur wenig Lebenserfahrung hatten und weder mental, intellektuell oder emotional gewappnet waren, kamen mit einem harten Schlag wieder herunter. Es gibt immer noch Leute, die irgendwo auf dem Land in Heimen leben, die einfach nicht damit klarkamen, daß der Rest des Lebens nicht so sein würde wie das."

Dann gab es noch ein oder zwei, die sich dem Heroin zuwandten, Exjunkies, die für ein Jahr clean gewesen waren und jetzt wieder ihre alten Gewohnheiten aufnahmen. Als rund um Weihnachten für einen Computer für Jenni Rampling gesammelt worden war, damit sie ihre Mailing-Listen automatisch zusammenstellen konnte, brannte ein berüchtiger Shoomer auf Heroin-Rückfall mit dem Geld durch. „An diejenigen, die UNSER ALLER Geld gestohlen, ausgegeben oder geliehen haben (nennt das, wie ihr wollt)", zürnte der Shoom-Newsletter, „sucht euch einen anderen Club – hier seid ihr nicht mehr willkommen!" Dann gab es diese unerklärlichen Krankheiten. Jeder schien Grippe oder irgendwelche seltsamen bronchitischen Beschwerden zu bekommen. Lag das an der Droge, fragten sie sich, oder war das Paranoia?

Für einige, die glaubten, daß dies alles sei, worauf es ankäme, daß sie den Sinn des Lebens entdeckt hatten, schien es sinnlos, die Routine eines Alltagsjobs wieder aufzunehmen. „Alle wollten aussteigen, keiner wollte mehr arbeiten", sagt Marie Marden. „Ich dachte, die Welt hört auf, sich zu drehen. Die Leute gaben ihre Jobs auf, andere wurden gekündigt, und sie verkauften bloß noch Drogen. Es machte mir angst, daß kleine Leute Dinge taten, die sie nicht hätten tun sollen – was würde passieren, wenn man sie schnappte? Ich glaube, den meisten war gar nicht klar, wie ernst die Lage eigentlich war." Die Ramplings veröffentlichten einen leidenschaftlichen Appell im Shoom-Newsletter: „Gebt eure Jobs nicht auf!" Sie hatten bereits erkannt, daß man nicht in einer Traumwelt leben konnte.

Größere Dealer von außerhalb der Szene gingen jetzt auf die Clubber los, die den Londoner Ecstasy-Handel organisierten. Gangs von Fußball-Hooligans kamen ins Spiel, mit Gewalt und Drohungen. Club-Türsteher ließen ihre Muskeln spielen, um sich auch eine Scheibe vom Profit-Kuchen abzuschneiden. „Jeder wollte E", erklärt Adam Heath, „und wenn man welches hatte, verdiente man Geld, säckeweise Geld.

Das war der Punkt, an dem die ganzen Schläger reinkamen." Einer der großen Club-Promoter hatte mit ein paar Leuten aus der ursprünglichen Ibiza-Gemeinde aus dem Norden einen Deal organisiert, bei dem es um 12.000 Ecstasy-Pillen ging. Seine Wohnung war ein offenes Haus für Champagner-und-Koks-Sessions im Anschluß an die Öffnungszeiten der Clubs, und er wurde immer indiskreter, was seine illegalen Nebenbeschäftigungen betraf. Anstatt ihn zu bezahlen, sprühten ihm die Jungs aus dem Norden eines Tages Ammoniak in die Augen, so daß er zwei Monate vorübergehend erblindet im Krankenhaus lag. „Ich war ziemlich erbittert", sagt er. „Nach allem, was ich getan hatte, glaube ich nicht, daß ich das verdient hatte."

Als das Jahr 1989 heraufzog, wuchs Acid House immer mehr und begann sich bis zur Erkennungslosigkeit zu verändern. Viele Teilnehmer der ersten Stunde konnten nicht damit umgehen, wie es nun geworden war – „kommerziell", „mainstream", „anerkannt"; Clubs voller Acid-Teds, billige und eklige „Wo-läuft-die-Acid-Party?"-T-Shirts in den Ständen der Oxford Street. Es war nicht mehr *ihre* Szene. Träume waren zerstört, Ernüchterung setzte ein, einige waren einfach gelangweilt. Manche Ibiza-Veteranen gingen wieder auf Tour, auf die Reise, auf die Suche, nach Thailand, Indien, Amerika, Hongkong. Einige, denen Ecstasy neue spirituelle Horizonte aufgezeigt hatte, fanden ihr Heil in der Religion, traten Jehovas Zeugen bei, den Hare Krishnas oder ließen sich mit Bhagwan Shree Rajneesh oder anderen Esoterik-Sekten ein.

Die Mehrheit versuchte, rationell an diese Erfahrung heranzugehen – nichts dauert ewig – versuchten, zur Normalität zurückzufinden und ihr Leben so weiterzuführen wie bisher. Jetzt, in der Realitätswiederaufnahme-Phase nach dem Runterkommen begannen viele im Kulturbereich zu arbeiten, eröffneten Clubs, Plattenfirmen, Läden und kleine Geschäfte im Dienst der Szene, wobei sie eine zusammenhängende Infrastruktur für einen Dance-Markt errichteten, die sie jahrelang tragen würde. Sie verwandelten, wie Paul Oakenfold es ausdrückte, Inspiration in Aktion: „Ecstasy bringt dich dazu, daß du denkst: ‚Ich könnte dies machen, ich könnte das machen.' Und du tust es wirklich." Mit den neuen Technologien für das Entertainment der Sinne unternahmen sie nun den Versuch, ihre eigene Freizeit zu kontrollieren – und ebenso ihr Schicksal.

[1] Paul Richardson, *Not Part Of The Package*, Pan, London 1993

[2] Jon Savage, *Time Travel*, Chatto & Windus, London 1996

[3] *Boy's Own*, 1988

[4] *i-D*, 6/88

[5] *i-D*, 6/88

[6] *The Sun*, 17. 8. 1988

[7] *The Sun*, 12. 10. 1988

[8] *The Sun*, 19. 10. 1988

[9] *Daily Telegraph*, 4. 11. 1988

[10] Jerome Beck und Marsha Rosenbaum, *Pursuit Of Ecstasy*, State University Of New York Press, Albany 1994

3

magical mystery tour

In dieser Zeit gab es reihenweise außergewöhnliche Zusammenschlüsse, aber wenige, die unwahrscheinlicher und spektakulärer waren als die Koalition von Tony Colston-Hayter und David Roberts. Colston-Hayter, Sohn eines Universitätsprofessors und einer Rechtsanwältin, dessen Eltern sich hatten scheiden lassen, als er noch ein Kleinkind war, hatte bereits echtes Unternehmertalent bewiesen, als er noch zur Schule ging. Am Stantonbury Campus, einer fortschrittlichen Gesamtschule in Buckinghamshire, entwickelte er nicht nur ein besonderes Geschick für Videospiele, er gründete auch drei Firmen, Colston Automatics, Colston Leisure und Colston Marketing, die Spielautomaten verliehen. Er stellte sogar einen an seiner Schule auf. Die Firma machte angeblich einen Umsatz von einer Million Pfund, und dann ging sie pleite – aber nicht ohne Colston-Hayter vorher auf den Geschmack zu bringen, was das Spiel mit hohen Einsätzen anging. Er wurde ein Experte für Blackjack, und binnen eines Jahres hatte er, wenn man seinem selbstgeschaffenen Mythos trauen darf, 100.000 Pfund gewonnen und den Punkt erreicht, wo er die Kasinos mit Perücke und Sonnenbrille betreten mußte, weil er aufgrund seines Rufs in fast allen Hausverbot hatte. Der junge Wunderknabe, voller jugendlich-dreister Arroganz und mit dichtem, dunklen Wuschelkopf, liebte die Herausforderung und den Kitzel dabei, das Establishment auszutricksen – Geld machen, Geld verlieren, noch mehr Geld verdienen –, von den knallenden Champagnerkorken und spätnächtlichen Partys gar nicht zu reden.

Dave Roberts dagegen war ein Londoner Schwarzer aus der Arbeiterklasse; seine Brüder gehörten zu den bekannten „Gesichtern" im Highbury-Stadion des FC Arsenal, und er ließ durchblicken, er habe „als Kind ein paar Sachen gedreht, die ich nicht hätte tun sollen". Roberts hatte eine dynamische, strahlende Persönlichkeit und einen ansteckenden Erfolgswillen. Wie Colston-Hayter stand auch er gern im Mittelpunkt; er hatte stets die teuersten Klamotten – seidene Anzüge und Schuhe aus der Bond Street – und war Dauergast in den exklusivsten Funk-Clubs des Londoner Westend.

1987 kreuzten sich ihre Wege das erste Mal. Roberts, damals 23 Jahre alt, „machte in Immobilien", Colston-Hayter, 21, dachte gerade darüber nach, ins Immobiliengeschäft einzusteigen; beide wollten schnell Geld machen und es ebenso schnell wieder ausgeben, sich tagsüber durchmogeln und dann die ganze Nacht feiern. Sie freundeten sich sofort miteinander an. Colston-Hayter kam nach London, und Roberts nahm ihn mit zu den illegalen Afterhours-Treffs wie dem Cotton Club in Stoke Newington; Roberts fuhr nach Milton Keynes, wo Colston-Hayter bereits in den Clubs vor Ort als VIP behandelt wurde, dann wurde bei ihm zu Hause in der nahegelegenen kleinen Ortschaft Winslow weitergezecht. Die ersten Knospen dieser Freundschaft öffneten sich zeitgleich mit der gerade erblühenden Ecstasy-Kultur. Obwohl die Szene zu der Zeit noch winzig war, zog sie die cleversten, mutigsten Figuren des nächtlichen Pantheons magisch an. Unausweichlich landeten Roberts und Colston-Hayter Anfang 1988 im Shoom. „Super Wochenende", erinnert sich Roberts. „Das Tolle daran war, alle waren auf dem gleichen Zeug, und alle waren so unheimlich freundlich, es war, als ob man sich schon das ganze Leben lang gekannt hätte. Die Musik und die Drogen waren so perfekt. Die Musik war total abgefahren. Wenn man tanzte, dann war das überhaupt nicht kalkuliert, sondern rein aus Freude. Es hatte einfach enorme Power, wenn der ganze Club das machte."

Das klingt zwar nach einem typischen Ecstasy-Bekehrungserlebnis, wie es die meisten Clubgänger zu berichten wissen, aber Roberts und Colston-Hayter waren alles andere als der Durchschnitt. Ihre überdimensionalen Persönlichkeiten und die unersättliche Gier nach neuen Kicks sorgten dafür, daß sie auffielen, sogar in einer Umgebung, wo eine gewisse Extravaganz gang und gäbe war. Danny Rampling erinnert sich, wie Colston-Hayter nach einer Glücksspieltour ins Shoom kam, mit ein paar Tausendern in bar in der Tasche und einem Klüngel von Bekannten im Schlepptau, wo er dann endlose Flaschen Champagner leermachte und mit seinen Gewinnen prahlte. Zu Anfang fanden die Shoomer diese Art von Angabe unterhaltsam. „Er ist ein bißchen exzentrisch, er findet sich gut", sagt Lisa McKay. „Er sagte immer: ‚Ich bin ein Unternehmer, Darling.' Es war komisch, erst kam eine Phase, in der ihn jeder liebte, und plötzlich wurde er total gehaßt." Colston-Hayter war draufgängerisch und selbstverliebt, hatte sich aber das fast teenagerhaftes Bedürfnis erhalten, zu einer Szene zu gehören, die so viel Lebendigkeit und Farbe hatte.

Das Problem war jedoch, daß die Ibiza-Veteranen nun, da mehr Leute in die Acid-House-Szene drängten, die Reihen schlossen und versuchten, ihre zerbröckelnde Gemeinschaft von Eindringlingen frei zu halten – und Klotzköpfe wie Colston-Hayter und Roberts gehörten einfach nicht zu ihrer Gang. Zu der Zeit, erinnert sich Steve Proctor, hielt man Colston-Hayter in der Szene für einen „lauten Blödmann, einen Deppen". Als die Politik der Türsteher im Shoom strenger wurde, konnten die beiden nicht mehr länger ihre Freunde in den Club mitbringen. „Die Shoom-Typen wollten ihre eigene dämliche Clique erhalten", sagt Roberts. „Sie ließen keinen rein, sie wollten es für sich behalten."

Währenddessen hatte The Trip im Astoria eröffnet; hier gab es keine exklusive Türpolitik, was Dave Roberts und seiner Posse sehr entgegenkam. „Im Astoria waren wir die Kings, da haben wir auf den Tischen getanzt, immer ganz vorne, total drauf, echt wild. Wir kamen dann immer nach draußen, haben das Auto aufgeschlossen, die Anlage aufgedreht, und dann feierten alle eine echte Street Party, die ganze Straße war blockiert, alle rockten. Total irre, Mann, total irre, wir haben an den Bushaltestellen Party gemacht, in dem Springbrunnen vom Centre Point. Total spontan, das ergab sich einfach so."

Wenn das Shoom ein toller Club war, dann waren Spectrum und The Trip tolle *Konzepte*. Exotische Dekoration und hypnotische Musik, ein beeindruckendes Licht- und Soundsystem, und jeder Quadratzentimeter Tanzfläche war besetzt von wilden, zuckenden Körpern. Hunderte warteten unbeirrt draußen auf die Möglichkeit, auch endlich ihr Geld in die klingelnden Kassen werfen zu können. Es wäre unangemessen hart zu sagen, daß Colston-Hayter das Spectrum sah und sofort an Profit dachte. In den darauffolgenden Monaten wurde er als skrupelloser, geldgieriger Abzocker porträtiert, der lediglich aus finanziellen Gründen an der Acid-House-Szene interessiert war, aber – zumindest im Anfangsstadium – war er von dieser Szene tatsächlich absolut begeistert. Er glich wahrscheinlich eher den gefeierten Popmanagern aus den Sechzigern wie Stones-Manager Andrew Loog Oldham, der aus dem Chaos der Tin Pan Alley Geld zu machen verstand.

Colston-Hayter hatte es bereits bei verschiedenen Gelegenheiten mit der Organisation von Clubnächten probiert und einige kleinere, unspektakuläre Ereignisse auf die Beine gestellt. Was er im Spectrum und The Trip gesehen hatte, überzeugte ihn davon, daß diese Szene nach außen geöffnet werden konnte und sollte – Partys für Tausende, nicht bloß für Hunderte. Er träumte davon, alle Klassen, alle Rassen gemeinsam miteinander tanzen zu sehen – so, wie es eigentlich hätte sein *sollen.* „Das Shoom war eine ziemlich geschlossene Gesellschaft, und deswegen war es fast ausschließlich weiß", sagt er. „Ich sah nicht ein, daß es nur ein paar ausgesuchten Leuten vorbehalten sein sollte." Sein erster Apocalypse-Now-Event, der im August 1988 in den Wembley Studios stattfand, zog einen sehr breit gefächerten Querschnitt der Londoner Clubszene an; nicht nur Gesichter aus dem Westend, sondern eine buntere Mischung, wo jede Klasse und Farbe vertreten war.

Im September, als die erste Welle der Medienhysterie gerade brach, begann die Polizei, Warehouse-Partys zu stoppen, und die Ramplings versuchten, einen absoluten Medienboykott durchzusetzen. Aber Colston-Hayter war so begeistert, daß er sich zu einem Schritt hinreißen ließ, der seine endgültige Verbannung aus der Balearic-Elite nach sich ziehen sollte: Er lud ein Team des Senders ITN ins Apocalypse Now ein, um die Erfolgsstory des Clubs für die Nachrichtensendung *News At Ten* dokumentieren zu lassen. „Ich erinnere mich, wie Jenni Rampling an der Tür zu jedem im Shoom sagte: ‚Geht da nicht hin, da sind Kameras'", sagt Terry Farley. „Ich erinnere mich noch, daß da ein Mädchen schlecht drauf kam und die Kameras versuchten, sie zu filmen, und wie die anderen die Kameraleute anschrien. Es war sehr, sehr seltsam." Nicht nur, daß Colston-Hayter die Szene aus Gründen der Selbstdarstellung betrogen hatte, er hatte auch den Ausverkauf eines Phänomens betrieben, an dem er von Anfang an eigentlich keine wirklichen Rechte gehabt hatte.

„Das Club-Dezernat [der Polizei] war zunächst recht sanft vorgegangen, bevor die Medien Acid House ‚entdeckten'. Jetzt, nachdem die ITN News die Drogendealerei und weiß der Teufel was sonst noch in ihrem Bericht gezeigt haben, ist es allerdings so, daß die Blauuniformierten jede Warehouse-Party dichtmachen, von der sie erfahren", schrieb der *Time-Out*-Clubspezialist Dave Swindells daraufhin.

„Das mußte ja so kommen: Die Polizei muß zeigen, daß sie etwas unternimmt, und sie sind nie freundlich, wenn sie zum Handeln ‚gezwungen' werden. Warum die überhaupt das Filmteam reingelassen haben, ist ein Rätsel. Natürlich wollten die Fernsehfritzen nicht bloß was über die euphorischen Reaktionen auf House Music und Balearic Beats drehen, denn Jugendliche, die sich in Clubs amüsieren, sind keine Nachrichtengeschichte. Na ja, das war's jedenfalls, was sie angeblich wollten. Paul Oakenfold gab ein halbstündiges Interview über House Music, und dann kamen noch ein paar direkte Fragen über den Drogenaspekt der Szene. Man kann sich vorstellen, was dann später gezeigt wurde."[1]

Anschließend benannte Colston-Hayter sein Unternehmen in Sunrise um, ein Name, der ihm einfiel, wie er sagt, als er an einem diesigen Morgen bei einem Wochenendausflug nach Amsterdam die Sonne aufgehen sah. Aber er bekam auch schnell den Dominoeffekt des Zorns zu spüren, den er entfesselt hatte; die erste Sunrise-Party im Oktober wurde von der Polizei abgebrochen, und er verlor das gesamte Geld, das er verdient hatte. Für einen Profispieler war das natürlich ein Rückschlag, der durch Strategie und Taktik wieder ausgeglichen werden konnte. Wenn die Polizei das Leben in London so schwermachte, dann würde er eben anderswo hingehen. Er verkaufte tausend Tickets für einen Sunrise Mystery Trip und organisierte Busse, die die Clubgänger aus dem Londoner Zentrum aufs Land, nach Iver Heath in Buckinghamshire, transportierten, wo er ein Reitzentrum angemietet hatte. Fackeln beleuchteten die baumbestandene Zufahrtsstraße, und als die Busse näherkamen, zuckten Laser über den Himmel und ein dumpfes Summen wurde hörbar, das langsam als pulsierende House Music erkennbar wurde.

Colston-Hayter wollte eine Wunderwelt für Hedonisten erschaffen; er hatte sogar Kinder-Hüpfburgen gemietet, damit die Clubber darin wie schwerelose Astronauten herumtollen konnten. Nach der Enge und der Intensität der Warehouses in der Innenstadt war dieses Spektakel einfach atemberaubend – als würde man auf einen Phantasiespielplatz entlassen, über dem überall der Feenstaub des MDMA lag. Als die Nacht ihren Höhepunkt erreichte, gingen die Lichter aus, das Gebäude füllte sich mit Trockeneis, und in völliger Dunkelheit setzte Steve Proctor die Nadel auf die majestätischen Anfangsklänge von Richard Strauss' *Also sprach Zarathustra*, der Filmmusik von *2001: Odyssee im Weltall.* Als das gewaltige Orchester immer lauter wurde, durchzuckten grüne Laser die Schwaden von Trockeneis, und Hunderte von

Armen erhoben sich wie auf ein Stichwort hin und durchschnitten den Nebel; vom erhöhten Pult des DJ aus waren nur die körperlosen Hände zu sehen, die nach oben griffen, als ob sie den Himmel berühren wollten, durch das Stroboskoplicht abgehackt und isoliert wie in einer bizarren Maschinerie von H. R. Giger.

„Wahnsinn, Mann!" Proctor ist auch Jahre später noch beeindruckt von diesem Ereignis. „Ich hatte schon acht Jahre lang aufgelegt und dachte, ich hätte echt schon durchgeknallte Sachen gesehen, aber da war ich selbst so sehr mit drin, und das dann so mitzuerleben, das war absolut abgefahren." Als der Morgen dämmerte, tollten einige mit den Pferden herum und pflückten Blumen, um sie sich gegenseitig ins Haar zu flechten, während Proctor versuchte, dieses Gefühl in Musik zu fassen, indem er abschließend *Magical Mystery Tour* von den Beatles und Bobby McFerrins *Don't Worry Be Happy* spielte. Chronologisch betrachtet war das allerdings das Ende dieses ersten Sommers der Liebe unter dem Acid-House-Stern; die Mystery Tour läutete im Grunde den Anfang des zweiten ein. Eine neue, technisch verbesserte Umgebung war für die Ecstasy-Erfahrung gefunden worden.

In derselben Woche war in London mit dem Tod von Janet Mayers das zweite Ecstasy-Opfer in Großbritannien zu beklagen, und die Polizei nahm Acid House nun so richtig ins Visier. Colston-Hayter dagegen war durch seinen Erfolg recht mutig geworden und wählte für seine nächste Party eine riesige Location, ein stillgelegtes Gaswerk auf einem Stück Brachland am Ende des Blackwall Tunnel, wo Stanley Kubrick seinen Vietnam-Film *Full Metal Jacket* gedreht hatte. Die Sunrise Guy Fawkes Edition versprach eine enorme, aufwendige Produktion, für die 3.000 Tickets verkauft wurden. Aber als es gerade losgehen sollte, wurde das Gelände von der schnellen Eingreiftruppe der Polizei belagert, die die Zufahrtsstraßen blockiert hatte und die Musik ausschaltete. Die Menschen strömten über die mehrspurigen Straßen und kletterten über Stacheldrahtzäune, und um fünf Uhr früh gab die Polizei endlich auf und zog sich zurück.

Für den harten Kern der Ibiza-Clique war dieser häßliche Zusammenstoß Beweis genug dafür, daß Colston-Hayter das ursprüngliche Feeling völlig verdorben hatte. „Ich weiß noch, wie ich da reinkam, und am Eingang stand eine ganze Reihe Typen und bot dir was an: ‚Es, Trips, Es, Trip", und total junge Mädchen kippten um und mußten kotzen", sagt Terry Farley, der bei dieser Party auflegte. „Es war alles sehr kalt, und es war total offensichtlich, daß irgendwas nicht stimmte. Das, was im Shoom warm und niedlich erschienen war, kam plötzlich total kalt und ziemlich übel rüber." Dazu kam noch, daß die Promoter gefilmt worden waren, und nun hatte die Boulevardpresse ihren Teufel in Menschengestalt; den „Acid House King", der Fünfzehnjährige zu sich lockte und Zehntausende von Pfund durch eine „Nacht mit der Teufelsdroge Ecstasy" verdiente – Tony Colston-Hayter.[2]

Obwohl nun das ganze typische Ritual moralischer Panikmache auf ihn niederging – übertriebene Presseberichte, mißverständliche Headlines, selbsternannte Tugendwächter, die hartes Durchgreifen forderten, und eine Wochenendrazzia nach der anderen – war er nicht entmutigt. Sunrise schloß sich mit Genesis zusammen, die in dem hervorragenden Ruf standen, die furchtlosesten und hartnäckigsten Warehouse-Party-Organisatoren des ganzen Eastend zu sein, und gemeinsam plante man Weihnachts- und Neujahrsfeten in der Leeside Road in Hackney, diesmal unter dem Namen Sunset. Hier stand Colston-Hayter erstmals einer Kraft gegenüber, die wesentlich unberechenbarer und gefährlicher war als die Polizei. Eine Gang aus lauter bekannten „Gesichtern", Fußballhooligans von West Ham, verlangten unter Drohungen einen Anteil der Gewinne dieser Party, die in „ihrem" Revier stattfand. Colston-Hayter suchte Rat bei Dave Roberts, der bis dahin nichts mit dem Geschäft zu tun gehabt hatte. „Alles, was ich dazu beitrug, war, die Fußballschläger unter Kontrolle zu halten, und die Leute, die damals nichts Gutes im Schilde führten", sagt Roberts. „Tony ist zu weich, der wurde ausgenutzt."

In der romantischsten Version, die es von diesen Ereignissen anschließend gab, schlüpfte Colston-Hayter unerkannt mit einem Koffer voller Banknoten aus dem Warehouse, und der West-Ham-Trupp blieb gefrustet und vor Wut rauchend zurück. Aber ganz gleich, wie es wirklich gewesen sein mochte, es führte wieder zu einer komplett neuen Strategie. Colston-Hayter mußte so überleben, wie er begonnen hatte – durch seine Vorstellungskraft. Hätte er das nicht getan, hätte der nächste Sommer vielleicht einen ganz anderen Lauf genommen.

Acid House war ein so verlockendes Freizeitvergnügen, daß einfach jeder dabeisein wollte. Dabei war es unvermeidlich, daß Neuzugänge die Szene in unvorhergesehene Richtungen führten, oft zur Bestürzung und Verärgerung derer, die schon vor ihnen dagewesen waren. Die Empörung der Boulevard- sowie auch der seriösen Presse machte im Herbst 1988 geradezu Werbung für die Ecstasy-Kultur. Laute Musik! Drogen! Die ganze Nacht nur tanzen! Welcher unternehmungslustige Jugendliche konnte solchen Verlockungen widerstehen? Genau wie schon 1967 bei Haight Ashbury beschleunigte die Publicity auch hier die Entwicklung der Szene und ließ sie immer größer werden, zog aber auch die Geschäftemacher an. Die Szene gründete sich auf einen gewissen Unternehmergeist, aber jetzt beteiligten sich immer mehr Leute, die eigentlich kaum etwas persönlich investiert hatten, an ihrer Entwicklung. Das Acid-House-*Busineß* stand vor der Tür.

„Bei den meisten Leuten war es so gewesen, daß es ihnen Spaß gemacht hatte, daß sie voll drauf abgefahren waren und deswegen dachten: ‚Ich kann auch einen Club aufmachen.' Zuerst machte ich die Musik überhaupt nicht, und weil ich auch keine Drogen nahm, war ich ein Außenseiter. Ich ging mit Schlips und Kragen abends weg, und in diesen Clubs trugen sie alle nur Trainingsanzüge, tanzten die Nacht durch und schwitzten wie verrückt!"

Jeremy Taylor kannte Tony Colston-Hayter schon von den „Gatecrasher Balls" – den Partys, die in den Schulferien für die Oberschichtskids stattfanden (die „Hooray Henrys und Henriettas", wie man sie damals nannte), die sich dort betrinken, tanzen und sich gegenseitig befummeln konnten. Sie wurden des öfteren in der Regenbogenpresse „entlarvt", wo dann in der Regel ein sturzbesoffener Henry abgelichtet wurde, der gerade einer weggetretenen Henrietta unter den Rock faßte. Colston-Hayter sorgte bei diesen Feten gewöhnlich für die Blackjack- und Roulettetische. Ende 1988 hatte der damals 21jährige Taylor mit den Balls aufgehört; er sah sich nach neuen Möglichkeiten um. Sein Freund Quentin („Tintin") Chambers, zwei Jahre jünger und aus einem ähnlichen Privatschulenumfeld wie Taylor, gehörte zu einer stets flüssigen Chelsea-Clique, die sich öfter im Spectrum sehen ließ. Er war sich sicher, daß Acid House genau das Busineßpotential besaß, das Taylor suchte, und die zwei begannen, kleine Partys zu organisieren.

Nach ein paar erfolglosen Monaten schafften sie es, sich in den begehrten Freitagabend in einer großen Location im Westend zu sichern, dem Shaftesburys. Fun City schlug sofort bombig ein, der reguläre DJ dort, Fabio (Fitzroy Heslop) knallte eine härtere, energiegeladenere und instrumentalere House-Spielart aus den Boxen, die vor allem die jüngeren Dancer liebten. Adamski (Adam Tinley), ein ehemaliger Punk und Hausbesetzer, der sich einen Digital-Sampler und einen Roland-Drumcomputer gekauft hatte und bald der erste Acid-House-Popstar werden sollte, sorgte live für nackten, rudimentären Techno. Die Besucherzahlen stiegen weiter, als „Anton der Pirat" ins Spiel kam, ein genialer, enthusiastischer Weißer mit langen Dreadlocks, der sich im Sommer 1988 zu einem allgegenwärtigen Gesicht in den Clubs entwickelt hatte. Taylor und Chambers – alias Karma Productions – waren im Geschäft.

Im Mai, rund um Pfingsten, mieteten sie die Westway Film Studios und planten die spektakulärste Acid House Party, die es bisher gegeben hatte. Der Promo-Flyer für das Energy las sich wie die Steuerabrechnung eines Börsenmaklers: 15.000 für wassergekühlte Laser, 25.000 für Projektionen, Beleuchtung und visionäre Spielereien, 30.000 für Turbo-Sound, dazu zwölf DJs, fünf große Räume, Hüpfburgen, Rutschen, Autoscooter ... Aus der Sicht der Neunziger betrachtet erscheinen fünfzehn Pfund Eintritt heute als bescheiden; damals war es doppelt soviel wie der Einlaß in den Westend-Discos. Glücklicherweise wurde die Ausstattung dem Hype gerecht: Ein Raum erinnerte an einen griechischen Tempel mit ionischen Säulen, ein anderer sah aus wie eine Szene aus *Blade Runner*. Am Schluß, als die letzten Tänzer verzückt im Morgenlicht vor dem Studio saßen, war man sich allgemein einig, daß Energy neue Maßstäbe gesetzt hatte. „Das macht uns erst mal nach", schienen sie zu Sunrise zu sagen.

Währenddessen hatte Tony Colston-Hayter sich wieder auf dem Land verschanzt, um der unliebsamen Aufmerksamkeit von Polizei, Presse und potentiellen Schutzgelderpressern zu entgehen. Nach dem Alptraum von Greenwich und Hackney hatte er ernsthaft nachgedacht. Seit den Videospielen seiner Kindheit begeisterte ihn technisches Spielzeug jeder Art; er liebte Europiepser und Mobiltelefone, die es in England zwar schon seit drei Jahren gab, die aber noch immer als recht exotisch galten und als Yuppie-Accessoires karikiert wurden. Wie, fragte er sich, könnte er die Location der Party bis zum letzten Augenblick geheimhalten und die Polizei von seiner Spur abbringen?

Die Antwort fand er im Voice-Bank-System von British Telecom. Dort konnte er verschiedene Anschlüsse mit einem einzigen Anrufbeantworter verbinden und die Ansage darauf über ein Handy, das er zum Veranstaltungsort mitnahm, ständig ändern. So konnte er die Partygänger in die richtige Richtung führen, warten, bis die Autoschlangen kritische Längen erreicht hatten, dann die genaue Adresse über die Voice Bank bekanntgeben und den Laden vollkriegen, bevor die Polizei einschreiten konnte. Und die hohen Tarife für die Servicetelefonnummern lohnten sich sowieso. Genau wie House Music aus einer neuen Interpretation der Musiktechnologie entstanden war, erfand Colston-Hayter einen neuen Verwendungszweck für die Kommunikationstechnologie, und monatelang war er damit allen anderen immer einen Schritt voraus.

Dave Roberts war jetzt ein vollwertiger Partner, und der Name World Wide Productions, den sie für sich gewählt hatten, stand für zwei große Projekte: Sunrise und Back To The Future. Aber auch wenn die Hysterie wieder ein wenig nachgelassen hatte, machten es die ständigen Presseberichte über Acid House immer schwerer, Veranstaltungsorte zu finden. Sie schickten ihre Spähtrupps zu entlegenen Bauernhöfen und erzählten den Besitzern, daß sie ihren Grund und Boden für ein paar hundert Pfund für Dreharbeiten oder eine Satellitenübertragung mieten wollten. Manchmal bekam die Polizei Wind von diesen Vorhaben und setzte die Farmer unter Druck, ihr Einverständnis zurückzuziehen; oft konnten Colston-Hayter und Roberts erst wenige Stunden vor Beginn der Party eine Location sichern, wie zum Beispiel bei Back To The Future 2, das im April 1989 in South Warnborough stattfand; sie mußten sich mit einem Silo zufriedengeben, das zur Hälfte voller Viehfutter war. Die Partygänger nahmen das mit Humor; sie entdeckten, daß der stinkende Berg von Kraftfutter sich ausnehmend gut zum Runterrutschen eignete.

Im nächsten Monat kam dann Sunrise 5000: Once In A Blue Moon sollte eigentlich in einem Flugzeughangar bei der Santa-Pod-Rennbahn stattfinden. Mittlerweile hatte Colston-Hayter ein Mitgliedersystem aufgebaut und verkaufte die Tickets im Schneeballsystem durch Mittelsmänner – eine Idee, die er von den Gesellschaftsbällen abgeguckt hatte – und hatte sich eine Mailing-Liste von 6.000 Namen zusammengestellt. Aber ganz gleich, wie gut die finanzielle Seite strukturiert war, bei der Durchführung gab es wieder Probleme: Als er die Location erreichte, stellte Colston-Hayter fest, daß es keinen Strom und keine Toiletten gab. Er mußte auf einen Dieselgenerator zurückgreifen und ein paar altersschwache Kabel durch einen ziemlich leicht entflammbaren Berg von Altpapier verlegen, und für Tausende von Leuten standen nur vier Toiletten zur Verfügung. Aber Sunrise 5000 hatte wirklich 5.000 Leute angelockt, und beide Partner waren begeistert. „Da kam niemand mehr an uns ran", sagt Roberts. „Da wußten wir, daß wir es geknackt hatten."

white waltham, berkshire

„Sway with the rush, rush with the sway,
It's time to play, hip hip hooray!
Them take cocaine, them blow their brain, them go insane …
I take an *E*!
I feel irie!"
Rap eines MC beim Helter Skelter Rave, 30. September 1989

Der Sommer '89 war gekommen, und was war das für ein langer, toller Sommer – der heißeste seit mehr als zehn Jahren. Die Tage zogen sich endlos und gingen dann über in duftende, angenehme Nächte. Ein schöner Sommer ist in Großbritannien so selten, daß dann, wenn es tatsächlich mal einen gibt, die Stimmung der gesamten Nation enorm ansteigt und das ganze Land mit einem unbändigen Wunsch, sich zu amüsieren, erfüllt. Zwar wären die Ereignisse dieses Jahres sicher so oder so geschehen, aber fraglos verstärkte und verlängerte das gute Wetter sie, vielleicht änderte es sogar ihre Natur. Während die Szene des letzten Sommers sich in dunklen Clubs und feuchten Lagerhäusern abgespielt hatte, an geheimen Treffpunkten einer geschlossenen Gesellschaft, die ihre eigene Sprache und ihre eigenen Regeln hatte, ging es in diesem Jahr hinaus aufs Land, auf den kollektiven Mystery Trip, und alles erschien offener, freier, weniger angespannt und exklusiv. Jeder, der sich ein Ticket und ein Pille leistete, war dabei; 30 Pfund erkauften eine Reise ins Unbekannte und eröffneten eine traumhafte Welt von Licht und Sound. In diesem Jahr, so schien es, ging jeder mit Hermann Hesse auf die *Morgenlandfahrt;* vielleicht waren sie sich nicht ganz sicher, wo es eigentlich hinging, aber für den Augenblick waren sie zufrieden, sich einfach zurückzulehnen und die schnelle, wilde Fahrt zu genießen.

Die Terminologie hatte sich nun verändert, außer der Presse sprach jetzt niemand mehr von „Acid House Partys". Dieses Jahr nannte man die größeren, spektakuläreren Partys „Raves", ein Ausdruck, der, wie so vieles in dieser Kultur, aus der schwarzen Soul-Szene stammte (obwohl er bereits 1961 vom *Daily Mail* verwendet worden war, um damals feiernde Jugendliche bei einem Jazzfestival zu beschreiben; das Gegenkultur-Magazin *International Times* hatte in seiner ersten Ausgabe 1966 von einem sogenannten „all night rave" mit Pink Floyd im Londoner Roundhouse gesprochen).

Aus dem Nichts schienen sich überall Menschen zusammenzufinden. Wenn man an einem Sonntag nachmittag durch den Park von Clapham Common spazierte, begegnete einem ein wogendes Meer aus Farben, Lila und Grün und Orange: Raver versammelten sich hier zu Tausenden, um ganz sanft auf der sonnenbeschienenen Wiese von der letzten Nacht im Orbit runterzukommen. Sie stampften mit ihren Kickers und Timberlands und Reeboks und den fröhlichen kleinen Wallabee-Mokassins im Takt zu den Rhythmen aus ihren Ghettoblastern, holten sich Limo aus dem Windmill Pub, bauten sich gemütlich ihre Joints und sonnten sich am Ufer des kleinen Teichs. Ein paar Jungs fuhren auf Mountainbikes vorbei und boten chemische Unterstützung an. Wenn ein Soundsystem durch eine der Polizeisperren durchgekommen war, dann gruppierten sich schnell winzige Zellen drum herum und verwandelten sich in eine groovende Masse. Das Spontane an diesen improvisierten Zusammenkünften war einfach großartig; es vermittelte das Gefühl, daß überall und zu jeder Zeit etwas Wundervolles passieren konnte.

Diese neue Stimmung spiegelte sich auch in der Art, wie die Raver sich anzogen – bunt, baggy (extraweit) und ausgeflippt – wie Pfauen und Vogelscheuchen und Clowns und überdimensionale Babys in lila Strampelanzügen. Man sah es schon an den Flugblättern: Sonnenzeichen, leuchtende Pyramiden, das Horus-Auge und psychedelische Mandelbrot-Figuren erschienen in grellen Gelb- und Orangetönen. Es ließ sich auch an der Art zu tanzen ablesen: Das starre Armeschwenken war nun anderen Bewegungen gewichen, die Hüften zuckten nun von einer Seite zur anderen, während die Füße geometrische Muster auf den Boden zeichneten. Und zu hören war es auch: Der im letzten Jahr noch angesagte Slogan „Acieed!" klang nur noch wie der Schrei eines Orientierungslosen, dem das große Unbekannte direkt ins Gesicht grinst. In diesem Jahr gab es eine unmißverständliche Erklärung: *„mental!"* – irre, durchgeknallt, verrückt. Dieser Ausdruck schien die Flucht aus den Sicherheiten des Alltags am besten zusammenzufassen – *„mental, mental!"* Auf einer Mission, es gibt kein Zurück – *„mental, mental, mental!!!"* Sogar die Musik schien sich verändert zu haben, als sei sie im Gleichklang mit der kollektiven Bewußtseinsverschiebung mutiert. Die größten Rave-Hits dieses Sommers waren das Revival des gefühlvollen Klassikers von Rhythim Is Rhythim von 1987, *Strings Of Life*, und *French Kiss* von Lil Louis, ein unglaublich monotones Mantra, das zu orgiastischem Stöhnen verebbte, um dann wieder total in Electrospace abzuheben. Beide Tracks waren rein instrumental, aber sie waren mit soviel psychischer Energie aufgeladen, daß sie eine Bedeutung erhielten, die weit über Worte hinausging. Nothing could stop the dance. So schien es jedenfalls. Oder?

„In der Drogenszene war am Wochenende eine besorgniserregende neue Entwicklung zu verzeichnen, als die bisher größte ‚Acid-House'-Party stattfand", berichtete der *Daily Mail* am 26. Juni. „Als 11.000 Jugendliche mitten in der Nacht auf einem abgelegenen Flugplatz zusammenkamen, warteten die Dealer schon auf sie, um sie zum Konsum übelster Narkotika zu verführen."[3]

Sunrises Midsummer Night's Dream Party auf dem Flugplatz von White Waltham in Berkshire setzte dem Rave-Sommer die Krone auf und ließ nun erst recht allgemeine Entrüstung niederprasseln. Die Party begann völlig normal: Erst wurde das Wachpersonal des Flugplatzes bestochen, damit sie keinen Alarm schlugen, die Polizisten der Special Patrol Group, die im angrenzenden Gebäude gerade eine Party feierten, wurden vorsichtig umgangen; die Messages auf den Voice Banks, die zehn Anrufe gleichzeitig entgegennehmen konnten, wurden stündlich aktualisiert; die örtliche Polizei lenkte man mit der Geschichte ab, daß hier die Kulisse für ein neues Michael-Jackson-Video aufgebaut werden sollte, und dann gab es noch ein kleineres Handgemenge mit ein paar aufgebrachten Ortsansässigen, die versuchten, sich der Flut von Ravern entgegenzustellen, die sich ihre verträumte Landstraße entlangwälzte. Die Flugzeughalle selbst war ein richtiges Prachtexemplar; die größte in ganz England, wie man Colston-Hayter gesagt hatte, und für eine Miete von nur 1.500 Pfund zu haben. Sein Production Team füllte sie mit grünem Nebel und ließ riesenhafte Kugeln von der Decke herab, auf die übergroße Gesichter projiziert wurden, die sich übergangslos in große Augäpfel verwandelten. Die Polizeipräsenz war minimal, vor der Tür hielt sich ein junger Bulle warm, indem er seine Acid-Dance-Schritte übte. Colston-Hayter gibt zwar zu, daß ihm zu der Zeit klar war, daß er „auf einem Pulverfaß saß", aber er ahnte nicht, daß sich unter den 11.000 Leuten, die Tickets besaßen, eine Rotte von Skandalblattreportern befand.

Die *Sun* gab am Montag morgen die Richtung vor. Auf die Schlagzeile „Ecstasy Airport" folgte eine grausige Story über rappelfertige, abgespacete Mädchen, „einige davon nicht älter als zwölf", die direkt neben finsteren Dealern standen, während andere Jugendliche voll auf Droge zu fremdartigen Rhythmen hin und her zuckten und in ihrem Wahn Tauben die Köpfe abrissen, während nur sechs Polizisten hilflos zusehen mußten. Als die Party um zehn Uhr morgens zu Ende ging, war der Boden angeblich „übersät mit dem Einwickelpapier von Ecstasy-Pillen" (bei diesem „Einwickelpapier" handelte es sich in Wirklichkeit um Stückchen von der Silberfolie, die von der Deckendekoration abgefallen waren, und die geköpften Vögel waren auch nirgendwo zu sehen).[4] Der *Daily Mail* folgte mit einem strengen Vorwort des Herausgebers, das den Titel „Neue Gefahr für die britische Jugend" trug.

„Acid House ist nur ein Vorwand für großangelegten Drogenhandel der schlimmsten Sorte. Es ist ein zynischer Versuch, junge Leute bei scheinbar harmlosen Popveranstaltungen in die Drogenabhängigkeit zu führen. Diese Partys sind nichts weiter als bestens organisierte Vertriebsmöglichkeiten für Drogen – Cannabis, Amphetamine, das Halluzinogen LSD und eine gefährlichere Form davon, das sogenannte Ecstasy. Die Leute, die für diesen gigantischen Versuch, unsere Jugend zum Drogenkonsum zu verleiten, verantwortlich sind, müssen dingfest gemacht und aufs härteste bestraft werden."[5]

Es hatte bei der Party keine Verhaftungen wegen Drogen gegeben, und Colston-Hayter stritt natürlich alles ab. „Ich nehme keine Drogen, ich verkaufe keine Drogen, und bei unseren Partys gibt es sie nicht", beteuerte der 21jährige, obwohl die wenigsten ihm diese letzte Behauptung abkauften.[6] Innenminister Douglas Hurd beantragte eine Untersuchung bezüglich dieser ungenehmigten Partys, wobei er von seinem Labour-Gegenspieler Roy Hattersley unterstützt wurde. Colston-Hayter hatte sich wieder in seinem Schlupfloch in der Camden High Street verschanzt und hatte Angst, fand die ganze Aufmerksamkeit aber gleichzeitig auch sehr aufregend. „Er fand es irgendwie toll, aber er hatte keine Ahnung, was ihm bevorstand", sagt Dave Roberts, der begriffen hatte, daß ein junger Schwarzer mit zweifelhafter Vergangenheit bei den politisch eher rechtsgerichteten Journalisten nichts zu lachen haben würde und der sich von daher von den Teleobjektiven und Notizblöcken so weit wie möglich fernhielt. „Die *Sun* schrieb: ‚Ihr könnt mich nicht aufhalten, sagte Tony Colston-Hayter der Polizei.' Was für eine dreiste Lüge! Das läßt einen Polizisten, der Tony sieht, doch denken: ‚Den kriegen wir nie, also hängen wir ihm was an.'"

Im Anfangsstadium erschien die moralische Panikmache gegen Acid House noch wie die typisch vorgefertigte Entrüstung über die fehlgeleitete Jugend, die standardisierte Ablehnung von Nonkonformismus und Teenager-Freiheitsdrang, der an das Geschrei wegen der Teddyboys, Mods, Rocker, Hippies und Punks in früheren Zeiten erinnerte. Die Regenbogenpresse verglich die Raver mit dem anderen Schreckgespenst dieser Zeit, den „Lager Louts", besoffenen Schlägern, die auf den Marktplätzen der kleineren Städtchen randalierten. Beide Phänomene waren symbolische Störungen der allgemeinen Ordnung des Thatcherismus, immer wieder gut für eine bunte Meldung, aber eigentlich keine wirkliche Bedrohung. Obwohl der sensationsgeile Ton der englischen Boulevardblätter oft ein bißchen ironisch und überzogen geschrieben und auch beim Lesen so verstanden wird, kann die Presse durchaus ein ernsthaftes Einschießen auf eine Minderheitenkultur ankündigen oder sogar auslösen. Im Sommer 1989 hatten die Berichte einen bedrohlicheren Ton angenommen. Die Polizei erkannte, daß mehr auf dem Spiel stand – Raves beschleunigten die Verbreitung des Drogenhandels –, und nutzte die von den Medien geschürte Panik, um allgemein einen weitergreifenden Einsatz der Kontrollmechanismen vorzubereiten.

Dieser Umschwung traf zuerst Jeremy Taylor und Tintin Chambers. Ihre zweite Energy-Party war für das Wochenende nach Sunrise in Membury, Berkshire, geplant. Die gesamte surreale Dekoration war schon installiert – ein sechs Meter hohes Modell der Steine von Stonehenge, ein paar „laughing houses" – aber die Polizei sperrte die Autobahn M4 auf dreißig Kilometer Länge ab und blockierte jede Ausfahrt, um die Party zu unterbinden. Sie gingen noch gegen vier andere vor. Biology, eine Organisation, die von Jarvis Sandy geführt wurde, hatte in der Nähe der Elstree Studios einen riesigen Event unter freiem Himmel angekündigt. Jetzt mußte er zusehen, wie seine ganzen Locations eine nach der anderen unter dem Druck der Polizei wegbröckelten, so daß er sein Publikum wie eine Herde Schafe über ein paar Meilen Autobahn führte und schließlich in einer billigen Disco in Birmingham landete, wo dann endlich um acht Uhr früh die Türen aufgingen. Der ganze Weg – für das da?

Das Problem war, wenn man etwas wirklich Besonderes auf die Beine stellen wollte – und die meisten der größeren Promoter, die sich stets gegenseitig zu übertreffen suchten, wollten das –, konnte man nicht einfach eine Anlage auf einem zugehängten LKW vorfahren lassen, den Stecker reinstecken und loslegen. Man brauchte eine Lightshow, Generatoren, Projektionsleinwände, Jahrmarktskarussells, Hüpfburgen, die ganze Palette an technischen Spielereien, und das mußte man alles irgendwie so an Ort und Stelle aufbauen, ohne daß man dabei erwischt wurde. Dann brauchte man noch einen guten Anwalt, um sich die Polizei vom Hals zu halten und dafür zu sorgen, daß der Besitzer des Geländes nicht umfiel, und man mußte dafür sorgen, daß die richtigen Piratensender die Party ankündigten – sonst konnten die genausogut gleich bekanntgeben, daß die Party abgesagt war. Vor allem aber brauchte man viel Mut – und die Raver, die ihre Befreiung von den beschränkenden Schankgesetzen feierten, hatten davon mehr als genug.

Energy versuchten, ihr Glück noch einmal zu beschwören, und planten drei Wochen später eine Warehouse Party hinter einer Raststätte bei Heston. Fast augenblicklich umstellten 1.000 Polizisten mit Hunden und speziellen Einsatzfahrzeugen das Gelände und sperrten die M4. Dieses Mal waren die Raver jedoch nicht so leicht zu bremsen. Sie parkten ihre Autos einfach auf dem Randstreifen, überquerten die sechs Spuren der Autobahn vor den heranrasenden Fahrzeugen und waren schließlich so viele, daß sie die Polizei zum Rückzug zwangen. Die Presse und die Polizei hatten gemeinsam eine Outlaw-Identität für die Szene geschmiedet, die nur zu gern angenommen wurde.

Es war an der Zeit, ein paar harte Söldner zu dingen, die Pulvervorräte zu überprüfen und das Heer zu versammeln. Der Krieg hatte begonnen, und die einzigen Waffen, die zählten, waren Technik, Strategie und schlichte zahlenmäßige Überlegenheit. Colston-Hayter glaubte immer noch, daß er die negative Berichterstattung umdrehen oder ihr zumindest die Stirn bieten konnte und wandte sich an einen anderen Freund aus seinen Videospielertagen. Paul Staines, ein ehemaliger Privatschüler aus Harrow mit extrovertiertem Wesen und beißendem Humor, hatte Colston-Hayter bei Atari-Asteroid-Meisterschaften kennengelernt, wobei Staines vor seinem neuen Freund den ersten Platz gemacht hatte. Auf der Universität hatte er sich der radikal wirtschaftsliberalen Organisation Federation of Conservative Students angeschlossen, und es dauerte nicht lange, da arbeitete er als politischer Berater für den rechtsgerichteten Einzelkämpfer und reichen Immobilienmakler David Hart, der als direkter Berater von Margaret Thatcher fungierte. Harts Philosophie umschloß wirtschaftlichen Neoliberalismus und extremen Antikommunismus. Er hatte 1983 beim Wahlsieg der Konservativen eine Schlüsselrolle gespielt, zu Margaret Thatchers sogenanntem „alternativen Kabinett“ gehört und während des Bergarbeiterstreiks 1984/85 sein Geld und seine entschlossene Persönlichkeit dazu verwendet, um ein im verborgenen agierendes Netz von desinteressierten und streikbrechenden Kumpeln aufzubauen, das schließlich zur Niederlage Arthur Scargills und der Bergarbeitergewerkschaft National Union Of Mineworkers maßgeblich beitrug.

Hart, „ein Verschwörertyp … eine etwas bizarre Gestalt“, bewegte sich in den höheren Kreisen der Sicherheitsdienste, erhielt beträchtliche Gelder von Rupert Murdoch und avancierte zum Berater von Michael Portillo, dem Darling des rechten Tory-Flügels in den Neunzigern.[7] Harts Organisation, das Committee For A Free Britain, veröffentlichte zwei Zeitschriften, die Kalter-Krieg-Postille *World Briefing*, die von dem früheren CIA-Spion Herb Mayer geleitet wurde, und *British Briefing*, „eine monatliche Geheimdienstanalyse der Aktivitäten der extremen Linken". Letztere konzentrierte sich vor allem darauf, Labour-Abgeordnete und linksgerichtete Anwälte und Autoren zu verleumden. Sie war zuvor vom MI6-Veteranen Brian Cozier geleitet worden, und jetzt half Paul Staines, sie herauszubringen.[8] Der 21jährige hatte so viel Spaß wie nie zuvor in seinem Leben.

„Ich war ein fanatischer, entschiedener Antikommunist. Ich war eigentlich kein Tory, ich war ein Anarcho-Kapitalist. Ich trat dafür im Europarat und im Parlament ein, ich war in Washington, in Johannisburg, in Südamerika. Es liefen so Sachen wie: ‚Laßt uns ein paar Waffen für die Contras besorgen', so was halt. Mir machte das unheimlich viel Spaß, ich durfte mit den Typen da so richtig mitgehen und auch mal mit einer Kalaschnikow rumballern. Ich bin immer am liebsten da, wo was los ist, und damals, in den Tagen von Reagan und Thatcher machte das echt Spaß, du kriegtest alle Spesen bezahlt und konntest in der Welt rumreisen. Ich hielt *World Briefing* immer für eher witzig. Das einzig furchteinflößende an dieser Publikation war der Verteiler – da standen Leute drauf wie George Bush – und die Tatsache, daß Hart sich eine Stunde lang mit dem Chef des britischen Geheimdiensts beriet. Für mich war das immer so, daß wir dabei unseren Spaß hatten und da irgendwelchen durchgeknallten rechten Kram reingeschrieben haben und daß das irgendwo jemand ernst nahm. Sie müssen wissen, daß wir die ganze Sache mit sehr viel Humor nahmen."

Er hatte außerdem einige Vorbehalte, was seinen Boß betraf. „Er hat eine sehr gewinnende Art und kann ranghöhere Leute so wie die Thatcher echt um den Finger wickeln und für eine Weile völlig normal erscheinen. Aber wenn man für längere Zeit in seiner Nähe war, dann merkte man, daß der total durchgedreht war."

Neben seinen Einsätzen für Hart und der Arbeit für das ebenfalls rechtsgerichtete Adam Smith Institute hatte Staines begonnen, zu den Partys seines Freundes Tony zu gehen. „Das erste E nahm ich beim Apocalypse Now in den Wembley Studios. Ich fand das absolut phantastisch, und ich war voll und ganz dabei, Smiley-T-Shirt, Shorts – ich hatte nie Acid genommen und E auch noch nie, ich hatte noch nicht mal was von MDMA gehört. Ich nahm das E, das war das pure MDMA, und ich war so drauf, so verliebt in alles und jeden, dann nahm ich noch ein bißchen Acid und das war's, ich ging voll auf Trip. Die Wembley Studios haben diese weißen Wände mit Bögen, und ich hob total ab, ich verwandelte mich in ein Wölkchen Rauch; es war eine brillante, supertolle Erfahrung."

Jet-setting für die freikapitalistische Marktwirtschaft war lustig, keine Frage, aber das hier sorgte für einen noch besseren Kick. Nach der Party von White Waltham wurde Staines der Publicity-Mann für Sunrise – eine Arbeit, die er zunächst von Harts Büro aus wahrnahm. „Meine Credibility in der Politik ging langsam den Bach runter. Im einen Augenblick war ich in den Abendnachrichten und erklärte: ‚Bei diesen Partys gibt es keine Drogen', und im nächsten Augenblick sollte ich über den Bürgerkrieg in Angola reden. Das funktionierte einfach nicht."

Jetzt, wo Sunrise den Einsatz erhöhte, gingen ihre Gegner mit. Chief Superintendent Ken Tappenden war ebenfalls am großen politischen Finale des Bergarbeiterstreiks beteiligt gewesen; er hatte viel Kritik von Bürgerrechts-Anwälten einstecken müssen, nachdem er verhindert hatte, daß Streikposten durch den Dartford Tunnel zu den Tagebaugebieten in Kent gelangten. Jetzt war er Bereichsleiter für Nordwest-Kent, ein Gebiet, das von der kürzlich fertiggestellten Ring-Autobahn M25 geteilt wurde, und er stellte fest, daß sein Revier sich zum Hauptgebiet für Raves entwickelte, für „Pay Parties", wie die Polizei und das Innenministerium sie lieber betitelte.

Tappenden richtete ein kleines Büro in Dartford ein, um dieses neue Phänomen zu beobachten, und wurde sofort mit Anfragen anderer Dienststellen zugeschüttet. Er zog um in den großen Konferenzraum der Polizeiwache in Gravesend und gründete dort die Sondereinheit Pay Party Unit, mit sechs Beamten und vier Computern, deren Aufbau etwa 100.000 Pfund kostete. Innerhalb weniger Monate waren es sechzig Beamte und dreißig Computer, die alle mit der HOLMES-Datenbank verbunden waren, dem zentralen Netzwerk der Polizei, das nach dem Debakel um den Yorkshire Ripper aufgebaut worden war, und Gravesend wurde die Party-Geheimdienstzentrale für ganz England und Wales.

Tappenden war entschlossen, die Raver mit ihren eigenen Waffen zu schlagen. Wie er schon während des Bergarbeiterstreiks bewiesen hatte, hatte er keine Angst davor, sich die Hände schmutzig zu machen und auch den Wortlaut des Gesetzes vielleicht ein bißchen zu sehr zu dehnen. Wie Colston-Hayter genoß auch er die Aufmerksamkeit, die er bekam (er hat noch immer seine gesamten Fernsehauftritte und

Einsätze auf Video). Wenn das ein High-Tech-Krieg werden sollte, dann würde er nicht mit veralteter Hardware in die Schlacht ziehen. Wenn sie Servicetelefonnummern verwendeten, dann kam er mit Fangschaltungen; wenn sie Piratensender nutzten, hörte er die ab; wenn sie Kundschafter ausschickten, um entlegene Warehouses zu finden, blieb er ihnen mit Hubschraubern und kleinen Flugzeugen auf den Fersen. „Ich war nicht unbedingt ein Party-Gegner“, betont Tappenden heute genau wie damals. „Ich hätte es gern gesehen, daß diese Partys legal geworden wären. Aber die Organisatoren wollten kein Geld für Sicherheit und Infrastruktur ausgeben. Sie wollten nur schwarz abkassieren.“

Zuerst jagte er seinem Wild ziemlich hinterher, wie er heute zugibt. Die Party-Organisatoren waren clever und skrupellos, und die Polizei hatte keine Ahnung, mit wem oder was sie es eigentlich zu tun hatte. „Ich bewunderte ihr Organisationstalent. Als Offiziere in einer Armee wären sie brillant gewesen, weil sie die Leute so schnell in Marsch setzen konnten. Wir verbrachten Wochen damit, Informationen auszutauschen und alles zu planen, und sie schafften das in einer Stunde am Samstag abend.“

Diese ursprüngliche Naivität zeigt sich auch an den vertraulichen Briefings der Pay Party Unit. Das erste, das im Oktober 1989 erschien, beschrieb Acid House („eine Kombination aus schwarzer Discomusik, elektronischen Effekten und komischem Gesang“) und kam zu dem Schluß, daß „die Atmosphäre bei den Acid House Partys an die Hippiezeit der Sechziger erinnert, mit einer Philosophie von Love & Peace.“ Aber ein weiteres Briefing, ein paar Monate später, wies auf einen verbesserten Geheimdienst und größere Ressourcen hin und skizzierte die Erfolge so: „In drei Monaten haben wir 20 größere Untersuchungen gestartet. Die HOLMES-Datenbank umfaßt 5.725 Namen und 712 Fahrzeuge. Wir haben 4.380 Telefonanrufe abgehört und 258 Personen verhaftet.“ Die Arbeit lief gnadenlos die ganze Woche über weiter. „Wir setzten dafür nicht das Fußvolk ein, wir nahmen die erfahrenen, gewieften Detectives“, sagt Tappenden. „Es waren ständig 200 Undercover im ganzen Land unterwegs. Das ist ein enorm großer Einsatz, und die Ergebnisse wurden 24 Stunden am Tag in die Computer eingegeben. Wir hörten nie auf, wir machten Tag und Nacht weiter. Die Datenbank war unglaublich.“

Am Ende des Sommers hatten die großen Rave-Organisatoren,

Sunrise, Energy und Biology, Gesellschaft von unzähligen anderen bekommen. Wenn sie aus einem der Londoner Clubs kamen, wurden die Raver gleich von Flugblattverteilern umringt, die ihnen ganze Stapel immer aufwendiger gestalteter Flyer in die Hand drückten, die vollfarbig endlose Listen von Attraktionen anpriesen. Energy taumelte vom Triumph zur Katastrophe, was die Unsicherheit der Situation deutlich machte. Im August hatten sie die Polizei ausgehebelt, indem sie über ihre Telefonansagen bekanntgaben, daß die ersten 5.000, die zu ihrem Summer Festival kamen, freien Eintritt bekommen würden; binnen weniger Stunden tanzten über 20.000 Leute auf einem Feld in Surrey. Einen Monat später wurde die Location, die sie für ihre Dance '89 Party gewählt hatten, bei der Geld für die Familien der Opfer eines Unglücks auf dem Marchioness-Riverboat gesammelt werden sollte (darunter auch Freunde von Tintin Chambers aus Chelsea), von Polizeihubschraubern ausfindig gemacht. Nachdem sie einen Tag lang in aller Hektik das Land nach einer neuen Location abgesucht hatten, besetzten sie schließlich illegal lange nach Einbruch der Dunkelheit einen Hangar am Flugplatz Raydon in Surrey. Das angekündigte Staraufgebot kam nicht zustande, Felder wurden zertrampelt und Autos angezündet, und Chambers und Taylor wurden wegen Erregung öffentlichen Ärgernisses festgenommen, in der Presse niedergemacht und als Verbrecher und Ungeheuer dargestellt; sogar der Marchioness Appeal Fund distanzierte sich von ihnen.

Tony Colston-Hayter triumphierte derweil, nachdem er die Anklage des Gerichts in Maidenhead, in White Waltham eine nicht genehmigte Party veranstaltet zu haben, hatte niederschlagen können. Er hatte bewiesen, daß es wegen der Mitgliedskarten, die mit den Sunrise-Tickets verschickt worden waren, im Grunde eine Privatparty gewesen war. „Jetzt waren sie richtig sauer", sagt er. „Es war mitten im Sommer, wir freuten uns alle auf Open-air-Veranstaltungen. Das war wirklich der Höhepunkt, das war auch gleichzeitig das Ende."

longwick, buckinghamshire und gravesend, kent

Wenn es einen Tag gab, wo die unglaubliche Energie des Jahres 1989 wirklich ihren Höhepunkt erreichte, dann war es der 12. August, vor den Toren des Dörfchens Longwick mitten im friedlichen Buckinghamshire, beim Sunrise/Back To The Future Dance Music Festival. Hier triumphierte Colston-Hayter wirklich in der absoluten Schlacht der Einfälle und organisierte die spektakulärste Party, die es in Großbritannien je gegeben hatte.

„Nach der ganzen öffentlichen Diskussion wollte uns niemand mehr einen Veranstaltungsort überlassen", sagt Dave Roberts. „Mit viel Glück fanden wir diese Farm, machten den Vertrag klar und sahen zu, daß unsere Leute schon ganz früh morgens da waren. Zu der Zeit folgte die Polizei unserer Crew, unseren Soundtechnikern, den Lichttechnikern, den Sicherheitsleuten von ihrer Haustür an und versuchten, uns auszutricksen. Sie hängten sich an die Fersen der Gerüstebauer, die die Bühne errichteten, und sie fanden die Location auch. Der Farmer wußte nicht, was er tun sollte; wir sagten ihm immer wieder: ‚Sie müssen hier nicht aussteigen, wir verletzen kein Gesetz, wir sind ein Club privater Mitglieder.' Sie sagten ihm: ‚Ziehen Sie Ihre Einwilligung zurück, sonst bringen wir Sie vor Gericht.'"

Aber die Engelszungen von Colston-Hayter und seinen Rechtsanwälten behielten die Oberhand. „Wir können nichts machen", sagte Pauline Coulthard, Chief Superindendent vor Ort. „Das Parlament sollte das Gesetz ändern."[9] Sie hatten 17.000 Tickets verkauft, und sie wollten sich ihren Spaß durch nichts verderben lassen.

Auf der Bühne skandierte die E-Zee Posse den Refrain ihres Sommerhits, *Everything Starts With An E:* „Drop a tab of E and rub up with a stranger!" Das ließ sich kaum jemand zweimal sagen: Die Girls in den Strampelanzügen, die Teenies in Jogginghosen, die Cowboys und die Superhelden und die Rastas und die bösen Jungs, das Mädchen mit dem silbernen Weltraum-Make-up und ein Typ, der auf Krücken schwankte und hüpfte, die Dreier- oder Vierergrüppchen, die sich in völligem Gleichklang bewegten, so, als seien sie telepathisch miteinander verbunden.

Bei dieser Party waren alle Attraktionen dieser neuen Art von Entertainment geboten. Man brauste voller Vorfreude die M40 entlang, ohne zu wissen, wo es letztendlich hinging; es war ein unvergleichlicher Kitzel, der durch das Wissen, daß es sich um den Genuß verbotener Früchte handelte, noch erhöht wurde. Über Nebenstraßen und Feldwege, dann über einen Hügel, und plötzlich war da das Pochen der Bässe und das Blitzen der Laser am Himmel – und die Leute, so viele Leute, alle voll drauf wegen der erregenden Situation und den Drogen, in alle Regenbogenfarben gekleidet, alle in gemeinsamer Absicht vereint. Schon allein die Dynamik eines Rave an sich vermittelte ein Befreiungsgefühl – eher demokratisch als hierarchisch. Die Tänzer blickten nicht auf die Bühne, sondern sahen sich gegenseitig an. Die Herrschaft des Performers wurde dadurch unterlaufen; die Energie kam von den Teilnehmern selbst. Sie und niemand sonst machten all das möglich! Und am Rand der Menschenmenge, wenn man allein unter dem schimmernden Sternenhimmel tanzte, konnte man sich ganz in die eigene Phantasie verlieren.

„Kümmert sich die Polizei nicht darum, daß die Gesetze eingehalten werden?“ zeterte die *Sun* am nächsten Morgen. „Macht sie sich keine Sorgen um unsere Jugend? Wann wird sie endlich etwas gegen die mitten unter uns agierenden Drogendealer unternehmen? Wenn jeder in Großbritannien abhängig geworden ist? Wenn die Party von einer Küste zur anderen reicht?“[10]

Die Zeit schien immer schneller voranzueilen; die Szene wuchs Woche für Woche, fast Tag für Tag, und der Einsatz wurde höher und höher. Konnten die Raver, gefangen in ihren verrückten Träumen und benebelt vom Adrenalin des Gejagtwerdens und des Ernstes, den dieses Spiel mittlerweile angenommen hatte, die Grenzen des Unmöglichen überschreiten, bevor ihre Verfolger sie erwischten? Das Ende des Sommers war nur noch einen Monat entfernt. Wie weit würde es gehen, wieviel höher konnte es gehen, bevor die Ernüchterung einsetzte?

Am 1. Oktober fanden sich drei der Rave-Hymnen des Sommers, Black Box' *Ride On Time*, Technotronics *Pump Up The Volume* und Sydney Youngbloods *If Only I Could* auf dem ersten, zweiten und dritten Platz der Pop-Charts wieder. In der Nacht zuvor war der Sturm endlich losgebrochen. Im Norden von London hatte man bei der Helter Skelter Party ein hochkarätiges Lineup von Performern auf einem schlammigen, frisch gepflügten Feld in Oxfordshire zusammengebracht. Der Widerspruch war schon entzückend, wenn man sah, wie die Ikonen der House-Szene über eine wacklige Leiter auf die Ladefläche eines LKW kletterten um – auf dem offenen Feld – zu singen und zu spielen. Loleatta Holloway war da, die auf zahllosen klassischen Salsoul-

Discohymnen gesungen hatte und der die Menge buntgekleideter Irrer, die sich vor der „Bühne" zusammenschoben, fast angst zu machen schien. Ce Ce Rogers war da, nachdem die traurige Phantasie *Someday* eine Art Nationalhymne für die House-Gemeinde geworden war. Ebenfalls dabei: Die Postpunk-Chaoten The KLF, die ihre Gage von 1.000 Pfund im voraus und in schottischen Geldscheinen verlangt hatten, die sie mit der Botschaft „We love you children" bekritzelten und dann in die Menge warfen, eine Art Generalprobe für das situationalistische Happening ein paar Jahre später, bei dem sie eine Million Pfund verbrannten. Trotz des Nieselregens und der Besucherzahl (*nur* 4.000!) herrschte absolut gehobene Stimmung.

Aber in der gleichen Nacht, in London, eskalierte draußen vor der Phantasy Party bei Reigate das Stillhalten endlich in offene Gewalt; Sicherheitskräfte mit Rottweilern und CS-Gas lieferten sich einen harten Kampf mit der Polizei, wobei 16 Beamte verletzt und sieben ins Krankenhaus eingeliefert wurden. Es war eine Sache, die Schnarchsäcke auf dem Land zu überlisten, aber tatsächlich mit Gewalt gegen die Polizei vorzugehen, noch dazu vor laufenden Kameras, das war nicht akzeptabel. Innenminister Douglas Hurd kündigte an, hart durchgreifen zu wollen, und zwar bald, rechtzeitig zum Herbstparteitag der Konservativen, wo sich wie immer ein williges Publikum für jegliche Rufe nach Gesetz und Ordnung finden würde.

Ken Tappenden wußte, was kommen würde. Es war schlicht so, daß bei den vielen hundert Partys, die im Sommer stattgefunden hatten, nicht nur durch die Eintrittspreise von 15 oder 20 Pfund Gewinn gemacht worden war. Das geschah vielmehr durch die riesigen Mengen Ecstasy, die vor Ort umgesetzt wurden. Ob die Organisatoren nun direkt daran beteiligt waren oder das Dealen anderen übertrugen – einige von ihnen geben das mittlerweile zu, wollen aber natürlich nicht genannt werden – es gab einen riesigen Bedarf an MDMA, der gedeckt werden mußte. Der Handel mit Ecstasy hatte sich in den eineinhalb Jahren seit der Eröffnung des Shoom vervielfacht und sich dabei von kleinen Amateur-Dealern auf echte Kriminelle verlagert, die in der Lage waren, große Lieferungen aus dem Ausland zu bezahlen. Ende 1989 berichtete die Zollfahndung von einer Rekordmenge beschlagnahmter Substanzen, nicht nur MDMA, sondern auch von anderen Dance-Drogen wie Amphetaminen und LSD. Douglas Tweddle, Leiter der Zollfahndung, machte für diesen Anstieg die „schnell zunehmende Beliebtheit von Acid House Partys“ verantwortlich.

Zuerst konnte Tappenden ebensowenig wie die gesamte Obrigkeit begreifen, wie es so einen unersättlichen Bedarf an Drogen überhaupt geben konnte. „Das waren nette Kids – wie mein Sohn oder vielleicht Ihr Sohn“, sagt er. „Aber sie warfen das Zeug in Rekordzeit ein und wollten dann noch mehr.“ Als er sich die Videos ansah, die Überwachungskameras von einer bestimmten Party gemacht hatten, war er mehr als überrascht: Dort transportierte man die Pillen tütenweise von einem Tieflader mit Handkarren ins Gebäude! „Wir untersuchten das Gelände, nachdem sie weg waren, und überall lagen die leeren Drogenpackungen herum. Die meisten Kids waren total weggetreten. Man tanzt sonst keine sechs bis acht Stunden nach Jahrmarktsmusik. Als wir den Abgeordneten und dem Innenministerium berichteten, was wirklich lief, wollten die das überhaupt nicht glauben. Es wurde stets von allen Seiten bestritten, auch von der Regierung.“ Und überall, wo mit illegalen Drogen Geschäfte zu machen waren, war das organisierte Verbrechen natürlich zur Stelle. Wer sonst hätte die Organisation, den Mut und den finanziellen Rückhalt gehabt, um mit solchen Mengen handeln zu können?

„Es wurde sehr deutlich“, sagt Tappenden, „daß die Organisatoren vielleicht am Anfang ganz korrekte Leute gewesen waren, aber dann begannen Kriminelle, die wir wegen Gewalttaten, Mord, Raubüberfällen und großangelegtem Drogenhandel in unserer Kartei hatten, die Pay Parties zu übernehmen.“ Und das gaben tatsächlich auch viele Promoter zu: Jetzt stiegen die schweren Jungs ein, brachten ihre eigene Security mit und verschwanden mit den Gewinnen oder warben für Partys und machten sich dann mit dem Eintrittsgeld aus dem Staub. Das war es letztendlich, was die Behörden auf den Plan rief: Nicht das Bißchen Unruhe auf den grünen Wiesen, sondern die Befürchtung, daß die Verbrechersyndikate an finanzieller Macht und an Einfluß gewinnen würden.

„Das ganze Problem bestand nur, weil die Aktionen an sich illegal waren“, sagt Paul Staines. „Das ist genauso wie mit den Drogen – weil Drogen illegal sind, kommst du zwangsläufig mit unangenehmen Leuten in Kontakt – deswegen mußt du dir deine eigene Security anheuern.“ Als die Gesetzeshüter einen Schritt zulegten, mußten die Organisatoren Sicherheitskräfte einstellen, die notfalls hart genug waren, um die Party auch mit Gewalt gegen die Polizei zu verteidigen oder gegen Leute, die sich für die Einnahmen interessierten: Boxer, Rausschmeißer, Bodybuilder, ehemalige Zeitsoldaten und harte, furchtlose Schläger.

„Damals bezahlte man die Sicherheitstruppe, damit sie einem die Polizei vom Hals hielt. Das war verrückt, man sagte denen das nicht mal so, die sahen das schlicht als ihre Pflicht an. Diesen Typen war alles scheißegal. Sie waren dran gewöhnt, sehr viel Geld zu verdienen, und ich bin sicher, daß sie alle ihren Anteil bekamen, aber sie haben auch eine Menge zweifelhafter Dinger gedreht", meint Tintin Chambers. Oft genug wandten sie sich auch gegen ihre Brötchengeber, wobei sie dieselben Drohungen äußerten, wegen denen man sie überhaupt erst eingestellt hatte. „Das war immer ein Problem", räumt Chambers ein. „Das waren schwere Jungs, und wir waren zwei Privatschüler aus Chelsea, die Partys für 25.000 Leute organisierten. Es lief jede Menge Abzockerei; wir wurden auch mal gezwungen, eine hohe Summe als Abgabe an jemanden zu zahlen. Es gab immer Leute, die dir eine Knarre in den Hals rammten und sagten: ‚Gib uns zwanzig Riesen, oder wir knallen dich ab.'" Einmal, behauptet Jeremy Taylor, war er gezwungen, eine bewaffnete ehemalige Armee-Sondereinheit anzuheuern, um seine Wohnung zu sichern und ihn rund um die Uhr zu schützen. Taylors Befürchtungen bewahrheiteten sich einige Jahre später, als ein anderer seiner Geschäftspartner in einer Londoner Discothek erschossen wurde.

Im nachhinein erscheint die Strategie des Innenministeriums bis ins kleinste geplant, aber in Wirklichkeit tasteten sie damals nur nach irgend etwas, das vielleicht funktionieren würde. Es wurde beschlossen, nicht aufgrund der Drogenvergehen gegen die Partys vorzugehen, sondern sich auf die Umweltauflagen, Lärm- und Feuerschutzmaßnahmen und obskure örtliche Sondervorschriften zu konzentrieren. „Wenn wir das als harte Aktion gegen Drogen aufgemacht hätten, hätten wir nicht die Unterstützung der anderen Behörden bekommen, glaube ich", erklärt Tappenden. „Gesundheit und Sicherheit sind für die Kommunen wichtige Themen, Drogen nicht. Gesundheit und Sicherheit haben uns die Unterstützung jeder nur denkbaren öffentlichen Institution eingebracht, die wir finden konnten. Die Feuerwehr unterstützte uns, die örtlichen Verwaltungen. Warum wir Gesundheit und Sicherheit zum Thema machten, Notbeleuchtung und Lärm? Weil das einfach war. Bei Drogen war es ohne Tausende von Mitarbeitern unglaublich schwierig." Außerdem wurde Ecstasy zu dieser Zeit von der Regierung noch nicht als größere Gesundheitsgefährdung betrachtet; der „Feldzug gegen Drogen" war lediglich der Feldzug gegen Heroin, Raves dagegen wurden als Störung der öffentlichen Ordnung betrachtet.

Die Anwälte der Pay Party Unit wälzten die Gesetzessammlungen und suchten nach jeder Verordnung, die irgendwie, wenn auch nur entfernt, auf Raves angewendet werden konnte. Sie stellten Listen mit den Namen aller Personen zusammen, die daran beteiligt waren, von DJs und Produktionsteams bis hin zu den Ticketverkäufern. Sie sammelten Flyer, kauften Tickets, hörten die Piratensender mit fast mehr Entschlossenheit als die Raver selbst, gaben dann alle Informationen in die HOLMES-Datenbank ein und versuchten, jede Organisation, die sie aufspürten, mit einstweiligen Verfügungen auszuschalten. Aber wie Tappenden einräumt, war es nicht so einfach, mit wasserdichten Anklagen aufzuwarten. „Ich gebe offen zu, daß wir nicht viele Verurteilungen erwirkten. Wir hatten eine Menge Festnahmen, wir brachten ein paar, nicht viele, vor Gericht; die Gerichte waren im Grunde nicht darauf vorbereitet. Wir mußten genauso viele Leute laufen lassen, wie wir festnahmen, und das schadete unserem Image. Also beschlossen wir, uns mehr aufs Verhindern als aufs Verhaften zu konzentrieren." Straßensperren, Kontrollen und kleine Festnahmen waren Teil einer Strategie, die die Raver so verunsichern sollte, daß sie nicht einmal mehr Tickets kaufen würden. 20 Pfund für eine Party, die vielleicht nie zustande kommen würde? Vielleicht bekamen sie ein paar Wochenenden hintereinander ihre Kicks durch die Verfolgungsjagd. Aber ein Monat nach dem anderen, und noch immer keine Party? Das war der Mühe nicht wert.

Die Pay Party Unit organisierte sogar ihre eigenen Phantom-Raves, indem sie bei Piratensendern anrief und Phantasie-Locations für nie wirklich geplante Veranstaltungen durchgab; so lockte man ganze Raver-Konvois in die Wildnis, wo Dunkelheit und Schweigen auf sie warteten und ein Bulle mit Megaphon, der brüllte: „Geht nach Hause, es gibt keine Party." „Die Piratensender gaben bekannt – Sie wissen, wie sie das während der Musik bringen – ‚Brands Hatch heute nacht, Brands Hatch heute nacht, die Bullen sind nicht aufgewacht, die Bullen sind nicht aufgewacht, kommt ab zwölf, ab Mitternacht'", erklärt Tappenden grinsend und imitiert einen rappenden MC mit Londoner Dialekt. „Was sie natürlich nicht ahnten, war, daß wir das alles bloß erfunden hatten." Einmal nahm die Polizei von Thames Valley Straßenschilder herunter, um die Partygänger zu verwirren, und im Oktober reagierten Beamte in Hampshire auf den Anwalt einiger Rave-Promoter, indem sie ihn kurz und bündig selbst festnahmen. Tappenden gibt zu, daß die Polizei die Grenzen der Legalität weit dehnte. „[Der Zivilrechtsspezialist] Michael Mansfield fand überhaupt nicht gut, was wir da machten; er sagte, wir würden unsere Grenzen überschreiten, und in gewisser Hinsicht dachte ich auch immer, das täten wir."

Im Gegenzug hielt Sunrise Tappenden und sein Team zum besten und schickte ihnen spaßige Faxe. Paul Staines behauptet außerdem, sie hätten Insiderinformationen aus dem Hauptquartier der Pay Party Unit in Gravesend zugetragen bekommen. „Einer der Typen aus dem Sunrise-Team bumste eine der Sekretärinnen, die da arbeiten", lacht er, „daher wußten wir immer, was los war."

Die Polizei startete nun einen Großangriff auf das Kommunikationsnetz der Szene. Wenige Wochen nach den Ausschreitungen bei dem Reigate-Rave gab es eine Razzia bei Londons wichtigstem Piratensender, Centre Force. ICSTIS, eine Kontrollorganisation für Telekommunikation in Großbritannien, veranlaßte die Sperre der Sondertarifnummern, die von den Rave-Organisatoren zur Informationsquelle bezüglich der Party-Locations genutzt worden waren, mit der Begründung, daß ihre Satzung die Nutzung von Telefonnummern verbot, bei der „Personen zu verbrecherischen Handlungen ermutigt oder verleitet werden" könnten. Reagierte diese angeblich unabhängige Organisation auf Druck des Innenministeriums? Die ICSTIS verneinte das; Tappenden dagegen deutet an, daß das tatsächlich geschah. Jedenfalls konnte Sunrise nun die Voice Banks nicht mehr nutzen. „Sie stellten die Nummern ab, sie versuchten alles, um uns dranzukriegen", sagt Staines. „Es war einigermaßen koordiniert, das Innenministerium arbeitete an dem Fall. Ich weiß, daß ich irgendwas im Innenministerium erledigte, und es [mit einem der Beamten dort] einen riesigen Streit gab. Er sagte: ‚Ich weiß genau, was ihr macht, wir wissen alles über euch', weil ich durch meine politische Arbeit und die Aktionen mit extremen Organisationen in den Akten der Staatssicherheitspolizei auftauchte. Sie kamen damit nicht klar: ‚Sie sind doch ein rechtsgerichteter Konservativer, warum machen Sie das?' Weil ich jede Menge E schmiß und eine supertolle Zeit hatte!"

Staines, der erkannte, daß Douglas Hurd kurz davor war, neue Methoden zur Verhinderung von Raves durchzusetzen, überzeugte Colston-Hayter, beim Jahresparteitag der Tories in Blackpool eine Freedom-To-Party-Kampagne zu starten. „Ich sagte: ‚Tony, du mußt einfach dort auftauchen, wir seifen die richtig ein, die Geschichte wird so richtig sexy – Acid House Tories! Die werden nicht genug von uns kriegen können.'" Die Kampagne nahm vor allem die Schankgesetze ins Visier: In Europa konnten die Clubgänger die ganze Nacht legal tanzen. In Großbritannien herrschte noch immer die strenge Gesetzgebung, die Lloyd George im Ersten Weltkrieg eingebracht hatte, um den Alkoholkonsum der Arbeiter der Munitionsfabriken einzuschränken, und man triebe hier die vergnügungswillige Jugend in die Arme von Kriminellen, weil sich die als einzige trauen würden, Partys zu veranstalten, wenn die Regierung noch härtere Regeln aufstellte. Freedom To Party war eine lockere Allianz der großen Party-Promoter: Sunrise, Energy, Biology, Ibiza, World Dance und anderen. Sie stellten sich als Anhänger der freien Marktwirtschaft hin, die den Kids nur das gaben, was sie wollten; der herrschenden wirtschaftsliberal-kapitalistischen Ideologie zufolge verdiente das Applaus anstelle von Zensur. Das war schließlich die Regierung, die Gier zu einer Tugend erhoben hatte. „Maggie sollte stolz auf uns ein, wir sind das Produkt der selbständigen Unternehmerkultur", sagte Colston-Hayter.[11]

Im Dezember wurde die Aufgabe, eine neue Gesetzesvorlage einzubringen, an Graham Bright weitergereicht, dem Abgeordneten für Luton South, der 1984 schon den Video Recordings Act, ein Gesetz gegen „Video-Schweinereien" durchgefochten hatte. Der *Guardian* nannte Bright zwar einen „Abgeordneten, dessen Name [der wörtlich übersetzt „clever" bedeutet, A. d. Ü.] so gar nicht zu ihm paßt"[12] und behauptete, daß ihn einige Tory-Kollegen „Mr. Dim", also Mr. Blöd, nannten, aber er hatte den Innenministern lang und treu gedient und wurde unter John Major Staatssekretär, stets ein vertrauter Berater und

Freund, der schließlich mit der Erhebung in den Ritterstand belohnt wurde.[13] Brights neues Gesetz, die sogenannte Entertainments (Increased Penalties) Bill, definierte keine neuen Verbrechen oder gab den Behörden neue Rechte, es erhöhte lediglich das Strafmaß für nicht genehmigte Partys von 2.000 Pfund auf 20.000 Pfund und sechs Monate Haft.

Im Parlament gab es keinen ernsthaften Widerspruch. Die Labour Party war zahlenmäßig hoffnungslos unterlegen, und ihre Bedenken erstreckten sich ohnehin nur darauf, wie dieses Gesetz sich auf die Rock-Veranstalter oder das Glastonbury-Festival auswirken könnten. Niemand konnte es sich erlauben, in der Drogenfrage nachgiebig zu erscheinen, vor allem, da in diesem Sommer die Panik herrschte, daß die Crack-Epidemie aus den Staaten nach Großbritannien überschwappen könnte. „Ich möchte hier im Unterhaus absolut klarstellen, daß die Labour Party der Ansicht ist, daß gegen diejenigen, die illegale Acid House Partys veranstalten, hart vorgegangen werden muß", sagte der MP Stuart Randall.[14] Staines hatte gehofft, daß sich die rechtsgerichtete Abgeordnete Teresa Gorman auf seine Seite schlagen würde („die ist für Spaß zu haben"), aber dazu kam es nicht.

Bright und seine Kollegen hatten ihre Hausaufgaben gemacht, sie hatten sogar eins von Ken Tappendens Teams auf einen Rave begleitet. In der fünfstündigen Debatte im März 1990, als das Gesetz ein zweites Mal diskutiert wurde, verwies Bright auf Gespräche mit Adamski und Jeremy Taylor von Energy, zitierte *The Face* und *Melody Maker*, erläuterte, wo seiner Meinung nach der Ursprung des Ausdrucks „Acid House" lag („die Bezeichnung entlehnt sich aus dem Chicago-Slang") und erzählte von den windigen Promotern, die „mit dem Geld auf und davon gingen", nachdem sie den Ravern Tickets für Partys verkauft hatten, die es nicht gab. Die Pay Party Unit hatte ihn bestens vorbereitet; er wußte, wieviel der Eintritt bei einem Rave kostete und was dann dort für eine Dose Cola verlangt wurde. Er bohrte Löcher in das Manifest von Freedom To Party: Wollten sie nun maßgeschneiderte Strukturen für Raves auf dem Land, oder wollten sie längere Öffnungszeiten für die Discos in den Städten? Und kein MP konnte ihm widersprechen, wenn er sich besorgt wegen des Drogenhandels, organisierten Verbrechens, die Gewalt gegen Polizeibeamte und der Sicherheit junger Menschen zeigte. Er schloß sich Ken Tappenden an, indem er sagte: „Niemand will ein Spielverderber oder Partyfeind sein. Ich jedenfalls auf keinen Fall."

Um das noch zu steigern, kündigte Innenminister John Patten an, daß er den 1988 erlassenen Criminal Justice Act um einen Punkt erweitern wollte, der ihm die Beschlagnahmung von „Gewinnen aus kriminellen Handlungen" und damit auch aus illegalen Partys gestatten würde, die er als „durch und durch korrupt" bezeichnete. Er wollte die Gesetzesvorlage schnell durchsetzen, bevor im Frühjahr der nächste Schwung Raves kommen würde. „Das ganze Land wird schockiert sein, wenn die Vorlage die Komitees nicht schnell passiert und vor dem Sommer verabschiedet wird." Er versprach außerdem, seinem „ehrwürdigen Freund", dem Finanzminister, ans Herz zu legen, den Rave-Organisatoren die Steuerfahndung auf den Hals zu hetzen.[15]

Wieviel verdienten die Organisatoren wirklich? 10.000 Pfund pro Party? 100.000? Und wieviel Geld kam durch die Sondertarife der Servicenummern zusammen? Genaue Zahlen lassen sich unmöglich herausfinden, und die meisten Promoter bleiben ungenau, entweder weil sie Angst vor der Steuer haben, oder weil sie nicht wollen, daß man sie profitgierig nennt. „Die Jugendmagazine sahen uns als ein bißchen schleimig an", räumt Staines ein. „Da gab es immer diese Geschichten: ‚Sie machen ja vielleicht tolle Sachen, aber sie verdienen auch ganz gut dabei.' Wir haben nie eine halbe Million bei einer Party verdient. Wir haben nie an der Produktion gespart, weil wir da genauso drauf standen wie alle anderen, deswegen dachten wir dann immer eher: ‚Scheiß drauf, wir brauchen 80.000 Watt.' Wir hatten horrende Produktionskosten. Ich kann ruhigen Gewissens sagen, daß am Ende nie mehr als fünfstellige Summen übrigblieben – wir verdienten vielleicht 40 oder 50 Riesen, aber keine 500. Was ja auch nicht wenig war. Wir waren nette Jungs aus der Mittelklasse, die sich königlich amüsierten, mit Pullman-Limousinen und allem Drum und Dran, wir zogen *The Great Rock 'n' Roll Swindle,* zweiter Teil, voll durch. Wir sagten immer: ‚Das ist die echte Malcolm-McLaren-Nummer' – Geld verdienen und dabei total gut drauf sein."

Die Stammfirma von Sunrise, Transatlantic Corporation, war im Steuerparadies Jungferninseln angemeldet. „Die Behörden konnten das so gründlich durchleuchten, wie sie wollten, es war eine absolute Sackgasse", sagt Staines. „Wir konnten nicht wegen Steuern oder so was belangt werden. Wir waren absolut in Sicherheit." Was auf alle Fälle stimmte, war, daß Gewinne sich in Verluste verwandelten, wenn eine Party hochgenommen wurde. Das erhöhte sicherlich die Entschlossenheit aller, ihre Partys unbedingt durchziehen zu wollen – kein Wunder, daß bei einigen von Tappendens Razzien Schußwaffen, Messer, Baseballschläger, Eisenstangen, CS-Gas und andere Angriffswaffen bei den Security-Teams gefunden wurden.

slough, berkshire

Richter: „Was ist Acid House Music?"
Inspector Brown: „Ich habe das mal auf *Top Of The Pops* gesehen. Das ist bloß Krach, ein Geräusch, das endlos läuft. Kein Rhythmus, kein Text, aber es scheint momentan sehr angesagt zu sein."
Richter: „Wenn man Country oder Musik von den Beatles gespielt hätte, hätte das einen Unterschied gemacht?"
Brown: „Wahrscheinlich."
Richter: „Aus welchem Grund sind Sie gegen sie vorgegangen?"
Brown: „Nachdem ich hörte, welche Art von Musik dort gespielt wurde, wollte ich sie wegen Drogenmißbrauchs vor Gericht bringen."

Aus einem Prozeß gegen
Party-Organisatoren in Dundee, September 1989

Endspiel. Der letzte Showdown. Sunrise gegen das Gesetz. Die Regierung ihrer Majestät gegen Acid House. Silvester: Wenn es je eine Nacht zum Feiern gab, dann diese. Das Ende des Jahrzehnts – das Ende der Achtziger! Was die ganze Sache noch ein bißchen prekärer machte, war die Tatsache, daß die meisten Clubs nach halb ein Uhr morgens keinen Alkohol mehr ausschenken durften, weil der Tag auf einen Sonntag fiel; kein Wunder, daß die Raver sich gegen ein derart tristes, freudloses Land mit seinen engen Schankgesetzen aufgelehnt hatten.

Trotz der Düsternis, die sich überall zusammenzog, waren Colston-Hayter und Roberts so von ihrem Erfolg überzeugt, daß sie zum ersten Mal die Location für ihre New Year's Eve Mega Party auf die Karten aufdruckten: Ein ehemaliges Armeedepot in der Halls Green Road in Harlow, Essex. Vielleicht waren sie einen Schritt zu weit gegangen und hatten begonnen, an ihren eigenen Mythos zu glauben – die romantische Geschichte der Gesetzlosen, unerreichbar, nicht zu bremsen: „Irgendwann fing ich an zu glauben, ich sei der neue Jerry Rubin, und Tony sei der nächste Timothy Leary", sagt Paul Staines. „Wir hoben total ab." Zwar gehörte es zur Offensive des Innenministeriums, daß der Zusammenschluß der Kreistage seinen Mitgliedern nahelegte, ein Lizenzgesetz zu übernehmen, nachdem auch Privatveranstaltungen gezwungen waren, dieselben Genehmigungen zu beantragen wie die öffentlichen, aber Sunrise hatte ein Gebiet gewählt, wo dieses Gesetz noch nicht in Kraft getreten war, und daher war der Rave komplett legal. Ein Feuerwerk sollte das neue Jahrzehnt einläuten. Sie hatten sogar Graham Bright eingeladen.

Wenige Stunden vorher fiel der Landbesitzer um und sagte die Party ab, und die Ersatzlocation in Norfolk wurde mittels einer einstweiligen Verfügung ausgeschaltet. Es gab keine Schlupflöcher mehr. Um acht Uhr abends sah es ziemlich schlecht aus, und viele der 10.000 Partygänger begannen, für den Abend andere Pläne zu machen. Gegen elf dirigierte der Sunrise-Anrufbeantworter die verbliebenen Raver zur Raststätte bei Heston an der M4. Als die Uhren zwölf schlugen, hatten ein paar Tausend das Gebäude von National Panasonic in Slough erreicht, wo Colston-Hayter mit Biology und Genesis ausgehandelt hatte, daß sie seine Leute an ihrer Party mit teilnehmen ließen. Aber so hatte es doch sicher nicht sein sollen; dieses dreckige alte Warehouse mit den aufgebrochenen Schlössern war nicht das Hedonismusparadies, was sie sich erhofft hatten. Nach eineinhalb verrückten Jahren war Sunrise wieder genau da, wo sie einmal angefangen hatten. Ein World-Wide-Productions-Newsletter versprach zwar, daß Colston-Hayter sich bald um die Genehmigung für ein Dance Music Festival 1990 bemühen würde, aber er persönlich muß bereits gewußt haben, daß er fertig war. Es würde nie wieder so etwas wie Sunrise geben.

„Ecstasy! Die Party ist vorbei", titelte die *Sun*, die damit triumphierend das Jahr der Bright Bill, des besagten Bright-Gesetzes einläutete. „Acid House Partys waren stets nur ein Deckmantel für großangelegten Drogenkonsum. Sie waren eine ständige Bedrohung für unsere Jugend. Dieser üble Irrsinn gehörte in die selbstgefälligen Achtziger. Wir hoffen und glauben, daß er mit diesem Jahrzehnt zu Ende gegangen ist. Die Party ist vorbei. Und das ist eine gute Nachricht zu Beginn des neuen Jahres."[16]

Was für ein Jahr war das gewesen, lange Monate von Magie und Verrücktheit, die in eine filmische Schnittfolge von Bildern und Emotionen überzugehen schienen: Unschuld, Leidenschaft, Frustration, Ungläubigkeit, aber vor allem Ekstase. Das Jahr hatte außerdem mit reichlich Abzockerei und falschen Versprechungen aufwarten können. Wie Dave Swindells in einem Jahresrückblick für *Time Out* schrieb: „1989 war das Jahr, in dem Betrügereien fast die Norm waren – man konnte nie völlig sicher sein, ob das 15 Pfund teure Ticket zu einer tollen Nacht in der Countryside führen würde oder zu einem weniger tollen Tag, der um acht Uhr früh in einer abgewrackten Disco in Birmingham begann ... Die großmäuligen Flyer boten jede Menge unterhaltsamen Blödsinn. Es gab eine Sicherheitsfirma, die sich selbst Big Buggers And Their Pets [die großen Drecksäcke und ihre Schätzchen] nannte, ein Flugblatt, das stolz „das wird totale Scheiße werden" verkündete und Raves wie Planet E, die überhaupt nie zustande kamen."[17]

Das Runterkommen war schmerzhaft. Anton der Pirat, der den Alptraum einer gescheiterten Party mit World Dance erlebt hatte, fühlte sich leer und desillusioniert: „Ich erinnere mich, daß ich mich ziemlich ausgebrannt fühlte. Viele Leute sagten damals: ‚Vielleicht ist das jetzt das letzte Jahr? Kann das überhaupt bis zum nächsten Sommer weitergehen?'"

Im Januar wurden Colston-Hayter, Staines und ein anderer Mitarbeiter David Harts, Douglas Smith, an anderer Front aktiv. Sie gründeten die Association Of Dance Party Promoters, um ihnen eine respektable Plattform zu verschaffen, sich von Betrügern und Gangstern zu distanzieren und sich gleichzeitig für die später im Jahr geplante Lizenzvergabe zu qualifizieren. „Wir wollen unbedingt verantwortungsbewußt und gesetzmäßig handeln und sind bereit, Rechenschaft zu übernehmen", sagte Smith. „Das einzige, was unsere Gäste draufbringt, sind Energiedrinks und Musik."[18] Aber nun hatten die Behörden alle Trümpfe in der Hand, und die Promoter suchten fieberhaft nach irgendeiner Methode, die funktionieren könnte. David Hart, der das Ganze als populistische Kampagne für die Unternehmerrechte in der extremen freien Marktwirtschaft betrachtete, bot Hilfe und finanzielle

Unterstützung an. Während der ersten Freedom-To-Party-Versammlung sendete ein spontan gegründeter Piratensender direkt aus dem Büro des Committee For A Free Britain. Hart brachte das Thema bei seinen Kumpels in Downing Street nicht zur Sprache, sagt Staines, aber „ihm gefiel der Glamour der ganzen Sache. Für ihn war das sexy. Er stellte sich vor, wie er zum Parliament Square hinuntermarschierte und die Jugend Großbritanniens ihm folgte."

Die Demonstration bewies auf alle Fälle, wie weit die Rave-Szene von einer organisierten Kampfkraft entfernt war, wodurch sie den Eindruck vieler Beobachter bestätigte, das einzig politische Statement des Acid House sei die Forderung nach dem Recht des Unternehmers, Geld zu verdienen. Ein paar Tausend kamen zusammen, um sich ein wirres Durcheinander unzusammenhängender Reden, Raps und A-capella-Gesang anzuhören. Als eine Frau versuchte, die Initiative mit anderen gesellschaftspolitischen Anliegen zu verknüpfen, nahm man ihr das Mikrofon weg. Laute, wummernde House Music – genau das, was die Menge eigentlich wollte – war verboten. Das Gefühl der Einheit verlor sich in bloßem Frust.

„Der Ideenreichtum, die Begeisterung (und Investitionsbereitschaft), die bei einigen Raves zum Tragen gekommen war, war hier nirgendwo spürbar", bemerkte Dave Swindells. „Dennoch hätte diese Demo eigentlich erfolgreich sein sollen, weil sie letztendlich doch 4.000 Raver anzog, weil die Initiative sich mit ernsthaften Themen, mit grundlegenden Freiheiten, auseinandersetzt, und weil nach den jetzigen Bestimmungen sogar ordentlich organisierte Raves, die allen Feuer-/Sicherheits-/Lärmschutz- und polizeilichen Maßnahmen entsprechen, verhindert werden ... Die meisten Raver waren verständlicherweise wenig beeindruckt von den ‚Reden' und wollten nur tanzen. Das war auch die wichtigste Aussage dieses Nachmittags. Es wurde häufig vorgeschlagen, daß man sich schriftlich mit seinem Protest an den Abgeordneten des eigenen Wahlkreises wenden sollte: „Schreibt einen Brief. Schreibt: ‚Maggie! Maggie! I want to dance!' Steckt ihn in einen Umschlag (Briefmarke muß nicht sein, die haben Geld genug) und schickt ihn ab. Wusch! – Wenn es doch bloß so einfach wär ..."[19]

Am Abend gab es dann Action statt Gerede, als man in Radlett, Hertfordshire, ein Warehouse eroberte. Die Organisatoren versteckten sich hinter dem Namen Freedom Fighters, um ihr bemüht respektables Image der Association Of Dance Party Promoters nicht zu gefährden. Für einen von ihnen, Jarvis Sandy von Biology, erschien es schon als sinnlose Geste; er hatte von dem ganzen Ärger schon mehr als genug. „Da ist keine Seele mehr drin. Die Bullen hatten gewonnen. Die hatten den Elan aus uns rausgeprügelt."

Die zweite Freedom-To-Party-Demonstration im März, kurz vor der zweiten Lesung der Bright Bill, ließ deutlich erkennen, wie schlecht die Stimmung in diesem Unglückswinter geworden war. Gerade mal 1.000 Leute schlichen vom Hyde Park aus am Buckingham-Palast vorbei, mehr ein verlorener Haufen als eine Massenbewegung. Die Pay Party Unit wurde andererseits immer effizienter. In ihrem Bericht vom 14. April 1990 war die Überwachung von 336 Partys im einzelnen aufgeführt, von denen 167 nicht stattfanden, 106 von der Polizei gestoppt wurden und 68 durchgeführt worden waren. „Don't worry", lachte ein durchgestrichener Smiley-Sticker an Tappendens Bürotür, „be happy". Energys Live Dance Concert in der Docklands Arena erschien dann wie das Eingeständnis völliger Kapitulation. Zwar war das Lineup superb – Black Box, Guru Josh, Adamski, Snap, 808 State, The Shamen und Orbital, alle Top-Acts, die zur Zeit angesagt waren –, aber die Halle war durchgängig bestuhlt und mußte um 23 Uhr schließen. Das war kein Rave, das war ein Rockkonzert, eine minderwertige Art von Entertainment, die hier als Ersatz für das wahre Ding fungierte; man bewegte sich zurück, nicht nach vorn.

Wer traute sich jetzt noch, Party zu machen? Nur noch die sehr Mutigen, die Schwachsinnigen oder die Kriminellen. Die zehn und sechs Jahre Haft, zu denen die Organisatoren eines Rave auf einem Themseschiff nach dem Gesetz über Drogenmißbrauch verurteilt worden waren, sollten als Warnschuß dienen, und er verfehlte nicht an Wirkung. Wie David Piccioni, der Eigentümer des Black Market, einem Plattenladen und Rave-Ticketverkauf in Soho, erklärt: „Zuerst waren das Jungs aus der Mittel- oder Oberschicht, die wußten, was sie taten. Und dann kam dieser ganze Abschaum mit rein – Typen, die nach Schlägern oder Boxpromotern aussahen. Statt Doppelnamen gab's jetzt doppelt Ärger – auch mit Waffen."

Colston-Hayter bekundete seine Absicht, „Rave-Konzerte" zu veranstalten, erhielt aber keine Lizenz. Die Freedom-To-Party-Initiative lief weiter, aber ohne Hoffnung auf einen Sieg. Sie preßten lediglich das letzte bißchen Geld aus ihren Sondertarif-Telefonnummern und dem Merchandising heraus. „Wir verdienten Geld mit den Mützen und T-Shirts“, sagt Staines. „Das hatte ich als den wahren Grund im Hinterkopf, aus dem ich weitermachte, weil es nie eine erfolgreiche Initiative sein würde. Diese Demos haben uns ein Vermögen gekostet. Es hört sich geldgeil an, aber wir machten das Ganze auch aus Profitgründen.“

Im Juli 1990 wurde die Entertainments (Increased Penalties) Bill, die Gesetzesvorlage zur Erhöhung des Strafmaßes im Unterhaltungsbereich, vom Königshaus abgesegnet, und die Maßnahmen zur Beschlagnahmung der Gewinne wurden sofort eingeleitet. Die Polizei war beflügelt von den Erfolgen der letzten Zeit und führte eine der größten Massenfestnahmen in der britischen Geschichte durch – 836 Raver wurden in einer Razzia um fünf Uhr früh bei der Love Decade Warehouse Party in Leeds festgenommen und belegten die Zellen von dreißig Polizeistationen in West Yorkshire (obwohl nur acht Personen später tatsächlich angeklagt wurden). Die Bürgerrechtsorganisation Liberty warf den Behörden vor, daß man die Festnahmen hier als Drohgebärde eingesetzt hatte, um Partygänger abzuschrecken, aber das kümmerte die Polizei wenig; sie war, wie sie sagte, bereit, es jederzeit wieder so zu machen. Jetzt, wo sich die illegalen Raves nicht mehr auf das von der M25 umschlossene Gebiet beschränkten, gab es landesweit überall Untergruppen der Pay Party Unit. Aber irgendwann mußte das zu Ende gehen. Die enormen Kosten dieser Aktion höhlten das Budget der Polizei aus, und immer öfter mußte man beim Innenministerium um zusätzliche Gelder betteln, um mit den Partys fertigzuwerden.

„Wir hatten unsere Aufgabe im Griff, aber wir gaben enorme Summen aus“, sagt Ken Tappenden. „Allein für den Aufbau der Aktionsbasis der Pay Party Unit hatten wir 94.246 Pfund benötigt, und langsam machte das die Leute nervös. Das schloß noch nicht die Kosten der Einsätze vor Ort mit ein. Jeder fragte beim Innenministerium nach mehr Geld, um das zu finanzieren, und dort versuchte man das abzublocken, da hieß es: ‚die Kosten müssen Sie aus dem Ihnen zugeteilten Haushalt begleichen.‘ Die Kosten für Gemeinden und Regierung war enorm. Uns rann das Geld durch die Finger wie Wasser.“

Und die Rave-Kultur machte keine Anstalten, zu verschwinden und sich als die Modeerscheinung zu erweisen, für die man sie zuerst gehalten hatte. Sie wuchs vielmehr. Es mußte irgendeine Möglichkeit zur Annäherung gefunden werden.

Ende 1990 hatten einige Clubs in London Lizenzen erhalten, nach denen sie bis drei Uhr geöffnet bleiben konnten, einer, das Turnmills in der Clerkenwell Road, durfte 24 Stunden durchgehend offen bleiben. Raves wie Raindance an der Landstraße A313 bei Barking fanden mit offizieller Genehmigung statt. Ken Tappenden traf sich mit den Party-Organisatoren, die sich zur Association Of Legal Promoters zusammengeschlossen hatten, um eine Serie von Richtlinien für Raver herauszubringen, auf die er noch immer sehr stolz ist. Die Liberalisierung der Schankgesetze, die sich bald landesweit auszudehnen begann, war kein Zufall; die Polizei konnte nicht jedes Wochenende diese enormen Einsätze durchführen. „Das war kein Zufall, das war Teil der Strategie", sagt Tappenden. „Es war sogar recht gut geplant, nicht nur auf Gemeinde- sondern auf Regierungsebene, weil man wußte, daß wir da wieder irgendwie rauskommen mußten.

Die zweigleisige Herangehensweise – die Zerschlagung der illegalen Raves, während die Clubs nach und nach länger öffnen durften – sollte die Basis der Szene unterminieren. „Ich glaube, die Jugendlichen waren es leid, 15 Pfund für ein Ticket zu zahlen, bloß damit die Bullen sie auf der M25 einkreisten, sie zurückschickten und sie mal diese Auffahrt rauf- und die nächste Abfahrt wieder runterfahren ließen", sagt Tappenden. „Es wurden Lizenzen vergeben, und wir nutzten das als Sprungbrett. Sobald sie legal wurden und längere Öffnungszeiten hatten, fing die Szene an zu bröckeln, nicht wahr? Und ich sage Ihnen, was noch passierte – es war kein Spaß mehr an der Sache, weil man dem Gesetz keine lange Nase mehr drehen, damit durchkommen und dabei noch 150.000 Pfund verdienen konnte." Langsam wurden Raves in die Unterhaltungsbranche integriert – sie wurden in lizensierte Hallen zurückgetrieben, eingezwängt und angepaßt, wenn nicht ausgerottet. Als die Pay Party Unit im September 1991 aufgelöst wurde, hatte sie ihren Zweck erfüllt. Die wichtigsten Akteure wanderten ab; Colston-Hayter zurück in die Spielkasinos, Roberts ins Musikgeschäft, Staines ins Geschäftszentrum der City, Taylor wurde mit dem Fernsehmoderator Noel Edmonds Manager des Freizeitparks bei Crinkley Bottom, Tappenden ging in den Ruhestand – aber erst, nachdem diese außergewöhnliche Zeit bleibende Spuren hinterlassen hatte.

Es schien, als ob die Regierung zweifelsohne gewonnen hätte, durch ein absolutes K. o. in zwölf blutigen, jeweils einen Monat dauernden Runden. Aber im nachhinein betrachtet ist zu erkennen, daß damit Schritt für Schritt die Durchsetzung dessen begann, was im Freedom-To-Party-Manifest gefordert worden war – liberale Schankgesetze nach europäischem Muster. Die Freizeitgewohnheiten in Großbritannien änderten sich, und das konnte kein Gesetz aufhalten. Junge Leute waren nicht länger damit zufrieden, in den Pubs zu saufen und dann zur Sperrstunde nach Hause zu wanken. Die Regierung hatte ihre Regeln anpassen müssen, um nicht unter dem Gewicht der Opposition zu zerbrechen. Um Konflikte zu vermeiden, hatten sie kaum eine andere Wahl, als mit dem Strom zu schwimmen, sich vom Sturm mitreißen zu lassen. Selbst ihre ursprünglichen Bemühungen – die Ausbreitung der Drogenszene einzudämmen und zu verhindern, daß das organisierte Verbrechen seine Machtgrundlage festigen konnte – waren nicht von Erfolg gekrönt. Und an anderer Stelle, irgendwo draußen auf dem Land, bereitete sich eine neue Gattung Gesetzloser auf die nächste Runde vor.

[1] *Time Out*, 19. 10. 1988
[2] *Daily Mirror*, 7. 11. 1988
[3] *Daily Mail*, 26. 6. 1989
[4] *The Sun*, 26. 6. 1989
[5] *Daily Mail*, 26. 6. 1989
[6] *Daily Mail*, 27. 6. 1989
[7] Seumas Milne, *The Enemy Within*, Verso, London 1994
[8] Seumas Milne, *The Enemy Within*, Verso, London 1994
[9] *The Sun*, 14. 8. 1989
[10] *The Sun*, 14. 8. 1989
[11] *Politics Of Dancing*, Artikel von Kirk Field, Quelle unbekannt
[12] *The Guardian*, 30. 7. 1994
[13] *The Guardian*, 14. 7. 1993
[14] *Hansard*, 9. 3. 1990
[15] *Hansard*, 9. 3. 1990
[16] *The Sun*, 2. 1. 1990
[17] *Time Out*, 20. 12. 1989
[18] *Daily Telegraph*, 26. 1. 1990
[19] *Time Out*, 7. 2. 1990

4

rave goes east

„Also, ich kriegte diese Wunderpille, Alter, und dann ging das einfach *wuuuuuusch* .... Ich kam da irgendwann so ran, und das war's – so 'ne gelbe flache Pille, schmeckte voll nach Pfeffer, und die hat mich total umgehauen. Ich hatte schon viel von Ecstasy gehört, und da kommt dieser Typ da zu mir, das war eigentlich einer von meinen Kumpels aus'm Pub, und der jetzt voll so in 'nem scheiß-orangen T-Shirt, so'n Stirnband mit 'nem Smiley drauf, bloß noch die Hälfte Zähne im Maul, und der erzählt mir, wie geil das jetzt immer ist da oben an King's Cross. Ich denk noch so, ey, vor drei Monaten war der noch zusammen mit mir im Thomas A'Beckett an der Old Kent Road und hat sich zugesoffen, hatte mich schon gefragt, warum ich den so lange nicht gesehen hab. Ich hatte jedenfalls diese gelbe Pille, die hab ich genommen und bin ein bißchen rumgelaufen, und dann kam so dieses Gefühl von den Zehen bis hoch in den Kopf – echt voll wie Raketenbenzin oder so was –, und ich kriegte Panik, weil ich den Kick nicht gewöhnt war, drei Bier waren kein Problem, aber E, davon hatte ich keine Ahnung ... Ich weiß noch, wie ich buchstäblich gegen 'ne Wand gelaufen bin, und ich konnte mich nirgendwo festhalten und bin da langsam dran runtergerutscht. Ich rannte in diesem Scheiß-Club rum und hatte mein Hemd verkehrt rum an, brüllte: ‚Ich bin so drauf', weil ich das da endlich kapiert hatte, und alle brüllten ‚mental!' und klatschen – ich fand das absolut saugeil, Mann! Dann kam dieses Mädchen auf mich zu und sagte: ‚Wär das nicht schön, wenn die ganze Welt auf E wäre?' Bei ihr lief das E aus jeder Pore, und mir lief der Schweiß auch überall runter – ich wußte überhaupt nicht, was Sache war – und ich konnte bloß denken, ‚Ja, Süße, du hast ja so recht.' Und das war so gar nicht typisch für mich. Ich kam da frühmorgens raus, und dann saß ich den ganzen Tag irgendwo in Peckham in 'nem Auto, hab' mir einfach Leute angeguckt. Ich war einfach noch total durcheinander, ich konnte gar nicht glauben, was da mit meinem Körper passiert war. Ich hab ein riesiges Löwen-Tattoo auf dem Arm, und ‚MFC', wie auf 'ner Tasse so – ich bin immer hin, wenn Millwall zu Hause gespielt haben –, ich hab jeden Bullen angespuckt, Ausländer Kanaken genannt und so, weil ich einfach alles nachgeäfft hab, was die anderen auch gemacht haben; da gingen die echten Neandertaler zu den Heimspielen, das war vorprogrammiert. E hat mein ganzes Leben verändert – wenn ich dich gesehen hätte, wie du die Straße runtergehst, und du bist aus Nord-London und ich aus'm Süden, dann hätte es 'ne Schlägerei gegeben, das war einfach so. Ist natürlich total bescheuert, aber für uns war das eben so, wir wußten das nicht besser. Du konntest nicht irgendwelche Kids aus Ost-, Süd-, West- oder Nord-London in dasselbe Warehouse stecken, ohne daß es Schlägereien gab – da hätte man ein Wunder gebraucht, damit da nix passiert, und in den Achtzigern gab's keine Wunder –, aber mit dieser Wunderpille, da ging das."

Tommy Cockles, DJ aus London

Ost-London: Eine flache, graue Öde, die sich von der City aus entlang den U-Bahn-Linien Central und District erstreckt, durchschnitten vom Autobahnzubringer A102, dem Blackwood-Tunnel, voller Betonsiedlungen und schlecht beleuchteter Straßen. Zwar ist immer Reichtum durch dieses Gebiet hindurchgeflossen, sei es durch den Londoner Handelshafen im 19. Jahrhundert oder die Docklands-Sanierungen der heutigen Zeit, aber bei den Bewohnern dieser Gegend ist nie etwas davon hängengeblieben. Der Immobilienboom der Achtziger machte sich hier nie bemerkbar, und die Arbeitslosigkeit ist hier doppelt so hoch wie der Londoner Durchschnitt. Ein großer Teil der Gegend war im Zweiten Weltkrieg von den Nazis zerbombt worden, und die Slumwohnungen hatte man eilig in Form von Hochhäusern und Blocksiedlungen wieder aufgebaut, die dann durch jahrzehntelange Vernachlässigung, mangelnde Sanierungsmaßnahmen und Geldknappheit langsam verfielen. Das Eastend war von jeher der fleischgewordene schwarze Mann von London: verarmt, gefährlich und bedrohlich.

Das alles machte die Gegend natürlich zum idealen Nährboden für Acid House. Durch die Rezession standen Hunderte von Gebäuden leer, es gab einen engen Zusammenhalt unter den Anwohnern, etablierte kriminelle Verbindungen und außerdem eine junge Bevölkerung mit Hoffnungen und Erwartungen, die das Thatchersche „Wirtschaftswunder" genährt, aber nicht hatte erfüllen können. Und zusätzlich gab es noch die uralten, tiefverwurzelten Loyalitäten zu den Fußballvereinen der Gegend: Millwall im Süden, West Ham United im Osten und kleine Enklaven von Arsenal- und Tottenham-Fans im Norden.

„Leute, die nie die Erregung bei einem Fußballspiel kennengelernt haben, die wissen nicht, was einen Hooligan antreibt, aber wenn diese Typen, die immer die Leute verurteilen, die sich beim Fußball prügeln, dieses Gefühl mal selber spüren würden, dann würden sie auch langsam verstehen", schrieb Colin Ward in *Steaming In*, seinem Insiderbericht über die Londoner Fußballhools in der Zeit vor Acid House, Mitte der Achtziger. „Es heißt, daß das Gehirn selbst eine eigene Droge produzieren kann, die heftiger wirkt als die stärksten Opiate. Wenn die in einem Fußballhooligan erzeugte Substanz, die dieses Gefühl hervorruft, auf den Markt gebracht werden könnte, dann müßte man die Pillen Ecstasy nennen."[1]

Der Ausdruck „Fußballhooligan" setzte sich in den Sechzigern im Sprachschatz fest, aber erst Anfang der Achtziger wurden diese Fußballrowdies nicht mehr nur als anarchistische Pöbelhaufen betrachtet, sondern wurden zu richtigen Schreckgespenstern; man stellte sie dar als gut organisierte Regimenter kämpfender Männer, die von Generälen mit wahrem Organisationsgenie geführt wurden, gekleidet in teure Freizeitmode und verdammt schlau, wenn es darum ging, die Polizei auszutricksen. Ganz vorn rangierte West Hams Inter City Firm, die im ganzen Land für Unruhe sorgte und „Visitenkarten" bei ihren Opfern zurückließ: „Herzlichen Glückwunsch, gerade haben Sie die ICF kennengelernt."

In die Enge getrieben durch die Hysterie in der Presse begann Scotland Yard 1985 mit Undercover-Einsätzen bei den führenden „Firmen" in Großbritannien: Chelseas Headhunters, Millwalls Bushwhackers und der ICF. Die Beamten bekamen falsche Identitäten und sollten das Leben von Hooligans führen (manche gingen dabei sogar so weit, daß sie sich bei Schlachten mit den eigenen Leuten festnehmen ließen), es wurde eine langfristige Überwachung durchgeführt, und 1986 und 1987 kam es zu einer Reihe von Hausdurchsuchungen bei mutmaßlichen Schlägern. Die beschlagnahmten Waffen wurden für die Kameras der Presse ausgebreitet, und die Festgenommenen beschuldigte man, Taktikspezialisten für Gewaltaktionen zu sein.

Die hauptsächlichen Anklagepunkte konzentrierten sich auf Anstiftung zu Gewalttaten oder Anstiftung zu Schlägereien; man hielt das für leichter beweisbar. Trotzdem fielen die meisten Anklagen zusammen – aufgrund von ungenügender, unglaubhafter oder sogar gefälschter Beweismittel der Polizei. In dem aufsehenerregendsten Fall der ICF-Prozesse im Mai 1988 brach der Richter das Verfahren nach vierzehn Wochen ab und legte den Geschworenen nahe, die elf Angeklagten von allen Vorwürfen freizusprechen; er erklärte, das belastende Material sei „getürkt", und die Polizei habe Aktenmaterial gefälscht.[2] Die „Rädelsführer" der ICF kamen frei, einer von ihnen, eine Schlüsselfigur namens Cass Pennant, erklärte, die Polizei habe „Kriminelle eingesetzt, um Kriminelle zu fassen, und ist dabei geschnappt worden".[3]

Es gehört zu den großen Mythen der Ecstasy-Kultur, daß sie der Gewalt in den Stadien ein Ende setzte. Statt sich zu prügeln, waren die Schläger auf E und tanzten miteinander, wodurch in den Fankurven richtige Karnevalsstimmung aufkam; viele der „schweren Jungs" fingen an, ihre Energien auf Clubs und Drogen zu richten. Sie wandten sich neuen Wochenendvergnügen rund ums Tanzen zu – und verdienten gut dabei –, Gewalt war nicht mehr so wichtig. Als ob die utopische Vorstellung, daß Ecstasy das menschliche Bewußtsein irgendwie auf ein höheres Level bringen könnte, hier bestätigt werden sollte, erschien das Herumpöbeln plötzlich altmodisch, ausgereizt, fast peinlich. „Es ist fast, als ob Stadionrandale aus der Mode gekommen sind", bemerkte John Stalker, stellvertretender Polizeipräsident des Bezirks Greater Manchester 1990.[4]

Zwischen der Fußballsaison 1989/90 und 1992/93 fiel die Zahl der Festnahmen bei Fußballspielen in England um 22 Prozent, und in den Neunzigern ging sie weiter zurück, obwohl das Gewaltpotential niemals ganz verschwand; statt dessen begannen einige Hooligans, sorgfältig geplante Schlachten abseits der Stadien aufzuziehen. Dieser scheinbare Wandel erfolgte zwar gleichzeitig mit der Verbreitung von Ecstasy, es wirkten jedoch andere soziale und wirtschaftliche Faktoren mit. So spielte zum Beispiel die Veränderung der Polizeitaktik nach dem

Debakel des ICF-Prozesses, die schließlich zum Aufbau einer Sondereinheit, der National Football Intelligence Unit, führte, eine Rolle. Auch hatten die Ordnungshüter ganz neue technische Mittel zur Verfügung, Überwachungskameras, tragbare Videokameras, die Überwachung durch „Melder" in Zivil, welche die altvertrauten Gesichter persönlich kannten, und eine Computer-Datenbank mit Namen und Fotos. Ein anderer Grund war eine allgemeine Veränderung der Fußballszene, ein wachsender Ekel vor Auseinandersetzungen, bedingt durch die Katastrophen und Todesfälle 1985 im Brüsseler Heyselstadion, 1986 in Bradford und 1989 in Hillsborough.

Als die Stadien überall mit Sitzplätzen ausgestattet wurden, die Stehtribünen verschwanden und schließlich 1992 die lukrative Premier League eingeführt wurde, begannen die Clubs, mehr Wert auf die kommerzielle Seite des Sports zu legen und sich selbst als komplettes Freizeitkonzept zu vermarkten. Fernsehberichte, Satellitenübertragungsrechte, Sponsorship und Merchandising wurden immer wichtiger – auf Kosten der Fans, die kaum noch mehr als die Hintergrundatmosphäre für die Fernsehübertragungen darstellten. Aber veränderte die „Wunderdroge" wirklich das Bewußtsein, und trug sie wirklich etwas zur Veränderung in diesem Sport bei? Oder war es nur ein Augenblick der Euphorie, der das Ende dessen erhellte, was der Football Trust „die dunkle Zeit der Achtziger" nannte, eine kurzzeitige Ablenkung, während Fußball sich zu einem weiteren Produkt entwickelte, das von den Kräften der Marktwirtschaft kontrolliert wurde?[5]

Die Verlagerung der Acid-House-Szene, weg von ihren ursprünglichen Wurzeln in den Vorstadt- und Künstlerkreisen hin zu einem innerstädtischen Publikum, fand bereits früh statt. Tony Wilson war ein Veteran der Soulszene, ein DJ, der seine Funk- und Hip-Hop-Platten in den Disco-Pubs rund um seinen Geburtsort Stepney in Ost-London auflegte. Er war außerdem mit Paul Oakenfold befreundet, war seit 1983 stets nach Ibiza in Urlaub gefahren und hatte sowohl neben Oakenfold als auch mit Trevor Fung zusammen aufgelegt, zuerst im Project Club in Streatham und dann, Ende 1987, im Future. Sein Markenzeichen war eine Mischung aus weißem Pop – zum Beispiel seine persönliche Hymne, der gälische Mystizismus der Waterboys von *Whole Of The Moon* – mit langsamem, pochendem „New Beat" aus Belgien.

Wilson wurde bald einer der Hauptverantwortlichen für die Einführung von Acid House in seinen Ost-Londoner Wirkungskreis; bald wurde das Spectrum, wo er ebenfalls auflegte, das Hauptquartier der herablassend als „Love Thugs" – Schläger auf dem Liebestrip – bezeichneten proletarischen E-Heads.

Zuerst war der Zustrom von Außenstehenden etwas völlig Neues; es wurde viel Aufhebens davon gemacht, daß ehemalige Fußballhooligans von Millwall, Arsenal und West Ham in der Clink Street, im Spectrum oder Camden Palace Seite an Seite tanzten, Es schmissen, sich die Hände schüttelten, idiotisch grinsten und sich gegenseitig die Joints weiterreichten; es war die komplette Umkehr der Massen-Straßenschlachten Mitte der Achtziger. Ecstasy, so raunte man, war ein Wunderheilmittel für Intoleranz! „Ich unterhielt mich mit Andy Weatherall bei einem Ganztags-Event im Spectrum", erinnert sich Dave Swindells, „und er zeigte auf diesen Kerl: ‚Ey, der Typ da, das war früher ein total harter Hool bei den Chelsea-Spielen.' Und das war dann so ein Kerl, ein Skinhead, der sich Blumen wie eine Kette um den Kopf geflochten hatte. Und er fuhr dann fort: ‚Und der da auch, und der auch, und der auch …'"

Aber im Herbst 1988 wurden diese neuen Rekruten, die niemals die Sonne Ibizas gesehen oder Teil der angesagten Discoszene des Westend gewesen waren, als „Acid Teds" herabgesetzt; die uniform mit Stirnbändern und Arbeitshosen auftauchten, aber mit nacktem Oberkörper, damit man die Tattoos in voller Schönheit sehen konnte, und die Grimassen schnitten und wie aus einem Mund „Acieed" quiekten, als ob sie noch in der Stadionkurve stünden. Das Phantombild eines „Love Thug" war eine Karikatur der Realität mit einem gewissen Unterton des Klassenkonflikts; die ungehobelten Horden aus den Sozialbau-Ghettos wurden als Witz oder als Bedrohung oder beides wahrgenommen. Aber ganz gleich wie, die Flut konnte nicht aufgehalten werden, und die Szene uferte immer weiter aus. Im Oktober 1988 veranstaltete Tony Wilson die erste Acid-House-Nacht im Eastend, Adrenalin (Clubnacht), und setzte damit ein neues Zeichen für die Szene. Er hatte die Eastender ins Westend geholt, und jetzt nahm er die Szene wieder mit – zurück nach Osten.

„Ich bedaure das nicht", sagt Andy Swallow. „Die Leute fragen immer: ‚Wieso hast du das gemacht?' Ich weiß eigentlich nicht. Ich glaube, es gibt keinen richtigen Grund. Man wächst in einer bestimmten Zeit auf, in einer bestimmten Fußball-Ära; ich war vierzehn, ich hätte entweder mit den Hooligans oder mit den Müttern und Vätern und den normalen Leuten hingehen können. Ich entschied mich für die Hooligans, also kannte ich das seit meinem vierzehnten Lebensjahr nicht anders. Also denkst du, seit du fünfzehn, sechzehn, siebzehn bist, daß das sowieso okay ist. Wenn du zwanzig bist, dann macht dir das Spaß. Dafür gibt es keine Erklärung. Niemand kann sagen, warum du irgendeinen Typen die Straße entlangjagst. Es gibt keinen logischen Grund dafür. Warum schlägst du einen Typen zusammen, wenn der einen Norwich-Schal trägt? Es gibt keinen logischen Grund! Es war einfach ein Trend. Man wird zu einer Gang, fühlt sich als Teil davon. Jeder fragt mich: ‚Warum?' Scheiße, könnte ich dir nicht sagen, Alter. Warum gehen die Leute zur Kirche? Weil man dran glaubt, wahrscheinlich. Und so war das auch, genauso stark wie Religion."

Andy Swallow war einer der West-Ham-Fans, deren Fall während des Inter-City-Firm-Prozesses 1988 vom Gericht niedergeschlagen wurde, obwohl er schnell feststellen sollte, daß sich die Geschichte häufig wiederholt. Nachdem der Prozeß gescheitert war, zog der damals 28jährige Swallow nach Essex, wo er eine Reihe von Marktständen mit T-Shirts und Pullovern betrieb. Er begann außerdem, in Acid-House-Clubs zu gehen. Im Future freundete er sich mit Tony Wilson an und begann, mit seinen Fußballkumpels John Eames und Danny Harrison Afterhours-Partys in Mile End und Hackney zu organisieren und unter dem Pseudonym Mr. Pasha auch als DJ zu arbeiten. Anfang 1989 hatten sie sich in einem der wichtigsten Clubs des folgenden Jahres eingenistet, im Echoes, einer kleinen Discothek, die etwas abseits der A11 unterhalb der Bow-Überführung lag – inmitten einer Gegend, die zu den tristesten in ganz London zählte. Freitags fand Tony Wilson Adrenalin (Clubnacht) statt, samstags Swallows Pasha; das Publikum bestand aus Arbeiterklasse-Kids aus der Umgebung, und in der Euphorie der Flitterwochen-Phase schien das Eastend aus dem Grabe aufzuerstehen.

Die Gegend wurde außerdem langsam zum Zentrum der Warehouse-Szene, vor allem durch die Aktivitäten von Genesis. Genesis wurde von Wayne Rockwood, Andy Pritchard und Keith Brooks geführt. Der 22jährige Rockwood war ein Eastender mit Verbindungen zum Musikgeschäft; er hatte mit dem von Stock, Aitken und Waterman produzierten Girl-Duo Mel & Kim gearbeitet und war im Spectrum in die E-Szene eingeführt worden. Er eilte sofort nach Ost-London zurück und begann, von seinen Erlebnissen zu erzählen. „Meine engsten Freunde dachten, jetzt wär's bei mir soweit. Ich ging immer in diesen Eastend-Pub, wo lauter Schlägertypen rumhingen, und erzählte: ‚Ich hab da diese Clubs entdeckt, kommt mit.' Und die meinten nur: ‚Nerv doch nicht so, Mann!' Das waren richtig harte Schläger, die eine Prügelei anfangen oder jemandem eine reinhauen konnten, wenn man sie bloß ansah. Eines Tages schaffte ich es, sie ins Camden Palace zu schleppen, sie schmissen eine Pille, und das war's, danach rannten sie völlig loved-up in Acid-T-Shirts rum. Jeder von ihnen voll abgedreht."

Von der ersten Party im Oktober 1988 an gerieten Genesis in den Ruf von Wunderkindern, die riesige Warehouses knacken konnten, eine Woche nach der anderen, von Aldgate bis Hackney, von Tottenham bis Walthamstow; ein Ruf, der Tony Colston-Hayty dazu brachte, Ende des Jahres mit ihnen zusammenzuarbeiten. Sie brachen in ein Gebäude ein, tauschten die Schlösser aus, kopierten einen getürkten Mietvertrag auf den Briefkopf eines Immobilienmaklers, und Rockwood stand dann mit einem Klemmbrett und einer falschen Gästeliste an der Tür und erzählte der Polizei, daß er hier einen Empfang für George Michael oder einen anderen Rockstar gab. Die wenigsten glaubten, daß er log. „Ich habe erlebt, wie Polizeichefs mir gefälschte Miet-verträge unterschrieben und sagten: ‚Hier ist meine Nummer; wenn Sie Probleme bekommen, rufen Sie mich einfach an'", erklärt er lächelnd.

Die Ost-Londoner Polizei, die mit der Tradition illegaler, sperrstundenüberschreitender Drinking Clubs und Blues-Partys in der Gegend vertraut war, schien sich über Acid House am Anfang keine allzu großen Sorgen zu machen. „Die Polizei war immer mehr als zufrieden", meint Tim Strudwick der die Clubnacht Hypnosis im The Dungeons, einem feuchten, klaustrophobischen Kellerloch neben einem Motorradrocker-Pub an der Lea Bridge Road, organisierte. „Sie wußten, daß es garantiert keinen Ärger gab, vielleicht ein paar Beschwerden wegen des Lärms, aber was sie betraf, sahen sie es so: Wenn in Ost-London mal wieder was los war und es dabei keine Toten gab, dann war das gut gelaufen."

Am Pfingstwochenende war Andy Swallow daran beteiligt, Centre Force den ersten Acid-House-Piratensender, aus der Taufe zu heben. Was heute völlig normal erscheint, war 1989 noch bahnbrechend: House Music, den ganzen Tag und die ganze Nacht, sieben Tage die Woche, unterbrochen von den Ankündigungen für Raves und „Shout-Outs" an Hörer, die den Sender über ein Mobiltelefon anriefen. Centre Force spielte eine große Rolle dabei, das Gemeinschaftsgefühl der Szene aufzubauen, das im Sommer 1989 herrschte; mit einem ständigen Backgroundgeräusch von Knacken und Zischen, ganz egal ob zu Hause oder im Auto, durchbohrte es funkelnd und statisch aufgeladen die City-Skyline. Die Kombination aus abgedrehtem DJ-Geplapper und überragender Musik war unprofessionell, unvorhersehbar und absolut unnachahmlich. Nicht nur, daß Centre Force die Betreiber des Senders zu den wichtigsten Figuren der Eastend-Szene machte, es legte auch die Maßstäbe fest, die noch heute für alle House-Piraten gelten. Im Sommer 1989 war es unausweichlich, auf 88,3 FM „programmiert" zu sein. „Are you ready London?" schrie es in dem einprägsamsten Centre-Force-Jingle über die aufsteigenden Akkorde von Rhythim Is Rhythims *Strings Of Life*. „Let's go ... MENTAL!!!"

Das „Studio" – zwei Plattenspieler, ein Tapedeck, ein Mobiltelefon und eine Liste mit Telefonnummern, die an die Wand gekritzelt waren – zog in regelmäßigen Abständen in andere leerstehende Hochhauswohnungen in Stratford und Poplar um. Centre Force war Teil einer langen Outlaw-Tradition, aber es war noch mehr als das: Es schuf eine Atmosphäre, eine Art draufgängerische Wildheit, die sich durch die Stimmung der Zeit definierte und diese gleichzeitig mitbestimmte.

1964 hatte Radio Caroline damit begonnen, illegal von einem Schiff vor der britischen Küste aus zu senden, wobei hauptsächlich Rock und R&B gespielt wurden; Musik, die im offiziellen Radioprogramm dieser Zeit so gut wie nicht auftauchte. Seitdem haben illegale Sender weiterhin dafür gesorgt, daß Minderheitenkulturen bedient werden, vor allem bei schwarzen Musikstilen wie Reggae oder Soul. Das ging nun mit House Music weiter, die in den offiziellen Sendern bis 1990 kaum jemals lief; ebenso wie viele andere Aspekte der House-Szene hatte man sich auch den Einsatz der Piraten von den schwarzen Communities in den Städten abgeguckt. Mit dem House-Boom kam es 1989 zu einem Aufwärtstrend für Piratensender, und 1990 führte das Handels- und Industrieministerium so viele Razzien gegen die Piraten wie nie zuvor: 647 in nur einem Jahr. Die Entwicklung der Technik hatte nicht nur die Einrichtung einer Sendevorrichtung billiger gemacht, es war auch leichter geworden, sie vor den Behörden zu verbergen. Die illegalen Radiomacher hatten im Grunde von anderen Piraten, die ihre Sender stahlen oder in Anfällen von Bruderzwist zerstörten, mehr zu befürchten als von staatlicher Seite. 1990 verabschiedete die Regierung ein neues Sendegesetz, nach dem die Ausrüstung, also auch die unschätzbar wertvollen Plattensammlungen der DJs, beschlagnahmt und bis zu sechs Monaten Gefängnis verhängt werden konnten. Handels- und Industrieminister Edward Leigh berief sich dabei darauf, daß die Piraten die Notruffrequenzen störten: „Das ist kein bloßer Spaß", sagte er. „Das kann jemanden das Leben kosten."

Ende 1989 stellten viele Piraten den Sendebetrieb ein, um sich um einen legalen Status zu bemühen. Kiss FM in London und Sunset FM in Manchester (das später dichtmachte und von Kiss FM 102 ersetzt wurde) waren die ersten, die eine Lizenz bekamen, um in den betreffenden Städten 24 Stunden am Tag für Dance Music zu sorgen. Sie gingen dann tagsüber zu einer kommerzielleren Programmauswahl über, um eine größere Hörergruppe anzusprechen und mehr Anzeigenkunden zu werben, die Spezialshows der DJs hoben sie sich für den Abend auf. Die Jugendwelle der BBC, Radio One, folgte ihrem Beispiel alsbald mit Pete Tonges wöchentlicher, überregional ausgestrahlter Dance Show, dem *Essential Mix*, die von Danny Ramplings Sendung auf Kiss FM abgekupfert war, und mit der Einführung von Jungle- und Soul-Sendungen, die Radio One zu einem der größten Anbieter für Dance-Programme machte. Für Piratensender wurden 1992 noch drakonischere Strafen beschlossen, aber trotzdem florierte die illegale Senderszene weiter, indem sie sich auf die neuen Genres auf dem Dance-Sektor konzentrierte, besonders auf Ragga, Hardcore und Jungle, um die sich die legalen Sender zu wenig kümmerten. Obwohl Großbritannien jetzt einen landesweiten Dance-Sender hatte, waren es noch immer die Piraten, die zu der Szene und für sie sprachen.

plaistow und canning town

Es dauerte nicht lange, da tauchten in Ost-London die ersten Probleme auf, und dafür gab es hauptsächlich einen Grund: Drogen. In diesem Mikrokosmos spiegelte sich die Entwicklung der allgemeinen Rave-Szene 1989 wieder. Jeder wollte Ecstasy, und Ecstasy war illegal; beinahe über Nacht entstand daher ein riesiger Schwarzmarkt.

1989 hatten Rave-Promoter ebenso wie die Polizei stets ihre Befürchtungen bezüglich der Ausbreitung der organisierten Verbrecherbanden auf der Szene geäußert, die durch die Gewinne im Drogengeschäft angezogen wurden und die Chance witterten, hier neue Einflußbereiche aufzubauen. Ende der Achtziger war das organisierte Verbrechen sozusagen ein Synonym für Drogenhandel, und viele zuvor eher in althergebrachten Bereichen wie Raubüberfällen tätige Gangster erkannten im Umsatz von Ecstasy, LSD und Amphetaminen in Raver-Kreisen schnell einen boomenden Markt und stiegen dort ein. Der idealistische Hippie der Siebziger, der Haschisch schmuggelte, gehörte der Vergangenheit an. Wie der ehemalige Londoner Gangster Dave Courtney erklärte: „Heute kann man eigentlich sagen, daß die meisten Leute, die kriminell sind, etwas mit Drogen zu tun haben. Bei Kriminalität geht es immer um Geld, und es gibt keinen schnelleren und leichteren Weg, um an Geld zu kommen, wie durch Drogen. Leute, die vor Jahren noch nie was mit Drogen am Hut hatten, stecken jetzt mitten drin. Der schlechte Ruf, den das früher hatte, ist weg. Darauf guckt jetzt keiner mehr runter."[6]

Die Einsätze waren gestiegen; den Statistiken der Zollbehörde zufolge hatte sich die Einfuhr von Ecstasy nach Großbritannien zwischen 1990 und 1995 um 4.000 Prozent erhöht. Verbrecherbanden übernahmen den Drogenimport aus den anderen europäischen Ländern und betrieben Clubs, um diese Drogen an den Mann zu bringen, sie stellten die Security für Raves und kassierten Schutzgeld von anderen Clubs. Die Clubkultur lotet stets die Grauzone zwischen Legalität und Illegalität aus, und in den meisten House-Clubs müssen sich die Angestellten in gewissem Maße mit Kriminellen herumschlagen: Wenn es keine Drogen gibt, leidet die Atmosphäre, und damit sinkt auch die Zahl der Gäste. In London werden einige Clubs von bekannten Verbrecherfamilien geführt, und in anderen wird der Verkauf von Drogen von den Türstehern kontrolliert, die genau einteilen, wer in welchem Club wann dealen darf, und die durchaus ihre Muskeln einsetzen, um die Konkurrenz auszuschalten. In Nordirland und der irischen Republik liegt der Ecstasy-Nachschub oft in der Hand der paramilitärischen Organisationen. Der Mord an drei Ecstasy-Großhändlern (die außerdem eine Agentur für Sicherheitskräfte betrieben) durch einen bezahlten Killer im Jahr 1995 zeigte nur, wie lukrativ und ernst das Dealen mit Ecstasy geworden war. Die Explosion der Ecstasy-Kultur im Sommer 1989 führte dazu, daß der Lifestyle der britischen Jugend untrennbar mit kriminellen Aktivitäten verbunden wurde.

Joe Wieczorek, damals 32 Jahre alt, war ein Veteran der Rockszene, er hatte schon für alle möglichen Leute gearbeitet – von den Bay City Rollers 1974 bis zu Live Aid 1985 – und besaß einen Pub in der Hackney Road. 1988 war er in den Clink Street Studios auf ein paar Gesichter gestoßen, die er vom Fußball her kannte: Millwall- und West-Ham-Fans. Wieczorek war für Tottenham; vor Jahren war er bei einer Rangelei mit den Millwall-Jungs niedergestochen worden, vielleicht sogar von einem der „echten feindlichen Arschlöcher", die jetzt in diesem Warehouse Seite an Seite mit ihm tanzten. Aber jetzt passierte gar nichts. MDMA hatte wieder einmal seine Wunderwirkung gezeigt. Wieczorek erkannte das perfekte Format der Clink Street: nichts als vier Wände, Trockeneis, Stroboskop und Rhythmus. Er fing an, unter dem Titel Labrynth Partys zu veranstalten, wobei er den falsch geschriebenen Namen von dem karnickelstallähnlichen Laden in Bow entlehnte – „zehn Räume voller Irrsinn" – den er Anfang 1989 zehn Wochen lang okkupiert hatte. Im Gegensatz zu den üppigen Produktionen von Sunrise und Energy war das eine schnörkellose, ungeschminkte Art von Entertainment; ein kurzer Blick in den Himmel, und dann ging's gleich wieder ab in die Dunkelheit.

„Die Warehouses waren das Beste. Wenn da noch ein Klo drin war, um so besser. Den einen Augenblick ist es leer, verlassen, keiner will was davon wissen, die reichen Busineßmen sind damit durch, draußen steht das Schild „Zu verkaufen", und plötzlich, in nur acht Stunden, hast du soviel Fröhlichkeit und Glück in das Leben von wahnsinnig vielen Leuten gebracht, ohne daß das irgend jemanden viel Geld gekostet hätte. Und manchmal, nur manchmal, stieß man am Ende auf einen kleinen Kessel voller Gold. Das nenne ich einen echten Traum."

Kingsland Road, Shacklewell Lane, Essex Road, Homerton High Street, Ferry Lane; Wieczorek, seine Freundin Sue Barnes und seine Partner Brian Semmens und Tom Larkin zogen mit ihrer Guerilla-Revue durch die ganze Gegend, rein, hart Party machen und wieder raus, und brachten es damit auf die erstaunliche Zahl von 112 illegalen Raves. Aber es dauerte nur wenige Monate, bis sie feststellten, daß andere von ihrem Erfolg profitieren wollten. Vor einer Warehouse-Party im Silvertown Way in Canning Town verlangte das Security Team plötzlich mehr Geld als gewöhnlich. Wieczorek sagte nein. In dieser Nacht drangen ein paar Männer ungehindert in die Halle ein und verletzten einige Raver mit Macheten. „Sie fielen über jeden Farbigen her", meint Wieczorek. „Es war allerdings kein rassistischer Überfall, obwohl es so aussehen sollte – in Canning Town gibt es alle naselang rassistische Übergriffe, und einer mehr bei einer Acid Party würde den Bullen in der Gegend überhaupt nicht auffallen, weil das da schlicht zur beschissenen Normalität gehört. Aber das war nicht normal – sie wollten uns kleinkriegen, und sonst gar nichts. Wenn ich an dem Abend auch in dem Warehouse gewesen wäre, dann wäre ich heute wahrscheinlich tot. Davon bin ich absolut überzeugt."

Wieczorek besteht darauf, daß es eine Gruppe ehemaliger Inter-City-Firm-Mitglieder war, die hinter dieser und anderen Aktionen, die über den Sommer geschahen, steckte – die Schutzgeld verlangten, den Leuten untersagten, Partys in ihrem Revier abzuhalten, wenn sie nicht an den Gewinnen beteiligt wurden, und die dann die Security übernahmen, um den Drogenhandel kontrollieren zu können. „Wenn du den Promoter in der Tasche hattest, dann gingen alle Es an dich", erklärt er. „Darum ging es, um die Es, und das wurde immer mehr."

Eines Abends, berichtet er, machten sie mit ihm eine Tour durch die Stadt und zeigten ihm die ganzen Reichtümer, über die sie verfügten – Schätze, die auch ihm offenstehen würden, wenn er ihnen den Zugang zu Labrynth ermöglichte. „Sie nahmen mich überallhin mit, ich kriegte den roten Teppich ausgerollt, sie gingen mit mir in all ihre Clubs, wo sie dann immer sagten: ‚Der Laden gehört Soundso, aber der läuft so, wie wir wollen', diese ganze Scheiße. Es lief alles auf Schutzgeld in der einen oder anderen Form hinaus. Wahrscheinlich hatten die Leute, denen diese Pubs und Clubs gehörten, dieselben Dinge erlebt wie ich bei meinen Acid-Partys. Sie zeigten mir Orpington, das

Westend, das Eastend. Da wurde nie das Portemonnaie gezückt, aber jedesmal, wenn wir irgendwo reingingen, standen gleich die Getränke vor uns auf dem Tisch.

Als ich zurückkam, war mir richtig schlecht, weil diese Arschlöcher so viel an Boden gewonnen hatten. Die hatten ihre Finger überall drin, und sie hatten alles im Griff. Alles Leute von der alten Firma, dieselben Typen, die früher auf der anderen Straßenseite gestanden hatten, Steine geschmissen und mit denen es wegen Fußball ständig blöde Schlägereien gegeben hatte, und die jetzt kapiert hatten, daß mit Fußball kein Geld zu verdienen war. Mir war klar: ‚Ihr Arschlöcher wißt genau, was läuft, was?'"

Als Wieczorek die Zusammenarbeit verweigerte, tauchte eine Abordnung in seiner Wohnung in Bethnal Green auf und bedrohte ihn mit einer Pistole. Das brachte ihn zu der Erkenntnis, daß es an der Zeit war, aus dieser Warehouse-Party-Geschichte auszusteigen; kurz darauf etablierte er das Labrynth in einer festen Location, dem Four Aces Club in Dalston, wo es für die nächsten Jahre weiter stattfinden sollte.

Er war nicht der einzige, der in Angst lebte. Zur gleichen Zeit wurde ein anderer bekannter Eastend-Promoter zu Hause überrascht und gekidnappt, von einer Bande, die er als „die neuen Krays"[7] bezeichnet und die 25 Prozent seiner Einnahmen als Schutzgeld verlangten. Er hörte ebenfalls damit auf, Partys zu organisieren, mußte aber mit ansehen, wie die Erpresser unter seinem Namen weitermachten.

Untersuchungen der Polizei sprechen davon, daß solche Vorfälle von Leuten aus dem Umfeld von Centre Force initiiert wurden – West-Ham-Schläger, die sich zu Party-Piraten entwickelt hatten und jetzt den Sender, die Warehouse-Partys und die Clubnächte als Ausgangspunkt benutzten, um die Eastend-Szene zu übernehmen. Andy Swallow besteht darauf, daß an diesen Gerüchten nichts dran war, daß es sich um unbegründete Vorwürfe handelte, die auf der Phantasievorstellung beruhten, organisierte Hooligans wollten den Schwarzmarkt der Gegend unter ihre Kontrolle bringen.

„Es gab eine Menge Geschichten darüber, daß wir die Security bei vielen Leuten übernahmen, daß wir deren Clubs übernahmen, daß wir bei jeder Party, die organisiert wurde, 25 Prozent verlangten. Wenn das so war, dann wüßte ich gern, wo das Geld heute ist, ich habe davon jedenfalls nichts gesehen! Nein, da wurden jede Menge falsche Sachen berichtet. Wir waren groß im Geschäft, was Partys in Ost-London anging, weil wir aus Ost-London kamen. Damals schien jeder Angst vor Ost-London zu haben, und wir waren eben ein Radiosender von dort. Es gibt Leute, die behaupten, daß er von Gangstern geführt wurde, aber das sind Leute, die keine Ahnung haben. Es ging die Geschichte um, daß die ICF dahintersteckte. Ich kenne die Gerüchte über die ganzen Partys, die wir angeblich übernommen haben – ich kann mich aber nicht daran erinnern, obwohl ich mit dabei war. Die Leute mögen solche Stories. Das ist wie mit den Krays; die Leute lieben das, aber wenn man mal genau betrachtet, was die eigentlich gemacht haben, dann war das gar nicht so toll."

Dennoch kursierten häßliche Geschichten in der Piraten-Unterwelt von Ost-London: Angeblich prangten rassistische Graffiti an den Wänden der Piraten-Sendezentrale, ein DJ wurde mit einem Klappmesser angegriffen, wobei man ihm die Finger so zerschnitt, daß er nicht mehr auflegen konnte, ein anderer wurde an einer Themsebrücke an den Füßen aufgehängt, weil er beim Rave einer Konkurrenz-„Firma" aufgetreten war, ein ganzes Security-Team wurde erstochen, einer der Männer dabei skalpiert. Acid House hatte des Eastend verwandelt, aber der Spaß, den Tausende in seliger Unwissenheit beim Tanzen hatten, wurde durch Gewalt und Terror erkauft.

Die Polizei war überzeugt, daß viele der Fäden im Drogenhandel bei Centre Force und im Echoes, dem dazugehörigen Club in der Bow Road, zusammenliefen, und im Spätsommer 1989 lief im Polizeirevier von Plaistow die Operation Tiger an, die das näher untersuchen sollte. Das Team, das aus einem Dutzend Polizisten unter der Leitung von Detective Inspector Toby Charles und Detective Sergeant Craig Stratford bestand, hatte von Übergriffen bei mehreren Warehouse-Partys in ihrem Bereich gehört und begann nun, Swallow und andere Personen, die mit Centre Force in Verbindung gebracht wurden, zu überwachen. „Als wir mehr Informationen über diese Vorfälle zusammentrugen, stellten wir fest, daß es mehr gab als eine einzelne Party in einem einzelnen Warehouse, daß sie von einer Anzahl kleiner Gruppen organisiert wurden, die hauptsächlich aus dem Eastend zu stammen schienen, aus Plaistow und Canning Town vor allem, und daß einige dieser Leute ehemalige ICF-Mitglieder waren, und wir hatten Informationen, daß speziell diese Leute im großen Stil mit Drogen handelten", sagt Stratford.

Der Ecstacy-Handel, glaubt Stratford, hatte die früher verfeindeten Londoner Fußballgangs vereint: „Es schien, als ob eine Gruppe von Leuten, die mal als Fußballhooligans angefangen hatten, sich jetzt einer Art organisiertem Verbrechen zuwandten, und sie hatten ganz offensichtlich überall in London und in Südost-England ihre Kontakte zu anderen Fußballfans. Wir hatten den Eindruck, daß die Dro-gendeals auch mit Hilfe der Hörerwünsche auf diesem Radiosender ab-gemacht wurden, und mit Hilfe der Leute, die ihn betrieben, den DJs."

Das Team hörte die Telefone ab, überwachte ein halbes Dutzend Hauptverdächtige und hörte auch den Sender regelmäßig ab. (Das war der Teil, der Stratford richtig Spaß machte: „Irgendwann stellte man fest, daß einem die Musik richtig gefiel", gibt er zu.) Aber bei der Operation Tiger ging es nicht nur um illegale Partys und die Ausstrahlung von Radiosendungen ohne Genehmigung. Sie sollte vor allem den Beweis erbringen, daß Swallow und seine Kollegen in großangelegte Drogendeals verstrickt waren. Sie wollten sie mit Es erwischen. Tiger war allerdings schon von Anfang an mit Fehlern behaftet. Es war, so Stratford, ein „Sperrmüll"-Dezernat, das über viel zuwenig finanzielle Mittel und Erfahrung mit der Drogenszene verfügte und zudem für Überwachungsmaßnahmen schlecht ausgebildet war. Die verdeckten Ermittler wurden schnell enttarnt, und das Informationssystem leckte wie ein Sieb. Swallow merkte schnell, daß Centre Force und seine Mitarbeiter überwacht wurden, schon allein daran, daß sie so lange an Ort und Stelle hatten bleiben können, ohne daß es Schwierigkeiten mit dem Industrie- und Handelsministerium gab.

Am 20. Oktober 1989 führte die Polizei Razzien im Echoes, dem Studio von Centre Force in Plaistow und einer Reihe von Privatwohnungen durch. Es war Freitag abend, der Club hatte gerade aufgemacht; dreißig Polizeibeamte in Jeans und T-Shirt hatten ordentlich ihren Eintritt bezahlt und warteten schon drinnen, und um halb elf stürmten noch einmal hundert den Haupteingang und drangen durch die Notausgänge ein. Aber der Plan war schon vorher durchgesickert. Swallow wurde, als er seine Wohnung verließ, von acht Männern überwältigt. Er war kein bißchen überrascht; er hatte schon eine Woche zuvor einen Tip bezüglich dieser Razzia bekommen. Von den Tüten voller Drogen und den Stapeln von Geldscheinen, die die Polizei zu finden gehofft hatte, war keine Spur. „Den mangelnden Erfolg dieser Razzia kann man entweder auf ihr gutes Informationssystem zurückführen, oder darauf, daß wir entweder Pech oder unrecht hatten", so Stratford.

Die Polizei war noch immer überzeugt, daß sie einen Prozeß gegen die 22 Personen in Gang bringen konnte, denen die Vorbereitung zum Handel mit verbotenen Drogen vorgeworfen wurde, wobei man sich auf die Beobachtungen von verdeckten Ermittlern bezüglich des Drogenhandels in diesem Club berief. „Sie definierten die Anklage so", sagt Swallow, „daß wir bei Centre Force Radio die Leute zu den Partys hinlotsten, wo dann unsere eigenen Dealer die Drogen verkauften, und daß wir daran verdienten, an den Drogen, an den Partys, und daß wir auch Geld von anderen Partys erpreßten, die nicht von uns organisiert waren."

Die Beweise, von vornherein nicht besonders überwältigend, wurden noch mehr geschwächt, als der Richter wie schon im ICF-Prozeß einen großen Teil davon als nicht korrekt bezeichnete und nicht zuließ, und nach ein paar Wochen zeichnete sich ab, daß meisten Anklagepunkte nicht haltbar waren. „Letztendlich hätten wir einige von ihnen wegen geringerer Vergehen verurteilen können, aber da es offensichtlich war, daß der größte Teil der Leute freigesprochen werden würde, wurde beschlossen, daß es keinen Sinn machte, diese weniger schweren Vergehen weiter zu verfolgen", sagt Stratford. „Der ganze Prozeß wurde fallengelassen."

Swallow war wieder entlastet: „Der Richter wies alles ab. Das war von vornherein völliger Quatsch, genau, wie wir gesagt hatten." Stratford gibt zu, daß es selbst dann, wenn der Anklage stattgegeben worden wäre, kaum einen Einfluß auf die neuen kriminellen Netze gehabt hätte, die sich rund um den Ecstasy-Handel entwickelt hatten. Es war lediglich ein Anzeichen von etwas viel Größerem, einem Phänomen, für dessen Bekämpfung ihnen nicht die Mittel zur Verfügung standen und mit dem er sich auch heute noch als Detective Inspector in einem der Ost-Londoner Drogendezernate herumschlägt. „Wir kamen nie bis auf den Grund des Ganzen", meint er. „Es war einfach viel zu umfangreich."

Das einzige, was die Operation Tiger erreichte, war das Ende von Centre Force. Die üblen Gerüchte, die Belastungen durch Untersuchungshaft und Prozeß, die Tatsache, daß viele DJs zum neuen Piratensender Dance FM abgewandert waren, hatten ihnen die Lust weiterzumachen verdorben. Der Sender, der 1989 den Soundtrack für die Ära der illegalen Raves geliefert hatte, stellte den Betrieb im folgenden Jahr endgültig ein. „Wir machten noch einmal für vier Monate weiter, für kurze Zeiträume, aber meist wurden wir nach nur wenigen Stunden wieder aus dem Äther geschmissen", sagt Swallow, der schließlich Mitte der Neunziger als Boß eines erfolgreichen Dance-Labels seine Rückkehr auf der Szene feierte. „Es war nicht mehr dasselbe. Der Spaß war verschwunden."

Die „dunkle Zeit der Achtziger" war vorbei. Aber war wirklich ein Wunder geschehen, oder war das alles nur ein Traum gewesen?

[1] Colin Ward, *Steaming In*, Simon & Schuster, London 1988

[2] *The Times*, 11. 5. 1988

[3] Richard Giulianotti, Norman Bonney und Mike Hepworth (Hrsg.), *Football, Violence and Social Identity*, Routledge, London 1994

[4] *The Independent*, 5. 5. 1990

[5] *Digest of Football Statistics, 1992-1993*, The Football Trust, Leiceste, 1994

[6] Tony Thompson, *Gangland Britain*, Hodder & Stoughton, London 1995

[7] Die Kray-Zwillinge gehörten in den Sechzigern zu den berüchtigtsten Londoner Gangstern. (A. d. Ü.)

5

freaky dancing

1980 BEGING Ian Curtis, der 23jährige Sänger von Joy Division, Selbstmord – gefangen in Depressionen, die in seinen gnadenlos düsteren Texten mehr als sichtbar gewesen waren. Damit ging eine Ära des Indie-Rock zu Ende, und eine neue begann. Nur wenige Monate nach diesem tragischen Ereignis standen die verbliebenen Bandmitglieder, Bernard Sumner, Peter Hook und Stephen Morris, wieder auf der Bühne. Sie holten sich Morris' Freundin Gillian Gilbert als Keyboarderin hinzu, und, was entscheidend werden sollte, sie ergänzten ihren Sound mit elektronischen Sequenzern und Drumcomputern.

Das in New Order umbenannte Quartett stand bei Factory Records unter Vertrag, einem Label aus Manchester, das der Fernsehmoderator Tony Wilson – ein charismatisches Redetalent mit einer Vorliebe für flapsige Sprüche und schicke Anzüge von Comme des Garçons – gegründet hatte. Factory haftete zwar das Image grauer, typisch nordenglischer Ernsthaftigkeit an, aber zu seinem Kader gehörte eine ganze Reihe von Bands, die mit elektronischen Effekten, Funk-Licks und rhythmusbetonten Grooves experimentierten. Zu den frühen Veröffentlichungen zählte beispielsweise auch *Moody* von ESG, das im Paradise Garage als Klassiker galt. New Order hatten beträchtlichen Erfolg in den USA, und bei ihren Besuchen in New York hatte die Vitalität der Dance-Clubs dieser Stadt sie stets sehr beeindruckt. Das führte schließlich zur Zusammenarbeit mit dem einflußreichen amerikanischen Dance-Producer Arthur Baker bei ihrem Song *Confusion* – und zu einer minimalistischen, technotronischen Monstersingle, *Blue Monday,* der meistverkauften britischen Maxi aller Zeiten. Von allen Indie-Rock-Bands der Achtziger waren New Order ihrer Zeit am weitesten voraus: Sie waren ein früher Vorbote auf den technologisch ambitionierten Rock 'n' Roll der Zukunft.

1980 formierte sich noch eine weitere Band, die nicht nur die Kultur, sondern auch das Image Manchesters bis in die Neunziger prägen sollte. Leadsänger Shaun Ryder wurde 1962 in Little Hulton, einem engmaschigen Straßengewirr in einem der nordwestlich der City gelegenen Arbeiterviertel, geboren, stand stets mit einem Bein im Jugendknast und hatte das erste Mal mit dreizehn LSD genommen. Es dauerte nicht lange, und er und sein Freund Mark Berry warfen drei oder vier Microdots auf einmal ein und gingen dann zum Arndale Einkaufszentrum in der Stadtmitte, um zu sehen, wie die Farben sich entfalteten. Berry, genannt Bez, war auch schon wegen Einbruchs eingefahren, nachdem ihn sein Vater, ein Detective Inspector bei der Liverpooler Polizei, auf der Wache abgeliefert hatte. Sie waren ein komisches Paar: Ryder mit seiner ans Absurde grenzenden Sprache und ultraschwarzem Humor und Berry mit seinem übertrieben hoppelnden Gang, alle beide perfekte Schnorrer und Diebe mit rastloser Intelligenz, immer auf der Suche nach dem nächsten Kick, zwei Typen, die lieber nach Amsterdam oder London fuhren, als im engstirnigen Salford zu versauern.

Ihre Band, die Happy Mondays, gab ihr erstes größeres Konzert 1983 im Haçienda, einem Club, der Factory gehörte. Das Haçienda, das größtenteils von New Order finanziert wurde, hatte im Vorjahr mit einer großen Party aufgemacht, bei der man die ungewöhnliche Zusammenarbeit von Bernard Manning, einem fetten „Komiker" aus Manchester, und den Disco-Diven von ESG erleben konnte. Das Gebäude hatte als Ausstellungsraum für Boote gedient, ein riesenhaftes Warehouse, bei dem überall die rohen Mauersteine und Stahlträger zu sehen waren, während am Rand der Tanzfläche Balken und Pfosten standen – und gelbschwarz gestreifte Säulen, deren Farbe auf die „Achtung – Gefahr"-Warnungen in Fabriken anspielen sollte. *Industrial* nannte man das, ein Wort, das zu dieser Zeit ziemlich angesagt war.

Mike Pickering war's, der die Happy Mondays erstmals fürs Haçienda buchte. Pickering, 1958 in Manchester geboren, konnte beste Referenzen für den Job vorweisen. Er hatte schon im Blackpool Mecca nach Northern Soul getanzt, das rauhe Manchester-Debüt der Sex Pistols in der Lesser Free Trade Hall gesehen und in den Clubs von Rotterdam die Musik von Chic mit Industrial Dance Rock gemixt. Mit seiner bizarren Funkband Quando Quango konnte er in der schwarzen New Yorker Gay-Szene Dance Hits verzeichnen – diese Tracks wurden übrigens von Mark Kamins, dem amerikanischen DJ, der Madonna entdeckt hatte, remixt. Pickering war von Rob Gretton, New Orders

Manager, ins Haçienda geholt worden – die beiden kannten sich gut aus der Fankurve von Manchester City. Wie Paul Oakenfold in London besaß auch Pickering ein außerordentliches visionäres Gespür; er glaubte, das Haçienda könne es dem Paradise Garage gleichtun, wo Larry Levan Psychedelic Dance mit üppigen Discosounds und europäischem Elektropop gepaart hatte.

Zu dieser Zeit hieß der Stamm-DJ des Haçienda Hewan Clarke, ein Typ, der vor allem harten Soul, Jazz-Funk und wuchtige lateinamerikanische Percussion auflegte. Clarkes Wurzeln lagen in Manchesters lebendigem schwarzem Soul-Underground: in Clubs wie dem Legends, dem Berlin, dem Gallery und dem Reno, einer Afterhours-Bar, wo sich die echten Hardcore-Tänzer, eingehüllt in Haschischrauch, richtig gehenließen. Zwar wird Manchester meist für seinen weißen Indie-Rock gerühmt, es muß aber betont werden, daß diese andere Tradition ebenso existierte – eine Tradition, die später das Gerüst für Electro, Hip-Hop und House Music bereitstellte.

Mike Pickering produzierte die erste Single der Happy Mondays, *Delightful*, die 1985 erschien. Die Band begann langsam, ihren eigenen Groove zu finden, ein trashiges Durcheinander mit einer funkigen Unterströmung, über die Ryder seine frei assoziierten trägen Gesangszeilen murmelte. „In unserem Sound ist alles drin", erklärte Ryder später. „Funkadelic, *One Nation Under One Groove* ... Northern Soul ... Punkrock ... Jimi Hendrix ... Captain Beefheart. Und natürlich jede Menge Drogen."[1] „Man vergißt gern, daß die Happy Mondays schon immer eine Dance-Band waren", setzt sein Vater Derek hinzu, „aber die Leute lernten erst, dazu zu tanzen, als E ins Spiel kam."

Die Musiker sahen auch verrückt genug aus: strubbelige Ziegenbärtchen, ausgefranste Frisuren, riesige schlabberige Jeans mit Schlag und Turnschuhe. Der spindeldürre Bez war ihr Talisman – er spielte zwar kein Instrument, sprang dafür aber wie ein Irrer über die Bühne; keine andere Indie-Band hatte jemanden im Team, der nur *tanzte* und sonst nichts weiter tat. Die Mondays sahen aus wie Fußballhooligans, Gammler; Typen aus den Sozialwohnungen eben, aber Typen mit *Durchblick*, die wußten, wo ein Gramm Shit herzukriegen war, und die alle Platten, die wichtig waren, in ihrer Sammlung stehen hatten. Der eigenwillige Promoter Jeff Barrett organisierte ihren ersten Gig in London.

„Das war ein echter Schock, als ich zum Soundcheck runterging, und die saßen alle draußen im Freien. Damals war das auch ein Treffpunkt für Penner, deswegen ging ich auf diese Jungs zu, die da vor dem Club rumsaßen, mit Parkas, Schlaghosen und Ciderflaschen, und ich wollte gerade sagen: ‚Ihr solltet besser gehen', als ich den Geruch von Haschisch bemerkte. Ich dachte plötzlich, wer sind diese Typen? Auf eine besondere Weise sahen sie richtig gut aus – und es waren die Mondays. Was sie von anderen Rumhängern unterschied, war, daß sie Acid nahmen. An jenem Abend kam Shaun Ryder zu mir und fragte: ‚Kannst du mir ein bißchen Kraut besorgen?' Ich hatte noch nie gehört, daß man es so nannte. Sein Vater Derek, der den Sound für sie machte, kam dann zu mir und meinte: ‚Jeff, sag mal, hat dich mein Shaun nach Acid gefragt?' – ‚Nein, er wollte einen Joint.' – ‚Wenn er dich nach Acid fragt, gib ihm das nicht, er muß noch auftreten …' Ich war total fasziniert. Ich buchte sie sechsmal."

Ab November 1984 engagierte sich Mike Pickering als DJ bei der Nude Night im Haçienda, die fast sechs Jahre lang jeden Freitag stattfinden sollte. Der Club war anfänglich, wie ein Stammgast zu berichten weiß, „ein eiskaltes, arktisches Warehouse, wo sich pseudointellektuelle Cliquentypen trafen, wo es nur düstere, deprimierende Indie Music gab". Jetzt aber erweiterte man dort den Horizont. Pickering und sein Partner Martin Prendergast mixten Electro – dynamischen, synthetischen Rap, der auf den Innovationen von Kraftwerk aufbaute –, Hip-Hop, Funk, Technopop, Dance-Importe aus New York, schlicht alles, was das Publikum bewegte, und dieses Publikum war immer stärker ethnisch gemischt und wies einige außergewöhnlich extravagante Tänzer auf – die sogenannte Foot Patrol –, die schicke Anzüge mit weißen Gamaschen trugen und in komplizierten Figuren über die Tanzfläche tobten.

1986 spielten Pickering und Prendergast auch schon mal frühe Chicago-House-Platten von Trax oder DJ International. Die eckigen Jack-Tracks harmonierten mit der vorherrschenden Stimmung und klinkten sich perfekt in die harten, modernistischen Sounds ein, die die Tänzer hören wollten – wie es im Garage-Club in Nottingham und bei den Jive Turkey Parties in Sheffield der Fall war, wo DJs wie Graeme Park, Parrot und Winston Hazell ein ganz ähnliches Programm zusammenstellten. Stu Allens Sendung *Bus Dis* auf dem Manchester-Privatradio Piccadilly – eine Stunde Hip-Hop, eine Stunde House – setzte diese futuristische Kombination ebenfalls auf die Tagesordnung. Die großen Tourneen des Jahres 1987 waren die Chicago House Revue und die Show des electronicorientierten Hip-Hop-Duos Mantronix: Beides waren radikale Avantgarde-Umsetzungen neuer Technologien, gepaart mit einem heftigen, energetischen Kick. Wenn die Sex Pistols Manchesters erste Punkbands inspiriert hatten, dann bereiteten diese Gigs den Boden für eine neue Explosion.

whitworth street west und oldham road

„Auf Ibiza gab es eine große Gruppe von Leuten aus Sheffield und Manchester, das waren etwa genauso viele wie wir", erinnert sich der Shoomer und Ibiza-Veteran Adam Heath. „Echt coole Typen. Sie kamen aus einer ganz anderen Welt. Wir stammten auch fast alle aus der Arbeiterklasse, aber unsere Familien waren nicht richtig arm gewesen. Plötzlich trafen wir Leute, die aus wirklich ärmlichen Verhältnissen stammten. Das fiel mir auf. Sie hatten es geschafft, ihre bisherige Existenz hinter sich zu lassen. Sie lebten alle irgendwo in Europa, fuhren nur sehr selten nach Hause. Sie hielten sich hauptsächlich mit Diebstählen über Wasser. Es gab einen Namen für sie – Interpol nannte sie ‚international tourist thieves'."

Ibiza, London, Amsterdam. Es war dieser Hippie-Lehrpfad der Working-class-Hedonisten, mit seinen Stationen Sonne, Drogen, Clubs, Diebstähle, Fußball und Musik, über den Ecstasy erstmals nach Manchester kam. Die Geschichte, die immer wieder erzählt wird, ist die, daß Shaun und Bez mit dem Auto von London kamen, den Kofferraum randvoll mit Pillen, und damit die ganze Stadt ansteckten. Aber auch einige von der Balearen-Clique aus dem Spectrum und dem Future waren daran beteiligt; Connections wurden abgecheckt, Netzwerke aufgebaut – aus alten Fußballkumpels, Ibiza-Bekanntschaften und Fans der Happy Mondays.

Freitag nachts wurde im Haçienda immer schon wild getanzt, aber Anfang 1988 wurde es richtig ausgeflippt, richtig abgefahren. *Freaky Dancing*, so hatte die zweite Single der Mondays geheißen, und hier konnte man sehen, wie das ging. In einer Ecke standen Shaun und Bez

– dem die Augen aus dem Kopf quollen und der sich wie eine Puppe unter Elektroschock bewegte – plus ein Klüngel von Kumpels, die sich mit einer Intensität hin und her wiegten, daß es schon fast nicht mehr normal schien. Sie waren bereits berühmt-berüchtigt, aber jetzt starrten die Leute sie an, fasziniert. Was? Warum? *Wie?* Und Woche um Woche wurde dieses Grüppchen größer, das Tanzen noch freakiger, bis Bez an einem Freitag die „E-Ecke" verließ, auf die Bühne kletterte und begann, die Menge zu *dirigieren*, die sich jetzt auf seiner chemischen Wellenlänge eingeloggt hatte.

In Manchester wurde der Summer Of Love von einer neuen Tanznacht eingeläutet, die immer mittwochs im Haçienda stattfand. Hot hatte am 13. Juli 1988 Premiere: „Ursprünglich gab es die Idee, so ein ganz billiges Costa-del-Sol-Ding durchzuziehen, mit Sand und Sonnenschirmen", meint Paul Cons, der frühere PR-Manager des Haçienda. „Ich war bei verschiedenen Acid-House-Partys in London gewesen, im Shoom und Hedonism. Diese Acid-House-Geschichte hatte sich im Haçienda an den Freitagen schon ein bißchen entwickelt, mit einer kleine E-Clique in einer Ecke. Das kam alles zusammen und wurde schließlich zu einer Ibiza-Sache. Bei der Eröffnung rasteten alle total aus, wir hatten einen Swimmingpool, Promenadenbeleuchtung und das ganze Zeug. Die Bühne wurde völlig von den Leuten erobert, die auf E waren, die nichts anderes wollten als nur abtanzen. Alles paßte – es war Sommer, und es war sehr Ibiza-like." Der DJ, Jon Dasilva, verwob acidähnliche Strukturen mit Soundschnipseln aus der Geräuschebibliothek der BBC, mit rauschenden Bächen und schäumenden Wellen, die dem Hot ein exotisches Ambiente gaben: ein Sonnenfleck im Herzen der Regenstadt.

Bei der Nude Night am Freitag war Martin Prendergast mittlerweile ausgestiegen, und Mike Pickering wurde jetzt an den Plattentellern von Graeme Park unterstützt, einem extrovertierten Schotten, der House in den Midlands, im Garage in Nottingham, publik gemacht hatte und der aus seinen Mixen regelrechte Erzählungen, lebendig und spannend, bauen konnte. Die zwei hatten bei der Northern House Tour im Februar 1988 zusammengearbeitet, bei der Pickerings latinbeeinflußte House-Band T-Coy als Headliner gebucht war. Jetzt standen sie am Ende der Nacht nebeneinander, hoch oben über der Menge, die T-Shirts schweißnaß, die Arme erhoben, die Augen zum Himmel gerichtet, wie heidnische Götter, während das unheimliche Klagen von Byron Stingilys Falsettstimme aus den Boxen drang: „I want to give you ... *devotion* ...“ Und die Menge, die Hände den DJs entgegengestreckt, murmelte unisono den A-cappella-Refrain: „Oh, *devotion* ... oh, *devotion* ...“ Es war, wie später jemand erzählte, ein so intensives Gefühl, daß man es mit Worten nicht ausdrücken konnte.

Der Sommer war kurz, schien aber jeder Zeit entrückt. Die Mondays und ihre Kumpels hatten jetzt die Ecstasy-Versorgung übernommen und es zu ihrer Mission erklärt, Manchester draufzubringen; an einem Wochenende veranstalteten sie eine Party, wo sie den Stoff gratis verteilten. Das Haçienda war ein Ort geworden, wo die normalen Gesetze nicht mehr griffen. Es war nichts Besonderes, daß man jemanden auf der Bühne sitzen sah, der das Publikum aus einer fetten Plastiktüte voller Pillen bediente. Die Leute veränderten sich über Nacht. Stephen Cresser, der für die Mondays wie auch für die Stone Roses als Roadie arbeitete, erinnert sich, daß sein Freund Eric Barker – eines der bekanntesten Clubgesichter in der Stadt – „nur drei Wochen brauchte, um Seitenscheitel, kariertes Hemd und Lederschuhe – richtig fesch – gegen Ziegenbärtchen, Sonnenbrille, runden Hut, orientalische Mokassins mit hochgebogener Spitze und extraweite Seidenhosen einzutauschen und sich eine Trillerpfeife um den Hals zu hängen.“

War der Club ursprünglich ein Treffpunkt für Studenten, Trendies und Soul Boys gewesen, so zog er jetzt eine neue Publikumsschicht an, Jugendliche aus den Abrißvierteln im Norden Manchesters, die sogenannten Scallies. „Eine richtig bunte Mischung, alle tanzten friedlich nebeneinander und kamen gut miteinander aus, egal, ob sie Studenten oder Scallies oder sonstwas waren“, erinnert sich Paul Cons. „Von den Scallies kamen die progressiveren, die schlaueren ins Haçienda; das waren die flippigeren Arbeiterkids – die fuhren eventuell nach Amsterdam oder dealten nebenbei ein bißchen, um sich ein gutes Leben leisten zu können, ohne einen ordentlichen Job zu haben.“

Acid House schien für einen kurzen Augenblick die Stadt zu vereinen: Die Ausgestoßenen aus dem Norden, die sich mit kleinen Gaunereien, Gelegenheitsjobs, riskanten Spielchen und purem Einfallsreichtum über Wasser hielten, mischten sich unter die Popstars, die Studenten und modebewußten Clubkids. „In London herrschte viel von dieser Hippie-Atmosphäre. Das gab es in Manchester eigentlich nie", sagt Justin Robertson, der damals studierte und zu den Tänzern auf der Bühne gehörte, später aber ein gefeierter DJ wurde. „In Manchester war man dem, worauf es bei Acid House im Grunde ankam, sehr nahe – Leute aus Sozialwohnungsghettos und Studenten, die nicht unbedingt ein Image von besonderer Zusammengehörigkeit rüberbringen wollten, sondern einfach ihr Ding machten. Mit Elitedenken hatte das bestimmt nichts zu tun – das ist ja das Kuriose. Bei den frühen Sachen, die über die Londoner Acid-House-Szene geschrieben wurden, ging es immer um Love & Peace, aber dann gab es dort die striktesten Anweisungen für die Türsteher."

Wenn das Haçienda um zwei Uhr zumachte, zog der harte Kern weiter durch die Abrißgegend von Hulme, durch das betongraue Labyrinth der geduckten Sozialbauten (mittlerweile eingeebnet), um bei einem Afterhours-Blues-Dance weiter Party zu machen. Das Kitchen im Charles Barry Crescent bestand einfach aus zwei Sozialwohnungen, die man mit einem Wanddurchbruch zu einer gemacht und wo man ein Studio eingerichtet hatte. Zu Beginn gab es dort Videospiele und Betten, und die Leute saßen um einen großen Tisch herum, redeten und brachten sich mit Bier und einem Joint wieder runter oder tanzten auf einer improvisierten Tanzfläche noch ein bißchen weiter. An manchen Wochenenden quetschten sich dort Hunderte zusammen.

Ende des Sommers gab es dann auch in Manchester die erste größere illegale Warehouse-Party, unter einer Eisenbahnbrücke in der Nähe der Piccadilly Station. Treibende Kraft waren die Lebenskünstler und Schnorrer, die Paul Cons gemeint hat und die in den nächsten zwei Jahren die House-Kultur in Manchester entscheidend prägen sollten: Anthony und Chris Donnelly, zwei Brüder Anfang zwanzig, die aus dem Sozialwohnungsviertel Wythenshawe stammten, plus Eric Barker und sein jüngerer Bruder Andy, der die eine Hälfte des Hip-Hop-Mixing-Duos Spinmasters darstellte. An der Ecke der Store Street, ganz in der Nähe des Geländes, wo Vater Donnelly seinen Schrottplatz hatte, sprühten sie einen riesigen Smiley an die Wand und schrieben darunter: „Sweat it out – schwitz es raus." Wenn man sich bemüht, kann man den heute noch erkennen, zwar ausgeblichen, aber noch immer optimistisch grinsend. Auch New Order waren noch mittendrin dabei. Eines Abends veranstalteten sie einen zügellosen illegalen Rave im Keller des Haçienda; sie hatten gerade die Aufnahmen zu ihrem Album *Technique* auf Ibiza beendet, und wenig später konnte man Bernard Sumner bei *Top Of The Pops* beobachten, wie er eine ganz ordentliche Imitation von Bez' debiler Tanztechnik ablieferte.

Im Oktober stärkten die Happy Mondays ihre Verbindungen nach London, als sie der Presse im Spectrum Club von Ian St Paul und Paul Oakenfold ihr zweites Album vorstellten. *Bummed*, so Shaun Ryder, war in erster Linie eine Ecstasy-Platte. Während der Aufnahmen hatten sie Producer Martin Hannett ständig mit dem Zeug vollgestopft. „Für uns hat *Bummed* diese Bedeutung – als wir anfingen, E zu nehmen, wußten wir nicht, wie wir damit umgehen sollten und vögelten alles, was uns über den Weg lief", erklärt Ryder. „Der Ausdruck, den wir da benutzten, was wir jetzt nicht mehr machen, war, ‚did you bum her', ‚hast du sie gebumst'? Das war bei uns ein Ausdruck fürs Ficken."[2] Mittlerweile hatte das Spectrum auch einen Ableger in Manchester – die Mondays filmten dort ihr stroboskopgeschütteltes Video für die Single *Wrote For Luck* –, aber bei ihrem Londoner Ausflug zeigte sich ihr ruppiges Charisma der Musikpresse in einer passenden Umgebung. Diese Verrückten aus Manchester, staunten die eingeladenen Journalisten, die können einfach nicht aufhören zu tanzen! Selbstverständlich war der Troß der Band gern bereit, kleine chemische Erklärungshilfen auszugeben, warum das so war.

Schon wenige Monate später war das Haçienda, mittlerweile ein glühender Ball voller Energie, nicht mehr groß genug, um die Szene aufzunehmen: Schon allein die physikalischen Gesetzmäßigkeiten, von den chemischen gar nicht zu reden, machten klar, daß der Topf überkochen mußte. Und das tat er auch. Im Osbourne Club an der Oldham Road hatten früher Rockkonzerte stattgefunden; er lag in Miles Platting, einem Straßengewirr nördlich der Innenstadt, das zu den heruntergekommensten und deprimierendsten Gegenden Manchesters zählte, eine Landschaft aus zugenagelten Ladenfenstern, zerbrochenen Scheiben und zur Hälfte leerstehenden Reihenhäusern, die das Sozialamt verwaltete; „Autoknacker-City" nannte es ein Anwohner.

Das Osbourne sah aus wie eine Arbeiterkneipe, dunkel und niedrig, wo ein gräßlich schmeckendes Bier ausgeschenkt wurde. Als Eric Barker mit Jimmy Sherlock („Jimmy Muffin") und seinem Partner John Kenyon („John The Phone") – zwei stadtbekannten Figuren, die früher

Plakate geklebt hatten – den Laden buchte, fanden dort irische Tanzabende und Hochzeitsfeiern statt. Sie tauften die Lokalität in Thunderdome um, und noch nie hatte ein Name besser für einen Club gepaßt: In dieser beengten, dämmrigen Halle tobte und kochte die Musik wie eine Schlechtwetterfront: Wirbelwind und Donnerschlag, Hurrikan und Hagelsturm. Die Stamm-DJs, die Spinmasters, Steve Williams und die Jam MCs, zogen die Schraube immer fester an. Im Haçienda schwebte man in Zauber und Schönheit und den ekstatischen Hymnen der Disco-Diven. Hier gab man dem metallischen Funk aus Detroit und dem Dampfhammer-Rhythmus des belgischen Hardbeat den Vorzug.

Zu dieser Zeit war es bereits recht schwer geworden, ins Haçienda reinzukommen, wenn man kein Stammgast war; das Thunderdome dagegen zog Jugendliche aus den nahegelegenen Ghettos von Miles Platting, Ancoats, Clayton und Newton Heath an, die unbedingt abends weggehen beziehungsweise unbedingt zu Hause raus wollten. „Es gibt in Manchester eine deutliche Trennung zwischen Norden und Süden", sagt Gary McClarnan, ein Fotograf aus Wythenshawe, der in seinen Bildern das Nachtleben in Manchesters Clubs dokumentierte. „Der Süden ist kosmopolitisch – Studenten und Medientypen. Der Norden ist ziemlich trist und grau. Die Leute dort haben ein hartes Leben hinter sich. Die Gegend ist abgewirtschaftet, die Wohnungen befinden sich in schlechtem Zustand, die Arbeitslosigkeit dort ist sehr hoch, und demzufolge gibt es weniger Respekt und mehr, wogegen man sich auflehnen kann. Das Thunderdome war ein verdorbener, wüster Ort, ungeschliffen. Da ging man nicht einfach rein und fühlte sich gleich wohl, man mußte schon ziemlich drauf sein. Heavy Musik, hart, düster. Billigere Drogen. Acid und Speed."

Bei Außenstehenden hatte das Thunderdome einen recht finsteren Ruf; für die Insider war es ein Paradies. Man traf sich ein paar hundert Meter weiter im Angel – und binnen kürzester Zeit hatte man das Schild dieses Pubs entsprechend angepaßt: Alle Buchstaben waren abgerissen worden, bis nur noch ein einziges bedeutsames „E" übrigblieb.

Manchester war einst auf Initiative und Fortschritt gegründet worden. Die dortige Textilproduktion bildete eines der Zentren der industriellen Revolution, ein Schmelztiegel von Unternehmergeist und sich entwickelndem Handel: die Baumwollstadt, der „Fabrikschlot der Welt". Friedrich Engels lebte hier im 19. Jahrhundert, und die düsteren, satanischen Fabriken [die „dark satanic mills" aus dem Gedicht „Jerusalem" von William Blake, A. d. Ü.] dienten ihm und Karl Marx auch als Inspiration für ihr Kommunistisches Manifest. Manchester spielte auch eine Rolle bei der Geburt des Informationszeitalters – hier wurde der erste auf dem Markt erhältliche Computer gebaut. Zwar erinnert noch immer die viktorianische Architektur an den Reichtum der Baumwollkönige, aber in den letzten Jahren hat die Stadt entscheidende Wandlungen durchgemacht, und der Schwerpunkt der Innovation hat sich heute von Industrieproduktion auf Kulturgüter und Freizeitartikel verlagert, um der Rezession in der Industrie entgegenzuwirken.

Manchester ist vielleicht die einzige Stadt in England, von London und Liverpool einmal abgesehen, die sich eigene städtische Mythen erschaffen konnte, die auch außerhalb ihrer Mauern Widerhall finden. Die wunderliche Nostalgie der dienstältesten englischen Dauer-Fernsehserie *Coronation Street* gehört zu den bekanntesten: die idealisierte Erinnerung an verlorene Werte wie Zusammenhalt und kulturelle Homogenität, an die ehrlich arbeitenden kleinen Leute, kopfsteingepflasterte Straßen und die freundliche Begrüßung im Rover's Return, dem Pub an der Ecke. „Ich wußte, daß das nicht so bleiben würde", sagte *Coronationstreet*-Vater Tony Warren einmal, der sich nach der Stadt zurücksehnte, wie sie Ende der Fünfziger gewesen war. „Ich wollte das konservieren, wie eine Fliege in Bernstein."

Wenn dies Manchesters Vergangenheit ist, so versucht der Science-fiction-Autor Jeff Noon, sich Manchesters Zukunft vorzustellen, indem er die Stadt als klaustrophobische, in der Nacht erst zum Leben erwachende Zone beschreibt: voller roboterhafter Gammler, Säufer, Sozialhilfeempfänger auf der Suche nach dem nächsten Thrill, vor dem Hintergrund heruntergekommener Sozialwohnungsghettos, die zu Müllkippen geworden sind, in denen Mutanten, halb Mensch, halb Hund, zwischen zerbrochenen Flaschen herumwühlen. Wie jede Science-fiction ist auch Noons Phantasie ein Weiterspinnen der augenblicklichen Realität – die Stadtteile Hulme und Rusholme, verpflanzt in eine parallele Welt, in der eine andere Ordnung herrscht. Dann gibt es da noch die Rockmythen – die schwarzhumorige, aber gleichzeitig ewig unglückliche, verregnete Manchester-Psychogeographie der

Smiths, und die andere, die sie an der Wende zu den Neunzigern ablöste und in Sarah Champions atemlosem Lobgesang *And God Created Manchester* festgehalten ist: die Stadt als Mittelpunkt einer Popszene, wo alle kulturellen Wege anfangen und aufhören. „Warum? Warum? Warum? Warum?“ fragt Champion rein rhetorisch und antwortet selbst: „Es liegt in der Luft, im Wasser und in der Architektur ... Manchester, wo die Straßen mit Rock 'n' Roll gepflastert sind. Ein Land der unbegrenzten Möglichkeiten, wo die Gründung einer Band augenblicklichen Ruhm bringen kann.“[3] All diese sehr verschiedenen Visionen Manchesters haben eines gemeinsam: die Vorstellung, daß es sich um eine sehr eigentümliche, eine einzigartige Stadt handelt. Hier passieren Dinge, die sonst nirgendwo geschehen könnten.

Manchester ist groß genug, um wirtschaftlichen Einfluß zu haben, Dinge in Gang zu bringen – und andererseits klein genug, um ein gewisses Gemeinschaftsgefühl zu erhalten. Eine selbstsichere Großmäuligkeit kennzeichnet die Stadt, eine Arroganz, die in dem Wissen gründet, daß London vielleicht die Hauptstadt Großbritanniens sein mag, sie selbst aber zweifellos die Hauptstadt des Nordens ist, ein fiktiver Herrschaftsbereich, der in Watford, in Nottingham oder in Leeds beginnt, je nachdem, mit wem man spricht.

Dieser Glauben an sich selbst und dieses Gemeinschaftsgefühl trugen in Kombination mit der musikalischen Infrastruktur, die in der Stadt bereits existierte, zu dem unglaublichen Kreativitätsausbruch bei, den das Haçienda und das Thunderdome ausspuckten. 1987 hatte Mike Pickerings Band T-Coy mit dem lockeren, latinbeeinflußten Shuffle *Carino* die Titelmelodie für Manchesters junge House-Gemeinde produziert. Diesem Titel folgten zwei Platten, die der ganzen Welt die neue Manchester-Generation ankündigten: *Voodoo Ray* von A Guy Called Gerald und *Pacific State* von 808 State. Hinter beiden steckte dasselbe Team: Gerald Simpson, Martin Price und Graham Massey. Sie alle hatten sich zuvor mit Electro, Hip-Hop, den Rock-Avantgarde-Ecken der Rockmusik beschäftigt, bevor die Schockwirkung der rauhen Chicago-Trax sie selbst zum Handeln inspiriert hatte. Unter dem Namen 808 State baute das Trio tagsüber eckige Acid-Jams zusammen, warf die Demos in eine Plastiktüte und nahm sie abends mit ins Hot, wo Jon Dasilva diese Tapes vor der faszinierten Club-Gemeinde laufen ließ.

Anfang 1988 trennte sich Simpson von diesem Projekt – er wurde vom Spinmasters-Duo, Andy Barker und Darren Partington, ersetzt – und machte als A Guy Called Gerald allein weiter. Sein Debüt, *Voodoo Ray*, war genau das, was der Titel versprach: elektronischer Voodoo, eine körperlose, beschwörende Sopranstimme, die über digitale Drums gelegt war. Es sollte ein Jahr dauern, bis der Titel sämtliche britische Clubs erreichte; im Augenblick war er noch ein gut gehüteter lokaler Geheimtip. 808 States *Pacific State* sollte eigentlich eine Hommage an die Technomeister von Detroit sein, kam aber mit seinem Maschinenjazzsaxophon am Ende verdreht und sonderbar rüber. Das Stück schlug ein wie eine Bombe. „Es war, als hätte man die Nationalhymne geschrieben", sagt Massey. „Ich weiß, das hört sich jetzt nach einer Ego-Kiste an, aber so war das nicht, weil das Gefühl da war, daß dieser Track der ganzen Szene gehörte. Etwas, dem ein ganzes Kollektiv von Leuten einen neuen Wert beimaß." In der Tat – sowohl *Voodoo Ray* als auch *Pacific State* waren nichts weiter als eine einfache Folge musikalischer Klänge, die der allgemeine Wille in eine Beschwörung von Freiheit umwandelte; alchimistische Zauberformeln, die große Freiräume im Kopf öffnen konnten.

„Die Leute stark zu machen, war sehr wichtig, auch daß sie anfingen, sich in Gruppen zusammenzutun", fährt Massey fort. „Es war seltsam, zum ersten Mal seit Jahren gab es so was wie ein Gemeinschaftsgefühl. Wir konnten die Kultur definieren, die Grenzen dieser Kultur erweitern. Wir holten sehr viel aus allem, was um uns herum passierte, weil da einfach so viel Energie war, uns konnten die Ideen, die Ziele, die wir verfolgten, einfach gar nicht ausgehen. Es herrschte diese Atmosphäre: ‚Du kannst es schaffen, du kannst das tun, was du willst.' Ich fühle mich unheimlich privilegiert, daß ich dabeisein konnte, weil Musik sich eigentlich auf einem sehr persönlichen Level abspielt, aber hier spielte sich alles angetrieben von einem kollektiven Bewußtsein ab."

Es war auch nicht mehr nur auf Manchester beschränkt; es hatte sich über die Grenzen des Stadtbezirks bis zu den nahegelegenen Industriestädten und den Dörfern von Lancashire ausgebreitet. Blackburn, eine von Industrie geprägte Kleinstadt mit gerade mal etwas mehr als 100.000 Einwohnern, war einst das bedeutendste Zentrum für

Baumwollweberei in der ganzen Welt gewesen, jetzt aber mehr auf Maschinenbau ausgerichtet. Durch die Rezession war die Stadt erheblich geschrumpft und mit leeren Warehouses geradezu gepflastert. Außerdem lag sie idealerweise genau in der Mitte zwischen Manchester, Bolton, Rochdale, Blackpool, Liverpool und Preston und war auch von West Yorkshire gut zu erreichen. Die Polizei von Greater Manchester unter der Führung des religiösen Fanatikers James Anderton – er hatte einmal behauptet, eine direkte Hotline zum Herrn zu besitzen – saß jedem im Nacken, der versuchte, einen illegalen Rave innerhalb der Stadtgrenzen auf die Beine zu stellen. Und so wurde Blackburn das Zentrum für Partys, die mit ähnlich religiöser Inbrunst gefeiert wurden, wie sie der Polizeichef selbst für sich beanspruchte.

„Die Drums gaben den Rhythmus, und die Leute ließen sich ganz darauf ein, so als ob etwas Urzeitliches in uns geweckt wurde. Euphorie durchströmte alles, echte Glückseligkeit. Wow! Lächeln, so breit wie der Mersey-Tunnel! Da ist etwas in dir, wenn du tanzt; du bist in einer ganz anderen Dimension, du erlangst ganz andere Einsichten. Und wenn du das mit einer Masse anderer Menschen tust, dann läßt du dich von der Kraft und der Energie vorwärtstragen. Das Gesetz des Tanzes war stärker als das Gesetz der Nation. Ecstasy und die Halluzinogene öffneten den Leuten Zugang zu Bereichen im Gehirn, die normalerweise verschlossen bleiben, von deren Existenz sie nicht einmal etwas ahnten. Sie hatten nicht nur ein neues Leben gefunden, sondern auch eine ganz neue innere Welt. Es wäre schade, nur zu sagen: ‚Wir waren alle auf Drogen, es war abgefahren und wir hatten eine geile Zeit, es war eben in Mode.' Weil das nicht stimmt."

Tommy Smith hat ein paar Jahre und jede Menge Zeit allein für sich gehabt, um über die Ereignisse der Jahre 1989 und 1990 nachzudenken: erst in einer Zelle, in der er 23 Stunden pro Tag eingesperrt war und auf ein Urteil wartete, das schlimmstenfalls zwölf Jahre Haft hätte bedeuten können; dann auf seinen Reisen nach Indien und auch später, als er 1995 bei einer Protestaktion von Umweltaktivisten gegen den Bau der Autobahn M65 neun Monate lang einen Baum besetzt hielt. Rückblickend meint er heute, daß Acid House eine Power besaß, die nicht aufzuhalten war. Es sei einfach unvermeidlich gewesen, daß die Jugendlichen sich irgendwann erheben, daß sie all die Freizeitvergnügungen fordern, die jenseits der eingeschränkten Möglichkeiten liegen, mit denen sie sich zufriedengeben sollen.

Smith, dessen schottische Wurzeln nach und nach von keltischem Mystizismus aktueller Prägung durchsetzt wurden, kehrte 1988 von einer Europatournee mit einer Theatergruppe nach Blackburn zurück. Gleich am ersten Abend ging er auf eine Acid-House-Party, und binnen weniger Monate organisierte er selbst welche. Außerhalb von London sahen die Schankgesetze vor, daß Clubs spätestens um zwei Uhr nachts schließen müssen. Das war zu früh: Um zwei Uhr schwebte der ganze Club gerade auf den höchsten Höhen – und dann hieß es Licht an, Musik aus, und mit hartem Tritt zurück in die geregelte, geordnete Welt. Nein, dachte Smith. Der Dance muß weitergehen. Er und sein Partner Tony Creft fingen klein an, mit Partys in winzigen Clubs, in kleinen Läden oder auf Fabrikgeländen, dann zogen sie in den Sett End Club in der Shadsworth Road in Blackburn. Das wurde ihr Hauptquartier; wenn der Club zumachte, versammelten sich draußen Hunderte, die darauf warteten, daß die Generäle den Autokonvoi mit ihren Mobiltelefonen in irgendein Gewerbegebiet in der Nähe führten.

Es waren keine überragenden Raves; Smith und Creft knackten am liebsten ein Warehouse, stellten da eine billige PA rein und kümmerten sich nicht um irgendwelchen Schnickschnack. Der Eintritt kostete nicht mehr als zwei oder drei Pfund; die Partys hatten nicht einmal einen Namen. Im Gegensatz zu Sunrise und den anderen südenglischen Veranstaltern, so Smith, waren sie weniger am Profit interessiert als daran, den Arbeiterkids aus der Gegend ein bißchen Spaß zu bieten. Hatten sie ihre Location erst einmal erobert, schlossen sie die Türen ab, damit die Polizei nicht eindringen konnte. Schafften es die Cops dennoch, konnten sie das Sound System nicht beschlagnahmen, weil Smith und Creft alles so halsbrecherisch montiert hatten, daß die Elektronik, wenn die Gesetzeshüter sich die PA schnappten, unter Jacken verborgen aus dem Gebäude geschafft werden konnte.

Mit den Stromgeneratoren war es komplizierter: Es war schwer, welche zu leihen, und wenn man sie verlor, wurde es teuer. Aber Smith konnte sich auf ein furchtloses Team von Helfern verlassen. Einmal borgten sie sich ein Auto, preschten damit in ein Schaufenster und flohen mit dem Generator im Kofferraum; ein anderes Mal zapften sie ein Stromkabel an, das eigentlich ein paar Baustellenampeln betrieb, und legten es bis in ihr Gebäude – so wie in den Siebzigern die Partyorganisatoren in der New Yorker Hip-Hop-Szene ihre Sound Systems mit dem Strom von Straßenlampen betrieben hatten. Nichts hielt sie davon ab, ihr Ziel zu erreichen. Bei einer anderen Party hatte die Polizei die Plattenkiste des DJ erwischt und in den Mannschaftswagen geschleppt. Während Raver und Polizei sich gegenseitig drohten, rissen die Party People einfach die Tür des Fahrzeugs auf, schnappten sich die Platten und verschanzten sich wieder im Gebäude.

Binnen weniger Monate hatte sich die Nachricht von den Blackburn-Raves im ganzen Nordwesten herumgesprochen. Die Innenstadt war um zwei Uhr morgens belebter als an einem Samstag nachmittag. Wenn man den Anschluß an den Konvoi verpaßt hatte, mußte man endlos in den Außenbezirken der Stadt herumkurven und den Rave suchen. Nicht jeder kann die mystisch verklärten Geschichten bestätigen, die über Blackburn entstanden; die Journalistin Mandi James erinnert sich an eine Party mitten im Winter, bei der es so kalt war, daß die Leute mit zerdellten Coladosen unter ihren Schuhen tanzten, um den frostkalten Zementboden so wenig wie möglich zu berühren. Als es dann hell wurde, fühlte sie sich deprimiert und angeekelt. Sie erkannte den Grund für den gewaltigen Gestank, der überall in der Luft lag: Sie hatten in einem Schlachthof getanzt.

In diesem Sommer sorgten zwei Partys im Nordwesten für Schlagzeilen, aber für keine von beiden waren Smith und Creft verantwortlich. Hier handelte es sich auch nicht um billig-fröhliche Guerilla-Raves. Joy, das im August in Rochdale und Live The Dream, das im September in Blackburn stattfand, wurden beide von den Donnelly-Brüdern veranstaltet, die sich dabei an Tony Colston-Hayters Sunrise orientierten, komplett bis hin zum Artwork und dem Eintrittspreis von 15 Pfund. Anthony und Chris Donnelly, die ihre verrückten Pläne nur durch noch verrückteres Geschwätz überboten, waren ein berüchtigtes, unnachahmliches Paar, aber sie hatten den Schneid und den Ehrgeiz, das scheinbar Unmögliche in die Wege zu leiten. Teilweise beruhte ihr Ruf auf Familientradition: „Wir sind angeblich die Söhne der Quality Street Gang [ein „Familienunternehmen“, das in den Siebzigern in den verrufeneren Vierteln Wythenshawes berüchtigt war].“ Früher hätte man sie vielleicht als Kleinkriminelle bezeichnet, aber Ecstasy hatte Evangelisten aus ihnen gemacht.

„In dem Sozialbauviertel, aus dem wir kommen, ist eigentlich angesagt, sich zu besaufen, richtig gut breit zu sein und einen richtig lustigen Abend mit seinen Kumpels zu haben", berichtet Anthony Donnelly. „Wir hatten eine Stammkneipe in Wythenshawe, wo alles mögliche ablief. Da drin dann hundert junge Typen, die Bier wegziehen, bis plötzlich fünf oder zehn davon was anderes entdeckt haben. Und die kommen dann auf einmal mit so Scheiß-Stirnbändern um den Kopf an. Von 1988 bis 1990 haben wir keinen Tropfen Alkohol angerührt, keinen einzigen beschissenen Drink. Nach Sweat It Out gingen wir zwei Jahre lang auf eine Scheiß-Mission, wir waren wie die Zeugen Jehovas und wollten jeden bekehren. Wir haben unseren Eltern erzählt, daß das die Welt verändern wird und lauter so 'n Zeug."

Sie hatten sich aber auch ihren Unternehmergeist bewahrt, und das Joy lockte 3.000 Menschen zur Stand Lees Farm, obwohl die Gemeinde Rochdale das zu verhindern suchte, der Abgeordnete Cyril Smith wüste Verwünschungen ausstieß und DJ Mike Pickering, mit einer einstweiligen Verfügung konfrontiert, sich dort nicht blicken lassen durfte. Die nächste Party, Live The Dream, war ähnlich beeindruckend, mit einem natürlichen, von glühenden Lichtern durchfluteten Amphitheater und einem Zelt, das von den Bässen durchgeschüttelt wurde. Die Donnellys waren außerdem die treibende Kraft hinter den Protestaktionen in Manchester gegen Graham Brights Entertainments (Increased Penalties) Bill. Sie buchten den Albert Square im Stadtzentrum, und dort versammelten sich 1.500 Menschen rund um einen „Freedom-To-Party"-Wagen, auf dem die Jam MCs unter dem Motto „Expression Not Oppression" – „Freier Ausdruck statt Unterdrückung" – Platten auflegten. Später in derselben Nacht knackten sie dann ein Warehouse in Hasling für eine Party, die – bezeichnend für das letztendliche Scheitern der Anti-Bright-Bill-Kampagne – dreimal so viele Menschen anzog wie die Demonstration.

In Manchester war derweil der völlige Wahnsinn ausgebrochen, und das jeden Abend: im Haçienda, Thunderdome, The Venue, Precinct 13; in den innenstadtnahen Gebieten Ashton, Middleton, Ancoats oder Hulme. „Manchester vibe in the area!", wie der Dreadlock-Freak Fonso Buller, der einfach überall zu sein schien, aus den Lautsprechern brüllte, sobald er ein Mikrofon zu fassen bekam: „Manchester vibe in thc area!“ Oder, wie die Spinmasters in ihrer durchgeknallten Sendung auf Sunset Radio ständig wiederholten: „Big shout going out …“

Gegen Ende des Sommers hatte auch der Rest des Landes mitbekommen, was sich da in Britanniens größtem Dorf abspielte. *Pacific State* und *Voodoo Ray* wurden in jedem englischen Club zu Hymnen, und das Triumvirat von Bands, das die neue Richtung symbolisierte, die bald den Namen „Madchester“ erhielt, – Happy Mondays, Stone Roses und Inspiral Carpets – hatte auch in den Augen der Londoner Musikmedien an Status gewonnen. Die drei Gruppen beherrschten nun die Titelseiten der beiden wöchentlich erscheinenden britischen Rockzeitungen, *NME* und *Melody Maker*, und das sollte die nächsten Jahre so bleiben. Wie aber waren diese drei Indie-Rockbands (und die Imitatoren, die ihnen folgten) mit einer elektronischen Dance-Drogenszene in Verbindung gekommen? Bei den Mondays war das offensichtlich: Sie konsumierten ihren Alkohol und ihre Drogen im Haçienda und hatten Freundschaften mit den Schlüsselfiguren der Londoner Acid-House-Szene aufgebaut, was schließlich dazu führte, daß Paul Oakenfold und Terry Farley einen radikalen Remix von *Wrote For Luck* produzierten. Die Roses und die Carpets gingen auch gelegentlich ins Haç, waren aber weniger von der Szene dort beeinflußt. „Man kann nicht sagen, daß Ecstasy nicht auch gute Folgen hatte“, antwortete Roses-Frontmann Ian Brown auf die Frage, wie sich die Droge auf seine Band ausgewirkt hatte. „Durch Ecstasy sind einige Leute lockerer geworden, die vorher vielleicht nicht recht mit ihrem wahren Ich im Einklang waren.“[4]

Die Kombination von House Music, Indie-Bands, Ecstasy und dem Stadion-Chic Nordwest-Englands schuf einen Zusammenschluß von Rock und Dance, der vielleicht nur in einer Stadt möglich war, in der die meisten Musiker in den gleichen Studios arbeiteten und irgendwo auch alle miteinander in Kontakt kamen. So waren die Hauptakteure oft auch auf der Tanzfläche desselben Clubs anzutreffen. Allerdings gab es zwischen den drei Bands, auch wenn man sie alle zum Bereich des Indie-Rock rechnen konnte, starke Unterschiede. Die Mondays spielten eine Art verrückten, zugeknallten, mutierten Funk, die Roses Breitwand-Sixties-Psychedelia, die mit rückwärtsgespielten Gitarren und allerlei Studiotricks verbrämt wurde, und die Carpets waren eine von straight gespielter Hammondorgel geprägte Beatgruppe mit Pottdeckelhaarschnitten. Die Bands unterschieden sich auch in ihrer Einstellung: Die Mondays waren durch und durch Hedonisten, „24 Hour Party People“, wie sie selbst sagten, die Roses sahen sich mit ihrem coolen, arroganten Schmollmund-Leadsänger Ian Brown als die nächsten Erlöser des Rock 'n' Roll (sie hatten es abgelehnt, als Supportband mit den Rolling Stones auf Tour zugehen; die Stones, so hatte Brown erklärt, sollten eher in *ihrem* Vorprogramm auftreten). Die Carpets – na ja, sie waren schlicht eine Popcombo, die das Glück gehabt hatte, zur rechten Zeit am rechten Ort zu sein.

„Die Roses sind eigentlich nicht direkt Arbeiterkids aus den Sozialbausiedlungen; irgendwie schon, aber nicht so wie die Mondays; die Mondays kommen aus Salford, die Roses aus Timperley, deswegen hatten sie eine andere Vorstellung von Spaß“, sagt Stephen Cresser, der für beide Bands arbeitete. „Bei den Roses ging es um Kunst, die Mondays waren eher spontan. Alles jetzt und sofort, scheiß drauf, 24 Stunden lang, ohne Pause.“

„Wenn man eine Gleichung im Punk sucht“, meint Jeff Barrett, der zum Publicity-Agenten der Mondays avanciert war, „dann waren die Mondays die Pistols, die Stone Roses The Clash, und die Inspirals waren die Stranglers.“

Wie die Pistols brachten die Mondays ihre eigene Gefolgschaft mit – nicht unbedingt Fans, eher Kumpels, eine große Familie, in deren Kern echter Zusammenhalt herrschte: Ryder und sein baßspielender Bruder Paul, ihr Vater Derek, ihre Cousins Matt und Pat, die mit ihrer Agentur Central Station Design die Hüllen der Mondays-Platten schmuddelig-glamourös gestalteten, sowie eine Schar von Schnorrern, Dealern und Abhängern. Es war ein eigener kleiner Schwarzmarkt, ein „Freakshow-Zirkus“, wie Ryder selbst es nannte. Bei einem Gig kauften sie an die 200 Tickets für diese kleinkriminelle Entourage. „Seit 1983 war es eine einzige Riesenparty“, erklärt Derek Ryder. „Es ging nicht ums Geldverdienen, sie gaben das Geld eher aus, jede Menge Geld, und zwar einfach deshalb, weil es da war. Es ging darum, eine tolle Zeit zu haben, und zwar zusammen mit all deinen Kumpels.“

In der letzten Novemberwoche des Jahres 1989 kam dann alles zusammen, kurz nachdem die Roses einen triumphalen Gig im Londoner Alexandra Palace vor 8.000 Leuten gespielt hatten. Die Mondays und die Roses gaben ihr Debüt in *Top Of The Pops*; 808 State und die Inspiral Carpets waren ebenfalls in den Charts. Eine Remix-EP der Mondays, *Madchester Rave On*, hatte der Szene einen perfekten Werbeslogan gegeben; die Scallies in den superweiten Schlaghosen und grellbunten Kapuzenshirts gaben ihr einen Stil, das Haçienda gab ihr ein Forum. Was als Szene begonnen hatte, war nun ein *Phänomen*, und jetzt wollte plötzlich jeder dabeisein; die Colleges in Manchester konnten Anfang 1990 einen heftigen Anstieg von Studienplatzbewerbern verzeichnen.

Von der Musikpresse wurde „Madchester" wie zuvor schon Punk für ein größeres Publikum mundgerecht aufbereitet – und gleichzeitig stark vereinfacht und auf eine Formel reduziert: Haçienda, Beuteljeans, Scallies auf E, Indie-Dance, eine Karikatur, die sich schneller verbreitete, die aber sowohl die Verschiedenartigkeit als auch die Geschichte der ineinander verflochtenen Szenarien in dieser Stadt außer acht ließ. „Warum hören wir jetzt so viel über Manchester?" fragte der örtliche Chefideologe, Haçienda-DJ, Journalist und Plattenpromoter David Haslam. „Warum ist es so überraschend, daß eine Stadt wie Manchester so viel Kreativität hervorbringt? Die in London ansässige Medienindustrie liegt völlig im Koma. Erst als sich die betreffenden Bands Pressestellen und Promoter in London leisten konnten, wurden sie ernst genommen. Es gab einen nachweisbaren Anstieg in der Berichterstattung über die Musik dieser Stadt, nachdem Profis wie Philip Hall [der PR-Agent der Roses] und Jeff Barrett ins Spiel kamen. Das ist die traurige, aber für sich sprechende Wahrheit."[5]

Die Homogenität, mit der das öffentliche Angesicht „Madchesters" jetzt dargestellt wurde, irritierte auch einige der Hauptakteure. Die Version, die in der Rockpresse über die Ereignisse erschien, ließ den wichtigen Einfluß der schwarzen Subkulturen völlig außen vor und spielte auch die Bedeutung von House Music herunter. Die Journalisten waren mehr daran interessiert, Rockbands zum Starstatus zu verhelfen, da das eine Szene war, die sie gleichzeitig feiern und ihren Lesern verkaufen konnten. In ihrem Blickwinkel auf die Stadt sahen sie weiße Jungs mit Gitarren, die vor Scharen begeisterter weißer Kids spielten; die wesentlich komplexere Realität paßte nicht in ihr Weltbild. Das nagte an Dance-Partisanen wie Graham Massey und Martin Price, die mit einigen Indie-Bands befreundet waren und auch mit ihnen zusammenarbeiteten, selbst aber ein völlig anderes Selbstverständnis hatten und sich eher als Technorebellen der dritten Generation betrachteten denn als Sixties-Jünger, die nur eine Huldigung an ihre Plattensammlung im Sinn hatten.

„Ich war überrascht, daß Leute wie die Inspiral Carpets in diese Szene hineinrutschten – das war sehr verwirrend", sagt Massey. „Die Musik, die auf dem Rücken dieser Szene groß wurde, sogar die der Stone Roses, hatte überhaupt nichts mit der Kultur zu tun, die das alles vorangetrieben hatte. Wir waren damals ziemlich verbittert deswegen, weil wir uns als Futuristen sahen, während vieles von diesem Zeug nur abgekupfert war. Die Mondays paßten wiederum in das Schema rein, weil sie diese Remixe machen ließen; es war aber auch egal – die waren was Besonderes. Jeder wußte, wo die hingehen, da läuft die Party."

Ein Jahr später stimmte Shaun Ryder dem zu: „Was war diese ganze Manchester-Szene überhaupt? Ein paar Leute, die in Clubs gegangen sind und kiloweise E geschmissen haben. Das ganze Manchester-Ding hatte mit den Bands eigentlich überhaupt nichts zu tun, das war voll und ganz von der E-Szene losgetreten worden."[6]

Die Idee von Madchester jedoch stellte eine Leinwand, auf die jeder in und außerhalb der Stadt seine eigenen Phantasievorstellungen und Ziele projizieren konnte. Obwohl der britische Winter wie immer trüb und naßkalt war, schien es, als hätte jemand über der Oldham Street Feenlichter angezündet. Die Schlüsselfarben des Jahres waren lila, orange und giftgrün, man trug T-Shirts mit Herzen, Blumen, lächelnden Sonnen und halbironischen Sprüchen wie „On the Seventh Day God Created Manchester" oder „Born in the North, Live in the North, Die in the North". Weite Schlabberjeans schlappten unbekümmert durch schlammige Pfützen. Dieses Image beinhaltete eine Message, die mehr bedeutete als bloßen Lokalpatriotismus, die eher das Wissen feierte, daß das Hier und Jetzt alles war, was zählte, daß die Stadt auf der höchsten Welle surfte, die wohl bald brechen würde. Und daß man das *jetzt* genießen mußte, bevor der Augenblick vorbeiging. „Man hatte das Gefühl, daß alles passieren konnte", sagt Graham Massey. „Vielleicht ist das meine verzerrte Wahrnehmung, weil ich ganz oben auf der Welle mitschwamm, aber es gab zu der Zeit so viel kollektive Energie und Hoffnung, daß man einfach daran glaubte, daß alles nur besser und besser werden könnte.“

Nichts symbolisierte das besser als *Freaky Dancing*, ein fotokopiertes Fanzine voller Comics, das ab Sommer 1989 am Eingang des Haçienda umsonst verteilt wurde. Unschuldig, manchmal ein bißchen amateurhaft, aber stets voller Leidenschaft und Überzeugung, wie es war, vermittelte es das Gefühl, mittendrin dabeizusein. Der 20jährige Nick Speakman und zehn seiner Freunde spitzten ihre Bleistifte für dieses Heft, und sie machten sich und ihre Haçienda-Kumpels zu den Hauptfiguren ihrer Comics: Fish, Ste, Mr. Big, Amir, der Skanking Moocher und Konsorten. Sie karikierten ihre Tagestrips nach Blackpool, wie sie sich am Strand verbrüderten und umarmten („Ich wünschte, die ganze Welt würde sich so anfühlen“), auf einer Parkbank in der Stadtmitte Acidtrips warfen („unsere Augen wurden geöffnet, und wir erblickten das ganze Universum“), wie sie in einem Zelt beim Live-The-Dream-Rave herumsprangen und brüllten („gib's uns voll, Stevie Williams!“), alte Freunde im Bus trafen, die nicht verstanden, wie sehr sie sich verändert hatten („Mit dem Spinner rede ich kein Wort mehr“), und wie sie dann montags wieder zur Arbeit gingen und dabei vom letzten und vom nächsten Freitag träumten.

„Niemand hielt irgendwas von dem fest, was lief, und uns schien es wirklich, als ob ein neues Zeitalter heraufzöge oder so was – daß nach dem, was jetzt abging, alles anders werden müßte. Wir suchten nur nach einem Weg, uns auszudrücken“, sagt Speakman. „Heute erscheint das alles ganz normal, aber damals warst du der einzige mit einem Kapuzenshirt, voll breit und auf E, und alle anderen kamen besoffen aus den Pubs, brüllten dir irgendwelchen Schwachsinn auf der Straße hinterher und verarschten dich. Du hast gefühlt, daß du am Anfang einer Sache stehst, die richtig groß werden würde.“ Die Themen waren simpel: Freundschaft, Tanzen, Drogen, Drogen und noch mehr Drogen. Zusammengepreßte Lippen, wenn der erste Kick des E einsetzte, menschliche Gesichter, die sich in Smileys verwandelten, als der Flash so richtig kam, explodierende Köpfe. *Freaky Dancing* zeichnete die Fieberkurve der Ecstasy-Erfahrung und damit gleichzeitig auch die Bahn, in der sich die Szene entwickelte.

Wie bei jedem Aspekt der Ecstasy-Kultur war in der Substanz, die diese Szene zu etwas so Besonderem machte, auch gleichzeitig das Potential ihrer Zerstörung enthalten. Die Gesetzmäßigkeit, nach der auf die Flitterwochen eine Zeit des übersteigerten Genusses und schließlich das schmerzvolle Runterkommen folgt, wiederholt sich seit 1988 immer wieder – nicht nur chemisch, auch kulturell. Am 14. Juli 1989 bekam eine Sechzehnjährige aus Cannock, deren Mutter die Geburtsurkunde eines anderen Mädchens geliehen hatte, damit sie ins Haçienda hineingelassen wurde, ein E von ihrem neunzehnjährigen Freund. Nachdem sie die 15 Pfund teure Kapsel geschluckt hatte, setzte sie sich an den Rand der Bühne und bekam Schweißausbrüche, begann unregelmäßig zu atmen, mußte sich übergeben und verlor das Gleichgewicht. Es sah aus, als hätte sie einen epileptischen Anfall; sie bekam jedoch innere Blutungen. 36 Stunden später war Claire Leighton tot.

Ihr Freund, der Schlosser Tim Charlesworth, wurde zu sechs Wochen Haft verurteilt, weil er ihr die Droge besorgt hatte. Der Gerichtsmediziner erklärte, daß der Tod aufgrund einer ungewöhnlichen körperlichen Reaktion auf eine Dosis der Droge eingetreten sei, die normalerweise nicht zu solchen Folgen führte. „Das sollte niemanden in Sicherheit wiegen“, betonte er prophetisch. „Obwohl die Droge in diesem Land bisher noch nicht mit Todesfällen in Verbindung gebracht wird, ist es nur eine Frage der Zeit, bis wir von anderen Fällen erfahren werden. Das ist der erste, aber es wird wahrscheinlich nicht der letzte gewesen sein.“[7] Das Urteil sprach von unglücklichen Umständen, und Haçienda-Manager Paul Mason warnte: „An alle, die was nehmen oder damit dealen – bleibt weg aus meinem Club.“

„Ganz ehrlich gesagt“, gibt der frühere Haçienda-PR-Mann Paul Cons heute zu, „es war nur eine Frage der Zeit, bis das passieren mußte, weil alle so total ausrasteten. Wenn man bedenkt, was in diesem ersten Sommer alles lief, ist es unglaublich, daß da niemand gestorben ist. Ich denke, es lag daran, daß zu Anfang hauptsächlich die Leute mit mehr Durchblick E nahmen; ganz egal, was die für einen Background hatten, sie waren ein bißchen intelligenter, wußten eher, wo's langging. Sie waren entweder so an Drogen gewöhnt, daß sie es vertragen konnten, oder sie kannten sich selbst gut genug, um zu wissen, was ging.

Aber dann kam diese neue Generation von Kids, die in der *Sun* was darüber gelesen hatten, die einen ganz anderen Background hatten und vorher vielleicht noch nie in Clubs gegangen waren. Die bekamen vielleicht im Haçienda zum erstenmal ein E, und da kam es dann zu den Todesfällen."

Die Polizei von Greater Manchester hatte bereits 1989 größere Mengen Ecstasy beschlagnahmt. Jetzt konzentrierte man sich bei den Untersuchungen auf das Haçienda. Ein Team von Undercover-Cops mischte sich unters Publikum, um den Drogenhandel im Club selbst unter die Lupe zu nehmen. „Die sind cool", berichtete ein Angestellter des Haçienda später. „Die richtigen Klamotten, die richtige Art zu tanzen. Sie sehen aus, als hätten sie den absoluten Durchblick. Man kann sie einfach nicht erkennen."[8] Die Dealer benahmen sich dort mittlerweile völlig ungezwungen, sie wurden leichtsinnig, und die Freiheit, die sie zuvor genossen hatten, wurde ihnen nun zum Verhängnis. „Die Drogendealer, die sie aus dem Haçienda rausholten, waren alle leichte Beute", sagt Leroy Richardson, der damals die Bar im Haçienda leitete. „Wenn man davon in der Zeitung las, dann ging es zum Beispiel um einen 22jährigen Studenten aus Wilmslow, der zwanzig Pillen bei sich gehabt hatte und sie an seine Freunde verkaufte. Sie erwischten nie jemand wirklich [wichtigen], abgesehen von einem Typen, der sich extrem blöd anstellte – man brüllt nicht durch einen Club: ‚Wenn ihr E wollt, dann seid ihr bei mir richtig!' Er hielt sich für unsichtbar; er war selbst drauf und dachte, niemand könne ihm was anhaben. Die Polizei nimmt dich zunächst nicht fest, die wollen wissen, ob du sie zu einem großen Fisch hinführen kannst. Und weil dir nichts passiert, fühlst du dich fälschlicherweise sicher, und dann plötzlich knallt's."

Aber es ging ja nicht nur darum, daß minderjährige Mädchen an Drogen starben. Die Polizei wußte Bescheid, das Haçienda auch, und Ende des Jahres wußte es jeder im Club. Die Silvesterparty 1988 war eine überschwengliche Feier des Höhenflugs im verflossenen Jahr gewesen. Silvester 1989 hatte sich die Stimmung verdüstert. Im Durchgang hinter dem DJ-Pult hingen ein paar finstere Gestalten herum. Flüsternd erzählte man sich von den Gangs aus Cheetham Hill, Moss Side und Salford. Junge Dealer wurden zusammengeschlagen, man brach ihnen die Knochen und nahm ihnen das Geld und die Drogen ab. „In einer Ecke tauchte eine bedrohliche Cheetham-Hill-Truppe auf, und auf der Tanzfläche umringten dich plötzlich acht Typen", sagt einer. Man war entweder gezwungen, sich zu wehren, für Selbstschutz zu sorgen oder das Geschäft den harten Jungs zu überlassen.

Als die Dealer sich immer mehr Waffen zulegten, um ihre Reviere und Profite zu verteidigen, eskalierte der Konflikt. Die frechen Jungs mit ihren Tüten voller E wurden durch Grüppchen skrupelloser Krimineller ersetzt, die nichts Persönliches mehr zur Entwicklung der Szene beisteuerten. Und die Qualität der Drogen wurde schlechter – ein weiteres sich ständig wiederholendes Muster im Handel mit Ecstasy. Es hatte eine Zeit gegeben, wo die Draufgänger und Schlägertypen ein gewisses unterhaltsames Lokalkolorit geboten hatten – schwere Jungs auf E, die sich alle liebten und umarmten –, aber nun bekannten viele, daß das Profitdenken sie wieder auf ihre alten Verhaltensmuster aus der Zeit vor E zurückgeworfen hatte. So einfach war es natürlich nicht, einige waren durch ihre Erfahrungen tatsächlich völlig verwandelt. Andere betrachteten die Szene allerdings lediglich als Verdienstmöglichkeit. „Manchmal ist es in Manchester schwer, zwischen kriminellen und legalen Aktivitäten zu unterscheiden – beides ist Geschäft", sagt Graham Massey. „Ein paar Kriminelle hatten richtige Läden – Klamotten und alles mögliche. Jeder hatte ein bißchen was laufen, mal legal, mal halbseiden."

Leroy Richardson behauptet, er könne den Punkt, an dem die Lage kippte, genau auf den Mai 1989 festlegen. Das war ein paar Wochen bevor er das Haçienda verließ, um Factorys neue Bar in der Oldham Street, das Dry, zu leiten. Eines Abends hatte er sich geweigert, einen der prominentesten Gangster aus Cheetham Hill umsonst in den Club zu lassen. „Ich sagte: ‚Du kennst meinen Standpunkt. Eher sterbe ich, bevor du hier reinkommst.' Und er sagte: ‚Das wirst du wohl auch müssen.' Es war ‚White Tony' – Tony Johnson."

Das Haçienda konnte nicht verhindern, daß Gang-Mitglieder wie der für seine Reizbarkeit berüchtigte Johnson in den Club hineinkamen. Die Angestellten waren eingeschüchtert. Die Gangs verlangten Champagner und Sandwiches; keiner traute sich, nein zu sagen. Die Eindringlinge hatten keine Scheu zu zeigen, daß sie bewaffnet waren, wie eine Reihe von Schießereien mit den Türstehern vom Thunderdome (das bald darauf schloß) bewies. Richardson versuchte, mit ihnen zu reden, sie zu beruhigen, ihre Wünsche zu erfüllen, ohne ihnen dabei zu sehr nachzugeben – niemals eine Schwäche zeigen, sonst hatten sie dich gleich. „Die Polizei hätte den Club schützen sollen“, meint er. „Sie hätten dem Club gegenüber sagen sollen: ‚Wir schnappen diese Leute‘. Statt dessen sagten sie aber.‘ ‚Wir wollen, daß *ihr* diese Leute für uns erwischt; sagt ihnen, daß sie nicht reindürfen.‘ Ich entgegnete: ‚Warum stehen dann nicht zwei Ihrer Beamten an der Tür, wenn wir denen das sagen? *Sie* kommen doch nur vorbei, um anschließend die Trümmer aufzulesen.“

Noch schlimmer war es im Konspiracy, einem neuen Club, den im November 1989 ein Geschäftsmann namens Marino Morgan sowie Chris Nelson, ein DJ von den Jam MCs, aufmachten. Das Konspiracy in der Fennel Street war als Antwort auf die immer strengere Türpolitik des Haçienda gedacht – „die Reaktion der Leute von der Straße“, wie Nelson sagt. Es war ein unübersichtliches Labyrinth kleiner Räume, Nischen und feuchter Höhlen, deren Wände mit psychedelischen Spiralen dekoriert waren. Es hatte eine Underground-Atmosphäre, kantig, gefährlich, auf eine Weise, die man nicht direkt in Worte fassen konnte. Hier lauerte immer irgendwo der Kitzel von Angst und Bedrohung. „Das Konspiracy war eine Art globales Dorf“, erinnert sich Nelson. „Die Leute hingen überall ab. Es gab so viele dunkle Ecken. Da waren die Leute manchmal bis mittags auf Trip.“

Oben gab es den sogenannten „Salford’s Room“, wo harter Techno gespielt wurde, der Rhythmus der Amphetamin-Psychose, der wie ein Echo des Thunderdome von den Wänden abprallte; unten in den Höhlen legten Justin Robertson und Greg Fenton hübsche Balearic-Songs und Indie-Dance-Mixturen auf. Fünf Monate lang war das Konspiracy der neue Treffpunkt von Scallies und Studenten, es stank nach Schweiß und Rauch, und manchmal drängten sich 1.500 oder sogar 1.800 Leute, obwohl der Cub nur für 800 zugelassen war. Dann übernahmen die Gangster das Geschäft, stellten die Türsteher und führten sich, wie einer der Angestellten sagte, dort auf, als ob der Club ihr persönliches Eigentum sei. „Sie wollten ihre Leute an der Tür, die ganze Gang wollte umsonst rein, ihre Getränke gratis bekommen und offen ihre Drogen verkaufen. Der Besitzer sagte mir, daß wir allein wegen der Getränke für diese Typen pro Nacht 300 Pfund Verlust machten, dann wurden es 400, und am Schluß gingen die einfach hinter die Bar und nahmen sich eine Flasche Wodka mit oder sechs Flaschen Champagner."[9]

Stammgästen zufolge wurden Waffen gezogen, DJs mit Tränengas attackiert, Angestellte angegriffen. Nelson, auf dessen Namen der Club lief, versuchte, die immer kriminellere Situation unter Kontrolle zu bekommen, während er zur gleichen Zeit noch auflegte. Währenddessen beobachteten Undercover-Cops die Lage im Club und machten sich Notizen. „Es führte eine Treppe nach unten, wo sich viele Teams aufhielten – ich sage lieber Teams als Gangs", meint Nelson. „Diese Treppe war rechts und links flankiert von etwa zehn Kids, die einfach jedem ‚Ecstasy! Gras! Acid!' ins Gesicht brüllten. Wenn man versuchte, ihnen klarzumachen, daß sie ihre Waren auch den Zivilfahndern anboten, dann kamen die mit ‚Ist mir scheißegal, laß mich in Ruhe, du Arsch!' So waren viele von denen einfach drauf. Das waren kleine Sturmtruppler. Mir wurde vieles klarer. Ich kannte schon früher Leute, die sich einen Scheißdreck um die Polizei kümmerten, aber diese Kids … Ich konnte überhaupt nichts dagegen machen."

In Blackburn spielte sich parallel zu den Ereignissen in Manchester und London die gleiche Entwicklung ab. Tommy Smith und Tony Creft wurden von den Gangstern auf der einen und von der Polizei auf der anderen Seite in die Zange genommen. Ihr Publikum war enorm angewachsen, statt ein paar Tausend waren es mittlerweile an jedem Wochenende fast schon 10.000, die durch die Stadt strömten und die Seitenstraßen nach dem Rave durchkämmten. Plötzlich wurden Smith und Creft bedroht, erst von Männern aus der eigenen Stadt, dann von Typen aus Liverpool, dann von einer anderen Gang aus Salford. Sie alle wollten ein Stück vom Kuchen abbekommen.

„Die kamen einfach bei uns daheim rein, und auch noch in ein paar andere Häuser in Blackburn, und taten unglaubliche Sachen, wie das vielleicht ein Hund macht, der sein Revier markieren will – einfach irgendwo draufscheißen und sagen: ‚Das gehört jetzt mir.' So eine Mentalität halt. Sie bedrohten uns, sagten, daß wir ab jetzt für sie arbeiten müßten und basta. Wenn es soweit ist, daß sie dich zu Hause bedrohen, dann bekommst du Angst. Aber uns war klar, daß sie das Ganze nicht in unserem Sinne weiterführen, daß die Tickets plötzlich 10 Pfund kosten und Waffen mit ins Spiel kommen würden – daß dann alles kaputt gewesen wäre. Damals waren Tony und ich noch total naiv; wir waren voll auf dem spirituellen Dance-Trip und mußten uns gleichzeitig mit diesen extrem üblen Geschichten rumschlagen. Es war schwer, dabei nicht durchzudrehen, aber du mußtest dich damit auseinandersetzen, weil du plötzlich damit konfrontiert warst. Sehr viel später traf ich mal ein paar dieser Typen wieder, und die entschuldigten sich und sagten: ‚Wir haben da echt was kaputtgemacht.' Daß jemand mit so einer Einstellung das überhaupt kapiert und sein Ego so weit zurückdrängen kann, daß er das auch zugibt, fand ich schon erstaunlich, obwohl es natürlich zu spät war."

Anfang 1990 hatte der *Lancashire Evening Telegraph* einen Feldzug gegen Smiths Raves angezettelt. „Genug ist genug", zürnte das Editorial. „Die Acid-House-Anarchie muß gestoppt werden. Die Acid-House-Gangster machen sich über das Gesetz lustig."[10] Stadtverwaltungen aus East Lancashire und der Abgeordnete Ken Hargreaves forderten Strafen, die noch wesentlich höher lagen, als in Graham Brights Gesetzesvorlage vorgesehen war. Hargreaves hob in seiner Rede vor dem Parlament besonders die Sicherheitsrisiken von Raves in abgewirtschafteten Gebäuden, die er als „Todesfallen" bezeichnete, hervor: „Es ist nur eine Frage der Zeit, bis dabei jemand stirbt – und ich fürchte, es wird dann kein einzelner sein, sondern viele. Ich kann nicht begreifen, weshalb die Leute, die zu solchen Partys gehen, die Gefahren nicht erkennen wollen, in die sie sich begeben. Und ebensowenig kann ich verstehen, wie Eltern diese Partys in Leserbriefen an die Lokalzeitungen verteidigen können und dann auch noch behaupten, daß solche Veranstaltungen eine kulturelle Bereicherung für die Gegend darstellen."[11]

Smith hörte zwar den Polizeifunk ab, aber trotzdem war das nicht der komplizierte Techno-Krieg, der sich im Süden abspielte; es war mehr ein hübsch altmodischer Faustkampf – manchmal im wahrsten Sinn des Wortes. Wenn die Polizisten Equipment beschlagnahmen wollten, dann hielt man sie mit körperlichem Einsatz davon ab. Einmal griff man sich einen Polizisten, schlug ihn zusammen und nahm ihm sein Funkgerät ab; bald dröhnte House Music über den Polizeifunk. Ein anderes Mal wurden die Plattenspieler konfisziert. „Jemand rannte zu einem Haus rüber und trat die Tür ein – das mußte damals einfach sein –, trat die Tür ein und holte eine Anlage raus, von Amstrad. Sie wurde angeschlossen und man spielte Tapes, bis jemand loszog und ein neues Deck besorgen konnte."

Zur entscheidenden Auseinandersetzung kam es am 24. Februar 1990. Die Gangster versuchten sich noch immer ins Geschäft zu drängen, die Polizei wurde auch immer entschlossener. Bereits einige Monate zuvor hatte es einen häßlichen Kampf mit einem Sondereinsatzkommando gegeben, als vor einer Party zwei Streifenwagen in Brand gesteckt worden waren. Nun marschierte ein Bataillon von 200 Polizisten gegen das größte Warehouse, das Smith je für eine Party besetzt hatte, im nördlich von Burnley gelegenen Nelson, wo gerade 10.000 Leute feierten.

„Ich saß auf dem Dach und genoß die Schönheit dieses Augenblicks", erinnert er sich. „Es war wie in einem Traum, *Strawberry Fields Forever* lief gerade, und da kam so eine blaue Welle, und als ich genauer hinsah, erkannte ich, daß es eine Welle schimmernder blauer Helme des Sondereinsatzkommandos war. Sie sind über jeden hergefallen. Wir stürmten raus und warfen mit Steinen nach ihnen. Es war wie in einem Western, sechs Uhr früh, alle waren total abgespaced und sanft drauf und hatten eine supertolle Nacht, und dann tauchten sie am Horizont auf, wurden immer mehr, alle verschanzt hinter ihren Schilden. Sie waren gut informiert, sie hatten Fotos von uns und wußten also ganz genau, nach wem sie suchten. Glücklicherweise konnte ich mich verkleiden und entkam unerkannt."

Smith verlegte sein Operationsgebiet über die Grafschaftsgrenze nach West Yorkshire und versuchte dort so weiterzumachen wie zuvor. Aber die Polizei war in Yorkshire nach dem Bergarbeiterstreik auf Massenkonflikte vorbereitet und wartete schon. Smith war im Juli 1990 an der Organisation der Love Decade Party beteiligt, die zu einer der größten Massenfestnahmen in der britischen Geschichte führte. Ein Sondereinsatzkommando in voller Montur kreiste das Warehouse mit Pferden und Hunden ein und prügelte mit Schlagstöcken auf die Raver ein, als diese gewaltsam herauszukommen versuchten; es gab zahlreiche Verletzte und 836 vorläufige Festnahmen. Es hatte einfach keinen Sinn mehr, stellten Smith und Creft traurig fest. „Wir sahen uns an, ich und Tony, und wir lasen beide in den Augen und Seelen des anderen, daß da etwas sehr Schönes zerstört worden war. Wir verschwanden einfach. Ich ging nach Amerika."

Es war noch nicht völlig vorbei. Als Smith nach England zurückkehrte, wurde er festgenommen und wegen Besitz und beabsichtigtem Verkauf von 70.000 LSD-Trips angeklagt. In der Tat dealten einige Leute, die mit Partys zu tun gehabt hatten. „Sie waren für die Partys bekannt – und auch dafür, daß sie Drogen verkauften. Die Energie und der Schwung der Bewegung waren so stark, daß man sich für unangreifbar oder unsichtbar hielt, und das war gefährlich bei den Sachen, die sie machten. Die Polizei versuchte, mir was anzuhängen, obwohl sie letztendlich nicht beweisen konnte, daß ich mit Drogen handelte, weil ich das schlicht auch nicht tat." Von den ursprünglich acht Festgenommenen wurden sechs wegen verschiedener Vergehen verurteilt. „John bekam fünf Jahre. Joe bekam zweieinhalb Jahre. Steve bekam zwölf Jahre. Tony bekam acht Jahre. Brian bekam zehn Jahre. Nick bekam sieben Jahre. Bei mir lautete das Urteil: ‚nicht schuldig'."

salford und cheetham hill

1990 erreichten die Happy Mondays den Höhepunkt ihrer Karriere. Die Stone Roses hatten sich in Vertragsstreitigkeiten mit ihrer Plattenfirma verstrickt, die Inspiral Carpets zogen als anständige Schwerarbeiter durch die Konzerthallen Englands, verkauften zwar eine Menge Platten, bewegten aber wenig, und die Welle von Bands, die hinter ihnen herspülte, wie Northside und die Paris Angels, schienen eher der Karikatur der „Madchester"-Scallies verpflichtet als dem Geist der Ecstasy-Kultur. Die Mondays waren Helden, sie trauten sich bis an den Rand des Abgrunds und noch weiter und kehrten dann zurück, um von dort zu erzählen, eine Woche nach der anderen, in einer endlosen Abfolge von Titelstories in den Musikblättern und unglaublichen Exklusivberichten, die sie selbst an die Boulevardpresse verkauften.

Die Band bot etwas durch und durch Neues, nicht nur ein Überdenken alter Formeln. Die Roses und die Carpets wärmten im wesentlichen das Standardmuster der Vier-Mann-Beatband wieder auf, das seit den frühen Sechzigern als Grundlage für jeden Britrock-Boom herhalten muß, und sie betrachteten sich selbst als „Künstler" im Sinne der Rocktradition. Die Mondays dagegen verbanden Ryders gesammelte Einflüsse – Northern Soul, Motown, Bowie, Roxy Music,

Funkadelic, die Beatles, die Rolling Stones, New Order, Hip-Hop, House Music – und traten dem Rockerbe mit einer erfrischend nachlässigen Einstellung gegenüber; daher gingen sie so offen auf die Dance-Kultur zu, während andere eher skeptisch blieben. Ihre Alben waren zwar ungeschliffen und wenig perfekt gestaltet – das instinktive Chaos ihrer Gigs machte viel deutlicher, was an ihnen so besonders war –, aber ihre selbstgebauten Mythen stellten sie in die Tradition von klassischen britischen Popbands wie Rolling Stones und Sex Pistols. Sie waren Archetypen der Ecstasy-Kultur: Arbeiterkinder in perfekter Verweigerungshaltung, kleinkriminelle Lebenskünstler – „Thatchers Kinder", wie Ryder betonte.

„Thatcher hat anständige Leute zu Kriminellen gemacht", erklärte er später. „Wir haben gedealt. Man nannte uns kriminell, aber wir sahen uns eher als aufgeweckte Businessmen. Maggie teilte die Karten aus, und die Leute hatten keine andere Wahl, als nach ihren Regeln zu spielen. Ich und Millionen von anderen. Aber ich habe die Tories nie gewählt. Ich erzähle schon mal, ich hätte die Tories gewählt, weil es die Leute provoziert, aber ich habe in meinem ganzen Leben überhaupt noch nie gewählt."[12]

Das andere zentrale Element, das die Mondays aus der Masse heraushob, waren Ryders surreale Texte. Er klaute Verse aus bekannten Songs, verdrehte sie, überzog sie mit lasziven Slangausdrücken und nuschelte sie dann in seiner obszön stöhnenden Stimme hervor. In der Presse jedoch kam Ryder häufig als zurückgebliebener Idiot aus dem Norden weg. Die Blätter übertrugen seinen Manchester-Akzent überdeutlich ins Schriftliche und machten ihn so absichtlich lächerlich: „fuck" wurde „fook" geschrieben, um das lange nordenglische U darzustellen, so als sei er ein Volltrottel vom Dorf, der kaum sprechen konnte. „Ich komme in vielen Interviews total dämlich rüber, so als ob ich überhaupt kein Hirn hätte. Die Art, wie sie geschrieben sind, läßt mich so dämlich wirken", sagt er. „Wenn sie einen Schwarzen interviewen, dann schreiben sie das später ja wohl auch nicht in Patois, oder? Uns ist der Schnabel nun mal so gewachsen."

Wenn er mit Journalisten sprach, spielte er allerdings auch jedes Klischee voll aus, beharrte darauf, daß seine Texte bedeutungsloser Blödsinn seien, übertrieb oder erfand irgendwelche Geschichten, die er immer wieder und jedesmal anders erzählte, um eventuell den Schreiber, wahrscheinlich aber eher sich selbst zu amüsieren. Vielleicht war er, wie er selbst gern behauptete, ein Schnorrertyp aus der Arbeiterklasse, der bloß ein Talent zum Klauen, Dealen und Songschreiben besaß, aber er verfügte über einen scharfen Verstand und einen rastlosen Schaffensdrang, war viel herumgereist, kannte sich unglaublich gut aus, was Musik betraf, und hatte fast jede bekannte Droge schon einmal probiert. „Wenn Shaun diese Erfahrungen nicht gemacht hätte, dann hätte er diese Songtexte sicher nicht so erfinden können", betont sein Vater Derek. „Man schreibt so was nicht, wenn man bloß in einer Provinzband in Manchester spielt; man muß rumgekommen sein, was anderes gesehen und viele Dinge erlebt haben."

Die Gigs der Mondays brachten die Ecstasy-Kultur dem Rockpublikum nahe. Obwohl die Musiker noch immer am Standardformat für Rockkonzerte festhielten, entsprach die Stimmung dort eher einem Rave. Es lag am Ecstasy, meint Ryder: „Jeder war drauf. Jeder beim Konzert war auf E, und durch diese Brille sahen wir besser aus und hörten uns besser an. Ich weiß, daß sie alle drauf waren, weil wir vorher im Publikum rumgingen und E wie T-Shirts verkauften. Du hattest ein paar Hundert Leute, alle hatten sie E geschmissen, dann sieht alles cool aus, der Sound ist geil, die Atmosphäre stimmt; wir waren alle auf E, deswegen hatten wir so viel Spaß, genau wie das Publikum."

Das Konzert der Mondays im riesigen G-Mex Exhibition Centre im März 1990 war der Höhepunkt von Madchester. Jimmy Muffin und John The Phone waren die Veranstalter, 808 State bestritten das Vorprogramm, und die 8.000 Karten für die Halle waren komplett ausverkauft. „Jeder, der zu dieser Szene gehörte, hatte das Gefühl, als ob das die Nacht der Nächte war", sagt Graham Massey. „Es war immer höher und höher und höher gegangen, und an diesem Abend erreichte es die absolute Spitze. Die Atmosphäre war unglaublich – als würden alle Nächte des Haçienda in einem Gebäude fokussiert."

Im Mai antworteten die Stone Roses mit dem Open-air-Konzert von Spike Island bei Widnes vor 30.000 Zuschauern. Die schlabberweit gekleideten Raver tollten auf dem Gras herum, während Paul Oakenfold, Frankie Bones und Dave Haslam die Boxen erzittern ließen. Die Roses enterten die Bühne mit Einbruch der Dunkelheit, und als ihr Konzert mit Feuerwerk und Feedback zu Ende ging, hatte die letzte große Rock-'n'-Roll-Band endgültig ihren Thron bestiegen – um dann, nach diesem Triumph, fünf Jahre lang kein neues Album mehr zu veröffentlichen.

In diesem Sommer zeigte sich Manchesters Aufstieg auf bemerkenswerte Weise, besonders, als New Order die Fußballhymne für Englands Teilnahme an der Weltmeisterschaft 1990 in Italien einspielten. Beim ersten Hören war *World In Motion* beinahe unglaublich; so kühn, daß man es danach sofort noch einmal auflegen mußte, um sicherzugehen, daß man sich nicht verhört hatte. Dieser Refrain! Hatte das englische Fußballteam, das die Backing Vocals beisteuerte, verstanden, was hier angedeutet wurde? Es war der größte Insiderwitz aller Zeiten: „It's E for England! England!" Nummer eins in den Charts: *E for England* … na klar …

Die Mondays lieferten Hit auf Hit. *Pills, Thrills And Bellyaches*, bei dem Paul Oakenfold als Koproduzent mitgewirkt hatte, wurde vom *NME* zum Album des Jahres 1990 gekürt. Die Musiker spielten in der ausverkauften Wembley-Arena und ließen am Ende der Show ein riesiges erleuchtetes „E" über der Bühne erscheinen, was begeisterten Applaus hervorrief. Aber irgend etwas stimmte nicht. Während eines kurzen Sommerausflugs nach Ibiza hatte sich ein ungewöhnlich schweigsamer und launischer Ryder – während der Rest der Band sich am Strand sonnte und amüsierte wie eine Truppe großmäuliger Mantafahrer auf Club-Urlaub – in seinem Hotelzimmer verkrochen und war nur kurz nach unten gekommen, um für eine Fotosession in die Sonne zu blinzeln. Sein Presseagent Jeff Barrett machte kaum verhüllte Andeutungen über „schlechte Drogen".

Ein paar Monate später kam heraus, daß Ryder heroinabhängig war und sich bei den Aufnahmen für das Album mit Methadon über die Runden gebracht hatte. Im Dezember wurde er zur Behandlung in die Priory Clinic in Cheshire eingewiesen. Das Image der Mondays, so etwas wie die menschliche Inkarnation von Ecstasy zu sein, war mit einem Schlag ruiniert. Die Fans, die ihre Idole lediglich für etwas ruppige Love-&-Peace-Kids gehalten hatten, waren fassungslos: H, die übelste aller Drogen, das letzte Tabu der Stadt. Ryder gab zu, daß er es schon als Teenager genommen hatte, um „runterzukommen". Der Traum begann sich zu verdüstern.

Es war, als ob jetzt nacheinander alle Stützpfeiler der Szene wegbröckelten. Die sechzehn Monate andauernde Polizeiüberwachung von

Haçienda und Konspiracy endete in dem Antrag, den beiden Clubs ihre Lizenz zu entziehen. Die Betreiber des Haçienda waren außer sich: Statt die Gangs anzugehen, versuchten die Behörden, die Clubs zu schließen. Das Management wehrte sich. Zunächst verpflichtete Tony Wilson den bekannten Anwalt George Carman (der schon den Politiker Jeremy Thorpe und den Komiker Ken Dodd vertreten hatte), das Haçienda zu verteidigen – und machte der Polizei damit deutlich, daß er nicht so leicht aufgeben würde. Dann setzte sich Paul Cons mit dem Fraktionsvorsitzenden von Labour im Stadtrat von Manchester, Graham Stringer, in Verbindung. Der verbürgte sich für den Club, indem er dessen Bedeutung im sozialen Gefüge Manchesters und seinen Beitrag zum wachsenden internationalen Profil der Stadt betonte.

Schließlich gab das Management seine Absicht bekannt, jede Form des Drogenhandels – und, soweit möglich, des Drogenkonsums – innerhalb des Clubs zu verhindern und verteilte ein Flugblatt an die Gäste, auf dem zu lesen war: „Bitte kauft oder nehmt keine, wirklich KEINE Drogen in unserem Club." An der Tür wurden strenge Durchsuchungen durchgeführt, Stammgäste abgewiesen, und für 10.000 Pfund schaffte man Videokameras, Metalldetektoren und Infrarotsensoren an, ein erstes Zeichen dafür, welche Art von Kontrolle sich in der Clubkultur der Neunziger durchsetzen würde.

Das Ergebnis war erschreckend. Die Besucherzahlen gingen drastisch zurück, die Atmosphäre verflog über Nacht, und das Haçienda war nicht länger ein berühmter Vergnügungstempel, sondern nichts mehr weiter als ein nacktes Lagerhaus. Der Club – der erst angefangen hatte, Profite abzuwerfen, als Acid House richtig groß einschlug – ging einer schweren Finanzkrise entgegen. „Es war sehr deprimierend", sagt Paul Cons. „Wir hatten keine andere Wahl, als die Drogen zu verbieten, aber das war auf gewisse Art totale Heuchelei, weil sie für den Club wichtig waren – wenn da niemand E nahm, wollte da auch keiner hin. Daher war das eine halbe Sache, wir schränkten Spaß und Exzesse zu einem großen Teil ein, ohne ganz aufzuhören."

Um dem Club ein neues Image zu verpassen, begannen die Türsteher auch Leute wegzuschicken, die ihrer Meinung nach „unerwünscht" aussahen – darunter auch einige fanatische Haçienda-Gänger. *Freaky Dancing* zeigte in seiner Ausgabe vom August 1990 einen seiner Verfasser am Eingang des Haçienda, wie ihm ein Rausschmeißer den Weg versperrte: „Heute abend nicht." Für diejenigen, die so viel Emotion in diesen Club investiert hatten, war das unglaublich hart. „Das Schlimmste war, wie sehr ich daran glaubte", sagt Nick Speakman. „Ich hätte am liebsten gesagt: ‚Macht das nicht kaputt, laßt das nicht den Bach runtergehen.' Ich glaubte, das Club-Erlebnis würde alles durchdringen, mir war gar nicht klar, wie sehr die Droge da eine Rolle spielte – ich dachte, daß es viel tiefer ginge. Im nachhinein habe ich gemerkt, daß viele der Leute, die ich damals als Freunde ansah, so richtige Scheißtypen waren. Das war auch ein ziemlicher Schlag; du hast geglaubt, daß jeder dein Freund fürs Leben wäre, und selbst das ging irgendwann kaputt – nicht bloß die ganze Szene, sondern es gab auch unheimlich viel Streit zwischen Freunden. Vieles davon hatte auch mit Drogen zu tun, weil die Leute in ihrem maßlosen Konsum ein bißchen psychotisch und paranoid wurden. Einige blieben dabei auf der Strecke. *Freaky Dancing* erschien nie wieder. Es ging einfach ein."

Chris Nelson und Marino Morgan vom Konspiracy konnten sich keinen George Carman leisten und hatten auch nicht das überregionale Profil, um Unterstützung vom Stadtrat oder vom NME zu bekommen, der eine Titelstory über das Haçienda, „Englands berühmtesten Club", brachte. Sie konnten nicht einmal mehr ihre eigenen Türsteher kontrollieren oder verhindern, daß die Bosse der Gangs aus Cheetham Hill wie der gefürchtete „White Tony" Johnson den Club zu ihrem Hauptquartier machten. Die *Manchester Evening News* zeichnete das sensationslüsterne Bild einer gefährlich überfüllten und feuchten Höhle: Tausende unschuldiger Jugendlicher tanzten Seite an Seite mit gewalttätigen, gefährlichen Raubmördern, die sich weigerten, Eintritt zu bezahlen und die ganze Nacht Gratisdrinks verlangten; schwarze Gangs aus Cheetham Hill kämpften mit weißen Gangs aus Salford, Hunderte rauchten offen Haschisch, den Polizisten wurde LSD zum Kauf angeboten.[13] Als über die Lizenz entschieden wurde, bescheinigte man Chris Nelson, er sei „als verantwortungsvoller Lizenznehmer nicht geeignet", und Ende 1990 wurde der Club geschlossen – nicht einmal ein Jahr nachdem er eröffnet worden war.

„Tony Wilson wußte mit Sicherheit, was er tat und konnte seine Geschäftsinteressen wahren; wir hatten nicht die Möglichkeiten, solche Geschütze aufzufahren", sagt Nelson. „Es war trotzdem eine tolle Zeit, ich bereue überhaupt nichts. Es hat mir persönlich eine ganze

Menge gebracht, und ich bin froh, daß ich da rausgekommen bin, bevor dort drinnen jemand starb oder so was. Die Notausgänge waren nie offen, es gab nicht genug Ordner, der ganze Laden war zu groß und zu heiß. Es wurde alles zu viel – zu viel Druck. Wir hatten uns da ein bißchen übernommen."

Nachdem „ihr" Laden, das Konspiracy, geschlossen war – wohin gingen nun die Gangs? Zurück zum Haçienda. Doch drei Wochen nachdem das Gewerbeaufsichtsamt einen kurzen Aufschub bezüglich der Lizenz gewährt hatte, mußte auch dieser Club seine Pforten schließen. – Der Chef-Türsteher war mit einer Waffe bedroht worden. „Wir sind zu diesen drastischen Maßnahmen gezwungen, um unsere Angestellten, Mitglieder und alle unsere Gäste zu schützen", hieß es in der Presseerklärung Tony Wilsons. „Wir haben es ganz einfach satt, uns mit so viel Gewalt auseinanderzusetzen."[14] Die Gangs nahmen ihre Drinks auch in Factorys Dry Bar. Als die Mondays und die Roses ihr Debüt in *Top Of The Pops* absolvierten, „bestellten sie Champagner, als ob das ihre Platten wären und sie die Bands selbst groß gemacht hätten", erinnert sich die in Manchester lebende Journalistin Mandi James. Aber sie verlangten auch immer Flaschen umsonst, die eine Woche zwei, die nächste Woche vier: „Ich habe mit angesehen, wie sie erst den Champagner auf Kosten des Hauses getrunken und dann jemanden mit einer leeren Moët-Flasche bewußtlos geschlagen haben", erklärte einer der Barkeeper gegenüber der *Manchester Evening News*. „Ich habe mich daran gewöhnt, daß sie mit einer Knarre herumfuchteln, damit sie bekommen, was sie wollen. Niemand, nicht mal die Polizei, scheint etwas gegen sie tun zu können."[15]

Die Gangs aus Salford und Cheetham Hill paßten eigentlich nicht in die Kategorie „organisiertes Verbrechen", es handelte sich eher um lose zusammenhängende Gruppen und kleinkriminelle Familien aus den Problem-Stadtteilen. Sie waren eher durch ihr Ego und Angeberei motiviert – durch das Bedürfnis zu beweisen, daß sie härter waren als die anderen – als durch Profitgier. 1989 hatten sich die Ecstasy-Gangs des Londoner Eastend damit zufriedengegeben, ihr eigenes Revier außerhalb der City zu kontrollieren. In Manchester war die Lage nicht unbedingt extremer, nur offensichtlicher.

Schon Ende 1989 hatte Shaun Ryder angedeutet, daß die favorisierte Droge bei den Schlüsselfiguren der städtischen Szene eine andere geworden war. Zu Anfang, als er Ecstasy entdeckte, hatte er, wie er sagte, den ganzen Tag Pillen geschmissen und war konstant euphorisch gewesen. Aber nachdem diese Erfahrung ausgereizt, die Phase der Flitterwochen vorüber war und er das Zeug tütenweise schluckte, um den ursprünglichen Kick zurückzuholen, war es an der Zeit, zu etwas anderem überzugehen. „Man nimmt das ein Jahr lang, und dann war's das, dann geht nichts mehr", erklärte Ryder.[16] Aber er wollte weiterhin Drogen nehmen, also fing er mit Kokain an. Die Mengen an Koks, die von Polizei und Zoll Ende der Achtziger und Anfang der Neunziger beschlagnahmt wurden, zeigen, daß die Beliebtheit dieser Droge wuchs; es war nicht länger die „Champagner-Droge", die Domäne von gutbetuchten Yuppies und Leuten aus dem Musikbusineß. Kokain gab es auf der Straße, in den Clubs. „E war vor zwei Jahren das große Ding, weißt du ..., dadurch wurde alles total friedlich. Aber jetzt kehrt die Gewalt zurück in die Clubs von Manchester", warnte Ryder, als der Madchester-Boom in voller Blüte stand. „Da läuft zuviel Freebasing. Das nimmt überhand in Manchester ... genau wie damals, als jeder in Manny ein E nach dem anderen geschmissen hat, bloß jetzt sind die Leute, die ein E nach dem anderen genommen haben, beim Freebasen angelangt. Und bei den Jungs, die wir aus London kennen ... da ist es dasselbe."[17] Die Donnelly-Brüder hatten eine Freizeitbekleidungsfirma namens Gio Goi aufgemacht, und das Design ihrer ersten T-Shirts fing die Atmosphäre genau ein. Auf einem prangte das Wort „Gibraltar" („weil heutzutage jeder seine ‚rocks' [Felsen, daher die Anspielung auf Gibraltar, A. d. Ü.] raucht"; auf einem anderen stand schlicht: „Dodgin' the rain and bullets – Regen und Waffen ausweichen".

Diejenigen, die Kokain verkauften, nahmen und darum kämpften, waren die Gangs. „E war nie ein Problem bei denen", sagt Leroy Richardson. „Es ging immer um Koks und Crack. Bei den Mengen Koks, an die sie rankamen, waren sie sicher schnell über den Punkt hinaus, an dem man Spaß dran hatte, und wurden neurotisch." Nachdem sie die Kleindealer aus dem Haçienda verdrängt hatten, gingen die Gangs aufeinander los. In der letzten Februarwoche 1991 wurde „White Tony" Johnson vor dem Penny Black Pub in Cheetham mit einer Kugel durch den Mund und zwei durch die Brust erschossen – das Resultat einer Fehde zwischen Trupps aus Salford und Cheetham Hill. Sein Freund, „Black Tony" McKie, wurde angeschossen, überlebte jedoch. Johnson trug normalerweise kugelsichere Westen, hatte an diesem Tag aber darauf verzichtet. Der 22jährige Vater eines drei Monate alten Kindes stand in dem Verdacht, für einen Mord sowie verschiedene Schießereien und Überfälle verantwortlich zu sein. „Tony Johnson war die herausragende Figur“, sagt Leroy Richardson. „Als er ermordet wurde, dachten wir, daß es nun leichter sein könnte, das Haçienda wieder aufzumachen. Denn er war die größte Triebfeder hinter allem gewesen.“

In der Woche nach dem Mord führten die Polizei und das Management des Haçienda geheime Verhandlungen mit anderen Gangs, um sie davon zu überzeugen, daß der Club nur wieder öffnen konnte, wenn sie die Einschüchterungsversuche einstellten, und gaben ihnen Gratis-tickets als Friedensangebot. Ein Termin wurde festgelegt: der 10. Mai. Bei der Wiedereröffnungsparty mußten die Clubber an einem Metalldetektor an der Tür vorbei. Aber das nützte nichts: Sechs Wochen später schlüpfte ein Trupp Salford-Jungs durch einen Nebeneingang und erstach sechs Türsteher – ein durchgeplanter Racheakt, weil sie nicht hineingelassen worden waren. Auch Türsteher anderer Clubs wurden im Sommer 1991 verprügelt, bedroht oder erschossen, wenn die Gangs durch die Stadt streiften. Tony Johnson war tot, aber nichts hatte sich geändert; die Illegalität von Drogen wie Ecstasy und Kokain und die große Nachfrage danach hatten einen enormen Schwarzmarkt geschaffen, in dem es für Leute mit kriminellen Neigungen genug zu holen gab. Die Flitterwochen schienen Jahre zurückzuliegen, und die Stadt erlebte einen harten Comedown.

„Ein düsterer Alptraum drückte die Szene, der Enthusiasmus war dahin“, meint Graham Massey. „Schuld daran war nicht zuletzt Profitgier – alles wurde gefährlich, es gab zuviel Ärger. Weniger Energie lag in der Luft, es schien, als ob eine große Erschöpfung eingetreten sei.“ Das Haçienda behielt seine Lizenz, konnte aber kaum jemals wieder die Magie, die früher so faszinierend von ihm ausgegangen war, verströmen. In Manchester wie anderswo versuchten einige, den Flash zu verlängern, indem sie immer mehr E oder Kokain oder Mischungen aus beidem und anderen Drogen gleichzeitig einwarfen und so durch langanhaltenden Mischdrogenmißbrauch auf einen selbstzerstörerischen Trip gerieten. Ecstasy reichte einfach nicht mehr aus. „Die Leute nahmen jede Droge, die der Dealer dabeihatte“, sagt Mandi James. „Der Club war der Treffpunkt, bei der anschließenden Party wurden die Drogen dann konsumiert. Es gab so eine Phase, wo man nur in Clubs ging, um sich mit den Leuten zu treffen, mit denen man nachher noch weitermachen wollte. Es war gefährlich, Donnerstag abends wegzugehen – da sah man vielleicht bis Montag früh kein Tageslicht mehr. Es gab so einen Hardcore-Klüngel von etwa zwanzig Leuten, mit denen man immer wieder zusammenkam."

„Das war die seltsamste Phase, und die, die am wenigsten Spaß machte", sagt Gary McClarnan. „Unsere Clique war dafür bekannt, daß sie diese hedonistischen Feten veranstaltete, die von Freitag bis Montag dauerten. Wir schlossen uns in einem Haus in Biddulph ein und hoben dann total ab, mit immer mehr Pillen. Es war seltsam, völlig krank. Wir kamen eigentlich überhaupt nicht mehr runter. Ich spürte elektrische Schläge in meiner Wirbelsäule. Ich versuchte zu schlafen, und dann explodierten ständig Funken in meinem Kopf. Wir haben es definitiv übertrieben." McClarnan, der Depressionen und Paranoia bekam, erlitt schließlich einen Nervenzusammenbruch und konnte erst nach einer langen Rekonvaleszenz und Ruhephase, in der er sich wieder mit der Realität zu arrangieren lernte, in die Clubs zurückkehren.

In diesem Kontext war auch der Niedergang der Happy Mondays unausweichlich. Es war, als hätte es so kommen müssen, als hätte es so im Drehbuch gestanden – der perfekt konstruierte Höhepunkt einer langen und verrückten Geschichte. Erst ging Ryder auf Entzug, dann posierte die Band mit dümmlichen Nacktmodellen für *Penthouse* und redete übers Bumsen und Pornofilme. Die Band fand zwar nichts dabei, mit Oben-ohne-„Tussis" rumzumachen, aber ihre Bewunderer in der Musikpresse fanden das weniger witzig.

Schließlich erschien das entscheidende Interview im NME. Der Journalist Steven Wells betrachtete die hedonistische Philosophie der Mondays unter dem Blickwinkel seiner eigenen sozialistischen Prinzipien und stellte fest, daß sie diesen Test nicht bestand. Sie sähen aus wie „kleberschnüffelnde Wombles", mit ihren 400 Pfund teuren Jacken und 1.300 Pfund teuren Armbanduhren, schrieb er. Sie protestierten nicht gegen die Lebensbedingungen der Arbeiterklasse unter der Tory-Regierung, sie genossen ihr Geld und den Erfolg, der ihnen teure Klamotten, schicke Autos und unbegrenzten Rauschmittelgenuß ermöglichte. Und dann schwadronierte Bez auch noch endlos darüber, daß „Schwule echt ekelhaft sind ... nicht normal." Homophobie, Sexismus,

Materialismus: schuldig in allen Punkten der Anklage. Sie waren proletarische Konservative, schloß Wells, deren reaktionäre Einstellung nur von einer dünnen Patina Außenseiter-Chic übertüncht wurde – Rebellen ohne Hirn. „Working Class Zeroes" – Arbeiterklasse-Nullen – lautete die auf den John-Lennon-Song „Working Class Heroes" anspielende Überschrift.[18]

Aber es war nicht nur das Erst-Aufbauen-dann-vom-Thron-Herunterstoßen einer Rockpressekampagne. Die Mondays hatten sich selbst aufgebaut und konnten sich auch sehr gut selbst in den Abgrund stürzen, kein Problem. Im Januar 1992 flogen sie nach Barbados, um dort ihr fünftes Album aufzunehmen, mit Tina Weymouth und Chris Frantz von den Talking Heads als Produzenten. Die Insel hatte man ausgesucht, weil es allgemein hieß, es gäbe dort kein Heroin, nur Gras; Ryder könnte clean werden und anfangen zu arbeiten. Aber auf dem Flughafen von Manchester ließ er die Fläschchen mit dem Methadon fallen, mit dem er die Zeit überbrücken wollte; das grünklebrige Zeug floß über den Fußboden. Im Flieger begann er sich unwohl zu fühlen, bekam Schweißausbrüche und Krämpfe: Die Entzugserscheinungen setzten ein.

Der Trip wurde eine Katastrophe. Noch nicht einmal eine Woche nach ihrer Ankunft hatten sie zwei Autos abschreiben müssen, Bez hatte sich übel den Arm gebrochen, Ryder schluckte Beruhigungsmittel und Rum-Punsch als Methadon-Ersatz – und er hatte außerdem entdeckt, daß Crack auf Barbados billig und in rauhen Mengen zu haben war. Die Journalistin Miranda Sawyer wurde Zeuge des folgenden Gesprächs zwischen dem Sänger und seinem Manager Nathan McGough:

„‚Ich habe gerade dreißig Rocks weggezogen', erklärt Shaun in nüchternem, Komm-mir-jetzt-nicht-mit-irgendwelchem-Scheiß-deswegen-Tonfall.

Nathan traut seinen Ohren kaum: ‚Was?'

‚Dreißig'; Shaun grinst ihn von der Seite an. „Ich habe mich gut an das Zeug gewöhnt, Mann.'

Nathan will das nicht glauben. Er versucht, mit Shaun zu reden, er weiß ja, daß er in Manchester nie so an Crack interessiert war. *Warum? Du hast zu Hause doch höchstens gelegentlich mal Rocks geraucht, du bist doch bescheuert, du bist gerade von H runter und von Methadon, was soll denn das, du tust dir damit doch keinen Gefallen ...*

Shaun hört halb zu und nickt auch ein bißchen.

‚Weiß ich, weiß ich, Mann', sagt er. ‚Aber ich wollte einen anderen Kick für diese Platte.' Er lacht, aber es steckt ein Körnchen Wahrheit in seiner Entschuldigung. Er will nicht, daß diese hier genauso klingt wie das heroindurchtränkte *Pills'N'Thrills*, er möchte die Musik auf eine Art hören wie noch nie zuvor. Auf Barbados läuft so viel Ragga-Zeug, und darauf fährt er mittlerweile richtig ab. Aber trotzdem verspricht er Nathan, daß er das Crack etwas einschränken will. Es ist noch kein echtes Problem."[19]

Binnen sechs Wochen hatte die Band die Instrumental-Tracks eingespielt, aber Ryder, der Stunden damit zubrachte, auf dem Klo zu sitzen, an seinen Texten herumzukritzeln und Crack zu rauchen, hatte noch keine Zeile gesungen. Keyboarder Paul Davis rauchte ebenfalls Rocks, und Bez hatte sich schon wieder den Arm gebrochen. In seiner Verzweiflung brach McGough die ganze Session ab und flog die Band nach Hause. Die Musiker begannen auch untereinander Streit zu bekommen, weil sie meinten, daß Ryder und Davis sie im Stich gelassen hätten, und Ryder ließ sich für 10.000 Pfund die Woche in eine Reha-Klinik in Chelsea einweisen. Als der Sommer zu Ende ging, war das Album fertig, aber obwohl die Aufnahmen etwa 250.000 Pfund verschlungen hatten und es damit das wohl teuerste Indie-Album der Geschichte geworden war, klang *Yes Please* langweilig und flach, und die Verkaufszahlen waren eher mäßig. „Es hat mich zu der Zeit schlicht nicht interessiert", gab Ryder später zu. „Ich habe nichts geschrieben, mir war alles scheißegal. Es war allen scheißegal."[20]

Am 23. November 1992 ging Factory Records bankrott, nachdem angeblich circa zwei Millionen Pfund Schulden aufgelaufen waren; die hohen Kosten für die Mondays-Platte und die verzögerte Veröffentlichung des neuen New-Order-Albums wurden für die Pleite verantwortlich gemacht. Das Label, das 1979 mit einem Kapital von 12.000 Pfund gestartet war, die Tony Wilson von seiner Mutter geerbt hatte, war in vielerlei Hinsicht bedeutsam gewesen: für die Gründung des Haçienda und die elegant designte Modernität dieses Clubs, dafür, daß es gezeigt hatte, wie man außerhalb der Hauptstadt erfolgreich sein konnte, und dafür, daß es einige der einflußreichsten weißen Rockbands der Achtziger unter Vertrag genommen hatte. Die Probleme indes waren in den letzten Jahren gewachsen. So ließ sich die Pleite nicht allein auf zu hohe Ausgaben zurückführen: Obwohl Factory den bekanntesten Dance-Club Großbritanniens besaß, kam man nicht darauf, Acts aus dieser Szene zu verpflichten (sondern gründete statt dessen ein Klassik-Label). Das richtungweisende *North*-Album, eine House-Compilation aus Manchester, die im Dezember 1988 Titel von Mike Pickering, A Guy Called Gerald, 808 State und anderen Techniktäumern aus der Gegend präsentierte, hätte von Factory sein sollen; statt dessen erschien *North* auf Deconstruction, einem Label, bei dem Pickering als Junior-Manager arbeitete und das immer stärker mit der House-Szene Nordwest-Englands in Verbindung gebracht wurde. Vielleicht war es für Factory die richtige Zeit, Schluß zu machen, nachdem seine Mission erfüllt und seine Vision ausgereizt war, aber sicherlich trug diese Pleite zu dem Eindruck bei, daß Manchester sich selbst Stück für Stück zerstörte.

Im Februar nächsten Jahres standen die Mondays kurz davor, einen neuen Deal mit EMI zu unterzeichnen, obwohl die inneren Konflikte längst zu direkter Feindschaft zwischen einigen Bandmitgliedern eskalierten. Während eines Treffens bei EMI mit dem A&R-Manager Clive Black verließ Shaun Ryder das Zimmer und erklärte, er wolle sich eine Portion Kentucky Fried Chicken holen. Er kehrte nie zurück. Der Deal war geplatzt. Die Band brach auseinander. „Es war okay, daß es damals zu Ende ging“, sagte Ryder später. „Es war alles vorbei. Jeder war auf einem absoluten Scheiß-Egotrip. Wir hatten keinen Respekt mehr voreinander. Es war nur noch Scheiße. Es ging nur noch um Kohle, Kohle, Kohle. Das Geld war allen zu Kopf gestiegen. Ich wollte mir wirklich ein Kentucky holen. Keine Drogen. Ich hatte Hunger.“[21]

canal street

Die Verwandlung von „Madchester“ zu „Gunchester“ – um ein Wort zu verwenden, das 1993 in aller Munde war – stellte ein stark vereinfachendes Konstrukt der Medien dar. Viele in der Stadt lehnten dieses Stereotyp ab, weil es eine gesetzlose Zone für Schießwütige und Drogendealer suggerierte und weil es den Eindruck erweckte, als seien die Gangs viel organisierter und allgegenwärtiger, als das wirklich der Fall war. Das düstere Etikett spiegelte allerdings eine sehr reale Stimmung, und die Clubs der Stadt ersannen eine Reihe von Strategien, um mit diesem harten Comedown klarzukommen sowie Räume zu schaffen, in denen es keine Gewalt und Einschüchterung gab.

Die unmittelbare Reaktion war eine Abkehr von der lockeren Türsteherpolitik der Acid-House-Szene. Indem man ganz idealistisch *jeden* hineingelassen hatte, hieß es, wäre den Gangs überhaupt erst der Zugang zu dieser Szene ermöglicht worden. Spice, der Club von Justin Robertson und Greg Fenton – und später ihr noch erfolgreicheres Most Excellent – standen beispielhaft für die landesweite Hinwendung zu Balearic Music, kleineren Lokalitäten und einer strengeren Kleiderordnung – ein Versuch, sich von der Massen-Rave-Szene abzugrenzen, wie ihn das Londoner *Boy's-Own*-Fanzine 1989 initiiert hatte. Das *Spice*-Fanzine spiegelte *Boy's Own* in vieler Hinsicht wider, sprach von einem „Club für echte Top-Leute, in dem die durchgeknallten Spinner nichts zu suchen haben“ und äußerte sich verächtlich über die „Acid Teds“ in ihren „verschwitzten und amylnitratdurchtränkten Klamotten“.[22] Es war pure Ironie, daß das Most Excellent 1993 selbst von einer Gang aus Salford gestürmt wurde und schließen mußte.

Andere beschlossen, der Stadt komplett den Rücken zu kehren: Um der Aufmerksamkeit der Gangster zu entgehen, organisierte Gary McClarnan sein Delight sechzig Kilometer weiter südlich in Shelley's Laserdome in Stoke-on-Trent, einem Club, dessen wilde Nächte bald legendär wurden und die Reputation des Haus-DJs Alexander Coe, genannt Sasha, festigten. Sasha, ein Haçienda-Gänger der Anfangszeit, der sich bei den letzten und größten Blackburn-Raves einen Namen gemacht hatte, beherrschte vor allem den Einsatz von Dynamik: das lange, spannungsgeladene Intro eines Songs, das in einen glitzernden Regen von Klaviernoten mündete, ein sphärischer Ritt durch alle Euphorie-Frequenzen. Sasha stieg bald in das Pantheon der DJ-Götter Nordwest-Englands auf, dort, wo Mike Pickering und Graeme Park thronten, und sein Status wurde endgültig festgeschrieben, als das Dance-Magazin *Mixmag* ihn auf dem Titelblatt in den Himmel hob und ihn anfangs als das „erste DJ-Idol“, später dann als „Sohn Gottes“ bezeichnete. „Die Leute kamen aus dem Shelley's zurück und erzählten: ‚Da stehen die Typen Schlange, um Sasha die Hand zu schütteln, und es gibt sogar welche, die ihn bitten, daß er ihre Freundinnen küßt.‘ So was hatte man vorher noch nie erlebt, deswegen dachten wir, wir sollten darüber schreiben", erklärt *Mixmag*-Herausgeber Dom Phillips. „Sasha klinkte sich so gut auf das ein, was die Leute fühlten, wenn sie auf E waren, seine Musik war perfekt darauf zugeschnitten. Er war außerdem wirklich einer von ihnen."

Nachdem nun in Blackburn nichts mehr abging, gab es keinen Ort mehr, wo man hin konnte, wenn die Clubs zumachten, die Tänzer aber innerlich immer noch völlig aufgeputscht waren. Statt dessen fuhren die Leute auf die Raststätten bei Knutsford oder Charnock Richard an der M6, Anderton an der M61 oder Burtonwood an der M62 und feierten in der Cafeteria und auf dem Parkplatz Spontan-Raves, ein Meer von runden Mützen, Steppjacken und Wanderstiefeln, das Autoradio bis zum Anschlag aufgedreht. Man zog sich die verschwitzten Klamotten aus, steckte sich eine an und tauschte mit den Clubbern aus dem Quadrant Park in Liverpool, dem Monroe's in Blackburn, dem Legends in Warrington oder dem Oz in Blackpool die neuesten Stories aus. Gelegentlich sperrte die Polizei die Ausfahrten dieser Raststätten und schickte müde Geschäftsleute und hungrige LKW-Fahrer genauso weiter wie die Raver, manchmal machten auch die Pächter einfach das Café zu. Das Problem waren eben die Schankgesetze. Und so, wie sich die Behörden im Südosten Großbritanniens ins Unvermeidliche geschickt hatten, als sich Massen von Jugendlichen an den unmöglichsten Stellen versammelten, erhielten auch einige Clubs im Nordwesten die Lizenz, länger als bis zwei Uhr früh zu öffnen. Blackburn hatte nachhaltige Spuren hinterlassen.

Im Zentrum von Manchester zogen sich viele in die Gay Clubs zurück, wenn sie eine Atmosphäre suchten abseits der Machotouren der Gangs aus Cheetham Hill und Salford, die sich mittlerweile in jeden straighten House-Club hineindrängten. Um den Geist multisexueller Wildheit einzufangen, begann Paul Cons mit Flesh, der ersten Schwulennacht im Haçienda. An einem Wochenende im Monat füllte sich der Club mit extrovertierten Transvestiten, muskulösen Disco-Boys, süßen Lesben und aufgetakelten Tunten. Das Motto für die Türsteher lautete ganz deutlich „keine Heteros" – wenn man irgendwie straight aussah, mußte man das Gegenteil beweisen, indem man mit seinen Freunden Zungenküsse tauschte, und die Gangs versuchten nicht einmal hineinzukommen. Flesh war sofort ein Erfolg und zog mehr als tausend Gäste aus dem ganzen Nordwesten an. Es legte außerdem den

Grundstein dafür, daß Manchester mit seinem pulsierenden Nachtleben und dem „Gay Village“ – den Clubs und Bars rund um die Canal Street, ähnlich der hedonistischen Enklave rund um die Old Compton Street in Londons Soho – zur „schwulen Hauptstadt Nordenglands“ gekürt wurde. „Es ist nicht mehr Madchester oder Gunchester, es ist *Gaychester*“, betonte Cons. Er träumte sogar davon, seine eigene Band zu gründen – eine schwule Version der Happy Mondays.

Mitte der Neunziger hatte in der Stadt eine kreative Renaissance eingesetzt. Neue Popstars aus Manchester wie Oasis teilten sich die Charts mit ehemaligen Größen der Acid-House-Szene. Als Mike Pickering sein neues Dance-Projekt M People ins Leben rief, dessen zweites Album 1994 den angesehenen Mercury Music Prize der Schallplattenindustrie erhielt, gab er sich alle Mühe, zu den zerstörerischen, sich stets wiederholenden Mustern des Drogenmißbrauchs auf Distanz zu gehen: „Ich habe bei einem großen Rave in Schottland aufgelegt. Etwa 7.000 Menschen waren da, und jeder von ihnen war drauf“, erzählte er. „Ich finde es nicht gut, daß man sich ausgeschlossen fühlt, wenn man nicht ebenfalls etwas eingeworfen hat. Diese Kids da meinten: ‚Biste drauf, Alter? Nein? Was bist du denn für einer, ein Bulle oder was?‘ Die halten dich für einen Bullen, wenn du nicht auf E bist. Das ist doch verrückt.“[23]

Gerald Simpson, A Guy Called Gerald, hatte von dem Branchenriesen CBS nach *Voodoo Ray* einen Vertrag bekommen, war dann aber, als er bizarre Techno-Mantras anstelle potentieller Charts-Hits ablieferte, fallengelassen und vergessen worden. Simpson entwickelte daraufhin eine spannungsgeladene, klaustrophobische Spielart von Jungle, die das Chaos und die Paranoia des Lebens in Moss Side reflektierte. Die Titel seiner Alben *28 Gun Bad Boy* und *Black Secret Technology* trafen genau den Nerv der Zeit. Bandenkriege, Feuergefechte und Einschüchterung waren zu einem Bestandteil des Alltags geworden; er konnte nur versuchen, diese Gespenster durch Musik zu vertreiben. „Es ist, als ob man sich freikämpft“, meinte er. „Mir wurden hier in Manchester schon Knarren ins Gesicht gehalten. Die wollen dich abknallen, wenn du irgendwas für dich selber machst, das erzeugt eine große Anspannung, und die kommt in meiner Musik jetzt zum Ausdruck.“[24] Als Jungle sich seinen Weg aus dem Underground bahnte, stieg Simpson wieder mit auf.

Wenig später stellte Shaun Ryder sein neues Projekt vor, und alle, die ihn einmal als heroinsüchtigen Loser abschreiben wollten, waren mehr als überrascht: Black Grape, bei denen Bez, Ryder und sein Fixerkumpel Kermit (Paul Leveridge, früher bei den Ruthless Rap Assassins, Manchesters bester Hip-Hop-Crew) im Mittelpunkt standen, waren hervorragend. Sie erweiterten den Asozialencharme und die fragmentarischen Texte der Mondays um fette Funk-Riffs. Ihr erstes Album erhielt den treffsicher ironischen Titel *It's Great When You're Straight … Yeah.* Der Mythos der Mondays wurde sofort neu geschrieben: nicht nur Ryders Rehabilitation, auch der Aufstieg und Fall und Wiederaufstieg von Manchester selbst – obwohl zu dieser Zeit sowohl Ryder als auch Gerald Simpson aus der Stadt weggezogen waren.

Drei Jahre nach der Pleite von Factory und dem Ende der Happy Mondays gab es durch die Lockerung der Lizenzbestimmungen einen neuen Nightlife-Boom in Manchester. Über dreißig Bars hatten neu eröffnet, und die Zahl der Clubs hatte sich verdoppelt. Neue Läden wie das Home, Sankey's Soap und Paradise Factory sorgten in der Innenstadt nach Einbruch der Dunkelheit für spürbare Vibrations. Dahinter steckte die Idee, wie Ratspräsident Graham Stringer erklärte, daß man aus der lebendigen nächtlichen Szene Manchesters Kapital schlagen und die Stadt als kulturelles Zentrum fürs 21. Jahrhundert vermarkten wollte, als „24-Stunden-Stadt". Das Nachtleben schien nicht länger ein Problem, das von der Polizei und den Behörden stark reguliert werden mußte, sondern etwas Positives, mit dem man das internationale Profil der Stadt schärfen, Touristen anlocken und die Wirtschaft vor Ort beleben konnte – ein Beispiel, dem andere Städte wie Leeds und Sheffield bald folgten.

Die Ecstasy-Kultur hatte einen Anstoß zu diesem Neuanfang für Manchesters Innenstadt gegeben, aber die von Optimismus getragene Förderung des freien Spiels der Kräfte in der „Nacht-Wirtschaft" lenkte ein wenig ab von der Tatsache, daß diese „Branche" landesweit von Kriminalität unterminiert war, und das ließ sich nicht so leicht mit dem städtischen Wiederaufschwung vereinbaren. Das Problem mit den Gangs war nicht verschwunden, seit das Haçienda 1991 wieder eröffnet hatte. Die Gangs aus Salford und Cheetham Hill waren zuerst durch den Drogenhandel in die Clubs gekommen, später begannen sie, bei vielen Häusern die Security zu übernehmen. 1996 hatten sich viele als legale Sicherheitsfirmen etabliert und ließen sich dafür bezahlen, daß sie den wackeligen Frieden aufrechterhielten.

Wenn eine Stadt über ihr Nightlife neues Selbstbewußtsein gewinnt, steht sie immer vor einem Dilemma: Die Clubkultur ist traditionell in einer wirtschaftlichen Grauzone angesiedelt, stark mit dem illegalen Drogenhandel verbunden und dadurch extrem attraktiv für Kriminelle und Schwarzmarkthändler. Die Rückkehr zur Normalität nach den leidenschaftlichen Höhepunkten der späten Achtziger gestaltete sich langwierig und kompliziert, doch Manchester versuchte, sich eine neue Identität als wirklich internationale Metropole zu schaffen. Die sich wandelnde städtische Kultur im letzten Jahrzehnt vor der Jahrtausendwende warf indes schwierige Fragen auf, die erst noch beantwortet werden mußten.

Für einige schien es die einzig greifbare Lösung, sich von der Vergangenheit komplett loszusagen. Ende 1996 zogen sich Manchesters neue Club-Pioniere vollständig von der House-Massenbewegung zurück, die ihre Vorgänger geschaffen hatten. Sie wandten sich kleineren Szenen zu, musikalischen Nischen wie Jungle, Techno, American Garage, von denen sie glaubten, daß sie die formelhaften Strukturen aufbrechen konnten, in die sich die House-Kultur mittlerweile verrannt hatte. „Die Leute in Manchester kehrten der House-Szene über Nacht den Rücken zu", bemerkte DJ Elliot Eastwick. „Das war wie damals, als die Electro-Szene einging. Du bist morgens aufgestanden und hast deinen Tracksuit angezogen, und alle fragten: ‚Wozu ziehst du den denn an?' House war unwahrscheinlich schnell out."[25]

In diesem Moment schien die naive Euphorie von 1988 und 1989 eine Ewigkeit zurückzuliegen.

1 *The Face*, 1/90
2 *NME*, 21. 4. 1990
3 Sarah Champion, *And God Created Manchester*, Wordsmith, Manchester 1990
4 *The Face*, 1/90
5 *The Face*, 1/90
6 *Melody Maker*, 10. 11. 1990
7 *Manchester Evening News*, 8. 12. 1989
8 *The Face*, 8/91
9 *Spin*, 1992
10 *Hansard*, 9. 3. 1990

[11] *Hansard*, 9. 3. 1990
[12] *Melody Maker*, 13. 5. 1995
[13] *Manchester Evening News*, 13. 12. 1990
[14] *The Guardian*, 31. 1. 1991
[15] *Manchester Evening News*, 1. 2. 1991
[16] *Vox*, 6/91
[17] *The Face*, 1/90
[18] *NME*, 16. 11. 1991
[19] *Select*, 9/92
[20] *Melody Maker*, 13. 5. 1995
[21] *Vox*, 7/95
[22] *Spice*, 1990
[23] *Select*, 3/92
[24] *i-D*, 5/95
[25] *The Face*, 10/96

6

techno travellers

„Unsere Generation ist die beste Massenbewegung der Geschichte – wir experimentieren auf unserer Suche nach Love & Peace mit allem. Unser Tempel ist der Sound, wir kämpfen unsere Schlachten mit Musik, donnernden Drums, blitzenden Becken, wir verfügen über kistenweise elektronisches Equipment wie atomare Soundsprengköpfe."

Phil Russell, zitiert nach
A Series Of Shock Slogans And Mindless Token Tantrums

DIESES MANIFEST der House-Generation wurde bereits 1974 verfaßt, von einem Mann, der nicht mehr erleben sollte, wie es in die Tat umgesetzt wurde. Phil Russell, einer der Initiatoren des ersten People's Free Festival bei Stonehenge, schrieb unter dem Einfluß von Woodstock – einem Ereignis, das Anfang der Siebziger auch die Hippies in Großbritannien dazu inspirierte, ihre eigenen Szene-Zusammenkünfte zu organisieren. Russell war, wie sein Künstlername Wally Hope schon nahelegt, von Natur aus ein Träumer; er glaubte daran, daß es ihm gelingen könnte, eine altehrwürdige, heilige Stätte der Regierung zu entreißen und dem Volk zurückzugeben, und daß er sie wieder zu einem Ort für rituelle Feiern, Musik und Tanz machen könnte. Das erste Stonehenge Festival dauerte neun Wochen, und die Musik dazu stammte aus einem uralten Kassettenrecorder – die „donnernden Drums" waren es gerade nicht –, bevor die Polizei mit einer einstweiligen Verfügung kam, um die Hippies weiterzutreiben. Und sie gingen auch: zum Windsor Free Festival, wo ihr Feten-Höhenflug dann brutal mit Stiefeln und Schlagstöcken beendet wurde. Ein Jahr später endete auch Russells eigenes Leben tragisch nach der Einweisung in eine psychiatrische Klinik, aber er hatte in der Tat dazu beigetragen, Stonehenge wieder als Zentrum spiritueller Aktivitäten zu etablieren – was es dann für viele Jahre bleiben sollte.[1]

Die Travelles, die Reisenden, strömten durch die Türen, die die Hippies geöffnet hatten. Ende der Siebziger und Anfang der Achtziger stieg die Zahl der unzufriedenen Mittelstandsaussteiger, die sich für ein Nomadenleben in Bussen und Wohnwagen entschieden, dramatisch an. Sie wurden 1982 unter dem Namen Peace Convoy bekannt, als eine Gruppe Traveller nach dem Stonehenge Festival zum Widerstandscamp gegen die Stationierung nuklearer Sprengköpfe beim Luftwaffenstützpunkt Greenham Common fuhr. Die Traveller flüchteten nicht aus ärmlichen Verhältnissen – zumindest anfangs nicht –, sondern hatten diese Lebensform eher in Ablehnung von Stadtleben, Materialismus und der Fallen der Konsumgesellschaft gewählt. Stonehenge war der Höhepunkt im Jahreskalender der Traveller, und im Juni 1984 lagen die Besucherzahlen, angewachsen durch zahlreiche Neugierige aus den Städten, bei 50.000.

Das war, obwohl es damals niemand erkannte, das Goldene Zeitalter von Stonehenge, die letzten Sonnenstrahlen der ausklingenden Hippiezeit, noch weitgehend frei von gesetzlichen Sanktionen: das letzte People's Free Festival an dem uralten Steinmonument. Im Spätsommer dieses Jahres führte die Polizei bei Nostell Priory eine der ersten Razzien auf ein Lager der Travellers durch; es folgte die mit allen Mitteln durchgesetzte Räumung des Rainbow-Village-Widerstandscamps beim Luftwaffenstützpunkt Molesworth durch die Armee, die Staatsminister Michael Heseltine in kugelsicherer Weste anführte.

Die Traveller hatten ihre eigene Erklärung für dieses harte Vorgehen: Ihre Zahl verdoppelte sich jedes Jahr, sagten sie, sie waren die Rattenfänger, die Thatchers Kinder aus den Innenstädten lockten und zu alternativen Lebensformen verführten. Ihre Vorstellungen vom Selbstversorgerleben auf dem Land fanden in der Gesellschaft immer mehr Verbreitung. Die Abrüstungsbewegung Campaign For Nuclear Disarmament (CND) war wiederauferstanden und erlebte eine zweite Blütezeit. Allein der Name Peace Convoy, der eine aktive Verbindung zwischen umherziehenden Nomaden und politischen Aktivisten nahelegte, weckte möglicherweise Angst bei Teilen der Regierung – sie gingen wohl davon aus, daß die Lebensweise der Traveller eine Ablehnung und Bedrohung des Systems Großbritanniens darstellte, das auf Werte wie Eigentum oder Landbesitz aufgebaut war.

Am 1. Juni 1985 wurde ein Konvoi von 140 Fahrzeugen auf dem Weg nach Stonehenge durch eine Polizeisperre aufgehalten. Ein Einsatzkommando von 1.000 Polizisten dirigierte die Traveller auf ein nahegelegenes Feld. English Heritage, der Denkmalschutzverein, der Stonehenge pflegt und verwaltet, hatte bereits eine gerichtliche Verfügung erwirkt, um das diesjährige Festival zu unterbinden, und einen Stacheldrahtzaun rund um die Steine gezogen: Das Stonehenge Festival sollte um jeden Preis verhindert werden. Der Stellvertretende Polizeipräsident der Grafschaft Wiltshire, Lionel Grundy, weigerte sich, über einen anderen Veranstaltungsort für das Festival zu verhandeln, und befahl seiner Truppe, den Konvoi anzugreifen. Die Traveller flüchteten in ein nahegelegenes Bohnenfeld, und Polizisten mit Kampfhelmen und Schutzschilden verfolgten die Busse, zerstörten die Inneneinrichtungen und schlugen ihre Bewohner zusammen.

„Die Fahrzeuge stoben in alle Richtungen auseinander", erinnert sich der Augenzeuge Nick Davies. „Einige der Polizisten versuchten, sie mit allen Mitteln aufzuhalten, indem sie mit allem warfen, was ihnen in die Hände fiel – Stöcke, Steine, sogar ihre eigenen Schutzschilde. Man hörte Glas splittern und Leute schreien, aus den brennenden Wohnwagen quoll schwarzer Rauch, und überall schien man Leute zu sehen, die zusammengeschlagen, zu Boden gestoßen und an den Haaren weggezerrt wurden."[2] Auf diese Attacke folgten Hunderte von Festnahmen, und der Sommer war geprägt von Vertreibung, Verfolgung und Verunglimpfung in der Presse. Das Bildmaterial, das der unabhängige Fernsehsender ITN von diesem Zusammenstoß aufgezeichnet hatte, „verschwand" aus dem Archiv, und ein emotionsgeladener TV-Beitrag direkt vom Schauplatz des Geschehens wurde durch einen nüchternen Kommentar ersetzt. Die BBC zeigte das Video, das die Polizei von ihrem Einsatz selbst gedreht hatte.[3]

Die Traveller, die man zuvor als wunderliche Exzentriker, als Rückfall in die lange schon ausgestorbenen Sechziger oder schlimmstenfalls als im Grunde harmlose, dem Landleben zugeneigte Anarchisten angesehen hatte, waren zu absoluten Schreckgespenstern geworden. Innenminister Douglas Hurd bezeichnete sie als „eine Bande mittelalterlicher Straßenräuber, die keinen Respekt vor dem Gesetz oder den Rechten ihrer Mitmenschen haben". Premierministerin Margaret Thatcher machte keinen Hehl aus ihrer Abscheu und zeigte sich „nur zu gern bereit, alles zu unternehmen, was in unserer Macht steht, um das Leben für Phänomene wie diese Hippie-Konvois so hart wie möglich zu machen". Dieses Versprechen hielt sie: Der Public Order

Act von 1986 enthielt einen Passus, der eine Handhabe gegen die Bildung von Konvois bieten sollte: der erste Versuch von Regierungsseite – es sollten noch viele folgen –, ein Nomadenleben in Großbritannien unmöglich zu machen.

Der massive Polizeieinsatz, der nun den schon traditionellen Treck der Traveller von einem Sommerfestival zum anderen begleitete, konnte jedoch nicht verhindern, daß die Bewegung immer mehr wuchs. Die Idealisten der Anfangstage bekamen jetzt Gesellschaft von einer neuen Generation: Hausbesetzer aus der Postpunkära, deren Randexistenz in den Städten durch die unter der konservativen Regierung zusammengestrichenen Sozialleistungen gefährdet war. Als sich die ursprüngliche Punkszene Ende der Siebziger langsam auflöste, traten ein paar Bands auf den Plan, die die anarchistischen Sprüche der Sex Pistols wörtlich nahmen. Eine zentrale Rolle spielten Crass, die in einer Kommune in Epping Forest lebten und Phil Russell 1974 geholfen hatten, das erste Stonehenge Festival zu organisieren (als sie aber 1979 bei diesem Festival auftraten, wurden sie – von den Hippies und Bikern, die sich durch das Aufkommen des Punkrock angegriffen fühlten – mit Flaschen beworfen). „Als Johnny Rotten „no future“ verkündete, sahen wir das als Herausforderung an unsere kreativen Fähigkeiten“, sagte Penny Rimbaud von Crass. „Wir wußten, daß es eine Zukunft geben würde, wenn wir bereit wären, uns dafür einzusetzen.“[4]

Crass hatten großen Anteil daran, daß eine beachtliche Gruppe von Postpunks die Idee des Punk wirklich zu ihrer *Art zu leben*, nicht nur zu einem bloßen Lifestyle machte: Hausbesetzungen, atomare Abrüstung, Feminismus und Tierschutz zählten zu den Schlüsselbegriffen. Crass brachten die Punks dazu, sich einigen Idealen der Sechziger zuzuwenden und langsam in die Hippieszene hineinzuwachsen. Viele von ihnen, die sich mittlerweile in abgewetzte schwarze Nahkampfanzüge kleideten und deren Frisuren eine wüste stilistische Mischung aus Punk, Rasta und Irokesenschnitt verrieten – ein Outfit, das später als „Crustie“ bezeichnet wurde –, stießen jetzt zu den umherziehenden Travellers. Diese Zuwanderung aus den Städten veränderte nicht nur die Traveller, sie führte auch zu neuem Druck aus der etablierten Gesellschaft. Nach der Schlacht im Bohnenfeld suchten einige aus der enttäuschten und desillusionierten Traveller-Gemeinschaft Vergessen in Starkbier oder sogar bei Heroin: Der Hippie-Traum begann langsam zu zerbrechen.

Die Festivals hatten ihren Glanz verloren und wurden von Gruppen randalierender, oft gewalttätiger Betrunkener, den Crustie-Punks der „Brew Crew“ [Alkie-Truppe], gestört.

Ende der Achtziger waren viele Traveller stark politisiert. Auf dem Weg, den sie gewählt hatten, waren sie bereits oft in Konflikt mit den gestandenen Interessen der Grundbesitzer und daher auch mit Regierung und Polizei geraten, und darüber hinaus waren sie auch innerlich zerstritten und kämpften ums Überleben. Die Zeit für Veränderungen war gekommen.

brixton und camden

1989 waren die House-Szene und ihre Lieblingsdroge nicht nur von den kleinen, exklusiven Clubs zu den großen Open-air-Raves ausgeschweift, sie hatten auch das Hausbesetzerterrain der Hauptstadt erreicht, und ihr offenes Konzept wurde ständig überdacht, um dem Set und Setting der Neuzugänge gerecht zu werden. Seit die beiden Wörter „Acid“ und „House“ sich verbündeten, wurde es unvermeidlich, daß sich all jene zur Dance-Kultur hingezogen fühlten, die schon immer an psychedelischen Drogen interessiert waren. In London gab es bereits Partyorganisatoren, die eine lose Allianz aus Spät-Hippies, punkigen Crusties, Dauerarbeitslosen, Kiffern und Studenten versorgten. An vorderster Front die Mutoid Waste Company, die sich darauf spezialisiert hatte, verlassene Warehouses zu besetzen, sie mit abgefahrenen Altmetallkunstwerken zu schmücken und dann dort riesige Partys zu veranstalten; Club Dog wiederum organisierte die Hippie Dance Nights mit Weltmusik, Jongleuren und Dichterlesungen im Sir George Robey Pub in Finsbury Park. Beide Initiativen waren aus der Postpunkszene entstanden, die sich durch den Kontakt mit Bands wie Crass, durch Free Festivals, bei denen kein Eintritt verlangt wurde, und jahrelange Hausbesetzererfahrung in London stark verändert hatte. Zwar öffneten sie sich beide 1988 nicht sofort für die House-Szene, aber sie spürten deutlich deren Einfluß.

Andere hatten alleine für sich ihre Manifeste geschrieben, nachdem sie sich von einer Popkultur ausgeschlossen fühlten, die erklärte, sie habe 1977 die Sechziger gekillt. Der gewitzte Schotte Fraser Clark hatte

1965 seinen ersten Trip auf Ibiza eingeworfen und war den Rest des Jahrzehnts auf den klassischen Hippiepfaden durch die Welt gezogen. Seit 1986 gab er ein unregelmäßig erscheinendes Magazin namens *Encyclopaedia Psychedelica* heraus und wartete auf das Zeichen für eine Wiederkehr der Hippiekultur. Er fand es, als die Layouter seines Magazins darauf bestanden, daß er mit ihnen in einen Club ging, von dem sie alle schwärmten. „Als ich ins Shoom kam, zu meiner ersten House-Party, sah ich, daß die ganze Hippiesache wieder losging. Oder was hätte diese Yuppietypen sonst dazu bringen können, sich diese bunten Klamotten anzuziehen? Ich dachte: ‚Gott sei Dank!'"

Clark war damals 44, clever und erfahren im Umgang mit den Medien, und er erkannte eine gute Sache, wenn er sie sah. Für ihn war Acid House eine technologisch weiterentwickelte Version seines eigenen Hippie-Idealismus. „Vor Acid House war ‚Hippie' ein böses Schimpfwort. Jetzt brach plötzlich diese Bewußtseinswelle aus, die ich vorausgesagt hatte, und die Kraft, die in ihr steckte, bestand darin, daß wir sie nicht erfunden hatten: Es handelte sich nicht um den cleveren Plan eines alten Hippies, seine Ideale wiederzubeleben, es hatte sich ganz spontan unter den jungen Leuten entwickelt. Ich stürzte mich sofort mitten hinein." Clark sah in Acid House eher eine Art *Renaissance* als eine neue Bewegung. „Eine neue Generation von mehr als einer Million Hippies ist über Nacht entstanden, mehr, als es in den Sechzigern je gab", verkündete er atemlos Ende 1988. Er nannte diese neuen Acid-House-„Hippies" Zippies – „eine Mischung aus Sechziger-Hippie und einem Achtziger-Techno-Freak – jemand, der neue Technologien zum Segen des Individuums einsetzt". Sein Magazin taufte er in *Evolution* um und ging auf die Einmannmission, Acid House mit der Ethik der Hippies, die diese Szene seiner Meinung nach verdiente, zu verbinden.

„Ich wollte kein Guru oder Märtyrer sein", betonte Clark. „Da habe ich weit interessantere Dinge zu tun. Ein Guru ist von Jasagern umgeben, die alles für richtig halten, was er tut; ich habe sicherlich nicht immer recht." Dennoch machte er Geschichte als der Mann, der das Bewußtsein der E-Generation erweiterte (oder als „Cheerleader der Veränderung", wie Timothy Leary einmal genannt wurde). Aber Drogenkonsum allein reichte für diese Bewußtseinserweiterung nicht aus; es mußte einen Weg geben, die Leiter der Evolution noch ein paar Sprossen weiter emporzuklimmen – indem man da weitermachte, wo man in den Sechzigern stehengeblieben war. Psychedelische Drogen, hatte Allen Ginsberg einmal gesagt, räumen mit dem ganzen Müll auf, den die Gesellschaft in deinem Kopf hinterlassen hat. Dreißig Jahre später äußerte sich Clark ganz ähnlich wie der Beat-Poet: „Die Rave-Szene ist der erste Schritt zum Erwachen; du tanzt stundenlang zu schamanischen Rhythmen. Das reinigt den Kopf von jeder Konditionierung und öffnet den Geist. Dann mußt du ihn mit einer anderen Philosophie neu programmieren."

Clark sah sich selbst deutlich als einer dieser Neuprogrammierer. Er glaubte daran, daß die House-Szene eine aktuelle Version der uralten Tanzdrogenrituale der Schamanen war (es zählt vielleicht zu seinen größten Erfolgen, daß diese Idee sich allgemein durchgesetzt hat und immer noch endlos von allen wiederholt wird, die der House-Kultur eine „Bedeutung" zuerkennen wollen). Das war keine neue Idee: In seinem Buch *Disco* hatte Albert Goldman bereits behauptet, daß die New Yorker Discoszene der Siebziger eine „Underground-Tradition primitiver steinzeitlicher religiöser Riten" reflektiere, eine „Suche nach Ekstase und Transzendenz" durch orgiastische Tanzbesessenheit.[5] Clark hatte außerdem die romantische Vision eines New-Age-Großbritannien, das neue heidnische Energien aus der Kernspaltung zwischen House-Generation und Umweltschutzbewegung schöpfen könnte, wie er später in einem Manifest auf der Hülle des Samplers *Evolution's Shamanarchy In The UK* zusammenfaßte: „Während die Depression im autoritären System in den endgültigen Kollaps mündet, wird die kooperative Free-Festival/Rave/Hausbesetzer/New New Age/Techno-Traveller/Crossover-Gegenkultur unaufhaltsam zur neuen herrschenden Ökokultur aufsteigen, deren Techno-Tipis dem Dienst der Göttin gewidmet sind, damit sie auf einen gereinigten Planeten blickt." Er plante nichts Geringeres als die Psychedelisierung der Jugendkultur.

Clark, der Fakten und Fiktion in grenzenlosem Optimismus miteinander verflocht, glaubte daran, daß man Situationen *herbeiträumen* könnte: Wenn man es sich nur fest genug vornimmt, dann passiert es auch. Das Manifest der *Shamanarchy* proklamierte: „In den Neunzigern wird es auf jeder Hauptstraße im Lande Britannien einen Club geben, in dem sechs Nächte pro Woche der Tanz der Schamanen getanzt werden kann" und meinte, die House-Szene sollte „den edlen Traum Albions von einer goldenen Blüte der Zivilisation" wiederbeleben. Unglaublich? Von wegen! Clark gab – und gibt – zahllose Interviews und stellte unermüdlich neue Projekte vor, die auf der Zippie-Idee basierten. In dieser Hinsicht war er eher ein Unternehmer, der mit Konzepten handelte, als ein Guru.

The Shamen, eine Indie-Band aus Aberdeen, deren Musik düstere Psychedelic-Riffs mit linksgerichteten politischen Ansichten verband – und deren Texte bereits in Clarks *Encyclopaedia Psychedelica* erschienen waren –, fühlte sich ebenfalls vom Konzept des Acid House angezogen. Die Band hatte sich in den Achtzigern auf satirische Attacken gegen Krieg, Religion und Kapitalismus konzentriert und schließlich damit begonnen, mit computerprogrammierten Sounds und Sequenzern herumzuspielen. Acid House bestätigte ihnen nicht nur, daß der gewählte Weg der richtige war, es eröffnete ihnen auch neue Perspektiven, wohin dieser Weg führen könnte. Im Sommer 1988 machten Sänger Colin Angus und Bassist Will Sinnott, zwei Krankenpfleger, die in der Psychiatrie arbeiteten und sich für LSD, Leary und natürlich Schamanismus interessierten, im RIP in der Clink Street eine Erfahrung, die nicht nur ihre berufliche Laufbahn, sondern ihr ganzes Leben ändern sollte. „Es kam mir vor wie die technologisch aufgearbeitete und musikalisch aktualisierte Version des Acid Tests, allerdings mit stärkerer Betonung auf Sexualität und Synkopierung und ohne die verbale (oder vielleicht eher intellektuelle) Komponente“, erinnert sich Angus. „Damals kam es uns vor wie ein visionärer Blick auf das Entertainment der Zukunft.“

The Shamen gaben ein paar kleine Konzerte, bei denen der RIP-DJ Eddie Richards vor und nach dem Set Platten auflegte, sie kamen aber zu der Überzeugung, daß es nicht ausreichte, wenn man vor und nach dem Hauptprogramm ein paar Acidplatten spielte und das traditionelle Rockkonzert-Format unangetastet ließ. Sie wollten weitergehen. Da die Technik den Rest der Band überflüssig machte, schrumpften sie zu einer Zweimanntruppe. In Camden setzten sich Colin Angus und Will Sinnott mit ihrem Manager, Lichttechniker, Soundmann und Mixmaster Morris zusammen und überlegten, wie man vorgehen könnte.

Morris war das DJ-Pseudonym eines Musikers, der seine Wurzeln in Punk, Psychedelia und elektronischer Avantgarde hatte und der in Acid House ein riesiges Potential erkannte. „Wie jeden Trip-Head in

England", sagt er, „inspirierte mich das ungeheuer."[6] 1988 hatte er das allererste House-Livekonzert organisiert. Mad House, eine Abfolge von Computer-Jams vor dem halbleeren Brixton Fridge (für die Finanzierung hatte er seine gesamten Ersparnisse aufgewendet) wirkte zwar unausgegoren und überambitioniert, nahm aber dennoch zukünftige Entwicklungen vorweg – das Konzept von Bands, die live in einer Acid-House-Umgebung spielten, nicht im Brennpunkt der Aufmerksamkeit für eine passive Masse, sondern als integraler Bestandteil eines Gesamterlebnisses.

The Shamen knüpften hier an. In einem Manifest erklärten sie, das klassische Rockkonzert müsse verschwinden und neu definiert werden, um den Thrill eines Auftritts mit der Intensität der House-Atmosphäre zu verbinden – „ein extremes Aufeinanderprallen von Kulturen ... Indie-Bands auf der Bühne vereint mit dem House-Volk ... eine ganz neue Art von Club, in dem alles möglich sein wird." Will Sinnott träumte davon, daß diese Idee mit den Machtverhältnissen des „Wir hier oben, ihr da unten" im Rock 'n' Roll aufräumen und alle Beteiligten frei machen würde, ihre Erfahrungen nach eigenem Gutdünken zu definieren: „Dance Music besitzt eine klare politische Dimension", betonte er. „Sie regt zu einem weniger egozentrischen Verhalten an und ermöglicht es, ein Gefühl der Einheit und Zuneigung zu anderen zu erleben. Diese Erfahrung führt weg von liberal-gleichgültigen, individualistischen Einstellungen und schafft eine wirkliche politische Opposition."[7]

Synergy war der passende Name für die Revue, bei der DJs wie Morris, Eddie Richards und Paul Oakenfold, der Rapper Mr C aus der Clink Street, Bands wie The Shamen und ein weiteres exzellentes Electro-Duo, Orbital, auftraten – unter einer mächtigen Lightshow, die an die größten Raves des Jahres 1989 erinnerte. Alle vorherigen Versuche, Psychedelia, Dance Music und Rockkonzert miteinander zu verschmelzen, waren stets genau das geblieben: Versuche; kreativ und phantasievoll zwar, aber nicht rundum ein Genuß. Synergy *funktionierte.* Im nächsten Jahr zog die Tour durchs ganze Land und warb immer mehr Indie-Rockfans fürs Dance-Lager ab.

„Als wir anfingen, tanzte die eine Hälfte des Publikums, während die andere sich die Band anguckte und dann nach Hause fuhr, um den *NME* zu lesen", erinnert sich Mixmaster Morris. „Binnen eines Jahres tanzte jeder die ganze Nacht lang, und es war ein tolles Gefühl, weil wir damit einen Pflock tief ins Herz des Rock 'n' Roll treiben konnten. Wir tanzten auf seinem Grab."[8] Synergy war keine isolierte Angelegenheit, die Happy Mondays wie auch Primal Scream hinterfragten die Rolle, die Rock 'n' Roll im digitalen Zeitalter spielen sollte. Dance hielt nun Einzug in die Rockgemeinde.

Dann geschah eine Tragödie. Nach Beendigung der Dreharbeiten für das Video zur neuen Shamen-Single *Move Any Mountain* blieb Will Sinnott zusammen mit seiner Freundin auf den Kanarischen Inseln, wohin er, wie das neue Band-Mitglied Mr C berichtete, „ein Dutzend Fläschchen flüssiges E und ein paar weiße Tauben" mitgenommen hatte. Am 22. Mai 1991 ertrank er beim Schwimmen vor der Küste von Gomera. Ironie des Schicksals: *Move Any Mountain* wurde der bisher größte Hit für The Shamen. Und in seinem letzten Interview, eine Woche vor seinem Tod, hatte Sinnott noch einem *NME*-Journalisten verraten: „Irgend jemand da oben muß mich wohl mögen. Ich muß ein gutes Karma haben. Ich habe mit dem Motorrad schon eine Menge Situationen erlebt, bei denen ich eigentlich hätte draufgehen müssen. Ich habe Glück, daß ich noch am Leben bin."[9]

glastonbury

Manifeste allein reichten nicht aus, um eine neue Gegenkultur aufblühen zu lassen; eine größere Übereinstimmung von Wertvorstellungen und Lifestyles war erforderlich, um die utopischen Unterströmungen ans Licht zu bringen, die tief in der House-Szene versteckt lagen. Roger Beard, der ehemalige Traveller, der dann als DJ ins Spectrum kam, hatte versucht, den Verkehr in beide Richtungen zu lenken, indem er (allerdings ohne Erfolg) geplant hatte, einige Shoomer zur Sommersonnenwende 1988 nach Stonehenge mitzunehmen, und im März desselben Jahres seine Traveller-Freunde aus ihren Wagenburgen ins Future holte. Die erste wirklich bedeutsame Berührung zwischen der House-Szene und der Festival-Gemeinde fand jedoch erst in Glastonbury statt.

Seit der Schlacht im Bohnenfeld war das zunehmend kommerziellere Glastonbury Festival ein immer wichtigerer Anlaufpunkt auf dem alljährlichen Treck der Traveller geworden, ein Ort, an dem sie ihre Waren anbieten und feiern konnten. Zu Anfang gestattete der Festivalpromoter Michael Eavis es den Travellers, umsonst teilzunehmen (was er später zur großen Verärgerung der Betroffenen änderte). 1989 bauten die ersten Sound Systems, unter anderem auch die Organisatoren der Ost-Londoner Clubnacht Hypnosis, ihre Lautsprechertürme auf dem Gelände auf.

„1990 machten das alle, aber wir waren schon 1989 soweit", sagt Hypnosis-Promoter Tim Strudwick. „Wir packten ein Sound System in einen alten Mercedes-Kleinbus, Beleuchtung und Laser und eine 15.000-Watt-Anlage. Wir kamen in Glastonbury an, bevor das Festival begann, und sperrten uns ein großes Areal auf einem der Parkplätze oben auf einem Hügel ab. Die Anlage lief drei Tage nonstop. Wir hatten Punks, Skinheads, Traveller, Raver, und es war eine einzige geile Dreitageorgie mit Musik. Es herrschte auch eine unheimlich gute Atmosphäre; irgendwann ging uns der Diesel aus, und ein paar Traveller halfen schnell mit 100 Litern. Es kamen auch ein paar Hippies, die sich über den Krach beklagten. Für mich war Glastonbury immer so geil, weil man einfach machen konnte, was man wollte."

Das blieb nicht unbeobachtet. 1990 begann sich eine Allianz aus Traveller und Raver zu formieren. Die Traveller verfügten über den Platz und das Know-how, was die Organisation von Großereignissen betraf, die Tage und nicht nur Stunden dauerten; die Raver hatten die elektronischen Sounds und diese verführerische neue synthetische Droge, Ecstasy. Das sah definitiv attraktiver aus als das, was die Brew Crew oder die langsam reichlich angestaubten Free Festivals anzubieten hatten. Und obwohl die ideologischen und modischen Differenzen bestehen blieben, verband die Fraktionen das gemeinsame Interesse, drauf zu sein und die ganze Nacht durchzutanzen.

Glastonbury 1990 – das einen Monat vor dem Inkrafttreten der Bright Bill stattfand, die unangemeldete Raves kriminalisierte – kam genau zur rechten Zeit, um von der wachsenden Unzufriedenheit über die Rave-Szene im Londoner Umland zu profitieren, die kommerziell, unzuverlässig und dreckig geworden war. Die härteren Gesetze gegen einen Teil der Szene machten sich bemerkbar, wenn auch vielleicht anders als beabsichtigt: Die kreative Energie brach nun an anderer Stelle aus, infizierte neue Leute und drängte Gruppen zusammen, die vorher noch nie miteinander zu tun gehabt hatten.

In Glastonbury breiteten sich immer mehr Sound Systems aus, angefangen bei den Londonern von Club Dog, die nun begonnen hatten, ihre schräge World Music mit Dance-Tracks zu mixen, über DiY aus Nottingham bis zu Tonka, einem Kollektiv aus Cambridge, dessen Mitglieder schon die Partys von Grantchester Meadows 1969, Hip-Hop-Jams in den Londoner Acid Clubs und Gratis-Raves am Strand von Brighton erlebt hatten. Harte Acid-Rhythmen pulsierten, als der Tag über den Tänzern heraufzog, die Rinnen in den sandigen Boden stampften, während sich ihre Füße endlos zum Beat bewegten. Man tauschte Telefonnummern aus, schloß Partnerschaften, und die zwei Hippie-Generationen schienen sich die Hände zu reichen. Als ein Traveller mit seinem Pferd mitten in der Nacht über die Tanzfläche ritt, schien das den Beginn einer neuen Ära anzukündigen.

Viele der begeisterten Erzählungen von den Open-air-Raves 1989 lasen hauptsächlich die oberflächlichen Zeichen – die psychedelischen Drogen, die bunten Klamotten, die Sprüche von Liebe und Einigkeit – und zogen von daher Vergleiche mit den Hippie-Festivals. Doch das war eine schönfärberische Schlußfolgerung. Die Beschreibung einer Acid Party in San Francisco Mitte der Sechziger wäre wohl mit Leichtigkeit als Schnappschuß vom Durchschnittsrave durchgegangen: „Eine besondere Art von Delirium griff um sich ... eine Verzückung, die ans Religiöse grenzte ... ein absoluter Angriff auf die Sinne: Der elektrifizierte Sound rauschte in Wellen über die Tänzer hinweg, legte intensive psychische Energien frei und führte das Publikum immer tiefer und tiefer in einen gemeinsamen Trancezustand.“[10] Allerdings hatten wenige Leute, außer vielleicht Fraser Clark, die Illusion, daß die Ähnlichkeiten über das Visuelle hinausgingen. Die Wertvorstellungen glichen einander auf keinen Fall.

„Ich glaube nicht, daß man die Achtziger wirklich mit den Sechzigern vergleichen kann“, betonte damals Tony Colston-Hayter. „In gewisser Weise war das schon ein Rückfall in die Sechziger, aber gleichzeitig war das ganz anders – es war völlig unpolitisch. Es ging darum, abends wegzugehen und sich zu amüsieren. Fraser Clark war bei dem [Sunrise] Dance Music Festival, das wir veranstalteten, und er sagte, es sei genau wie ein großes Festival. Für mich persönlich funktioniert das nicht so. Für einige Leute schon, aber für die breite Masse? Es gibt nicht genug Leute, denen es so wichtig ist, daß sie ihr ganzes Leben darauf aufbauen wollen. Der Unterschied ist heutzutage, daß die Leute es nicht wirklich leben wollen."

Obwohl entscheidende gesellschaftliche Veränderungen die Sechziger wie die Neunziger prägten, hätten die tonangebenden Leute der jeweiligen Drogenkultur nicht unterschiedlicher sein können, was ihren sozialen, kulturellen oder wirtschaftlichen Background betrifft. Die Psychedelia-Szene der Sechziger hatte ihren Ursprung in der Universität von Harvard, sie bestand aus Intellektuellen, Professoren, Dichtern, Wissenschaftlern, Schriftstellern und Künstlern, fußte auf humanistisch-psychologischem Gedankengut und fernöstlichem Mystizismus und war beeinflußt von der anwachsenden Bürgerrechtsbewegung, den Aktionen gegen den Vietnamkrieg, dem Wirtschaftsboom und dem Vitalitätsausbruch, der auf die grauen, nüchternen, verklemmten Fünfziger folgte. Die Acid-House-Szene dagegen war in den Arbeitervorstädten Süd-Londons von Clubgängern, Schnorrern, Fußballhooligans, DJs und ein paar kulturell interessierten Lebenskünstlern kreiert worden, in einem immer härter werdenden wirtschaftlichen und sozialen Klima, und zeichnete sich durch die Ablehnung von Politik aus.

Die Einnahme von Drogen hatte den politisierten, gegenkulturellen Kontext verloren, der in den Sechzigern damit verbunden war. Hier ging es mehr um Hedonismus und darum, in einem entrückten Zustand eine Art Urlaub zu machen, als um die Erweiterung des Bewußtseins. Die Übernahme der Hippie-Slogans durch die ersten Shoomer war primär eine Rekonstruktion der Sixties-Mythen, mit denen man die Ecstasy-Erfahrung in einen Kontext zu setzen versuchte. Viel weniger drückte sich in diesem Vorgang das Bedürfnis aus, die Hippie-Ära als Ganzes wiederauferstehen zu lassen. Die Entwicklung von Acid House spiegelte das Großbritannien der Achtziger, nicht das Amerika der Sechziger; diese Szene war fest in britischen Jugendkulturtraditionen verwurzelt – sie sampelte freimütig von den amphetamingepushten Northern-Soul-Nächten, von den Sound Systems und illegalen Warehouse-Partys der Funk- und Reggae-Szene, der Do-it-yourself-Ethik des Punk – und nicht von der amerikanischen Gegenkultur.

Was Tony Colston-Hayter jedoch nicht erkannt hatte, war, daß es in seinem tobenden Publikum durchaus Leute gab, die wirklich dafür leben wollten und die enttäuscht waren, als sie auf die Leere im Inneren seines technologisch aufgepeppten Freizeitkosmos stießen. Da gab es zum Beispiel das DiY Sound System, das noch eine wichtige Rolle dabei spielen sollte, den Crossover zwischen der Rave- und der Festivalszene einen Schritt weiterzubringen. Es handelte sich um eine Gruppe von DJs, die aus den Postpunk- und Hip-Hop-Kreisen in Nottingham stammten und die zu Anfang von einem Open-air-Rave zum anderen gereist waren, bis es sie immer mehr enttäuschte, spätabends durch die Gegend zu fahren und eine Party zu suchen, für die sie zwanzig Pfund bezahlt hatten und die später gar nicht stattfand. Die Wahl ihres Namens, Do it Yourself, bezog sich nicht nur auf ihre Punk-Herkunft, sondern auch auf die Ideale, die sie in der House-Szene zu finden hofften. 1990 in Glastonbury schlossen sie sich mit einer Gruppe Travellern zusammen, die von der Entwicklung ihrer eigenen Szene ähnlich enttäuscht waren, vor allem vom Verhalten der betrunkenen „Brew Crew", und gemeinsam begannen sie in den ländlichen Gebieten von Wiltshire und Somerset Free Parties zu veranstalten, wo Traveller und Raver tanzend ihren gemeinsamen Honeymoon im Lande König Arthurs feierten.

Anfangs gab es einen beiderseitigen Austausch von Erfahrungen und Ideen. Die Sound Systems aus der House-Szene übernahmen die Ansicht der Traveller, daß Partys umsonst und für alle zugänglich sein sollten. Man fand, es sei nicht nur materialistisch, elitär und spaltend, für den Eintritt Geld zu verlangen, sondern so würde auch etwas von der Magie der feierlichen Zusammenkunft zerstört. Als 1990 eine DiY-Party im Südwesten von der Polizei gestoppt wurde, konnten die Beamten – gewöhnt an Geschichten, daß die Londoner Rave-Organisatoren in einer Nacht Hunderttausende verdienten – kaum begreifen, weshalb hier keiner der Veranstalter einen Koffer mit Geldscheinen bei sich trug. „Als man uns festnahm, konnten sie gar nicht glauben, daß der Rave umsonst war", erzählt Rick. „Sie konnten nicht verstehen, weshalb wir von Nottingham aus hierhergefahren waren, um etwas zu machen, bei dem wir nichts verdienten. Sie waren überzeugt, daß es irgendwo noch einen Hintermann gab, der Millionen abzockte. Sie sagten zu uns, wir sähen zu vergammelt aus, um Acid-House-Promoter zu sein." Das war ein Stereotyp, das bald korrigiert werden sollte.

stonehenge

„Ich und mein Bruder, wir waren schon mit 13 oder 14 auf den allerersten Stonehenge-Festivals gewesen und hatten da unsere Kindheit verbracht. Wir warteten auf Hawkwind – das waren damals die Leute, die das illegale Sound System, die Bühne und die Musik hatten. Wenn die kamen, gab's ein Festival; wenn nicht, dann nicht. Damals sahen wir uns als Freaks, wir waren keine Hippies oder Punks. Wir hatten diese Wurzeln, aber seit meinem 16. oder 17. Lebensjahr war ich ein Clubgänger und stand total auf diese ganze Acid-House-Geschichte. 1988 in Manchester war ich vier Nächte in der Woche im Haçienda. Ich kann mich erinnern, wie sich an einem schicksalhaften Mittwoch buchstäblich die ganze Welt veränderte. Es war ein unglaublicher Schock, der durch mich hindurchlief, eine sehr tiefe Erfahrung; ein Blick in diese andere Dimension, von der ich bis zu diesem Zeitpunkt gar nicht wußte, daß sie existierte. Ich glaube, es war etwas, das wir bei den Festivals immer gesucht, aber nie gefunden hatten."

Aus solchen kulturellen Schlüsselerlebnissen wachsen neue Anfänge. Mark Harrison hatte Stonehenge miterlebt, das Haçienda auf seinem Höhepunkt, die illegalen Raves der späten Achtziger, das Tonka Sound System in Glastonbury. Mittlerweile lebte er in einem besetzten Haus in London und arbeitete als Graphiker, und zusammen mit seinem Bruder Alexander, der in einer Baumschule arbeitete, und ihren Freundinnen Debbie Griffith und Simone Feeney kratzte er genug Geld zusammen, um sich ein Sound-Equipment zu kaufen und dann in einem ehemaligen Schulgebäude in Willesden ein paar Partys zu schmeißen.

„Wir spielten mit der Idee von Free Parties", sagt Harrison. „Es schien eine ganz einleuchtende Sache; denn diese großen kommerziellen Raves hatten ihren Zauber verloren. Zuvor gab es die riesigen illegalen Events, die vielleicht auch teuer waren, aber da bekam man wenigstens was für sein Geld: die größten Anlagen, die besten Lightshows, die meisten Leute, die lauteste Musik und jede Menge Security-Typen mit Pitbulls; man fand es auch okay, diese dunkle und geheimnisvolle Unterwelt mitzufinanzieren. Es war aufregend, dennoch verlor es an Faszination."

Ihre erste Party im Old School House fand im Oktober 1990 statt und nannte sich Detension. Die schwarzen Wände waren mit Harrisons leuchtfarbenen Kunstwerken verziert, einer eindrucksvollen Mischung aus Op-art, Hieroglyphen und heidnischen Symbolen. Er hatte auf der Straße ein fossiles Ammonshorn gefunden, und dessen Form sowie der damit verbundene Symbolismus gefielen ihm. Jetzt war ein Name für sein Sound System gefunden: Spiral Tribe.

Das Stonehenge People's Free Festival hatte seinen Titel behalten, obwohl es seit 1984 nicht einmal mehr in der Nähe der Steine stattfinden konnte. Zur Sommersonnenwende 1991 wurde es etwa dreißig Kilometer entfernt in Longstock veranstaltet. Am 21. Juni sagten Spiral Tribe den Londoner Hausbesetzern adieu und machten sich mit einem Transporter und einer Viereinhalb-Kilowatt-Anlage auf den Weg.

„Es geschah auf einer dieser uralten Landstraßen, einer alten Römerstraße oder einem prähistorischen Pfad", erinnert sich Harrison. „Bis dahin hatte ich gedacht, an diesem ganzen Geschwätz über Kraftfelder, Sonnenwenden und so sei nichts dran, ich glaubte nicht daran. Plötzlich änderte sich das. Irgend etwas machte einfach klick, der Groove fing uns ein, und wir wußten, wer wir waren. Wir bekamen eine Ahnung von dem Gewicht dessen, was vor uns lag und wofür wir hier waren. Es ging nicht nur um Spiral Tribe als Organisation, es ging auch um die Menschen um uns herum. Wir würden alle auf dasselbe Gefühl abfahren, denn was hier passierte, überstieg die Grenzen eines jeden von uns, und es reichte weit über diese materielle Sache, ein Sound System zu betreiben, hinaus. Darauf baut die ganze Philosophie von Spiral Tribe auf. Aber was für uns so mysteriös und überraschend war – und noch immer ist –, war die Tatsache, daß wir dieses Wissen bereits in uns hatten. Wir waren uns dessen nur nicht bewußt gewesen, bevor die Dinge ins Rollen kamen und *es* sich *uns* bemerkbar machte. Es war gespenstisch."

Longstock war das größte Festival seit sieben Jahren und wurde nicht nur das Eckdatum für das spirituelle Erwachen von Spiral Tribe, sondern auch für den Beginn ihrer Einflußnahme. Sie sahen anders aus: allesamt mit rasierten Köpfen, Kampfanzügen, schwarzer Kleidung. Ihre Musik klang anders: härter und schneller als bei jedem anderen Sound System. Und sie kamen zur rechten Zeit an den richtigen Ort, spielten die lauteste Musik für die größte Menge von Menschen, darunter viele, die zum erstenmal Drogen und Dance Music miteinander kombinierten.

Als die Party zu Ende war, packten Spiral Tribe nicht etwa zusammen und kehrten nach London zurück. Alles hatte sich verändert; sie hatten ein Ziel, eine Mission zu erfüllen. Sie mußten reisen, um 24 Stunden und sieben Tage die Woche den Groove zu leben, um richtig fett Krach zu machen. *Make some fucking noise!*

„Wir ließen das Sound System dort aufgebaut, und von diesem Augenblick an fuhren wir nicht wieder nach Hause. Wir blieben da draußen und machten das nächste Wochenende und wieder das nächste ... Danach kam Stoney Cross, auch ein ganz unglaublicher Ort. Jeder Veranstaltungsort, auf den wir uns zubewegten, hatte eine sehr interessante Geschichte. Hier hatte man während des Krieges die Zigeuner zusammengetrieben, weil die Behörden sie wegen ihrer ethnischen Herkunft als unerwünscht ansahen. Das war auf diesem stillgelegten Flugplatz. Im Jahr davor hatte es am selben Ort einen Vorfall wie den im Bohnenfeld gegeben, die Polizei hatte das Festival zerschlagen und die Fahrzeuge der Travellers zerstört, daher hatten alle ein ganz schön ungutes Gefühl dabei, dort wieder hinzugehen. Wir waren total ahnungslos und naiv, das war der einzige Grund, weshalb wir da waren; wir wußten nicht, daß es an diesem Ort so viel Gewalt gegeben hatte. Wir bauten auf diesen kleinen Anhöhen auf, die einen perfekten Kreis bildeten, gaben Saft drauf, und dann kamen auch die Leute. Da waren wir und ließen ganz einfach das Festival steigen!"

Sie zogen weiter, durch Hampshire, Devon, Surrey und Gloucestershire, und erreichten im August das White Goddess Festival bei Camelford in Cornwall. Wie zuvor Ken Kesey's Merry Pranksters, die in den Sechzigern mit ihrem Bus auf einen historischen Trip durch Amerika gingen, wuchs auch der Tribe ständig an und hinterließ eine buntschillernde Spur, als er mit seinem Luton-Transporter durch die idyllische Landschaft des englischen Südwestens fuhr. Überlebensgroße, mehrdimensionale Figuren schlossen sich ihm an: Reggie The Box Man, der aus der Londoner Reggae-Szene stammte; Hubert, auch MC Scallywag genannt, der den Slogan prägte: „Nicht wir sind Spiral Tribe, ihr alle seid Spiral Tribe, nur durch euch geht's hier ab"; Debby Staunton, eine lebhafte Idealistin, Mitte Dreißig und Mutter von zwei Kindern, die für Spiral Tribe die Telefon-Infoline betreute, und schließlich Mark Harrison selbst, ein Mann mit magnetischer Anziehungskraft, der ständig lächelte, aber fast angsteinflößend intensiv wirkte (ein

Journalist, der ein Interview mit ihm führte, nannte ihn nicht nur zum Spaß ein „böses Genie"). DJs aus der Gegend wechselten sich an den Decks ab und wurden ebenfalls Teil des Stammes, des „Tribe".

„Die Spiral-Tribe-Euphorie war wie eine Neuauflage der Acid-House-Szene von 1988/89", meint Aztek, ein DJ, der in Camelford zu dem Troß stieß. „Je weiter der Tag voranschritt, desto mehr Leute kamen und desto härter wurden die Beats. Dann brach wieder die Nacht herein, und die Feuerschlucker und Jongleure kamen raus. Trillerpfeifen, Hupen und die Schreie der überwältigten Menge schallten über die Hochmoore und verbanden sich mit dem musikalischen Chaos hektischer Rhythmen und klagender Synthesizer, die aus dem Sound System von Spiral Tribe dröhnten. Von diesem Tag an nahm mich das gefangen."[11]

In Camelford zeigten sich die Leute, die an Bands mit Gitarren und Drums gewöhnt waren, zunächst sprachlos, dann wie verwandelt. Auf der einen Seite der Arena war die Rockbühne, wo Bands wie Hawkwind auftraten. Auf der anderen Seite standen Spiral Tribe. Vor den Bands flippten ein paar Betrunkene aus oder lagen bedröhnt im Gras. Rund um das Sound System drängten sich 2.000 hüpfende, tanzende, lächelnde Menschen, erfüllt vom wilden Geist der Offenbarung. Die neuen Riten lösten sichtbar die alte Ordnung ab.

„Es vermittelte totale Lebensenergie – Spiral Tribe, die ganze Nacht, 24 Stunden am Tag, das war's, was zählte, das war der Grund, weshalb mich Rockmusik einmal begeistert hatte. Aber die kam jetzt so fett und aufgeschwemmt daher. Das hier war viel direkter, eine viel reinere Form, sich auszudrücken." Simon Lee war ein junger Festivalbesucher, der auf Anhieb in die Free-Party-Szene einstieg, die sich im Anschluß an Camelford entwickelte. „Das Festival fand in der Nähe des Brown Willie Tor, eines der Berge des Hochmoors, statt – ein total irrer Ort. Einmal konnte man die Sonne, den Mond und Brown Willie Tor zur gleichen Zeit sehen. Alles um uns war so flach, daß man den Horizont erkennen konnte. Es war, als sei man in einem riesigen kosmischen Zelt. Alle, mit denen wir da waren, fuhren nach Hause und verkauften ihre Rockplatten – die brauchte man nicht mehr! Es war Wahnsinn, so ein neuer Sound."

Das System lief weiter und weiter, vierzehn lange Tage und Nächte, von August bis September, ohne müde oder langsamer zu werden, und der Schlafentzug ließ den Tribe langsam überirdische Dinge erfahren, die Atmosphäre wurde fast religiös. „Wenn man das erlebt, dann lernt man eine Welt kennen, von der man gar nicht wußte, daß sie existiert", erklärt Mark Harrison. „Die Sonne geht unter, der Mond geht auf, und man sieht, wie die Welt sich dreht. Mein Rekord liegt bei neun Tagen ohne Schlaf. Das ist eine schamanische Geschichte."[12]

Lange Phasen ohne Schlaf beeinflussen unausweichlich den geistigen Zustand. Man füge dann noch ein paar Magic Mushrooms oder ein paar billige LSD-Würfelchen hinzu und runde das Gefühl mit der Begeisterung über die Entdeckung neuer Erfahrungen ab sowie mit der Intensität des engen Zusammenlebens in einer kleinen Gruppe für längere Zeit. Aus diesem rigoros klösterlichen Leben erwuchs ein starkes Gefühl von Identität, Glauben und Bestimmung, das fast körperliche Gestalt anzunehmen begann und größer wurde als die Summe der Spiral-Tribe-Mitglieder:

„Binnen weniger Monate war es völlig außerhalb unserer Kontrolle. Das Gefühl trat bei jedem auf, der mit Spiral Tribe zu tun hatte – die Leute rasierten sich den Kopf, zogen sich Kampfanzüge und schwarze Sachen an. Wir bauten nur die Anlage auf, und die Leute, die dann zu uns stießen, brachten die Energie in dieses System ein. Ich will jetzt nicht wie ein Marxist klingen, aber es war wirklich das Sound System des Volkes, und darin lag seine Energie. Dadurch war es anders als alles, was sonst zu der Zeit lief, weil es damals eigentlich außer uns niemanden gab, der das nonstop anbot und es auch tatsächlich lebte. Die unausgesprochene Regel oder Initiation bei Spiral Tribe war die, daß man es leben mußte, 24 Stunden am Tag. Es war unglaublich intensiv und konzentriert."

Während Tony Colston-Hayter die englische Countryside als eine Art naturbelassenen Bauplatz für sein neues Freizeitkonzept betrachtet hatte, sahen die Spirals sie als ein politisch bedeutsames Umfeld, eine historische Arena für den Kampf zwischen Rebellen und Unterdrückern. Sie entwickelten eine romantische, puristische Philosophie, die auf ihren bisherigen Erfahrungen basierte und sich aus ihrem Background ergab, den Situationen, die sie vorfanden, und den Leuten, mit denen sie in Kontakt kamen, während sie im Sommer 1991 von einem Festival zum anderen zogen. Sie begannen zu glauben, daß Techno die neue Volksmusik sei, die Stimme der kulturell Enteigneten; eine Musik, die man so laut und lang wie möglich spielen mußte, damit sie den richtigen körperlichen und psychologischen Effekt hatte. Sie glaubten auch, daß der Spiral Tribe auf gewisse Weise mit den prähistorischen Nomadenstämmen verbunden war, die sich vor Tausenden von Jahren in der gleichen Gegend Musik und Tanz hingegeben hatten, daß Free Parties schamanische Rituale waren, Rituale, die mit den neuen Musiktechnologien, mit bestimmten chemischen Drogen und langen Phasen des Tanzens – vor allem in einer spirituellen Umgebung – die Stadtjugend wieder zur Erde zurückführen könne, mit der sie den Kontakt verloren habe; sie glaubten weiterhin, daß man dadurch den bevorstehenden ökologischen Kollaps abwenden konnte. Und die einzigen Leute, die diesen Sinneswandel in Gang setzen können, sind die *wirklich* Hartgesottenen, die *Rebellen*, diejenigen, die niemals nachgeben oder weichen würden, die so lange *some fucking noise* machen, bis ihre Stimmen Gehör finden.

Mark Harrison sagt zwar, er habe Crass kaum gekannt, aber es gibt einige auffallende Ähnlichkeiten zwischen den Punk-Anarchos der Achtziger und den Techno-Rebellen der Neunziger. Für den Winter kehrten die Spirals 1991 nach London zurück, besetzten einen verwahrlosten Platz vor einer Hundefutterfabrik in Greenwich, parkten dort ihre immer größer werdende Fahrzeugflotte und gruppierten sich wärmesuchend um Feuer, die sie in einem alten Ausguß anzündeten. Hier begannen sie, sich über ihr Manifest klarzuwerden.

„Es gibt eine bestimmte Phase der Erkenntnis, wo deine ganze Welt durcheinandergewirbelt wird, wo du begreifst, daß sie nicht so ist, wie man dir immer weisgemacht hat", sagte Harrison damals. „Es ist der Moment, in dem du erkennst, daß alles, woran du deine Sicherheit festgemacht hast, wie Reichtum und Status, nur Illusion ist. Es ist sehr wichtig zu erkennen, daß man sich der Kontrolle der Obrigkeit entziehen muß. Selbst wenn das nur für ein paar Minuten ist, das reicht schon … vielleicht ist dies der Grund, weshalb die Partys so beliebt sind. Der Legende zufolge gibt es einen musikalischen Ton, der die Menschen befreien kann … es gibt Rhythmen, die dich in Trance versetzen und dich der spirituellen Welt näherbringen können …

Geld oder Eigentum interessierten uns nicht … es ist unser Anrecht von Geburt an, auf dieser Erde zu wandeln, sauberes Wasser zu trinken, gesundes Essen zu verzehren und einen Unterschlupf zu haben. Es geht nicht um Hausbesetzung oder Sound Systems, es geht um den Way of Life der Gesellschaft und wie inakzeptabel er ist."[15]

Harrisons komplexer, leidenschaftlicher Diskurs vermied die wiederaufgewärmten Hippie-Platitüden einer ecstasyinspirierten „Peace-&-Love"-Idee. Was offenbar eine weit stärkere Auswirkung auf Spiral Tribe hatte, auf seine Überzeugungen und seine Vorgehensweise, war eine viel mächtigere Droge als Ecstasy, eine, die den Verstand von innen nach außen stülpt, Fragen stellt und Antworten fordert – LSD. Während Ecstasy enorme Glückszustände und Empathie hervorruft, aber nicht unbedingt dazu führt, daß man seine Lebensweise überdenkt, können die wilden, durch eine ordentliche Dosis LSD hervorgerufenen Halluzinationen das menschliche Ego an den Rand der Auflösung führen. Spiral Tribe wollten das Potential anzapfen, das durch das zentrale Nervensystem herausgefiltert wurde, um die jahrelange Konditionierung auszuschalten. Für sie stand fest, daß Spaß allein nicht ausreichte. Ecstasy war ein nützliches Werkzeug gewesen, aber nun erschien es zahm und angepaßt – es produzierte glückliche kleine Häschen, die in immer enger werdenden Kreisen herumhoppelten. Nun war es an der Zeit, einen Schritt weiter zu gehen.

„MDMA hat seine Berechtigung, aber wenn man es ein paarmal genommen hat, sind die Lektionen, die es geben kann, schnell gelernt, und es wird überflüssig. Seine Erfahrungen haben definitive Grenzen, und wenn man die einmal ausgetestet hat, führt es nicht weiter. Ich weiß nicht, in welchem Ausmaß es zu festgefahrenen Denkprozessen führt, wenn man es gewohnheitsmäßig nimmt. Kulturell betrachtet, gefallen mir diese Partys nicht, wo jeder auf seiner kleinen Wolke von MDMA schwebt – oder was auch immer in diesen Pillen drin ist –, wo man völlig platte, harmlose, passive Musik hört und ohne irgendeinen weiteren Grund aus sich rausgehen will, ohne auch nur im geringsten das Gelernte anwenden zu wollen. Nach dem, was ich gesehen habe, glaube ich nicht, daß es viele Einsichten vermitteln kann, während man mit LSD oder Magic Mushrooms sicherlich keinen Fehler macht. Sie sind so viel wichtiger und außerdem ungiftig. LSD und Magic Mushrooms haben einen weitaus kreativeren Einfluß – nicht nur auf Raves, sondern auf das ganze Leben, auf das Verständnis der eigenen Persönlichkeit und der ganzen Welt."

Wenn man Harrisons Schilderung vom spirituellen Erwachen des Tribe beim Longstock Festival unter diesen Gesichtspunkten betrachtet, kann man sie durchaus in den Kontext einer erleuchtenden, lebensverändernden LSD-Erfahrung setzen; daher auch die Bereitschaft des Tribe, sich höhere Ziele zu setzen und die Grenzen der Gesellschaft wie auch des Bewußtseins zu durchstoßen. Bei den Partys kreisten jetzt seltenere und exotischere Psychedelika – „die feinsten Substanzen, Ketamin und Meskalin und all so was, auch das gehörte zur Mystik", wie ein anderer Traveller berichtet.

Die halluzinogene Karriere der Spirals verlief parallel zu den leicht psychedelisch beeinflußten Diskursen, die sich in der kleinen, aber umtriebigen Techno-Hippie-Gemeinde in London entwickelten. Ihren Mittelpunkt hatte diese Clique in den *Evolution*-Vorträgen von Fraser Clark gefunden. 1992 flog Clark einige der Schlüsselfiguren der amerikanischen Gegenkultur nach London: Robert Anton Wilson, den Autor des ultimativen Verschwörerromans *Illuminatus!*, den Ecstasy-Chemiker Alexander Shulgin und – ganz wichtig – Terence McKenna. McKenna war ein Ethno-Botaniker, der ausführlich durch Südamerika gereist war, wo er psychedelische Pilze gesammelt und bestimmt hatte. In seinem bekanntesten Buch, *Food Of The Gods*, hatte er die Theorie aufgestellt, daß sich Pflanzen und Menschen seit prähistorischer Zeit symbiotisch entwickelt hätten, wobei speziell den psychedelischen Pflanzen eine Schlüsselrolle bei der Entwicklung der menschlichen Geisteskräfte zukäme. Daher könnten diese Pflanzen, wenn man sie in zeitgenössischen schamanischen Ritualen wieder in die Gesellschaft einführte, den ökologischen Kollaps abwenden, indem sie einen evolutionären Sprung auf eine höhere Bewußtseinsebene erleichterten.

McKenna betrieb seine botanischen Studien mit einem erfinderischen Eifer, der an Wahnsinn grenzte, wenn er beispielsweise berichtete, wie er sich nach dem Rauchen des pflanzlichen Psychedelikums Dimethyltryptamin (DMT) in einer fremdartigen Welt wiederfand, wo er dem musikalischen Geplapper fröhlicher „Roboter-Elfen aus dem Hyperraum" lauschte – und sie schienen ihm etwas sagen zu wollen. „Wenn ich nicht völlig verrückt bin", bemerkte er, „dann ist das etwas ganz Neues!"[14] Sowohl die Kühnheit seiner Argumente wie auch der seltsam hypnotische Klang seiner Stimme trafen einen Nerv bei all jenen, die glaubten, daß die Menschheit an einem Scheideweg stand und entweder auf ein neues Zeitalter der Erleuchtung oder auf das dunkle Zeitalter der Umweltvernichtung zusteuerte. Der clevere Redner mit seinem buschigen Bart bemerkte, wie sein neues Publikum die Idee der Dance-Kultur als schamanisches Ritual aus seinen Büchern entlehnt hatte und schnitt seine Worte darauf zu. „Mit der elektronischen Kultur können Schamanen für das global-planetarische Dorf geschaffen werden“, sagte er später, als er mit einem geometrisch gemusterten Rave-T-Shirt dasaß und auf seltsame Weise selbst wie ein haariger kleiner Pilz aussah, „das ist für mich die Funktion, die Rock 'n' Roll in den Sechzigern hatte und die in den Neunzigern von House Music übernommen werden sollte.“[15]

An der *Evolution*-Lesung nahm auch Colin Angus von The Shamen teil. Er stellte fest, daß McKenna viele seiner eigenen Gedanken über die verwandelnde Kraft psychedelischer Drogen in Worte faßte. „Terence hat das Konzept der Psychedelika für die Neunziger und darüber hinaus neu belebt, im Kontext des Schamanismus und der Sorge um die Zukunft des Planeten, eine Perspektive, die in den Sechzigern fehlte“, sagt Angus. „Seine Idee, daß wir psychedelische Werkzeuge verwenden sollten, um die Menschheit vor sich selbst zu retten und dabei auch ‚die Welt zu retten‘, sollte der Überlegung wert sein, ganz gleich, wie unrealistisch das bei Licht betrachtet auch erscheinen mag. Besonders dringliche Probleme erfordern mutige Lösungen ...“

McKennas Plädoyer für natürliche Psychedelika wie Psilocybin-Pilze und den fünfzehnminütigen „Raketentrip“ mit DMT schien einen Ausweg aus der Ecstasy-Kultur zu bieten, die Angus wie Harrison mittlerweile immer formelhafter erschien. Darüber hinaus war McKenna der geborene Showman. Angus lud ihn ein, zu *Boss Drum,* dem geplanten Konzeptalbum der Band, das stark von *Food Of The Gods* inspiriert war, einen Titel beizutragen. Auf *Re-evolution* erläuterte McKenna seine Version einer „archaischen Erneuerung“, einer Wiederaufnahme der Verbindung mit den urzeitlichen Energien des Planeten – ein Konzept, das für jeden, der Spiral Tribe zugehört hatte, vertraut klang. „Indem man in der House Music und in der Ravekultur physiologisch aufeinander abgestimmte Rhythmen betont, kann dieser Sound, wenn man ihn richtig begreift, tatsächlich bei großen Menschenmengen die neurologischen Befindlichkeiten ändern“, murmelte er mit honigsüßer Stimme, „und eine telepathische Gemeinschaft der Zusammengehörigkeit erschaffen, die hoffentlich stark genug sein wird, um die Vision in die Allgemeinheit hinauszutragen."

McKennas Philosophie floß in die Datenbank der Techno-Traveller ein. Wie Colin Angus waren auch die Spirals nicht nur daran interessiert, sich zuzudröhnen. Sie wollten die neurologischen Befindlichkeiten ändern und, getreu dem Motto „break on through to the other side", zur anderen Seite durchdringen. Aber dann wollten sie von dort zurückkehren und die Weisheit der psychedelischen Dimension mitbringen. „Ich habe eine gute Beschreibung in der *Kabbala* gelesen", sagt Mark Harrison. „Es gibt Leute, die wollen die Dimension des Alltags verlassen und zu ihrer inneren Quelle zurückkehren, dann gibt es andere, die wollen die Quelle hier in der materiellen Welt manifestieren. Das ist es, was wir stets getan haben."

Doch das konnte nicht allein mittels Drogen geschehen. Die schon länger aktiven Sound Systems wie DiY und Tonka, die sich auf eine wärmere, sinnlichere und eher funkige Art von House Music spezialisiert hatten, führten eine Tradition weiter, die sich bis zur New Yorker und Chicagoer Szene der Achtziger zurückverfolgen ließ. Die Abspaltungen von Spiral Tribe, wie Bedlam und Adrenalin, die sich mit eigenen Anlagen und LKWs selbständig gemacht hatten, bevorzugten knallharten, kompromißlosen Techno; eine verzerrte Variante dessen, was die Schwarzen in Detroit geschaffen hatten, mit härteren Kanten und atemberaubendem Tempo. Mark Harrison hält daran fest, daß dieser Soundtrack ebenfalls eine ideologische Grundlage hatte: Hardcore Music für eine Hardcore-Welt.

„Techno ist der beste Soundtrack für diesen Lifestyle. Wir haben ein Bewußtsein erlangt, das uns nur dieses Leben führen läßt – den Bruch mit der Gesellschaft, die Reise ins Unbekannte und eine stete Weiterentwicklung auf diesem Weg. Du brichst nicht nur emotional, sondern auch körperlich mit der Realität, die du kennst. Dieser Soundtrack hat den Bruch noch verstärkt. Ich bin nicht an Musik interessiert, die sich auf altbekannte Geschichten beruft. Techno erforscht die schöpferischen Möglichkeiten, die uns die neue Technik gibt. Andere Musikstile beziehen sich alle auf die Vergangenheit – es geht um Dinge, die man erlebt, gesehen, getan hat –, wohingegen Techno sehr futuristisch ist."

Auch Harrisons Vorstellungen basierten auf der gerade entstehenden Techno-Hippiebewegung, die unter Einsatz von Technologie – Chemie wie Computer – alternative Realitäten schaffen wollte. Seit 1989 hatte es ein starkes Interesse an den Ideen gegeben, die vom Magazin *Mondo 2000* aus San Francisco über den Atlantik schwappten. *Mondo* – dessen Redaktion aus einem Grüppchen von „Computerhackern, Spinnern, Irren, Selfmademen, Drogies, Schiebern, Studenten, Künstlern und verrückten Technikfreaks" bestand und dessen Ideen später in dem Magazin *Wired* zusammengefaßt, abgemildert und mainstreamkompatibel verkauft wurden – beschrieb eine mögliche Zukunft an der Schnittstelle zwischen neuen Technologien und New-Age-Techniken: „Cyberculture" oder auch „New Edge"[16]. Mit Hilfe von Virtual Reality, Brain Machines, Internet-Foren, der Chaostheorie und den die kognitiven Fähigkeiten verstärkenden „Smart Drinks", meinte der Science-fiction-Autor und *Mondo*-Mitreisende Rudy Rucker, sei es möglich, sich in diese Bewußtseinsschnittstelle einzuklinken und seine Umgebung neu zu programmieren: „Sie können Ihre eigene Literatur, Ihre eigene Musik, Ihr eigenes Fernsehen, Ihr eigenes Leben und – das ist besonders wichtig – Ihre eigene Realität erschaffen."[17]

Timothy Leary, wie immer mit ein paar griffigen Slogans sofort zur Stelle, um auf den neuesten Zug aufzuspringen, kam nun mit einem Buch, das den Titel *Chaos And Cyber Culture* trug und von einer „neuen Gattung" kreativer junger Menschen phantasierte, die sich für Techno, Psychedelika und Computervernetzung interessierten. Leary betrachtete Computer ebenso wie Acid als eine Methode, um die Grenzen menschlicher Möglichkeiten auszuhebeln. „Wir haben die Macht des LSD dem CIA abgerungen, und jetzt entreißen wir IBM die Macht der Computer", schrieb er.[18]

Die wachsende Bedeutung des Internets – des globalen Computernetzes, das ursprünglich in den Sechzigern von der US-Armee entwickelt worden war, um das eigene Kommunikationsnetz vor kommunistischen Angriffen zu schützen, das aber mittlerweile von Hackern und Akademikern erobert worden war und in dem kollektiver Hippiegeist wehte – entwickelte sich im Gleichklang mit Techno zu einem globalen Netz von Szenen und Kontakten, das in Berlin, San Francisco, Paris, Edinburgh, Tokio oder Frankfurt ebenso aktiv war wie in der englischen Countryside. „In den Sechzigern", führte Mr C von

The Shamen den Gedanken Timothy Learys weiter fort, „hatten sie zur Realisierung ihrer Ideen weder die Musik noch die Technologie oder die Möglichkeiten der Informationstechnologie, die wir heute haben: Computer." Sampler, MIDI (Musical Instrument Digital Interface), Aufnahmeequipment, Mobiltelefone, Camcorder, E-Mail: All das konnte – wie die Fotokopierer in der Punk-Ära – neuen Zwecken zugeführt werden, um eine grenzenlose neue Techno-Gegenkultur zu schaffen.

Noch ein anderer zentraler Gedanke aus der Spiral-Tribe-Doktrin beeinflußte die Partys: Der Eintritt *mußte* frei sein. Hätte man Geld für den Einlaß verlangt, wären sie exklusiv und elitär geworden, lediglich ein kommerzielles Unterfangen, das nur eine bestimmte Sorte gut betuchter Raver anzog (obwohl einige Sound Systems unter der Hand zugeben, daß sie durch Drogenverkäufe finanziert wurden). Die politische Bedeutung dieser Tatsache blieb den Spirals nicht verborgen. „Geld ist ein Mittel zur Diskriminierung; es diskriminiert die, die keins haben, gegenüber denen, die es haben", sagt Debby Staunton. „Wenn die Party umsonst ist, dann steht sie wirklich jedem in gleichem Maße offen, und man hat eine völlig andere Atmosphäre. Die Regierung muß jeder gottverdammten Sache, die es heute gibt, irgendeinen finanziellen Wert beimessen. Daher ist es eine Auflehnung gegen das System, wenn man beschließt, daß man kein Geld will."

Wirtschaftliche, soziale und spirituelle Themen waren hier stark miteinander verwoben, wie Simon Lee betont, der gleich nach seiner Rückkehr aus Camelford mit der Organisation von Hausbesetzerpartys in Süd-London begann: „Clubs verkaufen dir einen tollen Abend: Du brauchst nichts weiter zu tun als dort aufzutauchen und Publikum zu sein. Bei einem Festival dagegen bist du selbst beteiligt, deine Gegenwart ist wichtig. Darin liegt eine gewisse Macht. Das ist der Regierung auch klar, daß es gefährlich ist, wenn viele ähnlich denkende Menschen bei einem Event zusammenkommen, der dem herrschenden Wertsystem völlig zuwiderläuft. Ihr Wertsystem ist das Geld, und unseres hat mit Geld überhaupt nichts zu tun. Das ist so gegensätzlich wie überhaupt nur möglich."

Andere Sound Systems waren längst nicht so radikal, was ihre Ideologie betraf. Und andere Sound Systems waren auch längst nicht so einflußreich. Nach Longstock, Camelford und all den anderen Festivals, die im Sommer 1991 stattgefunden hatten, begannen Spiral Tribe, ihre Spuren in der Welt des Materialismus zu hinterlassen. Ihr Ideal – ein loser Verbund von Nomaden, der in Bussen und Transportern von einem Lagerplatz zum nächsten fuhr und tagelang extremen, wilden, ungeschliffenen Techno aus den Boxen peitschen ließ – wurde sofort von anderen übernommen. Die Tribe-Leute waren so dominierend, weil, wie Simon Lee vermutet, „sie zur rechten Zeit mit der rechten Einstellung am rechten Ort waren. Sie konnten sich sehr gut selbst vermarkten, obwohl sie den Eindruck vermittelten, daß sie keine Publicity suchten. Sie hatten eine sehr starke Identität: Sie sahen alle gleich aus und zogen sich gleich an. Man konnte sich dort ungeheuer leicht einklinken. Sie sprachen wahnsinnig viele Leute an. Sie setzten die Standards, sie hatten die besten Partys. Außerdem hingen bei ihnen immer die coolsten Frauen ab.“ Binnen eines Jahres hatten Spiral Tribe dazu beigetragen, der Ecstasy-Kultur ein ganz neues Gesicht zu geben.

castlemorton

Das neue Bündnis von Traveller und Raver wurde zunächst weder von den Jugendmedien noch von der allgemeinen Presse beachtet. Die Polizei erkannte diese kulturelle Verschiebung jedoch schneller. Bereits seit ihrer Operation Solstice beim Stonehenge Festival Mitte der Achtziger hatte sie auf dem Polizeirevier von Devizes in Wiltshire Informationen über die Bewegungen der Traveller gesammelt. Sie war informiert, aber nicht organisiert – noch nicht. Sollten die mobilen Sound Systems jedoch wirklich den gesellschaftlichen Konsens aufzukündigen drohen, nachdem sie einen Sommer lang versucht hatten, die Grenzen des Bewußtseins zu durchbrechen, dann war man bereit, sie in den kommenden Monaten mit Gewalt niederzuwerfen.

Während DiY bereits öfter den starken Arm des Gesetzes kennengelernt hatte – Festnahmen, zerstörtes Equipment, beschlagnahmte Platten –, waren die Begegnungen zwischen Spiral Tribe und der Polizei bis 1992 weitgehend friedlich verlaufen. Am 20. April bauten die Tribe-Leute ihre Anlage in einem verlassenen Warehouse in Acton Lane, West-London, auf. Wie es später in einem Statement des Tribe hieß, tanzten drinnen tausend Leute, die komplett verdrängt hatten, daß Polizisten in voller Nahkampfmontur das Gebiet abgeriegelt hatten. Um halb drei Uhr morgens riß die Polizei die Wände mit Vorschlaghämmern und einem Bagger ein und stürmte das Gebäude, wobei die Beamten ihre Erkennungsnummern verdeckt hielten. Als Panik ausbrach, hauten die Polizisten mit langen Schlagstöcken um sich, prügelten und traten die Partygänger ohne Ansehen der Person und hinterließen Hunderte von Verletzten, bevor sie wieder verschwanden und nur ein paar Uniformierte zurückließen, die dann die Verwundeten vom Tatort wegbrachten.[19]

Im selben Monat spielte das Innenministerium mit dem Gedanken, Gesetze gegen die Free Festivals zu erlassen. Neue Vollmachten sollten es ermöglichen, die Festivalgänger wieder auf die Straßen zurückzutreiben, Soundequipment zu konfiszieren, Konvois aufzulösen und alle zu verhaften, die sich weigerten, einen Rave zu verlassen – Taktiken, die von der Polizei in Camelford im vergangenen Sommer auch ohne gesetzliche Handhabe bereits angewandt worden waren, als man Autofahrer sechzig Kilometer vor dem Festivalgelände gezwungen hatte, die Straße zu verlassen.[20]

Als der Druck stärker wurde, setzte Paranoia ein. Man bekam das Gefühl, sagt Mark Harrison, als ob eine dunkle, drohende Wolke sich auf das Spiral-Tribe-Lager niedersenkte. „Es ist die Gewaltandrohung, die letztendlich jeden in unserer Gesellschaft kontrolliert und von der man erst merkt, daß es sie gibt, wenn man sich in ihren Fallstricken verwickelt hat. ‚Der böse Blick' ist ein guter Ausdruck, um das zu beschreiben, weil die Hubschrauber auf einmal *erscheinen*. Du stehst da, unter totalem Schlafentzug, und dann *tauchen sie plötzlich auf*! Unwillkürlich bekommst du dieses Gefühl: Hier sind wir also, mitten im Niemandsland, Traveller und Raver und alle Ausgestoßenen dieser Gesellschaft zusammen an einem einsamen Ort, absolut verletzlich und schutzlos, von allen Seiten umzingelt. Nachdem die Acton-Lane-Geschichte passiert war, wurden wir praktisch von einer Polizeieskorte aus London hinausgeführt. Wir flüchteten aufs Land und versteckten uns oben auf einem Berg in den Wäldern von Wales."

Das Avon Free Festival war eine feste Station auf dem alljährlichen Traveller-Treck durch die englische Countryside. Es fand meist rund um das Pfingstwochenende statt. Das Gelände stand im Vorfeld noch nicht fest. Wie die meisten Festivals nach dem Bohnenfeld war es eine spontane Sache, die überall dort aus dem Chaos entstehen konnte, wo genügend Leute der Polizei durchs Netz geschlüpft waren. Im Jahr zuvor hatten sich 2.000 Menschen bei Chipping Sodbury Common versammelt – hier waren Spiral Tribe, die gerade angefangen hatten, durch die treibenden House-Sounds von DiY und Sweat zu ersten Aktionen inspiriert worden.

Im Mai 1992 war die Polizei auf der Hut und wartete schon. Die Einheiten der Grafschaften Avon, Somerset und Gloucestershire versuchten gemeinsam zu verhindern, daß die Traveller ihre Fahrzeuge zu Konvois zusammenschlossen und eine unaufhaltsame Prozession formierten. Zehntausend hatten sich bereits am ersten Maiwochenende rund um Lechlade in Gloucestershire eingefunden. Aber die Polizeistrategie ging nach hinten los, als ein Konvoi von 400 Fahrzeugen unbemerkt über einen schmalen Streifen Land nach Worcestershire entkam, in den Zuständigkeitsbereich der Polizei von West Mercia. Es war ein wunderschönes Fleckchen Erde; am Fuße der Malvern Hills, ein wenig bewaldet und mit einem kleinen klaren See, der in der Frühsommersonne glitzerte. Simon Goose vom Bedlam Sound System war einer der ersten, die Castlemorton Common erreichten: „Ich kam direkt vor einem acht Kilometer langen Konvoi dort an und sah, wie er heranzog. Es ist ein irres Gefühl, wenn du siehst, wie sich ein Gelände so mit Menschen füllt. Du kannst nur lächelnd zusehen, wie das geschieht und die Polizei einfach danebensteht. Sie konnte nichts tun."[21] Beziehungsweise: Sie entschied sich, nichts zu tun. Einem Bericht über Operationen der West Mercia Police zufolge hatten die Beamten ihre Strategie ein halbes Jahr lang geplant und beschlossen, daß es „sowohl taktische als auch strategische Vorteile gab, wenn man das Lager auf ein einigermaßen gut umschlossenes Gelände begrenzte". Der Polizeichef ordnete an, daß „keine Maßnahmen zum Zurücktreiben ergriffen werden sollten".[22]

Die Sound Systems trudelten eins nach dem anderen ein. DiY. Spiral Tribe. Circus Warp. Binnen weniger Stunden hatte sich das Gelände in einen voll funktionsfähigen eigenständigen Staat verwandelt, in dem allein die Bewohner das Sagen hatten. Eine temporäre autonome Zone in der englischen Countryside, die ihre eigene Stromversorgung, Beleuchtung, Unterbringung, Verpflegung und Freizeitangebote besaß. Alles, was sie noch brauchte, war eine geschäftige Bevölkerung, und als die Anwohner der umgrenzenden Dörfer im Fernsehen landesweit ihr hartes Los beklagten, wiesen sie dadurch jedem Raver mit einem Faible für illegale Partys den Weg zu einem coolen Wochenendvergnügen. Die Werbung hätte gar nicht besser sein können; immer mehr Autos trafen auf dem Gelände ein – Fiestas, Golfs, Escorts und Peugeots parkten neben den klapprigen Bussen der Traveller. Und welches gegenkulturelle Paradies öffnete sich dort! Man konnte ohne Pause zu den harten Beats der Sound Systems tanzen, die mehr als hundert Stunden ohne Pause durchmachten, oder man genoß traditionellere Festivalunterhaltung wie Straßentheater oder Zirkuskünstler. Man konnte auch in den Stehcafés etwas essen, im See herumtollen, die Drogen seiner Wahl ohne Probleme kaufen und konsumieren und sich dann eine Weile ausruhen, bevor man wieder von vorn begann. Tag und Nacht verloren in dieser Rund-um-die-Uhr-City ihre Bedeutung.

Das Travellers-Magazin *Festival Eye*, das ein paar Wochen nach dem Avon Free Festival in Castlemorton erschien, triumphierte: „Es ist an der Zeit, daß wir aufhören, ständig den Stonehenge Festivals der frühen Achtziger nachzuweinen. Das Goldene Zeitalter hat jetzt begonnen! Viele der Dinge, die in Castlemorton zu beobachten waren, erinnerten an Stonehenge. Aber Stonehenge hatte nie eine solche Bandbreite an musikalischer Unterhaltung zu bieten."[23]

Das Editorial derselben Ausgabe sah die Dinge etwas nüchterner. Man warnte davor, daß einige Presseberichte darauf abzielten, Spannungen zwischen Traveller und Raver zu vertiefen, und sah bereits voraus, daß es sich hier um eine „Teile und herrsche"-Taktik handelte, angewandt von einem Establishment, das sich bereits in der Defensive befand. Auf alle Fälle widmeten sich viele Zeitungsspalten einem Bruch in der neuen Allianz – dem Dreckschippenkrieg. Anlaß waren die Hinterlassenschaften der Raver: genauer gesagt, die Häufchen, die sie in Gräben und unter Büsche setzten. Nach jahrelanger Erfahrung mit Freilufttoiletten hatten die Traveller gelernt, die eigenen Exkremente zu vergraben. Die Raver ließen ihre stinkenden Kothaufen einfach irgendwo fallen, und dort lagen sie, bis die Traveller hineintraten.

Es gab jedoch ein gravierenderes Problem. Zwar hatten einige Traveller das neue Festivalformat begeistert begrüßt und andere hatten finanziell davon profitiert, daß sie bestimmte Partydienste anboten, aber eine nicht unwesentliche Zahl von Leuten lehnte House Music völlig ab und fand das ununterbrochene Dröhnen der Sound Systems absolut nervtötend. Das war zum Teil ein Generationskonflikt: Viele der älteren Traveller waren mit ihren herkömmlichen Rock- und Folkbühnen zufrieden; einige hatten Kinder, die nachts wegen dem Wummern der elektronischen Drums nicht schlafen konnten. Anderen mißfiel die Teilnahme der „straighten" Clubber aus den Städten – die kamen, um die ganze Nacht zu tanzen und einige illegale Thrills zu genießen, anschließend kehrten sie in ihren hübschen Autos in ihre warmen Häuser zurück und überließen die Leute, die dieses Leben die ganze Zeit über lebten, allein dem Zorn des Gesetzes. In gewisser Weise war es unvermeidlich, daß die Festivals sich durch den Kontakt mit den neuen Dance-Technologien veränderten und ihre Zeit ebenso widerspiegelten, wie die ursprünglichen Stonehenge-Zusammenkünfte die Nachwehen der Sechziger-Gegenkultur symbolisiert hatten. Einige Systems waren sich über den Konflikt durchaus im klaren und stellten, als Castlemorton langsam ausklang, ihre Anlagen ab. Andere machten bis zum bitteren Ende weiter. Spiral Tribe weigerten sich aufzuhören, und einem Beobachter zufolge „kam es fast zu einer ordentlichen Schlägerei". [24]

Das alles stand in völligem Einklang mit den Grundsätzen des Tribe, wie Mark Harrison ein paar Monate später erklärte: „Es gibt ein paar Leute, die meckern, die sogar ziemlich laut meckern und jammern und maulen, aber soweit wir wissen, geht es bei Free Festivals doch darum, nonstop Musik zu machen. Techno ist Volksmusik. Nie zuvor war Volksmusik so zugänglich oder so laut. Mag ja sein, daß diese Leute schon jahrelang als Traveller umherfahren, aber wir haben alle möglichen Hindernisse überwunden, um ihnen umsonst dieses Sound System zu bringen – und um es dann natürlich auch laufen zu lassen. Wir sind in dieser Situation sehr höflich, aber da gibt's nichts. Wir wären ja überhaupt nicht da, wo wir stehen, wenn die Leute nicht nach uns verlangen würden. Wir spielen die Musik des Volkes ... Jeder, der zu uns kommt und sagt, wir sollten leiser machen, tut uns leid, der hat Pech gehabt, das machen wir nicht. Wir drehen höchstens lauter. Wenn du eine Stimme hast, dann schrei. Unser Motto lautet: ‚Make some fucking noise.'"[25]

Die Flitterwochen waren definitiv vorbei. Während Castlemorton langsam zu Ende ging, gab es Berichte, daß Selbstschutztruppen der

Anwohner sich bewaffneten, um das Lager abzufackeln, weil die Tatenlosigkeit der Polizei sie maßlos aufregte (bei Castlemorton war es zu etwa 100 Festnahmen gekommen, hauptsächlich wegen Drogenbesitzes). „Da fragt man sich doch, ab wann es Sinn macht, die Armee zu rufen, weil hier draußen dieses Gelände von einer Besatzungsmacht eingenommen wurde", sagte einer. Die Hausbesitzer in der Nähe rasteten aus: „Der unaufhörlich pulsierende Beat der Musik hat etwas Hypnotisches, das treibt die Leute, die direkt an der Front leben, zum Wahnsinn", warnte ein Augenzeuge.[26] Reporter der Boulevardpresse besuchten die Lager der Traveller, schmeichelten sich bei ihnen ein, tranken Tee mit den Nomaden und schrieben dann Schauermärchen über schmutzige Kinder, die unbeaufsichtigt durch die Gegend liefen, während ihre Mütter komplett zugekifft dahockten und Drogenschiebereien planten. Die konservativen Tageszeitungen beklagten die Tatsache, daß der Staat diesen Tunichtguten Unterstützung zahlte, und Minister versprachen, etwas zu unternehmen.

Während sich die Traveller unter strenger Beobachtung über Hereford und Worcester zerstreuten, verfolgte die Polizei genau, welchen Weg Spiral Tribe einschlugen. Dann kamen sie. „Jeder in den größeren Fahrzeugen, der vom Hubschrauber aus identifiziert worden war, wurde festgenommen", sagt Mark Harrison. „Es ergab sich einfach, daß sie einen Großteil der Leute einbuchteten, die von Anfang an dabei waren." Mark und Alexander Harrison, Debbie Griffith und Simone Feeney gehörten zu denen, die eine Nacht in der Zelle verbrachten und dann auf Kaution freigelassen wurden. Alle Fahrzeuge des Tribe waren mitsamt dem Soundequipment, der Beleuchtung und den persönlichen Besitztümern abgeschleppt worden. Nichts war ihnen mehr geblieben. Aber sich leise davonstehlen – das wäre nicht hardcore gewesen. Stattdessen starteten sie eine Sit-in-Mahnwache vor der Polizeistation in Worcester, die über eine Woche dauerte. Dabei wurden sie von Sympathisanten, die in der Nähe lebten, mit Nahrung und Decken versorgt.

Binnen eines Monats hatte die alljährliche Mobilmachung zu Stonehenge und den Sonnenwendfestivals wieder begonnen, aber dieses Jahr hatte sich der Einsatz erhöht. Das Innenministerium erklärte das Areal rund um Stonehenge in einem Radius von sechs Kilometern wie immer zum Sperrgebiet. Die Denkmalschutzvereine English Heritage und National Trust sowie einige Landbesitzer aus der Gegend erwirkten eine einstweilige Verfügung gegen sechzehn namentlich bezeichnete Leute: Sie sollten das Gebiet nicht betreten dürfen. „Vierzehn der sechzehn Personen sind Raver, ein neuer Typus. Man ist zu der Einschätzung gelangt, daß die New-Age-Traveller sich nun etwas zurückziehen und die Raver an ihre Stelle treten", erklärte der Anwalt der Ankläger.[27]

Die Operation Solstice der Polizei begann nun langsam anzulaufen. In Worthing wurde Martin Bailey, der das Infotelefon der Festivals betreute, gemäß dem Public Order Act von 1986 festgenommen, weil er sich weigerte, den Anschluß abzuschalten, und man behielt ihn bis nach der Sonnenwende in Polizeigewahrsam, um ihn an weiteren Aktionen zu hindern. Der Informationsdienst der Polizei von Devizes ließ seine „Stammbaumtafel" von Travellern und „Raver-Stämmen" herumgehen.[28] Devizes forderte außerdem die Unterstützung von Ken Tappenden an, der seit 1989 die Pay Party Unit in Gravesend geleitet und von daher jahrelange Erfahrung im Umgang mit Rave-Organisatoren hatte. Nachdem sie bei Castlemorton so sehr ausgetrickst worden war, zeigte die Polizei Entschlossenheit, sich diesmal nicht überlisten zu lassen. Stonehenge war abgeriegelt. Die A344 war gesperrt. Kein Traveller würde bis in dieses Gebiet vordringen können. Alles war ruhig.

Derweil versteckten sich Spiral Tribe bei Watford. Sie besaßen lediglich einen LKW und ein provisorisches Zelt. Kaum persönliche Habe oder Privatsphäre. Die Leute schliefen, wo sie konnten. Langsam spitzte sich die Lage zu. Einige Mitglieder des Tribe waren von der Verfügung des National Trust betroffen, und eine Anklage schwebte bereits über ihren Häuptern. Daß man aber versuchen wollte, nach Stonehenge zu kommen, stand außer Frage. Die Sonnenwende, die dem Tribe seit dem Augenblick der Erleuchtung in Longstock letztes Jahr so viel bedeutete, mußte doch irgendwie gefeiert werden. Also, was war zu tun? Wie konnte man die Techno-Traveller vereinen, hervorheben, daß Castlemorton mehr als ein isolierter Event gewesen war und daß sie trotz der Festnahmen noch lange nicht geschlagen waren? Der Tribe beschloß, die Macht der Unterdrücker mit einem kühnen, symbolischen Akt zu untergraben.

Das Bürohochhaus Canary Wharf, das sich in den Londoner Docklands mit seiner pyramidenförmigen Spitze wie ein Phallus erhob, erschien 1992 als ein irrsinniges Prestigeprojekt der Finanzwelt, ein Symbol für das endgültige Scheitern der Werte der Achtziger, von düsterer Majestät und trotzdem ein bißchen lächerlich. „Hier läuft das Leben wie von der Eisernen Lady selbst entworfen", bemerkte ein Beobachter. „Canary Wharf ist ein marmorverkleidetes Ghetto für die Repräsentanten einer ehrgeizigen Unternehmenskultur."[29] „Thatchers Pimmel" war das höchste Gebäude in ganz Großbritannien, in den Achtzigern für drei Milliarden Pfund erbaut und als neues Finanzzentrum des Landes gedacht. 1992 allerdings ging es aufgrund fallender Immobilienpreise dem Bankrott entgegen.

„Jedesmal, wenn ich diese beschissene riesige Pyramide über London blitzen sah, bekam ich Anflüge von Paranoia, daß wir auf diese neue, völlig überwachte Welt zusteuern", sagt Mark Harrison. Die Spirals ließen die Nachricht kreisen, daß sie die Sonnenwende unter dem Motto Sound System City irgendwo in London feiern würden. Sie liehen eine Anlage, da sie selbst keine mehr besaßen, und brachten sie auf einem mit Plane verhängten Vierzigtonner auf die Isle of Dogs. Okkultisten haben darauf hingewiesen, daß der Park von Mudchute auf der Isle of Dogs bemerkenswerte Ähnlichkeit mit einer altertümlichen Hügelfestung aufweist, daß er ein spirituelles Zentrum – Omphalos – sei, in dem magische Riten zelebriert wurden, und daß er auf einer Kraftlinie liege, die durch das Greenwich-Planetarium und Canary Wharf verläuft. „Es ist anzunehmen, daß jemand im Spiral-Team zumindest Grundkenntnisse in Hexenkunst hat", vermutete jemand aus der Szene. Ob nun unabsichtlich oder nicht – hier bauten Spiral Tribe ihr System jedenfalls auf.[30]

Um zwei Uhr früh tanzten 1.000 Menschen unter dem riesigen Stroboskoplicht des Turms. Aber die Polizei riegelte bereits die Straßen rund um die Isle of Dogs ab, während alle, die versuchten, vom Südufer der Themse durch den Fußgängertunnel von Greenwich oder über die Gleise der Docklands Light Railway nach Mudchute zu kommen, von privaten Sicherheitsdiensten zurückgehalten wurden. „Das war die konsequenteste Zerschlagung einer Party, die ich je erlebt habe", sagt Simon Lee. „Sie kreisten sie völlig ein. Sie kamen zu Millionen und hatten einen Hubschrauber mit Suchscheinwerfer. Es war extrem." Nur eine Stunde nachdem die Party begonnen hatte, schritten 300 Polizisten ein und räumten das Gelände.

Was gewannen Spiral Tribe durch diese spektakuläre Dramatisierung ihrer Anliegen, durch diesen törichten Versuch, mit ihrem Voodoo-Zauber das Establishment in seinem Zentrum zu treffen? Mark Harrison glaubt, daß die Möglichkeiten zu der Zeit so begrenzt waren, daß sie entweder hätten fliehen und sich verstecken können – was nie die Art des Tribe gewesen war – oder sich stellen und kämpfen. „Auch wenn es nur eine Stunde dauerte, wir mußten es tun, ob das nun klug war oder nicht. Aber ich denke, es hat unseren Standpunkt klargestellt. Es war ein Sieg für uns, weil diese Pyramide nicht mehr funktioniert, sie hat keine Kraft mehr."

Ende Juli war die Allianz von Travellern und Ravern schwer angeschlagen. Die Polizei vertrieb Traveller in Smeatharpe, Devon, von einem stillgelegten Flugplatz aus dem Zweiten Weltkrieg, nachdem dort 4.000 Menschen ein Wochenende lang Party gemacht hatten. Bei Kerry in Wales, wo es eine weitere riesige Zusammenkunft gab, flogen Tornado-Jets in geringer Höhe über die Tänzer hinweg. Um die Anfahrt zu diesem Hampshire's Torpedo Town Festival (der Titel war ein Hinweis auf die Waffenindustrie in der Gegend und die Militarisierung Südwest-Englands) fanden lange Kämpfe statt, dann herrschte zunächst vorsichtige Distanz zwischen den Parteien vor. 1991 hatten fast 10.000 an dem Event teilgenommen, und die Polizei war entschlossen, es diesmal auf keinen Fall wieder so weit kommen zu lassen. Steine und Flaschen flogen, zwölf Polizisten wurden dabei verletzt; Konvois durchbrachen Straßensperren, der Landwirtschaftsverband National Farmers Union riet seinen Mitgliedern, Gräben auszuheben und Gülle auszukippen, um die Fahrzeuge zu stoppen. Etwa 2.500 Menschen schafften es, bis zum Gelände vorzudringen, und die Party fand statt, aber der Vorfall demonstrierte deutlich, wie sehr sich die Szene verändert hatte – von relaxtem Hedonismus zu Auseinandersetzungen mit Sondereinsatzkommandos der Polizei.

Dagegen gelang es der Polizei, das White Goddess Festival zu unterbinden, bei dem sich Spiral Tribe im vorigen August als Vorkämpfer der Techno-Festivalszene etabliert hatten. In diesem Jahr unternahmen die Spirals keinen Versuch teilzunehmen. Sie hatten gerade auf der Woge ihrer neugewonnenen Berühmtheit einen Plattenvertrag unterschrieben und bereiteten ihre erste Veröffentlichung vor, einen leidenschaftlichen Aufruf zum Widerstand mit dem Titel *Breach The*

Peace. Sie hatten außerdem einen Gerichtstermin in Malvern, wo man ihnen Verschwörung zum Zwecke der Störung der öffentlichen Ordnung vorwarf: Dies war die Standardbeschuldigung, mit der politisch unliebsame Personen von jeher aus dem Verkehr gezogen wurden: seit der Ausbreitung der Arbeiterbewegung im 19. Jahrhundert über die Antikriegsaktivisten der Sechziger und die randalierenden Jugendlichen in den britischen Städten der Achtziger bis zum heutigen Tag.

Während des Prozesses befahl man den Tribe-Mitgliedern, den Spruch auf ihren T-Shirts – „Make Some Fucking Noise" – zu bedecken. Vor dem Gerichtsgebäude kam es zu einer kleinen Demonstration, und bald darauf verließen Spiral Tribe Großbritannien und machten sich auf den Weg nach Paris. Es schien, als sei in Großbritannien alles für sie vorbei; es gab nichts mehr, zu dem es sich zurückzukehren lohnte, außer Gerichtsverhandlungen, Schikanen und vielleicht sogar Gefängnis. Nach dem, was sie erlebt hatten, war es für sie jedenfalls unmöglich, sich wieder in die normalen Discos zurückzuziehen. „Wir hatten das Gefühl, daß wir nichts mehr auf die Beine stellen können", sagt Mark Harrison. „Es war die richtige Zeit, ins Exil zu gehen."

westminster

„New-Age-Traveller. Nicht in dieser Zeit. Zu keiner Zeit.

John Major, 1992

Diese Parteitagsrede von John Major, der Margaret Thatcher 1990 als Premierminister gefolgt war, unterstrich die Entschlossenheit der Konservativen, das zu Ende zu führen, was sie mit dem Public Order Act 1986 begonnen hatten: die Traveller von der Straße weg und in Häuser zu drängen, um die Eigentumsansprüche der Grundbesitzer wieder durchzusetzen und Lebensweisen, die sie für nicht akzeptabel hielten, auszuradieren. Das Innenministerium hatte seit über einem Jahr über neue Maßnahmen nachgedacht, die das Zusammenkommen zu Raves und Festivals endlich beenden sollten, und im März 1993 brachte Innenminister Kenneth Clarke einen Zusatz zu dem 1986 verabschiedeten Gesetz ein.

Die Sonderkommissionen der Polizei in Devizes, Wiltshire und Penrith, Cumbria, sammelten Berichte, die sie von den Einheiten überall im Land erhielten, und planten die Einführung eines neuen Computersystems, um die Traveller samt ihren Fahrzeugen, die Sound Systems und die Drogendealer zu erfassen und ihre Wege durch Großbritannien zu verfolgen. Sie schlossen sich außerdem mit dem Grundbesitzerverband Country Landowners Association, der National Farmers Union und den örtlichen Behörden zusammen. Der in Penrith tätige Sergeant Peter Sharkey erklärte: „Wir sind jetzt wesentlich besser organisiert. Die Polizei wird sich nicht mehr so überrumpeln lassen wie früher." Dann lief die Operation Snapshot an. Über eine Zeitspanne von 48 Stunden verfolgte, stoppte und befragte die Polizei Traveller – überwachte sie manchmal sogar mit Hubschraubern –, machte Fotos, nahm die Personalien auf und sammelte alle Informationen in ihrer Datenbank, ganz ähnlich, wie die Pay Party Unit während der Raves 1989 verfahren war. Die Aktion kostete die öffentliche Hand eine halbe Million Pfund.

Die Absicht war deutlich: Große Zusammenkünfte sollten verhindert werden. Keine Castlemortons mehr. Harry von DiY meinte zu der Zeit, daß Castlemorton der Augenblick war, „an dem die Medien und die Regierung zum ersten Mal erkannten, wie groß das Problem war, mit dem sie es zu tun hatten. 25.000 Leute unter dreißig mit einer irgendwie anderen Lebenseinstellung waren dort. Es gab keine gedruckten Infos, es lief alles über Mundpropaganda. Bis zu 24 Stunden vor Beginn kannten wir selbst noch nicht das Gelände. Da waren jungen Leute in der Lage, sich an einem Ort zu versammeln und ihre eigene Stadt, eine polizeifreie Zone zu errichten. Für eine Regierung, die ihren Sinn und Zweck darin sieht, Leute zu kontrollieren, war das ein beängstigendes Beispiel dafür, daß Leute einfach sagen: ‚Wir können und werden tun, was wir wollen.'"[31]

Als wollte sie auf diese Worte reagieren, mobilisierte die Polizei ein Jahr später ein riesenhaftes Aufgebot, um das Avon Free Festival 1993 zu verhindern. Für die Operation Nomad, deren Kosten auf eine Million Pfund geschätzt wurden („Eine Million Pfund, verschwendet für Abschaum", wie *The Star* es netterweise formulierte), jagten 500 Polizeibeamte Traveller-Fahrzeuge quer durch Avon und Somerset, um zu verhindern, daß sich ein Konvoi von kritischer Größe bildete. Zum

Showdown dieses Wochenendes kam es, als zahlreiche erschöpfte und frustrierte Traveller die M5 blockierten. Zwar gab es keine Festnahmen, aber das Festival kam auch nicht zustande.

Innerhalb des losen Verbunds der Festival/Free-Party-Allianz herrschten verschiedene Meinungen, weshalb man so starken Druck auf sie ausübte. 1993 wurde die Zahl der Travellers auf etwa 40.000 geschätzt, und einige, wie beispielsweise Harry von DiY, wiesen auf die Angst der Regierung vor einer spontanen Mobilisierung potentiell subversiver Jugendlicher hin. In der Tat zeigten sich viele Zeitungen seinerzeit besorgt über Traveller mit Mobiltelefonen und Faxgeräten, die Piratensender nutzten und den Polizeifunk abhörten. Eine Regierung, der noch immer der Schock über den Aufstand von 1990 gegen die Kopfsteuer in den Knochen saß – die breite Ablehnung dieses zentralen Elements der Tory-Gesetzgebung führte zu einer abrupten Rücknahme der Initiative –, wurde angesichts der möglichen Herausbildung einer politisierten Unterschicht und der spontanen Massenbesetzung eines ländlichen Gebietes verständlicherweise nervös. Andere hielten die Repression für den Teil einer Regierungsstrategie, die auf die verstärkte Kontrolle über alle Lebensbereiche der Briten abzielte und schon jahrelang im Gange wäre, eine allmähliche Einschränkung der Bürgerrechte, der erste Schritt hin zum Faschismus. Das klingt vielleicht wie die Verschwörungstheorie eines paranoiden Hippies, aber nach 14 harten Jahren unter konservativer Regierung erschien das vor allem den Travellern, die schon die Schlacht im Bohnenfeld und die anschließende endlose Schikane miterlebt hatten, als die einzig mögliche Erklärung.

Aber einige, darunter auch Leute aus der Free-Party-Szene, machten Spiral Tribe & Co verantwortlich, da deren Konfrontationskurs das Gesetz gegen sie aufgebracht habe. „*Make some fuckin' noise* ist ja gut und schön, aber wenn man so viel Krach macht, daß man alle anderen – einschließlich der alternativen Szene – damit abnervt, dann ist das nur bescheuert. Viele Sound Systems haben mittlerweile begriffen, daß man nur weitermachen kann, wenn man nicht so auffällt. Ist das nicht ein verdammtes Armutszeugnis: Die Musik ist so beschissen, daß die Leute nur drauf abfahren, wenn man sie fast bis zur Taubheit volldröhnt?“ fragte die alternative Wochenzeitung *Pod.*[32] Mark Harrison hatte sich schon im vorangegangenen Jahr zu solchen Anschuldigungen geäußert: „Ich weiß, daß einige unserer Kritiker uns vorwerfen, das alles auf die Spitze zu treiben und der Regierung die Möglichkeit zu bieten, Gesetze einzubringen, die sie vorher nicht in Erwägung gezogen hat. Aber das war nur der Katalysator. Es passieren viele Ungerechtigkciten und viele falsche Dinge, und wir wehren uns dagegen und tragen auch die Konsequenzen."[33]

Die Regierung hatte zuvor versucht, die Traveller mit dem Public Order Act von 1986 kleinzukriegen und schon vor Castlemorton härtere Maßnahmen erwogen. Möglicherweise hatte jene historische Riesenveranstaltung die Polizei dazu gebracht, ihre Organisation zu verstärken, und sie hatte gewiß die Entschlossenheit der Regierung gestählt. Aber die konservativen Politiker waren sich durchaus im klaren, daß aufgrund ihrer jahrelangen Politik der Abschaffung von Sozialwohnungen und der Kürzung von Wohngeld die Zahl der Wohnsitzlosen, Hausbesetzer, Besitzlosen und Unzufriedenen immer mehr anwuchs. Die Poll-Tax-Unruhen am Trafalgar Square 1990 waren Beweis genug für einen Trend, der sich auf keinen Fall weiter ausbreiten durfte. Man war außerdem bestrebt, bei den Wählern im Süden, die am meisten von Festivals und Free Parties betroffen waren, Zuversicht zu verbreiten. Diese Klientel hatte zwar auch in Zeiten härtester Rezession stets treu ihre konservativen Abgeordneten nach Westminster entsandt, sie begann jetzt aber zunehmend, sich den Liberaldemokraten zuzuwenden. Konservative Minister schnitten bei Meinungsumfragen immer schlechter ab und versuchten, mit der Hinwendung zu populistischen Themen wie Gesetz und Ordnung und der Rückbesinnung auf „traditionelle moralische Werte" auf Stimmenfang zu gehen.

Die Beschränkungen für ungenehmigte Open-air-Raves, Festivals und Traveller wurden schließlich – zusammen mit anderen Verordnungen, die das Betreten fremden Geländes und Hausbesetzung kriminalisierten, die Behinderung von Fuchsjagden verboten und das Recht zur Aussageverweigerung nach Festnahmen aufhoben – als Criminal Justice And Public Order Bill 1994 (CJB) zusammengefaßt. Diese Gesetzesvorlage, die Rechtsanwälte im übrigen als schlecht formuliert, erfahrene Polizisten als unglücklich und Bürgerrechtsbewegungen als schlichte Unterdrückung bezeichneten, schien letztendlich darauf abzuzielen, die Rechte der Grundbesitzer zu stärken, Andersdenkende zum Schweigen zu bringen, die Menschen wieder zu den etablierten Freizeitvergnügungen hinzudrängen und Lebensweisen zu verteufeln, die im Gegensatz zur Tory-Vision einer passiven, konsumorientierten Gesellschaft standen.

Wie schon bei der Drogenpolitik setzte die Regierung auch hier das Strafrecht ein, um mit sozialen Problemen fertigzuwerden; Sir John Smith, Vorsitzender der Association Of Chief Police Officers, wies darauf hin, daß „die CJB vor allem dazu führen wird, die Rolle der Polizei als Vollstreckungsorgan zu verstärken, indem nun Taten kriminalisiert werden, die man zuvor allenfalls als Ordnungswidrigkeiten oder auch nur als Gewissensfragen betrachtet hat“[34]. Die Kriminalisierung einer Aktion wie das unerlaubte Betreten von fremdem Grund und Boden hatte möglicherweise schwerwiegende Folgen für jemanden, der auf diese Art und Weise Protest ausdrücken wollte. Die Bürgerrechtsorganisation Liberty verurteilte das Gesetz als den „umfassendsten Angriff auf die Menschenrechte in Großbritannien in den letzten Jahren. Es verletzt die grundlegenden Prinzipien der Rechtsprechung, wird wahrscheinlich die Diskriminierung von jetzt schon ausgegrenzten Gesellschaftsgruppen verstärken und zu wachsender Schikane und Einschüchterung führen. Hier wendet man sich nicht gegen das Verbrechen, sondern man versucht, Vielfalt und Andersdenken strafbar zu machen.“

Die CJB definierte – und kriminalisierte unter bestimmten Bedingungen – eine bestimmte Musikrichtung: House Music. Es war die Rede von „‚Musik‘, die völlig oder überwiegend aus einer Folge sich wiederholender Beats besteht“, und zum ersten Mal kam das Wort „Rave“ in einem britischen Gesetzestext vor. Auch andere Jugendbewegungen hatten neue Gesetze provoziert, aber noch nie zuvor in der Nachkriegszeit, nicht in den Jahren moralischer Panikmache gegen Teddy Boys, Mods, Hippies und Punks, hatte die Regierung die Musik junger Menschen als so subversiv eingeschätzt, daß sie sie verbieten wollte. John Majors Regierung betrachtete die Dance-Drogen-Kultur im Gegensatz zu vielen Popkritikern offensichtlich weder als unbedeutend noch als unpolitisch.

Im Oktober 1993 versammelten sich etwa fünfzig Leute, hauptsächlich Vertreter verschiedener Sound Systems und speziell die mit Spiral Tribe verbundenen, in einem Waschsalon in Kensal Rise/Nordwest-

London, um über eine mögliche Reaktion zu diskutieren und eventuell eine gemeinsame Front aufzubauen. Zwar verliefen die Gespräche zunächst frostig, da unterschiedliche Motive, Images und gebietsbezogene Rivalitäten der Systems viel gegenseitiges Mißtrauen produzierten; aber die gemeinsame Sorge wegen der CJB überwog. Man einigte sich auf einen Aktionsplan und gründete eine Dachorganisation: Advance Party. Der erste Schritt folgte vertrauten Mustern: Man wollte sich zusammen mit der Verfassungsreformgruppe Charter 88 im Parlament Gehör verschaffen. „Es war eine spannende Erfahrung", erinnert sich die Advance-Party-Sprecherin Michelle Poole, „wie all diese Leute mit ihren Hunden ankamen, die sie statt an der Leine an einem Strick führten, und die Sicherheitssensoren spielten verrückt, weil dort all die Typen mit Bodypiercing aus Metall hindurchgingen. Später steckte man sich dann in den Hinterzimmern eine an. Es war unglaublich lustig, und die Presse brachte jede Menge Berichte."

Derweil waren am 10. Januar 1994 von der Presse unbemerkt einige Mitglieder von Spiral Tribe nach Großbritannien zurückgekehrt, um sich vor Gericht wegen „Verschwörung zur Störung der öffentlichen Ordnung" zu verantworten – zusammen mit einem Pärchen, das bei Castlemorton Pfannkuchen verkauft hatte, einem Mitglied der Tecno Travellers Crew und einem Mann, der ein fahrradbetriebenes Gyroskop aufgestellt hatte; sie alle waren der Polizei ins Netz gegangen. Der Richter stellte den dreizehn Angeklagten im Falle einer Verurteilung Gefängnisstrafen von etwa vier Jahren in Aussicht, obwohl bei den Urteilen theoretisch alles von Freispruch bis lebenslänglich möglich gewesen wäre. Das erhöhte das Selbstvertrauen der Polizei. „Der Castlemorton-Prozeß am Crown Court von Wolverhampton verläuft gut", berichtete schadenfroh ein internes Dokument der Southern Intelligence Unit. „Es gibt bei Gericht keine Sympathie für die Angeklagten, sie sind ganz auf sich gestellt. Ah!!" Simone Feeney, die vor kurzem ein Kind bekommen hatte, bekannte sich schuldig; sie wollte mit der ganzen Sache nichts mehr zu tun haben.

Die Staatsanwaltschaft rief circa fünfzig Zeugen auf, um zu beweisen, daß Spiral Tribe die Rädelsführer waren, die für das Entertainment gesorgt und von daher auch die ganze Zusammenkunft verursacht hatten. Als es schließlich zur Urteilsfindung kam, waren viele der Beweismittel nicht zugelassen worden, und, wie der Tribe-Anwalt Peter

Silver sagt: „Keiner der Beweise war konkret, es wurde einfach mit Dreck geworfen: Irgend etwas würde dann schon hängenbleiben. Es war sehr schlecht vorbereitet; viele Beweise, aber nur mit wenig Substanz." Der Fall offenbarte eine fast schon tragikomische Unkenntnis der Art, wie diese Events aufgezogen wurden; Der Prozeß war ebenso unwirksam wie der gegen Centre Force 1989. Kein Zeuge konnte die Angeklagten als die Unruhestifter identifizieren, die er auf dem Gelände gesehen hatte, und die Spirals waren bei ihren Aussagen sehr überzeugend. „Sie konnten sich sehr intelligent ausdrücken", sagt Silver. „Der Staatsanwalt hatte es im Kreuzverhör nicht leicht, weil sie auf alles eine Antwort wußten. Diese Leute wehrten sich, sie waren clever, und die Jury nahm offensichtlich an, daß sie auch eine gewisse Integrität besaßen."

Die Verteidigung rief vier Zeugen auf. Drei berichteten, daß sie von Castlemorton in den Nachrichten erfahren hatten und daraufhin losfuhren – von wegen düstere Verschwörung. Der vierte Zeuge war Willy X, der tatsächliche Organisator des Avon Free Festivals, der, wie Silver berichtet, vor Gericht sagte: „Bei allem Respekt vor Spiral Tribe, das sind nette Leute, aber wenn es um die Organisation von Festivals geht, dann sind sie völlige Amateure. Der Fachmann bin ich."

Den Angeklagten hatte man vorgeworfen, sie seien die Masterminds hinter dieser von Richter Gibbs und Staatsanwalt Alister McCreeth als „geplante Unruhestiftung" bezeichneten Geschichte gewesen. Doch es wurde deutlich, daß sie keineswegs, weder im Ganzen noch in Teilen, verantwortlich gemacht werden konnten. Spiral Tribe waren nicht einmal das erste Sound System gewesen, das dieses Gelände erreicht hatte. Die Polizei gab zu, daß sie Castlemorton geduldet hatte. Superintendent Clift, der Leiter des Einsatzes auf dem Gelände, setzte hinzu, daß „einige Anwohner ihr eigenes Unglück heraufbeschworen haben, indem sie Fernsehen und Presse ermutigten, aufs Gelände zu gehen und sich selbst für Interviews bereithielten. Viele ‚Raver' fuhren erst aufgrund dieser Publicity dorthin."[35] Dann gab es da noch die Frage der Organisation: War es ein geplanter Event gewesen, oder hatte er sich nur aus dem Chaos ergeben, das nach der Auflösung des ursprünglich geplanten Festivals bei Chipping Sudbury Common entstanden war? Nichts konnte bewiesen werden.

Nach zehn Wochen wurden alle Angeklagten vom Vorwurf der Verschwörung zwecks Störung der öffentlichen Ordnung freigesprochen, sogar Simone Feeney, der man gestattete, ihr Geständnis zu widerrufen. Peter Silver schätzt, daß das ganze Theater um die vier Millionen Pfund gekostet hatte, eine unglaubliche Verschwendung von Steuergeldern allein aus politischen Beweggründen. Er glaubt, daß das Innenministerium zu der Zeit noch mit der Formulierung der CJB beschäftigt war und es sich hier um einen Testfall handelte, mit dem festgestellt werden sollte, ob Anklagen wegen Störung der öffentlichen Ordnung ausreichten, um die Free Parties zu unterbinden, oder ob härtere Maßnahmen nötig waren. „Bei der Verhandlung war absolut klar, daß im Hintergund jede Menge Hebel in Bewegung gesetzt wurden", sagt er. „Es ist schwer, das jetzt im einzelnen festzumachen, aber ich hatte einfach das Gefühl, ganz gleich, welche Erklärung man der Staatsanwaltschaft gab – zwischen den Zeilen bekam man bedeutet: ‚Sie haben vermutlich recht, aber uns wurde gesagt, daß wir so und so vorgehen müssen.'" Der Tribe kehrte derweil auf den Kontinent zurück, wo er sich bereits eine neue Basis geschaffen hatte.

twyford down

„Heute in fünfzig Jahren wird Großbritannien immer noch das Land der langen Schatten in ländlicher Idylle sein, mit warmem Bier, unschlagbar grünen Vororten, Hundefreunden, Poolspielern und, wie George Orwell einst sagte, ‚ältlichen Jungfern, die durch den Morgennebel zur heiligen Kommunion radeln' … In seinen Grundfesten wird Großbritannien unverändert bleiben."

John Major, 1993

Nach fünfzehn Jahren konservativer Regierung hatte sich die politische Kultur Großbritanniens bis zur Unkenntlichkeit verändert. Als die Regierung versuchte, auf alle politischen Bereiche Einfluß zu nehmen, indem sie ihre Kontrolle über die Behörden verstärkte und ganze Sektoren der lokalen Verwaltung abschaffte, verloren Hunderttausende von Wählern ihr Wahlrecht: Aus Angst, zur Zahlung der Poll Tax herangezogen zu werden, ließen sie sich nicht in die Wahlregister eintragen. Eine überall spürbare Verdrossenheit über das politische System, das gescheitert schien, griff um sich. Konservative Versprechungen wie die „Rückbesinnung auf die grundlegenden Werte" und die Rückkehr zum „Ideal der Familie" klangen für viele junge Leute eher wie Drohungen, und bei der Parlamentswahl 1992 gaben 40 Prozent der Wähler zwischen 18 und 25 keine Stimme ab. Es war nicht einmal so, daß sie die Politik ablehnten – die Politik lehnte sie ab.

All dies bildete den Hintergrund, wenn nicht gar den direkten Anstoß für eine neue Ära des politischen Protests, der auf den Aktionen spontan gegründeter Organisationen mit primär umweltpolitischen Anliegen basierte. Diese Organisationen – Autobahngegner, Hausbesetzer, Selbsthilfegruppen, alternative Nachrichtendienste – vertraten keine Manifeste oder linksgerichtete Parteipolitik. Sie zogen direkte Aktionen und gegenseitige Unterstützung vor und zeigten ein gutes Gespür dafür, wie man Proteste medienwirksam aufbereiten und Spaß bei der Sache haben konnte. Unter ihren Händen verwandelte sich die Sorge um die Umwelt in eine wild wuchernde Kulturbewegung, die für Werte und Verantwortlichkeit ebenso Partei ergriff wie für die Rettung der Wale oder der Regenwälder.

Einige führen das, was nun als „New Protest" oder „Do-it-yourself-Kultur" bekannt wurde, bis auf die Schlacht im Bohnenfeld zurück. Das Ideal war der Traveller: ein Freigeist, der sich von den Beschränkungen der erstickenden städtischen Gesellschaft gelöst hatte, der die zerstörerische Gier der Konsumgesellschaft ablehnte und sich in der Tradition eines spirituellen Erbes sah, das auf anarchistische Wandervölker über Jahrhunderte hinweg bis auf die Anfänge der britischen Geschichte zurückblicken konnte. Andere sehen die Ursprünge der „New-Protest"-Ära in den Friedenscamps gegen Atomwaffen bei Greenham Common in den Achtzigern oder in den Poll-Tax-Unruhen von 1990, als die Regierung durch die Bildung einer neuen Allianz von Protestierenden überrascht worden war. In der Vitalität und der Energie der Do-it-yourself-Kultur wie der Rave-Szene spiegelte sich gleichzeitig und überraschend auch die Eigenständigkeit, der Unternehmergeist der Thatcher-Zeit.

Der Katalysator für diese Fusion aus Party und Politik war ein „Tribe" – also ein „Stamm" – von Demonstranten, die sich Dongas nannten. Als bei Twyford Down in der Nähe von Winchester 1992 die

Bauunternehmer mit ihren Maschinen anrückten, um eine Verbindung zwischen zwei Autobahnen mitten durch ein „Gebiet von besonderer landschaftlicher Schönheit" zu bauen, wurden sie durch eine bunt zusammengewürfelte Gruppe von Gegnern aufgehalten: Umweltaktivisten von Organisationen wie Friends Of The Earth und Earth First!, besorgten Anwohnern, die der Mittelklasse zuzurechnen waren, und eben den Dongas, die wild in der Gegend campten und Verbindungen zu den Travellern hatten. Ihr Protest hatte etwas von einem Free Festival, es war ein Fest und eine Demonstration zugleich. Sie konnten zwar nicht verhindern, daß die Autobahn gebaut wurde, aber sie sorgten dafür, daß die sozialen und ökologischen Konsequenzen von Thatchers „großer Car Economy" ins allgemeine Bewußtsein drangen. Durch ihre Störmanöver verursachten sie Kosten von 1,7 Millionen Pfund und trugen dazu bei, daß die Konservativen ihr Straßenbauprogramm neu überdachten.

Die einfallsreichen, gut inszenierten Aktionen der Dongas lösten eine Renaissance umweltpolitischer Themen aus. Anfang 1994 wurde die Anti-CJB-Bewegung immer stärker. Protestorganisationen schossen wie Pilze aus dem Boden – ein Jahr nach Twyford Down waren es circa 200. Das Freedom Network (eine Dachorganisation, die ihren Sitz in Cool Tan Arts hatte, einem besetzten ehemaligen Verwaltungsgebäude in Brixton, wo einst John Major zur Musterung erschienen war) wurde gegründet, um die verschiedenen Aktivisten-Teams zusammenzufassen. Binnen eines Jahres gab es landesweit 90 Zweigstellen. Die Criminal Justice Bill hatte Verbindungen zwischen den gegensätzlichsten Gruppen geschaffen, die sich alle gleichermaßen bedroht fühlten, und sie hatte ihnen eine gemeinsame Identität gegeben.

„Die CJB hat diese Generation wirklich vereint", sagt Camilla Berens vom Freedom Network. „Die Leute haben einfach auf eine gemeinsame Bedrohung gewartet, und [Innenminister] Michael Howard hat uns diesen Gefallen getan. Besser hätte es gar nicht kommen können."

Es liegt auf der Hand, daß die Vorstellungen von Spiral Tribe über einen „neuen Dialog mit der Erde" bestens zu den Befürchtungen der Umweltdemonstranten über den Einfluß von Autos und Straßen auf das Ökosystem paßten. Die Demonstranten wiederum hatten sich einige strategische Finessen von den Massenaufmärschen der Rave-Szene abgeguckt – sie benutzten Mobiltelefone, Videokameras und das Internet, aber auch Low-Tech-Medien wie Aushänge, Fanzines und Handzettel.

Die Politisierung des Free-Party-Netzes sorgte indessen für eine wachsende Distanz zur Clubszene, die immer mainstreamorientierter und konventioneller wurde. Dieser Prozeß hatte schon zu Zeiten der Bright Bill eingesetzt, und ab 1990 hatte sich die Mehrheit der Clubgänger an legalen Veranstaltungsorten getroffen und konzentrierte sich auf Drogen, Musik und Mode, ohne eine großartige gemeinsame Ideologie, vom Hedonismus einmal abgesehen. Obwohl viele Clubber die CJB als Angriff auf ihre Kultur, auf ihre Generation betrachteten, hatten andere eher den Eindruck, daß sie sich gegen Partys richtete, zu denen sie ohnehin nie gingen, und gegen Lebensweisen, die sie für sich nicht annehmen wollten. Außerdem wurde die Do-it-yourself-Kultur auch dafür kritisiert, daß sie sich in schönfärberischen Utopien verlor und Bäume und Felder höher einstufte als Themen wie Armut und Gesundheitswesen.

Ein Sound System der Free-Party-Szene, Exodus aus Luton, versuchte, sich mit breiteren politischen Themen wie Arbeitslosigkeit und Wohnungsnot auseinanderzusetzen. Man stellte die Einkünfte aus Raves für Selbsthilfeprojekte zur Verfügung, besetzte Gebäude und verwandelte sie in informelle Gemeinschaftszentren und Wohnungskooperativen. Das Motto „Frieden, Liebe, Einheit, Kampf" spiegelte diese etwas härtere ideologische Einstellung wider, führte aber auch zu Schikanen durch die Polizei, zu Razzien durch Sondereinsatzkommandos, zur Räumung von besetzten Häusern und zu wiederholten Festnahmen – insgesamt etwa fünfzig, was eine Untersuchung durch die lokale Verwaltung zur Folge hatte. Nach der ersten Festnahmewelle 1993 demonstrierten 4.000 Raver aus Luton vor der Wache, wo die Leute von Sound System festgehalten wurden, für deren Freilassung. Die Geschichte von Exodus zeigt, daß viele politische Auswirkungen der Ecstasy-Kultur durchaus sehr ernst genommen und erbarmungslos niedergeschlagen wurden. Das Aufeinandertreffen von radikaler Politik und Drogenkultur galt nach wie vor als explosive Kombination.

Exodus erinnerte mit seinen Arbeiterklassewurzeln und der bunten ethnischen Zugehörigkeit seiner Mitglieder noch mehr als Spiral Tribe an Punk-Aktivisten wie Crass. Die Lutoner Kommune des Systems, HAZ (Housing Action Zone) Manor, war ebenso wie Crass' Schlupfwinkel in Epping Forest ein besetztes Haus, das völlig umgebaut und renoviert worden war – das Sound System verfügte in den eigenen Reihen über ehemalige Dachdecker, Gipser, Ingenieure, Bauarbeiter, Fabrikarbeiter, Immobilienmakler, Studenten, Soldaten und Knackis. Exodus verströmte das Charisma einer engen Gemeinschaft; das zog die Leute an – ein geheimnisvoller Magnetismus, der zu seinen Wurzeln sozialistische Traditionen zählte (ihr LKW war mit roten Sternen dekoriert), aber auch ans Religiöse grenzte. „Wir holen Gottes Land zurück und wenden Gottes Gesetze an", betonte Exodus-Sprecher Glenn Jenkins, ein ehemaliger Lokführer und Betriebsrat. „Wir sehen uns als Freiheitskämpfer ... Es ist eine Lebensweise, die klare Werte besitzt: Das *Leben* ist heilig, nicht der Besitz."[36] Ihr Traum war es, die temporäre autonome Zone in eine permanente Revolution zu verwandeln.

Dieses Zusammenfließen von Rave und Politik, erklärte Jenkins, sei eine konkrete Manifestation dessen, was die House-Szene als Einheit und Gemeinschaft propagierte: „Konkrete Aktionen sind wohl der beste Weg nach vorn. Nicht auf andere warten, sondern selbst das eigene Umfeld verändern. Wir sind 45 Leute. Wir bringen mit den Raves Geld zusammen, übernehmen verfallene Gebäude, renovieren sie und öffnen die Türen für die Obdachlosen. Sinnvolle Arbeit ist für viele junge Leute nur noch eine sehr flüchtige Erinnerung. Viele haben überhaupt keine Chance. Deswegen ist es das beste, eine eigene Gesellschaft aufzubauen, Dinge für sich selbst zu schaffen. Motor dieser Bewegung ist ein Kollektiv von Leuten, die durch Taten beweisen, daß Träume wahr werden können. Aus dieser Dunkelheit erwächst Selbstvertrauen."[37]

Die erste Massendemonstration der Advance Party, die am Maifeiertag vom Hyde Park aus loszog, brachte zwischen 6.000 (nach Schätzungen der Polizei) und 20.000 (wie die Organisatoren angaben) Partygänger und politisch Interessierte zum ersten Mal zusammen. Am Trafalgar Square herrschte ausgelassene Stimmung – das Desert Storm Sound System pumpte House-Rhythmen aus Lautsprechern, die auf ein Panzerfahrzeug montiert waren, über den Platz, und die Feiernden tanzten in dem großen Brunnen, wie wenn es Silvester wäre. Die zweite Demonstration im Juli zog zwischen 20.000 und 60.000 Menschen an, aber als der Marsch an der Downing Street vorüberzog, sonderte sich ein Grüppchen von Anarchisten ab, die versuchten, über die Absperrgitter zu klettern und sie umzukippen. Gemäß den erprobten Rituale aller Auseinandersetzungen zwischen Polizei und Demonstranten folgte auf einen Hagel von Wurfgeschossen der Einsatz der berittenen Polizei.

Als der Oktober kam, sah die Lage ziemlich düster aus. John Major hatte sich entschieden, die Ansichten erfahrener Polizisten zu ignorieren, die fürchteten, die CJB würde aus der Polizei ein politisches Instrument der Regierung machen. Und Labour-Chef Tony Blair hatte seine Parteigenossen auf Stimmenthaltung eingeschworen, womit es dann innerhalb des Parlaments keine ernstzunehmende Opposition mehr gab (obwohl etwa vierzig Labour-Abgeordnete seine Anweisung ignorierten und dagegen stimmten). Der linksgerichtete Anwalt Michael Mansfield wetterte, daß der Oppositionsführer „zugelassen hatte, daß eine faschistische Vorlage fast unausweichlich zum Gesetz wird". Blair konzentrierte sich lieber auf den Versuch, einzelne Elemente dieser Vorlage nachzubessern und erzählte mit Begeisterung, wie Innenminister Michael Howard „der Mund zwanzig Zentimeter weit offengestanden" sei, als er seine Absicht kundtat.[38] Er argumentierte, daß die Konservativen so nicht behaupten könnten, daß Labour „der Kriminalität gegenüber zu weich" sei. De facto stärkte seine Strategie nur die weitverbreitete Ansicht, daß Politiker aller Parteien in Bürgerrechten oder den Bedürfnissen junger Leute keine Themen sahen, mit denen Stimmen zu gewinnen waren.

Am 9. Oktober mobilisierten die Advance Party und ihre Verbündeten noch einmal alle Kräfte und brachten nach eigener Schätzung 100.000 Sympathisanten in der Londoner City zusammen. Die Stimmung war wieder recht gut, wenn auch ein wenig resigniert, da die Niederlage unweigerlich bevorstand. Als die Demonstration bereits dem Ende zuging, kroch ein Sound System, gefolgt von über tausend tanzenden Körpern, die Park Lane entlang und versuchte, in den Hyde Park zu gelangen, was einer vorherigen Abmachung mit der Polizei entgegenlief. Als die Tänzer den Sondereinsatzkommandos gegenüberstanden, die obendrein Demonstranten einkesselten, die eigentlich nach Hause wollten, verschlechterte sich die Stimmung, und bald flogen die ersten Wurfgeschosse. „Zeitweise war die Atmosphäre fast surreal", berichtete der *Guardian*-Korrespondent Duncan Campbell. „Ein Feuerschlucker und ein Einradfahrer unterhielten die Menge mitten auf einer der nobelsten Meilen Großbritanniens, während auf einer Seite das Einsatzkommando stand und auf der anderen Rave-Musik dröhnte."[39]

Schließlich schlug die Polizei zu – und dann noch einmal, wobei sie auf jeden einprügelte, der ihr in den Weg kam, als Panik ausbrach und die Leute in alle Richtungen auseinanderstoben. Die berittene Polizei stieß dazu, und nun begannen die Geschosse richtig heftig zu fliegen. Um neun Uhr abends nahmen Beamte in gepanzerter Schutzkleidung und vielfach ohne Identifikationsnummern die 1.500 verbliebenen Demonstranten in die Zange, um den Marsch endgültig aufzulösen, und trieben sie die Park Lane hinunter. Ganze Scharen flüchteten aus Angst vor Verletzungen in den dortigen McDonald's, während es draußen zu häßlichen Zusammenstößen kam, andere rannten die Oxford Street hinunter und schlugen Schaufenster ein, immer gefolgt von Polizisten, die einige von ihnen mit Schlagstöcken niederknüppelten. Die Polizeichefs behaupteten, die Gewalt sei von demselben harten Kern ausgegangen, der vor fünf Jahren auch die Poll-Tax-Unruhen am Trafalgar Square ausgelöst hatte, während einige der Organisatoren linksgerichtete oder anarchistische Unruhestifter beschuldigten und darauf hinwiesen, daß diese Art von polizeilicher Reaktion genau das war, was Andersdenkende zu erwarten hätten, wenn die CJB tatsächlich verabschiedet würde.

Am 3. November versuchte Innenminister Howard, die – wie er es nannte – „übertriebenen Befürchtungen" wegen der möglichen Folgen dieser Gesetzesvorlage zu zerstreuen: „Es werden nicht alle Raves verboten", betonte er. „Es werden nur die nicht genehmigten Raves verboten, aber es wird absolut im Bereich des Möglichen liegen, daß man sich die Genehmigungen besorgt und Raves veranstaltet, solange sie nicht den Frieden und die Ruhe anderer Leute stören. Das Demonstrationsrecht wird nicht eingeschränkt. Das Prinzip, das hier zugrunde liegt, sieht so aus, daß sich jeder so verhalten kann, wie er will, solange die Rechte anderer nicht verletzt werden."[40]

Am selben Tag erfolgte die königliche Zustimmung, und damit wurde der Criminal Justice And Public Order Act 1994 Gesetz.

Dann passierte gar nichts. Keine Massenfestnahmen, keine breit angelegte Räumung von besetzten Häusern, keine Internierung unerwünschter Personen, keine Machtdemonstrationen. Indes – obwohl der CJA jetzt beschlossen war, gingen die Proteste weiter. Ein paar Stunden nach der Verabschiedung des Gesetzes setzten fünf Demonstranten die Überwachungskameras des Unterhauses außer Gefecht und kletterten über die Regenrinnen aufs Dach, wo sie Transparente mit „Wehrt euch gegen den CJA" entrollten und es sich mit einem Joint gemütlich machten. Später folgte ein Protestmarsch zu John Majors Dienst-Landsitz Chequers in Buckinghamshire, dann eine organisierte Massenbegehung der Gärten der Königin in Windsor Castle.

Allerdings zeichneten sich bereits Spannungen an der zerbrechlichen gemeinsamen Front der Free-Party-Szene ab. Bei einem Treffen von Advance Party direkt nach der Verabschiedung des CJA erklärten eine Reihe von Schlüsselfiguren, sie wollten die Organisation verlassen und eine neue Kampagne, United Systems, ins Leben rufen. Sie argumentierten, daß Advance Party nun, da der CJA zum Gesetz geworden war, überflüssig sei. Aus der flinken, aktiven, verantwortungsbewußten Einheit war ein ungelenker, bürokratischer Apparat geworden, der sich mit Themen außerhalb des ursprünglichen Wirkungsbereiches beschäftigte. United Systems sollte sich ausschließlich auf die Unterstützung von Free Parties und Sound Systems konzentrieren, um diese auch unter dem neuen Gesetz weiter aktionsfähig zu erhalten. „Free Parties werden nicht durch politische Kampagnen, Fernseh-Talkshows, Zeitschriftenartikel, Redner oder Gastauftritte von Stars gerettet. Auch nicht durch Flugblätter, Infobriefe, Posters oder Aufkleber", hieß es im Gründungsprotokoll. „Nur Free Parties können Free Parties retten!"[41] United Systems sollte wunderbar vielseitig sein, voller Spontaneität, ein Name, der bei Bedarf als Tarnung wie als Banner von jedem Sound System genutzt werden konnte, und man wollte konkrete und praktische Ratschläge geben, wie illegale Raves organisiert werden konnten.

Zu den mobilen Einheiten von United Systems zählten auch die Sound Systems, die nach Castlemorton entstanden waren und die Hardcore-Fahne hochgehalten hatten, nachdem Spiral Tribe und Bedlam das Land verlassen hatten. Sie besaßen ihre Basis in den zahlreichen leerstehenden Gebäuden im Londoner Ödland, in den abgerissenen

Gegenden der Innenstadt, aus denen auch die Mutoid Waste Company, The Shamen, Spiral Tribe, Club Dog und so viele andere stammten. Wieder lag der Schwerpunkt auf Brixton und Hackney, wo neue Hausbesetzergruppen wie Ooops, Juba, Vox Populi und Virus eine Gemeinde versorgten, die sich vom Vorstadt-Materialismus, der Kleiderordnung der Aufsteiger, hohen Eintrittspreisen und der „kommerziellen Musik" der von ihnen als „Mainstream" bezeichneten House-Szene – dem Saturday Night Fever der Ecstasy-Massenkultur – ausgeschlossen fühlte. Der ungeschliffene Acid und Techno der Hausbesetzer-Systems war wie der Sound von Spiral Tribe als trotziger Aufschrei gedacht, obwohl es natürlich auch hier eigene, ungeschriebene Dress Codes und Hierarchien gab.

„Das kann sich jeder selbst aussuchen", meinte Aaron von Liberator, einer der Acid-Crews. „Ich will nicht runtermachen, was andere Leute tun. Die wollen sich eben schick anziehen und in irgendeinen netten Club gehen, wo sie sich akzeptiert fühlen. Wenn sie zu unseren Partys kommen, werden sie sich definitiv nicht so fühlen. Weil die hübschen Schuhe, die sie sich gekauft haben, abgestoßen werden und ihnen Bier auf das schöne neue Hemd gekleckert wird. Wir ziehen die Außenseiter, die häßliche Truppe an, und das liebe ich so daran, weil das nämlich genau dem entspricht, was wir sind."[42]

An diesen Sound Systems zeigte sich ein britisches Techno-Hippie-Phänomen, das sich seit den ersten Aktionen von Psychedelic-Freaks wie Fraser Clark, Mixmaster Morris und The Shamen in den späten Achtzigern entwickelt hatte. Hier handelte es sich nicht um eine fest definierte Szene, sondern eher um ein amorphes, sich ständig veränderndes Konglomerat von Konzepten, eine Spielart, die sich an der Schnittstelle von Drogen und Technologie auftat. Dahinter stand eine Von-allem-ein-bißchen-Philosophie, gleichermaßen gespeist aus dem Acid-House-Hedonismus, der Londoner Postpunk-Hausbesetzerszene, fahrenden Sound Systems und Autobahngegnern, dem psychedelischen Trance-Dance-Movement, das aus dem indischen Goa importiert worden war, der „New-Edge"-Cyberkultur von *Mondo 2000* sowie gesampelten Fragmenten von Philosophen wie McKenna und Leary. Diese Mixtur zeigte, daß die psychedelische Tradition in neue Gebiete vorstieß und bestätigte, daß die Hippie-Ideen in der Tat ein Comeback feierten, das nicht nur ein blasser Abklatsch der Siebziger war, sondern etwas völlig Neues.

Die neuen Vollmachten der Polizei unter dem Criminal Justice Act waren nicht zwingend. Die Einheiten konnten es sich aussuchen, ob sie dieses Gesetz anwandten, um Outdoor-Partys zu stoppen, oder ob sie sich auf die Mittel verließen, die ihnen bisher zur Verfügung gestanden hatten. Im Frühjahr 1995 zeigte sich, daß die meisten eine eher sachte Herangehensweise bevorzugten, entweder, weil sie Angst davor hatten, Massenproteste zu provozieren, oder weil sie einfach glaubten, das Gesetz nicht zu brauchen. Zehn Jahre nach der Schlacht im Bohnenfeld, als am ersten langen Wochenende im Mai ein Teil der Briten den Sieg im Zweiten Weltkrieg feierte, organisierten United Systems mehrtägige Parties in Woodbridge, Suffolk, und im nordwalisischen Bangor. Die Polizei vor Ort nahm es gelassen hin und ließ beide Veranstaltungen ungehindert weiterlaufen bis zum Montag nachmittag, als sich ihre Haltung urplötzlich wandelte: Die Beamten räumten die Areale ohne viel Federlesens und konfiszierten die Anlagen. Zwar wurde der CJA nicht angewandt, aber United Systems sahen trotzdem den langen Arm des Innenministeriums hinter dieser Aktion. „In Bangor war es so, daß die Polizei kam und sagte: ‚Tut uns leid, Jungs, wir wollen das nicht tun, aber wir haben Befehl von oben'", sagt Debby Staunton, die für United Systems am Telefon saß.

Zwar wurde das Gesetz tatsächlich angewandt, um Saboteure von Fuchsjagden sowie Tierschützer und Autobahngegner festzunehmen, aber in den ersten Monaten war es vor allem die Drohung, die am meisten Wirkung zeigte und eine Atmosphäre von Angst und Paranoia erzeugte. Die Polizeiaktionen der letzten zwei Jahre hatten den Free-Festival-Treck fast völlig zum Erliegen gebracht. Der aber war für die Travellers als Wirtschaftsfaktor von großer Bedeutung und stellte das Zentrum ihres sozialen Lebens dar. Bei Festivals konnten die Traveller ihre Waren feilbieten oder Vorstellungen geben, um ihr Leben zu finanzieren. Jetzt, da die Free Festivals fast völlig ausgestorben waren, gingen sie nicht nur ihres Lebensunterhalts und ihres Entertainments verlustig, sie hatten überhaupt Angst, sich zu versammeln, weil sie Räumungen und Schikanen fürchteten. Aus der Isolation und Depression heraus zogen viele doch in Häuser und parkten ihre Busse in den Innenstädten, oder aber sie verließen das Land, um ein streßfreieres

Leben in Irland, Frankreich, Spanien oder Portugal zu suchen. Zehn Jahre nach der Schlacht im Bohnenfeld sah es ganz so aus, als hätte die Regierung die Traveller endlich besiegt.

Die Free-Party-Szene florierte jedoch weiter, in abgelegeneren Locations und in den Warehouses der Innenstädte, und die Zahl der Sound Systems und der illegalen Veranstaltungen wuchs ungeachtet der kleinen Rangeleien und gelegentlichen Eingreifaktionen der Gesetzeshüter. „Wenn die Party weniger als 500 Leute anzieht, dann ist sie der Polizei in der Regel scheißegal", meinte Rick von DiY damals. „Wenn sie jede Menge Beschwerden kriegen, dann kommen sie vorbei, um die Nachbarn zu beruhigen." Aber die Systems, deren Aktionen von der Outlaw-Idee geprägt waren, gaben sich mit dem Übergehen zur Tagesordnung nicht zufrieden. Es mußte bewiesen werden, daß der Criminal Justice Act nicht anwendbar war, daß er nicht nur ein Unterdrückungsmittel darstellte, sondern eine komplette Farce.

Anfang des Jahres hatten sich einige Leute aus dem Umfeld der südostenglischen Systems getroffen und beschlossen, einen Event von Castlemorton-Ausmaß zu planen, eine riesige Zusammenkunft der Clans, die den CJA unterminieren, die Polizei demütigen und der Regierung die ganze Verachtung zeigen sollte. Der Termin wurde auf Juli festgelegt, und die Nachricht gab man über die informellen Kanäle weiter: Am „Siebten des Siebten" würde etwas Großes passieren. Es war geplant, daß die verschiedenen Gruppen auf jeweils eigene Weise in ihren eigenen Gebieten tätig werden, bis sich dann alle an einem Ort zur gleichen Zeit für eine unübersehbare Demonstration ihrer Stärke treffen sollten. Auf dem Gelände würde dann eine Pressekonferenz stattfinden, und dort, vor den Augen der Medien aus aller Welt, würde man den CJA für alle Zeiten verurteilen, und die vereinten Stämme der Staatsverdrossenen würden auf seinem Grab tanzen.

Das Problem war: Wenn jeder den Termin wußte, dann würde er auch der Polizei nicht verborgen bleiben. Deren Informationsnetz war mittlerweile wesentlich ausgefeilter als 1992. Außerdem war Castlemorton seinerzeit nicht direkt geplant, sondern eher spontan gewesen. Man hoffte, wenn es weder eine zentrale Organisation noch einen festgelegten Ablaufplan gab, könne niemand für die Verschwörung zwecks Störung der öffentlichen Ordnung vor Gericht gebracht werden, wie der Fall Spiral Tribe gezeigt hatte. Aber wenn es keine Verschwörung gab, wie konnte man dann die Geheimhaltung gewährleisten? In der Woche vor dem Festival, das den Spitznamen „The Mother" erhalten hatte, traf man sich in einer stillgelegten Fabrik in Süd-London und wählte die Location aus: ein riesiges abgelegenes Feld, das zu einem Bauernhof bei Corby in Northamptonshire gehörte. Man verteilte Landkarten, die auswendig gelernt und dann vernichtet wurden. Aber es kam sofort zu Unstimmigkeiten, da eine Gruppe darauf bestand, lieber einen stillgelegten Flugplatz bei Smeatharpe in Devon zu wählen. Die vereinte Front zerbrach; jetzt würde es zwei Festivals geben.

Lange vor Sonnenaufgang kamen am 7. Juli die ersten Sound Systems auf dem Gelände bei Corby an, wo sie ihre Fahrzeuge in einem Kreis parkten, damit die Anlagen geschützt und den Blicken verborgen blieben. Aber es dauerte keine Stunde, bis ein Einsatzwagen der Polizei und ein Hubschrauber dort auftauchten. Über die telefonischen Free-Party-Informationsdienste waren seit Wochen zweideutige Messages verbreitet worden, und die Polizei hatte die Telefone der wichtigsten Aktivisten abgehört und wußte, was geplant war. Um 6.30 Uhr – es war die klassische Razzia im Morgengrauen – trat die Polizei die Tür von Debby Stauntons Wohnung in Burnt Oak, Middlesex, ein, durchsuchte das Haus und nahm sie und ihren Freund Jim, einen United-Systems-DJ, wegen Verschwörung zwecks Störung der öffentlichen Ordnung fest. Gleichzeitig errichtete die Polizei rund um das Gelände bei Corby Straßensperren und nahm mit Verweis auf den CJA drei Mitglieder des Black Moon Sound Systems aus Buxton fest. Es war das erste Mal, daß jemand nach den Anti-Rave-Klauseln des CJA inhaftiert wurde. Die übrigen Leute vor Ort wurden aufgefordert, die Grafschaft zu verlassen, worauf sich ein über eineinhalb Kilometer langer Konvoi in Richtung Cambridgeshire in Marsch setzte. Bei ihrer Rückkehr nach London sah Michelle Poole von Advance Party, daß die Tür ihrer Wohnung in Kentish Town aus den Angeln gehoben war und einige Polizisten gerade dabei waren, mit Telefon, Faxgerät, Landkarten, Posters, Adreßbüchern und sogar ihrem Hund zu verschwinden. Sie und ihr Freund Andy wurden ebenfalls wegen Verschwörung zwecks Störung der öffentlichen Ordnung festgenommen.

Als die Sound Systems das Gelände bei Smeatharpe erreichten, hatte die Polizei bereits Straßensperren errichtet. Die Anlagen von DiY und Virus wurden konfisziert. Übers Wochenende fanden kleine spontane Partys in Devon, Cambridgeshire und Lincolnshire statt, aber die große Massenversammlung, The Mother, kam nie zustande. Das Informationsnetz der Polizei war zu gut, und die Organisation des Festivals war von vornherein fehlerhaft und nicht ausreichend gewesen. Einige Sound Systems waren meilenweit aus den Midlands in den Südwesten gefahren, weil sie keine Ahnung hatten, daß auch in ihrem Gebiet eine Party geplant war. Andere legten die Strecke in umgekehrter Richtung zurück. Zwar hatte die Polizei nicht bewiesen, daß man mit dem CJA die Free Parties verhindern konnte, aber es zeigte sich doch, daß es fast unmöglich geworden war, einen großen Event wie Castlemorton zu organisieren – solche Bemühungen, wenn es sie denn doch gab, wurden unter Einsatz aller Kräfte zerschlagen.

In den nächsten Wochen machte die Polizei noch mehr Festnahmen und konfiszierte noch mehr Adreßbücher, was die Paranoia weiter schürte. Telefone, ganz gleich ob konventionelle Kabelverbindungen oder Mobilgeräte, konnten abgehört werden, und es gab Gerüchte, die besagten, daß die Polizei auch Internet-Newsgroups kontrollierte, bei denen über Free Parties diskutiert wurde. Einige vermuteten, daß Informanten, vielleicht sogar Lockspitzel eingeschleust worden waren. Debby Staunton, die auf ihre Verhandlung wartete, ließ sich davon nicht beunruhigen und erklärte, daß die Polizei bei aller detaillierten Information nie begreifen würde, was wirklich ablief; deren Denken sei so grundlegend falsch gepolt, daß ihre Aktionen kaum einen Einfluß auf die Free-Party-Bewegung haben würden. Denn die sei von einer höheren, einer *spirituellen* Macht getrieben.

„Das hört sich vielleicht nach kosmischem Märchenkram an, aber das ist unsere Geheimwaffe. Wenn man an die Gaia-Theorie glaubt und weiß, daß die Gesellschaft ein sich selbst regulierender Mechanismus ist, dann ist das, was wir tun, ein Produkt der Gesellschaft, um das Ungleichgewicht wieder auszubalancieren, das durch bestimmte machtgierige Menschen entstanden ist. Sie können mein Telefon anzapfen, okay, aber wir tun das Richtige."

Die Anklage wegen Verschwörung zwecks Störung der öffentlichen Ordnung wurde später fallengelassen, aber am 27. Februar 1996 verurteilte man die drei Mitglieder des Black-Moon-Systems nach dem CJA vor dem Strafgericht in Corby zu einer Geldstrafe, und das System mußte Soundequipment im Wert von 6.000 Pfund abschreiben –

die erste Rave-Crew, die nach dem Criminal Justice Act verurteilt wurde. „Wir haben nicht zugelassen, daß uns die sogenannte Justiz in Großbritannien fertigmacht, und wir brennen darauf, wieder auf Free Parties und Free Festivals zu spielen, sobald wir unsere Anlage ersetzen können", erklärten die drei trotzig. „Wir lassen uns jetzt nicht runterziehen. Es war schon ein Schlag in die Magengrube, aber wir werden darüber wegkommen. Wenn sie dich in die Knie zwingen, dann heißt das, daß sie gewonnen haben."

Die Polizeistrategie, eher die Informationsnetze als die Partys aufs Korn zu nehmen, schien sich auszuzahlen. So hatten sie The Mother gestoppt, und es schien nicht mehr möglich, ohne eine echte Verschwörung, die das Risiko schwerer Anklagen und möglicherweise sogar lange Gefängnisstrafen für die Beteiligten mit sich gebracht hätte, einen weiteren großangelegten Event auf die Beine zu stellen. Die einzigen wirklich effektiven Party-Proteste waren die sogenannten „Reclaim the Streets"-Events. Bei diesen zeitlich exakt abgestimmten Protesten gegen den Bau neuer Straßen wurden beispielsweise im Sommer 1995 zentrale Kreuzungen in Camden, Islington und Greenwich lahmgelegt, und ein Jahr später wurde ein Abschnitt der Autobahn M41 in West-London besetzt und mit Hilfe von Preßlufthämmern, die unter den Röcken von Stelzenläufern verborgen waren, aufgegraben; anschließend pflanzten die Demonstranten Bäume, wo zuvor Asphalt gewesen war. „Reclaim the Streets" war teils Rave, teils Festival, teils Straßentheater und teils Demonstration. Aus einer auf ein Panzerfahrzeug montierten Anlage lief pulsierende Musik, es gab bunte Transparente, Spielmöglichkeiten für die Kleinen, und das alles war mit der Geheimhaltung und Präzision eines erfolgreichen Militärcoups organisiert worden.

Eineinhalb Jahre nach der Verabschiedung des Criminal Justice Act waren schätzungsweise über tausend Leute auf seiner Grundlage festgenommen worden. Ein großer Teil dieser Inhaftierungen erfolgte bei Demonstrationen gegen den Bau von Straßen, die im Zuge von Protesten gegen eine neue Ortsumgehung bei Newbury 1996 einen neuen Höhepunkt erreichten, aber nur wenige hatten mit Outdoor-Partys zu tun. Zwar hatte der CJA die Staatsverdrossenen nicht zum Schweigen bringen können: Die großen Festivals/Raves waren schon lange vor dem Gesetz Geschichte gewesen, die kleineren Free Parties gingen weiter, und im Grunde hatte der Erlaß die Entschlossenheit der Ökoaktivisten nach Twyford Down nur noch gesteigert. Aber er blieb dennoch ein Symbol des Generationenkonflikts, der Kluft zwischen dem Traum der Torys von einem fleißigen, gehorsamen Großbritannien und der Realität, in der die jüngere Generation lebte. Und wenn der tatsächliche Einfluß des CJA – gemessen an den allgemeinen Befürchtungen, die ihm vorausgingen – auch relativ minimal war, so konnte man die Absicht hinter ihm doch deutlich erkennen: Großbritannien sollte grau und sauber bleiben.

Derweil hatten Spiral Tribe auf der anderen Seite des Kanals dazu beigetragen, eine neue Reihe von Veranstaltungen in Gang zu bringen. Ihr selbstgewähltes Exil hatte im Herbst 1992 begonnen, als sie in der unsicheren und deprimierenden Situation nach ihrer Festnahme wegen Castlemorton in die Hausbesetzerszene von Paris abgetaucht waren und sich dort mit dem wenigen Equipment, das sie zusammenkratzen konnten, eine neue Operationsbasis geschaffen hatten. Im Juli 1993 veranstalteten sie das erste Teknival, wieder ein Bruch mit der Vergangenheit: Die traditionellen Festivals waren tot, behaupteten sie, und die neuen Free Festivals waren frenetische Techno-Exzesse, die tagelang dauerten – daher also Teknivals.

Wie schon in Großbritannien begann sich auch hier eine Gruppe von Jüngern um sie zu scharen, die sich alle den Kopf rasierten, Armeekleidung anzogen und ihre eigenen Anlagen zusammenstellten. Später im gleichen Jahr zogen Spiral Tribe weiter nach Berlin, wo sie ein halbes Jahr lang im Niemandsland des Potsdamer Platzes kampierten, wo früher einmal die Mauer gestanden und sich gerüchteweise auch Hitlers Bunker befunden hatte – ein weiterer Ort von immenser symbolischer Bedeutung. Der Potsdamer Platz wurde wenig später der gefragteste Bauplatz in Westeuropa. Konzerne wie Sony und Daimler-Benz ließen hier im Vorfeld des Aufstiegs Berlins zur deutschen Hauptstadt ihre Firmenzentralen errichten.

Bereits vor Ort war auch die Mutoid Waste Company, die Altmetallskulpturkünstler und Post-Apocalpyse-Traveller, die Großbritannien bereits 1989 verlassen hatten. Die Mutoids hatten in Berlin aus aufgegebenen Ostblockpanzern ein spektakuläres, leuchtfarbenes Stonehenge konstruiert und MIG-Kampfflugzeuge wie bizarre Technoblumen in den Boden gepflanzt. Schon bald veranstalteten beide Einheiten gemeinsame Shows im Tacheles, dem labyrinthischen Hausbesetzerzentrum in der Oranienburger Straße, und sammelten massenweise Armee-Alteisen, das im verarmten Osten leicht zu haben war, um die Kriegsmaschinen dann als Entertainment-Technik neuen Zwecken zuzuführen. „Man kann gar nicht widerstehen, es liegt einfach alles so rum!“ freute sich Mark Harrison lächelnd. „Da gibt es die erstaunlichsten Geräte, die du je gesehen hast, und sie sind spottbillig. Wir hatten einen riesigen Konvoi, zwei MIGs auf Panzerschleppern, riesige Zirkuswagen und enorme Amphibienfahrzeuge mit Sechsradantrieb. Wir waren völlig starr und steif, wir konnten uns wegen der Tonnen von Stahl, die wir mit uns rumschleppten, kaum bewegen.“

Der Konvoi rollte durch Tschechien, Österreich und Italien, dann wieder zurück nach Frankreich, wo im August 1995 an der Atlantikküste das zwölfte Teknival stattfand. Das Spiral-System tobte 24 Stunden nonstop, und Tausende aus der Umgebung kamen zwölf Nächte lang immer wieder. Der Tribe wurde von zehn französischen Systems unterstützt, die alle fette Hardcore-Beats aussandten. Bewaffnete Polizeieinheiten drohten zwar mit Räumung, aber das Teknival machte dessenungeachtet weiter Power. Räumlich wie zeitlich weit entfernt von seinen Wurzeln, mutierte der Virus erneut, und ein weiteres Kapitel begann.

[1] *A Series Of Shock Slogans And Mindless Token Tantrums*, Exitstencil Press, London 1982
[2] *The Guardian*, 31. 5. 1995
[3] *Stonehenge*, National Council For Civil Liberties, London 1986
[4] George McKay, *Senseless Acts Of Beauty*, Verso, London 1996
[5] Albert Goldman, *Disco*, Hawthorn Books, New York 1978
[6] *i-D*, 11/94
[7] *Wired*, 5/94
[8] *Mixmag*, 10/95
[9] *NME*, 8. 6. 1991
[10] Martin A. Lee und Bruce Shlain, *Acid Dreams*, Grove Weidenfeld, New York 1985
[11] *Eternity*, 8/95
[12] Richard Lowe und William Shaw, *Travellers*, Fourth Estate, London 1993
[13] *i-D*, 4/92
[14] Terence McKenna, *The Archaic Revival*, Harper, San Francisco, New York 1991
[15] *i-D*, 8/92

[16] Rudy Rucker, RU Sirius and Queen Mu (Hrsg.), *A User's Guide To The New Edge*, Thames & Hudson, London 1993

[17] Rudy Rucker, RU Sirius and Queen Mu (Hrsg.), *A User's Guide To The New Edge*, Thames & Hudson, London 1993

[18] Timothy Leary, *Chaos And Cyber Culture*, Ronin Publishing, Berkeley 1994

[19] Presseerklärung von Spiral Tribe, 4/92

[20] *NME*, 10. 4. 1992

[21] Richard Lowe und William Shaw, *Travellers*, Fourth Estate, London 1993

[22] Presseerklärung, herausgegeben von Spiral-Tribe-Anwalt Peter Silver, 2. 2. 1994

[23] *Festival Eye*, 1992

[24] Richard Lowe und William Shaw, *Travellers*, Fourth Estate, London 1993

[25] Richard Lowe und William Shaw, *Travellers*, Fourth Estate, London 1993

[26] *The Independent*, 27. 5. 1992

[27] *The Independent*, 12. 6. 1992

[28] *The Guardian*, 20. 6. 1992

[29] *The Independent*, 13. 2. 1996

[30] Andy Brown, *Rave, The Spiritual Dimension*, 1994

[31] *i-D*, 8/93

[32] *Pod*, 1994

[33] Richard Lowe und William Shaw, *Travellers*, Fourth Estate, London 1993

[34] *The Guardian*, 19. 10. 1994

[35] Presseerklärung, herausgegeben von Spiral-Tribe-Anwalt Peter Silver, 16. 2. 1994

[36] *Exodus: Movement of Jah People*, Channel 4, 11. 11. 1995

[37] *The Guardian*, 7. 10. 1994

[38] *The Guardian*, 8. 10. 1994

[39] *The Guardian*, 10. 10. 1994

[40] *The Guardian*, 4. 11. 1994

[41] United Systems International Free Party Network Protokoll, Frühjahr 1995

[42] *Mixmag*, 8/95

7

city blues

„Now hear this! Feel the rush London Town, let's get hyper! Going out to all the bad boys, all the red eyes, all the liberty takers, the nutters … oh my bloody God! Come alive! Come alive!"

MC eines Piratensenders, 1992

[„Nun hört alle zu! London, fühlst du den Kick, let's get hyper! An alle bösen Jungs, die Typen mit den roten Augen, an die, die ihre Freiheit genießen, die Spinner … oh Mann, oh Gott! Spürt das Leben! Spürt das Leben!"]

Wenn Lebensenergie in Zeitungsspalten gemessen würde, dann schien die Rave-Szene irgendwann nach 1990 ganz einfach verpufft zu sein, als Graham Brights Entertainments (Increased Penalties) Act die illegalen Promoter allmählich aus dem Verkehr gezogen hatte. Doch hier erweckten die äußeren Umstände einen falschen Eindruck, denn genau das Gegenteil war der Fall: Obwohl sich das Medieninteresse wieder auf andere Bereiche verlagert hatte, wuchs das Phänomen schneller als je zuvor. Kaum hatten die Ravepiraten der 89er Szene das Feld geräumt, wuchsen andere nach, die ihren Platz einnahmen, der Schwerpunkt begann sich zu verlagern, und neue Anführer traten hervor, um neue Grenzen zu erforschen.

Fabio und Grooverider waren die Rave-Helden 1989 gewesen, ihre Namen hatten jeden Samstag sechs- oder achtmal auf den Flugblättern gestanden, ob sie für den betreffenden Abend tatsächlich gebucht waren oder nicht. Während viele DJs nicht mehr sind als eben einfach Discjockeys, die Platten auflegen, gibt es einige wenige, die bestimmte musikalische Elemente aufschnappen, sie in ihrem Mix besonders betonen und dabei etwas schaffen, das mehr ist als die Summe des Vinyls – etwas, das Genres in neue Formen zwingt. Einige DJs haben musikalische Veränderungen aktiv vorangetrieben, wobei kaum jemand unverwechselbarere Spuren hinterließ als diese beiden Jungs aus Brixton, die sich hinter ihren Pseudonymen versteckten und deren hypnotischer, perkussiver Stil etwas spürbar Besonderes an sich hatte.

Fabio war ein ehemaliger Versicherungsvertreter, Grooverider hatte als Computerfachmann und Buchhalter gearbeitet; beide waren Anfang zwanzig und stammten aus den Soul- und Funk-Enklaven Süd-Londons. Sie trafen sich, als sie beide DJ bei dem kleinen lokalen Piratensender Phase 1 waren, machten ihre ersten Erfahrungen im Trip und im Spectrum und waren später entscheidend daran beteiligt, Acid House in die südlich der Themse gelegenen illegalen Flüsterkneipen und Warehouses wie das Mendoza's in Brixton oder das Carwash am Elephant And Castle zu bringen. Damals gehörten sie zu den wenigen schwarzen House-DJs. „Ich weiß nicht, was mir an Acid House gefallen hat, um ehrlich zu sein", sagt Grooverider. „Ich kannte niemanden, der das mochte, von mir selbst und ein paar anderen abgesehen. Die meisten dachten, es wäre Schwulenmusik, oder? Ich war allein auf weitem Feld."

Ihre Persönlichkeiten schienen sich zu ergänzen: Fabio war laidback und introvertiert, Grooverider energisch und militant. Ihre wöchentliche Clubnacht, Rage, war wie ein Labor, in dem man sich verstärkt der Manipulation von Sounds widmete. Wie die DJs der Reggae-Sound-Systems versuchten sie bewußt, die Natur der Musik, die sie spielten, zu verändern, ganz in der Tradition schwarzer Pioniere, die sich über Detroit Techno und jamaikanischem Dub bis zu Jimi Hendrix und den kosmischen Bigbands von Sun Ra zurückverfolgen ließ. „Wir haben immer nach diesem bestimmten Sound gesucht, und niemand brachte den", erklärt Fabio. „Es war im Unterbewußtsein da, wir waren uns sicher, daß es irgendwann kommen würde." Auf dem Höhepunkt der Sunrise-Ära träumten sie davon, schnellen Jazz-Funk, Techno und House nahtlos ineinander übergehen zu lassen, um ein neues Misch-Genre zu erschaffen – das dann tatsächlich fünf Jahre später entstand: Jungle.

Rage hatte im Oktober 1988 als Acid-House-Clubnacht eröffnet, und ursprünglich durften die beiden nur in der Bar im oberen Stock spielen. Wenige Monate später bot man ihnen eine einmalige Session im großen Saal an, und die hysterische Begeisterung des Publikums sorgte dafür, daß sie dort blieben, bis der Club 1993 schloß. Sie waren schattenhafte Silhouetten hoch über der Menge, auf der Jagd nach dem digitalen Voodoo inmitten eines kakophonischen Mix aus Hupen und Trillerpfeifen und einem Strom von Schweiß und zuckenden Gliedern. Wie schon das Spectrum fand auch das Rage im Heaven in Charing Cross statt und verfügte über eine enorme Licht- und Soundanlage. Und genau, wie die jungen Raver verzaubert auf Paul Oakenfold gestarrt hatten, drückten sich jetzt die Fans von Fabio und Grooverider die Nase an der Scheibe der DJ-Kabine platt und träumten davon, es ihnen gleichzutun. Einer legte sich sogar eine Sammlung von Fabios weggeworfenen Wasserflaschen zu.

„Rage war die reine Magie", berichtet Storm, die als eine Hälfte des weiblichen DJ-Duos Kemistry And Storm zu den vielen DJs und Produzenten gehörte, deren Karrieren auf dem Dancefloor des Rage begannen. „Der Vibe war einfach unglaublich, kalte Schauer liefen einem über den Rücken, die Nackenhaare stellten sich auf – es war unheimlich bewegend. Der Club gehörte zu den innovativsten Läden in der Stadt; Fabio und Grooverider hatten jede Woche die neuesten Platten, und das war echt aufregend. Wenn so eine Nacht zu Ende ging, redeten alle davon, was die DJs gespielt hatten. Wenn wir nach Hause kamen, machten wir irgendeinen Piratensender an und tanzten die ganze Nacht lang in Kemis Küche, bis wir morgens zur Arbeit mußten. Wir waren am Boden zerstört, als der Club schließlich zumachte."

1989 erschien eine Reihe von House-Platten, auf denen Breakbeats – die schleifenförmigen Schlagzeugelemente, die auch die Basis für Hip-Hop bilden – oder tiefe Baßlinien eingesetzt wurden. Am bemerkenswertesten waren Frankie Bones' *Bonesbreaks*, *The Phantom* von Renegade Soundwave und die einzigartige Yorkshire-Stahl-Kybernetik-Nummer *The Theme* mit Unique 3. Die Breaks und Bass Boosts schienen dem britischen Clubpublikum, das in den Achtzigern auf Hip-Hop abgefahren war, wieder Energie zu verleihen und sollten zum Fundament einer neuen Musik werden. In der Tradition von Frankie Knuckles' und Ron Hardys Sound-Manipulationen oder der bahnbrechenden Hip-Hop-Ikonen Kool DJ Herc und Grandmaster Flash setzten Fabio und Grooverider jede verfügbare Technik ein. Sie nahmen Beat-Loops von den B-Seiten der House-Platten und spielten sie mit doppelter Geschwindigkeit, oder sie stellten bei einem Techno-Track den Geschwindigkeitsregler von 33 auf 45, um den gewünschten Effekt zu erzeugen: verstärkte Energie und Power.

Wer daran nicht gewöhnt war, empfand das als dämonischen Krach. House-DJ Sasha erinnert sich, wie er den Stil des Duos 1989 zum ersten Mal bei einem Rave in Blackpool hörte: „Es machte mich verrückt. Sie spielten Breakbeat auf Breakbeat – es klang total seltsam und anders."

Britische DJs wagten sich bei ihren Remixen nun an die Grundlagen von House heran, und nie wieder sollte das Genre allein Chicago, Detroit oder New York gehören. Die Fackel war weitergereicht worden, an einen anderen Ort, eine andere Zeit, eine andere Generation. Und nachdem die Raves des Jahres 1989 im ganzen Land Propaganda für Ecstasy gemacht hatten, begann sich die House-Kultur in verschiedene Richtungen weiterzuentwickeln. Die Zeiten einer einzigen klar abgegrenzten „Szene" waren vorbei; von nun an gab es eine Vielzahl von ineinandergreifenden Sub-Genres, Sub-Subkulturen, deren Grenzen den ungenauen Linien von Klassenzugehörigkeit, Kultur, Wohngegend, musikalischen Vorlieben und Lieblingsdrogen folgten.

Das Eastend-Duo Shut Up And Dance kristallisierte 1989 und 1990 eine Richtung für Breakbeat-House heraus, die zu einem eigenständigen Genre wurde: ungeschliffen, drängend und laut. Beeinflußt von ihren Erfahrungen mit den Reggae-Sound-Systems aus den Dancehalls in Hackney, produzierten die beiden Hip-Hop-Tracks, bei denen sie die Traditionen des amerikanischen House gründlich umkrempelten und dem Breakbeat viel mehr Tempo gaben, damit er ein eckigeres, aggressiveres Feeling bekam, das zum Londoner Panorama von Existenzkampf und Armut paßte. 1989 entwickelte sich ihre Single *5678* zu einer Rave-Hymne – zu ihrer großen Überraschung, weil sie nicht mit diesem Ziel aufgenommen worden war. Shut Up And Dance waren nie auf einem Rave gewesen und hielten die angeblichen Ideale der Szene für drogenbeeinflußte Illusionen: „Wenn man uns nach den positiven Entwicklungen fragt, die sich durch die Raves ergeben haben, dann würden wir sagen: keine, absolut keine", sagte Smiley (Carl Hyman). „Die Leute behaupten immer, daß Raves Schwarze und Weiße erfolgreich vereint haben, aber in Wirklichkeit ist das völliger Schwachsinn. Auf Raves ist jeder voll auf E. Wenn man die Scheiß-Drogen bei den Raves wegnehmen würde und alle nur bekifft oder besoffen wären, was würde dann wohl passieren? Dann gäbe es Schlägereien. Oder, noch weiter gedacht, wenn man das E aus der Rave-Szene rausnähme, dann gäbe es sie nicht einmal."[1]

Shut Up And Dance, die sich stets durchgeschlagen hatten und mit den „Hilf-dir-selbst"-Idealen der Straße groß geworden waren, würzten ihre Produktionen mit ironischen Kommentaren (ihre zweite Single *£ 10 To Get In* – inklusive Remix *£ 20 To Get In* – war ein satirischer Hieb gegen die Geschäftemacher bei den Raves), sozialem Bewußtsein (genaue Analysen von Kokainhandel und Drogendeals in den Pubs von Hackney) und einem der Tradition von Soul und Reggae verhafteten Erzählstil. Sie waren stolz auf ihre Unabhängigkeit von der Musikindustrie und glaubten fest daran, daß man seine eigenen Produktionsmittel besitzen mußte, um niemandes Sklave zu sein.

„Sie waren wirklich wichtig. Sie spielten die schnelleren Beats, sie erzählten von den Dingen, die wirklich abliefen", sagt Jumping Jack Frost, ein anderer unter Pseudonym arbeitender DJ, der aus der Acid-House-Ecke kam und zur selben Süd-Londoner Clique gehörte wie Fabio und Grooverider. „Ich glaube, sie wußten nicht einmal, wie wichtig sie waren." Irgendwie klinkten sie sich in die Stimmung der jungen Raver ein, die sich von House wegbewegten – und auf eine Musik, eine Szene zu, die das Set und Setting der städtischen Arbeiterklasse reflektierte. Unter den rastlosen Fingern von Fabio, Grooverider und ihrer Schule wurde der pulsierende Herzschlag der House Music mit Überschallgeschwindigkeit aufwärts getrieben. Schneller. Härter. „You know the score!" brüllte der Rave-MC über den Mix des DJ und gab dem Ganzen den Namen, der hängenbleiben sollte: „HARDCORE!!"

Für die Ibiza-Veteranen war Hardcore die endgültige Entweihung ihres sonnigen Optimismus. Sie fanden Rave-Flugblätter, auf denen Herzen und Blumen durch verzerrte Horrorshow-Grafiken und schizophrene Comics ersetzt waren – alptraumhaft und unerklärlich. Viele waren tief verbittert über die Entwicklung, die sich nun in der Ecstasy-Kultur vollzog. Sie glaubten, einen kurzen Blick in ein Paradies erhascht zu haben, das man ihnen jetzt wieder entriß, nachdem es von kritiklosen Herdentieren besudelt worden war: von Acid Teds, von den Gangstervisagen der Hardcore-Horden, von drogenmäßig ausgeklinkten, pickeligen, schmuddeligen, ahnungslosen Teenies. „Lieber tot sein als ein Acid-Ted-Schwein" giftete ein *Boy's-Own*-Flugblatt im Sommer 1988.

„Sie dachten, wir gingen in die falsche Richtung und würden kommerziell werden“, sagt Jumping Jack Frost. „Ich glaube, die hatten einfach Angst – sie sahen ihre Position bedroht und waren eingeschüchtert von dieser neuen Geschichte, über die sie keine Kontrolle mehr hatten. Vorher war das eine sehr überschaubare Clique, und all dies schien nun auseinanderzubrechen.“ Die Ibiza-Crew reagierte darauf, indem sie sich nun unter einem eigenen Banner versammelte: *Balearic*, ein universelles Etikett, das für eine spezifische Musik, Mode und Türsteherpolitik stand: melodische House-Tracks, smarte Kleidung, Exklusivität. „Es ist im Grunde genau das, wogegen das Shoom früher opponiert hatte“, erklärte Terry Farley von *Boy's Own*, „aber wenn plötzlich Millionen von Kids mit Kapuzenshirts und lila Hosen rumrennen, dann muß man irgendwie reagieren.“[2] „Balearic“ bezog sich auf Ibiza, genauer gesagt auf das Ibiza von 1987 und die Flitterwochen-Phase Anfang 1988; auf den „ursprünglichen Geist“, die Idylle, bevor Acid House und die Teds gekommen waren. Es war die Schablone für das, was bis Mitte der Neunziger das angesagteste Freizeitraster in der britischen Jugend werden sollte; aber für Hardcore gab es kein Zurück mehr.

leicestershire und hampshire

„Ein Mädchen, das mit Prinz Charles in einem Umschulungszentrum plauderte, erzählte Seiner Königlichen Hoheit im Vertrauen von der freundlichen Atmosphäre bei ‚Raves‘. Sie sagte ihm, falls es ihn interessierte, daß sich dort alle gegenseitig umarmten. Worauf der Prinz antwortete: ‚Ah, man muß nicht einander vorgestellt werden.‘“

The Independent, 1993

Die Open-air-Raves und der Entertainments (Increased Penalties) Act hatten dafür gesorgt, daß Ende 1990 einige Clubs länger geöffnet bleiben durften und Raves immer öfter genehmigt wurden. „Es war ein komisches Jahr“, bemerkte *Time-Out*-Korrespondent Dave Swindells. „1990 begann mit dem Schreckgespenst der Graham Bright Bill, das die Zukunft von House-Raves bedrohte, und endet nun damit, daß der Stadtrat von Islington selbst einen Rave in der Silvesternacht veranstaltet."[3] Sunrise hatte das Spiel zwar aufgegeben, aber eine zweite Welle von Rave-Organisatoren wie Raindance, Amnesia House, Rezerection, Fantazia, Living Dream und Perception – unter buchstäblich Hunderten – rauschte heran, um nun großangelegte Raves an legalen Orten zu veranstalten: in großen Nightclubs, Messehallen, Sporthallen und Freizeitcentern. Die generell nachsichtige Stimmung sorgte zusammen mit dem wachsenden Interesse an den Ereignissen von 1989 und entsprechender Berichterstattung in den Medien dafür, daß 1991 ein weiteres goldenes Jahr für die Rave-Kultur wurde.

Während die Balearic-Szene versuchte, sich von der Bezeichnung „Rave" und allem, was dazugehörte, zu distanzieren, während sie auf strenge Einlaßpolitik und einen entsprechenden Dress Code achtete, um die „richtigen" Leute anzuziehen, und sich gleichzeitig als wirtschaftliche Macht innerhalb der Jugendmedien und der Plattenindustrie etablierte, blieb Hardcore ohne eigene Stimme, undokumentiert und übersehen. Manchmal schien es fast, als ob eine Art Kulturkrieg um die Seele der House-Szene entbrannt sei: die Elitären gegen die Populisten, Clubber gegen Raver. Die Balearic-DJs hatten bessere Medienkontakte, vor allem zu den Redakteuren der großen Jugendmagazine, mit denen sie vielfach die Lebensanschauungen teilten, und das bedeutete, daß über ihre Szene stets häufiger und mit mehr Begeisterung berichtet wurde als über irgendeine andere Richtung in der House-Kultur. Rave-Veröffentlichungen wurden in der Dance-Presse wenig beachtet, und wenn, dann tat man sie bestenfalls als abgekupfert, schlimmstenfalls als völlig schwachsinnig ab. Plattenfirmen brachten lieber House-Tracks als Hardcore-Platten heraus. Die verkauften sich zwar gut und erzielten Chartplazierungen, erschienen aber fast ausschließlich auf Independent-Labels, wodurch ein festes Netzwerk entstand, das in seiner Isolation ein starkes Unabhängigkeitsgefühl nährte: eine Outsider-Subkultur. „Deswegen ist die Szene so stark geworden, weil wir gegen alles kämpfen mußten", sagt Storm. „Rave war total gegen das Establishment, es war, als ob die Arbeiterklasse endlich aufmuckte und sagte: ‚Das ist unsere Kiste, das nehmt ihr uns nicht weg.' Wir hatten in dieser Hinsicht eine ziemlich militante Einstellung."

Derart an den Rand gedrängt, ging die Hardcore-Szene in den Untergrund, verschwand fast völlig aus der Berichterstattung und blieb drei Jahre lang unsichtbar, nachdem sie alle Verbindungen zum Stamm der House-Szene gekappt hatte. Sie verfügte lediglich über eigene Medien: Piratensender, Flugblätter und eine einzige Zeitung, *Rave-scene Magazeen*, ein ausliegendes, im A5-Format und schwarzweiß gedrucktes Blatt mit einer Auflage von 20.000 Exemplaren, das im Oktober 1991 erstmals erschien und sich „nur an den entschlossenen Hardcore-Raver" wandte. In der Jugendpresse wurden Raves als „kommerziell" dargestellt, billig, speckig, nur für Heranwachsende aus der Unterschicht – Ghetto-Kids, die den großen Knall 1988 verpaßt hatten und die jetzt den Spitznamen *cheesy quavers* [blasse Zitterer] abbekamen. Als ein Dance-Magazin einmal eine Journalistin ins Labrynth, den Club von Joe Wieczorek und Sue Barnes in Dalston, schickte, kam diese mit einem bemerkenswerten Artikel zurück – ein typisches Beispiel für die Berichterstattung über die Hardcore-Ära, geprägt von Unbehagen, Unverständnis und nackter Angst vor diesem abartigen Phänomen, das irgendwie im Schatten zum Leben erwacht war:

„Die Breakbeats schienen schneller zu werden, die Gesichter knochiger und häßlicher, die Augen geweitet, als wollten sie explodieren … Ich bin allein in der Hardcore-Hölle, wo mich dürre Jungs anrempeln, die auf der Stelle joggen. Wo ich auch hingucke, sehe ich *Den Schrei.* Der Ausdruck „loved up" paßt kein bißchen zu diesen Kindern mit ihren verzerrten Gesichtern. Diejenigen, die grinsen, sehen aus wie Massenmörder; die aggressiven Tänzer erinnern an Skinhead-Schläger, und die mit dem leeren Blick wirken wie die bedrohlichen Schizophrenen, die man in Einkaufszentren trifft. Jemand faßt mich am Arm, und ich beginne tatsächlich zu schreien."[4]

Die jungen Tänzer störte das alles nicht im geringsten; sie spürten den Höhepunkt ihres Flashs und gingen auf dieselbe unschuldige Reise, die eben diejenigen, die jetzt so auf sie herabsahen, vor einigen Jahren selbst unternommen hatten. Die Rave-Szene brachte durch diesen Rückzug in sich selbst bizarre Modetrends hervor, ähnlich wie 1988 das Shoom: weiße Handschuhe, um LSD-verstärkte Laser- und Lichteffekte zu reflektieren; Schnuller, an denen man nuckeln und kauen konnte, wenn der Flash des E die Kiefer mahlen ließ; Leuchtstäbe zum Herumspielen und Atemschutzmasken; Hals und nackter Oberkörper wurden häufig mit Mentholcremes wie Vicks VapoRub eingeschmiert, das die Atemwege frei machte und angeblich den Kick des MDMA verstärken sollte.

„Das Vicks und die weißen Handschuhe waren nur dazu da, um deine Sinne total abschmieren zu lassen", sagt Eddie Otchere, ein damals 16jähriger Londoner Raver, der später ein Buch über diese Szene schrieb. „Die Laser, die Lightshows, die Tänzer, der ganze Zirkus – man wollte sich in einer irrealen Welt verlieren, wo man nie erwachsen wurde." Die Beliebtheit von Vicks – einige Raver hatten permanent einen Inhalator in jedem Nasenloch – war so enorm, daß der Hersteller Proctor & Gamble sich gezwungen sah, in einer öffentlichen Erklärung diesen „Mißbrauch" zu verurteilen. So wie die Raver 1989 „mental" gewesen waren, nannte sich die Generation von 1991 jetzt „nutty": nicht im Sinne von verrückt, sie feierten vielmehr die Rückkehr zu kindlicher Ausgelassenheit, in einer Art drogengeschwängerter Verspieltheit. Wieder übernahm der Rave die Rolle des Phantasietheaters, eines Ortes, wo man sich in die magischen Figuren verwandeln konnte, die man im Alltagsleben nicht spielen durfte.

In den Rave-Hits der Jahre 1991 und 1992 spiegelte sich sowohl dieses kindliche Staunen als auch das härtere Lebensumfeld in den Städten. Zum einen waren da die scharfkantigen, donnernden Riffs des belgischen Hardbeat (oder, wie es abfällig hieß, „Heavy Metal Techno") sowie der düstere Detroit-Techno von Underground Resistance und Kevin Saunderson; zum anderen gab es die Kiddie-Techno-Hymnen, die richtig bekloppt – eben *nutty* – klangen. „Hardcore war Schiefe-Bahn-Musik", sagt Eddie Otchere. „Es hörte sich lustig, komisch an. Es war ein bißchen doof, lebendig und durchgeknallt. Ich glaube, deswegen kamen so viele damit nicht klar, weil dieses Genre sich selbst nie so richtig ernst nahm. Es war, als wäre man wieder Kind. Wir waren alle eine große, glückliche Familie, und alles war ganz wunderbar."

In den Popcharts waren die größten Hits *Charly* von The Prodigy, bei dem das Miauen einer Katze aus einer Informationssendung von 1970 über knallharte Polyrhythmen gelegt wurde, dann *Sesame's Treet* von Smart E's, eine Juxplatte mit der Titelmelodie der amerikanischen Kindersendung über einem Hardcore-Beat, sowie *Activ-8* von Altern-8, bei dem der komische, auf Drogen anspielende Refrain von einem dreijährigen Kind gesprochen wurde: „Nice one, top one, get sorted!"

Hardcore drängte gegen die eigenen Grenzen, kam mehr und mehr *drauf*: Das Heliumgeplapper von Disco-Diven in doppelter Geschwindigkeit, beschleunigte Piano-Riffs und halsbrecherische Drum-Loops spiegelten den wachsenden Amphetaminkonsum und die fühlbar schlechter werdende Ecstasyqualität. Mittlerweile bedeutete „Ecstasy“ nicht mehr einfach MDMA, sondern war zu einer Bezeichnung für eine ganze Reihe von Substanzen geworden, die sowohl MDMA, das härtere MDA oder das speedigere MDEA enthalten konnten. „Die Musik wurde schneller, weil auch die Drogen schneller wurden“, kommentierte Chris Simon vom Hardcore-Label Ibiza. „Sie puschten das Tempo immer weiter, um zu testen, wie weit sie mit der Musik gehen konnten.“[5] Oder vielleicht war es auch reine Maßlosigkeit, eine überhöhte Dosierung, die einen schon fast unangenehmen, nervösen Zustand hervorrief. Wie auch immer – was zählte, war Speed, bei der Musik wie bei der Droge.

Simon Reynolds, einer der wenigen Musikjournalisten, der Hardcore in der Presse begeistert feierte, meinte: „Der Vibe hat sich verändert (von Trance-Dance zu Mental-Manic), seit Ecstasy mit Amphetaminen gestreckt wird oder schlicht durch Pseudo-E-Zusammensetzungen aus Speed und LSD und allen möglichen anderen Substanzen ersetzt worden ist. Der Stoffwechsel der Subkultur wurde mit chemischen Mitteln manipuliert, bis die Beats per minute im Gleichtakt mit Puls und Blutdruck rasen. Speedy E hat den ganzen Vibe der Rave-Szene verändert, von anfänglicher Fetenstimmung zu einer gewissen aggressiven Euphorie. Die Gesichter der Tänzer sind jetzt zu seltsamen Grimassen verzerrt, irgendwo zwischen Zähnefletschen und Lächeln.“[6]

In der schottischen Hardcore-Szene kursierten Gerüchte über junge Raver, die verschreibungspflichtige Beruhigungsmittel wie Temazepam mit alkoholischen Stärkungsmitteln, E und Speed mischten. Da die Musik immer schneller, die Szene immer wilder, anstrengender und stressiger wurde, war es vielleicht kein Zufall, daß es in den Hardcore-„Flitterwochen“ 1991 die bisher höchste Zahl an ecstasybedingten Todesfällen gab – so wie es wohl auch kein Zufall war, daß die ersten Ecstasy-Opfer in Holland folgten, als dort ein paar Jahre später der niederländische Hyperspeed-Hardcore aufkam, der als *Gabber* bekannt wurde. Daß viele Hardcore-Clubs eigene Sanitäter einstellten, war ein weiteres harsches Zeichen dafür, daß die Raver nichts anderes im Sinn hatten als abheben, abheben, abheben und „ohne Ende drauf sein" – „stay up forever" nannte sich später auch ein Techno-Label – und nicht nur mit vollem Speed das eigene Bewußtsein, sondern auch den eigenen Körper verlassen wollten.

„Vielleicht spielen hier unterbewußt auch politische Entwicklungen mit hinein", meinte Simon Reynolds. „In dem sozioökonomisch immer weiter zerfallenden Großbritannien, in dem eine Partei nun schon länger als ein Jahrzehnt regiert, wo Alternativen schlicht unvorstellbar sind, die Horizonte immer enger werden und es keine konstruktiven Möglichkeiten gibt, den eigenen Zorn rauszulassen – was bleibt einem da anderes übrig als sich auszuklinken, sich treiben zu lassen, zu *verschwinden*? Außerdem liegen erste Anzeichen von Wut in der Musik, die sich als Drang nach der totalen Befreiung von allen Zwängen manifestiert, in einer Gier nach explosivem Überschwang. Wilder 'Ardkore läßt die schlafwandelnde Jugend Großbritanniens sich aus der Lähmung des lebendigen Todes der Neunziger lösen, um ein paar Momente flüchtiger Glückseligkeit zu erhaschen. 'Ardkore kocht über vor GIER NACH LEBEN. Die gesamte Intensität, die einer Woche voller Schinderei gefehlt hat, soll in ein paar Stunden voller Leidenschaft gestopft werden. Es ist die Suche nach der Fluchtgeschwindigkeit."[7]

Tanzen als Fluchtweg, Saturday Night Fever – diese Vorstellung paßte zu jedem Bereich der House-Szene. Aber in einem Land, das eine sich ständig verschärfende wirtschaftliche Polarisierung erlebte, in dem 1991 die ideologischen Eckpfeiler der Thatcher-Ära ihre Gültigkeit verloren und in dem Angst vor den Folgen umging, die der Ausbruch der Kriege im Golf und auf dem Balkan auf Großbritannien haben könnte, hatte diese Analyse besonderes Gewicht. Die Verwendung der Schreibweise *'Ardkore* unterstreicht, wie Hardcore zu jener Zeit betrachtet wurde: als eine ungebildete, brutale Mutation.[8] „Wir gehörten zur Arbeiterklasse", sagt Storm, „also waren wir gar nichts." Die Raver als Lumpenproletariat auf E zu betrachten, ist zweifellos eine zu grobe Vereinfachung, enthält aber ein Körnchen Wahrheit.

Verblüffend auch die Parallelen zu einer anderen, älteren britischen Dance-Szene: Northern Soul. Der Manchester-DJ Mike Pickering hatte House schon 1987 „den neuen Northern Soul" genannt, und in der Tat gab es zahllose Ähnlichkeiten: das wilde, verschwitzte Tanzen zu schnellen, optimistischen Sounds, mit DJs, die diese Szene maßgeblich prägten, indem sie obskure Importplatten und Bootlegs auflegten, die fanatischen Tänzer, die weite Fahrten in Kauf nahmen, um in die riesigen Clubs in den Städten Nordenglands und der Midlands zu gehen, die geheime Kleiderordnung – und die chemischen Drogen.

Northern Soul und Hardcore hatten beide die gleiche speedbesessene Intensität, und beide Szenen kamen gleichzeitig mit den jeweils angesagten Modedrogen auf. Ende der Sechziger, als die Mods begannen, mehr Black Bombers, French Blues und sogenannte „Green and Clears“ zu nehmen (verschreibungspflichtige Pillen, die sie kiloweise aus den Apotheken klauten), wurde auch das Tempo der Musik schneller, und Motown und Stax verwandelten sich in die wummernden, emotional aufgeladenen Rhythmen des Northern Soul. Steve Dixon, ein Musiker und Autor aus Yorkshire, der von den späten Sechzigern bis zu den frühen Neunzigern in den Clubs ein und aus ging, berichtet: „Als die Amphetamine einschlugen, wurde die Musik schneller. Northern Soul ging los, und die Stampfer gewannen die Oberhand; Baß und Drums wurden nach vorn gemischt, der Beat verschärfte sich – eine schnellere, amphetaminbefeuerte Sache. Das sehe ich jetzt auch bei Hardcore.“

Der wichtigste Club im Norden, das Wigan Casino, schenkte keinen Alkohol aus und öffnete erst nach Mitternacht, wodurch ein drogenbeeinflußtes Gemeinschaftsgefühl geweckt wurde, das nicht nur Euphorie weckte, sondern auch ein erhöhtes Aggressionspotential freisetzte. „Der Dancefloor war da etwas ganz Besonderes. Das Epizentrum einer ganz speziellen Underground-Szene“, erinnert sich Pete McKenna in *Nightshift,* seinem exzellenten Bericht über diese Zeit. „Man mußte schauen, daß man die Nacht über mit den Besten mithalten konnte. Erstmal sein Zeug einwerfen. Dann warten, bis es einen richtig hochbrachte und dann in diese siedende Masse amphetaminierter Menschen eintauchen. Der Boden vibrierte. Er lebte durch das Gewicht der Leute, die auf ihm standen, man suchte sich selbst einen Platz und schlüpfte durch die Musik mit hinein, das war's.“ Nach seinem schwindelerregenden Höhenflug in den frühen Siebzigern erlebte Northern Soul einen harten Absturz, beschleunigt durch die Attacken der Boulevardpresse und Polizeirazzien, und die vielen Pillen und Pulver hatten ihre Opfer gefordert, die ausgepowert und erschöpft zurückblieben. „Die Situation wurde immer verrückter", sagt McKenna. „Die Drogenszene uferte völlig unkontrolliert aus. So konnte es einfach nicht weitergehen."[9]

Härter, schneller; härter, schneller. Rückblickend läßt sich sagen, daß die Hardcore-Szene, die sich aus den Raves von 1989 entwickelte, vermutlich im Sommer 1992 ihren Höhepunkt erreichte. Damals fanden zwei der größten Raves statt, die es in Großbritannien je gegeben hatte. 25.000 Menschen strömten zu dem ersten, dem Fantazia auf dem Gelände von Castle Donington in Leicestershire, das hauptsächlich für sein alljährliches Heavy-Rock-Festival bekannt war. Beim zweiten, Vision, das auf einem Flugplatz bei Popham in Hampshire stattfand, sollen sich sogar unvorstellbare 38.000 eingefunden haben. Aber diese Raves blieben nicht nur wegen ihrer Größenordnung in Erinnerung, sondern auch, weil sie einige der unangenehmen Aspekte eines massenhaften illegalen Drogenkonsums deutlich zum Vorschein brachten: Kriminalität, Panscherei und eine weitverbreitete Unwissenheit über die Wirkung der Drogen, vor allem unter jüngeren Ravern. Beim Fantazia beschlagnahmten die Beamten vom Drogendezernat Hunderte von Es, aber 97 Prozent davon waren überhaupt kein Ecstasy, sondern Heuschnupfenkapseln, Vitaminpillen oder Paracetamol. Ausbeutung und Betrug hatten Hochsaison. Zwei Stunden nachdem Vision zu Ende gegangen war, wurde der 17jährige Soldat Robert Jeffery aus Southend sterbend am Straßenrand der A303 gefunden, mehrere Kilometer von der Party entfernt. Er starb an Austrocknung nach dem Ecstasy-Konsum. Hatte die Geschwindigkeitsgier des Hardcore nun die letzte Grenze des menschlichen Körpers überschritten? Wie viel schneller, wie viel härter konnte es noch werden?

hackney und brixton

„Ragga Tekno, Jungle Techno, Ragga Jungle, Hardcore, Darkcore, The Dark Stuff, Ambient Jungle. Alles bloß Etiketten, mit denen man ein Gefühl beschreiben will, das viel zu groß ist für jedes Etikett. Mehr als die Summe seiner Abermillionen Teile. Es ist der Lebenssaft der Stadt, eine Einstellung, ein Way of Life, ein Volk. Jungle ist multikulturell und wird es immer bleiben, aber es handelt trotzdem auch von schwarzer Identität, schwarzen Standpunkten, von Ansichten und Stil. Es will den Stadtjugendlichen eine Stimme geben, die in Sozialbau-Ghettos vor sich hin vegetieren, in Gemeinden und Schulen, in denen keine vernünftige Ausbildung läuft. Jungle haut voll rein und versteckt sich nicht. Jungle bringt die Dinge in Schwung."

Two Fingers und James T Kirk, *Junglist*, 1995

Jumping Jack Frost: „Wir waren auf uns gestellt …"
DJ Ron: „Im Dschungel …"
Rebel MC: „In der Wildnis …"
Jumping Jack Frost: „Für die Zeitschriften und Plattenfirmen existierten wir schlicht überhaupt nicht. Wir waren auf uns gestellt. Was haben wir also gemacht?"
Rebel MC: „Wir haben uns selbst eine Basis auf der Straße aufgebaut."

Mixmag, Juli 1994

Für die Hardcore-Rave-Szene war der Winter 1992/93 *finster*. Die Nächte zogen herauf, die Qualität der Pillen wurde immer schlechter, und die Musik veränderte sich entsprechend dieser düsteren Stimmung. Wie *Ravescene* es in so schönen Worten beschrieb: „Die heiße Sommersonne ließ die Szene ausbleichen, bis sie nur noch ein blasser Schatten ihrer selbst war, und die Nächte im Herbst '92 wurden dann wieder dunkler – genau wie die Musik."[10] Diese Hardcore-Phase – welche die DJs selbst auch „dark" nannten – zeichnete sich durch Samples aus Horrorfilmen, bösartigen Geräuschen, peinigenden Soundeffekten und metallischen Breakbeats aus und spiegelte damit den kollektiven Geisteszustand der Raver wider. Die Techno-DJs, die früher Teil der Rave-Szene gewesen waren, lehnten diese nun ab und machten ihre eigenen „reinen" Techno-Clubs auf. Die Drogen schienen sich in Gift verwandelt zu haben: Die momentan angesagten Pillen waren sogenannte „Snowballs" – ein Riesentropfen MDA, eine enorme Dosis dieses starken, länger wirkenden MDMA-Verwandten. Diese Substanz wurde zu Millionen in einer ehemaligen Sowjetfabrik im lettischen Riga produziert und wirkte wie ein K.-o.-Schlag, der viele am Rand der Tanzfläche zusammenbrechen ließ, *cabbaged*, fertig.

Im Dezember 1992 sprach *Ravescene* eine Warnung aus, deren Botschaft trotz der pharmakologischen Ungereimtheiten deutlich war: „Nehmt keine Es. Wenn ihr heute einen Snowball kauft, dann erwerbt ihr eine üble Mischung, vielleicht aus PCP, synthetischen Opiaten und Halluzinogenen und zusätzlich noch allerlei billigem Mist wie Smack, Amphetaminen, WC-Reiniger oder sonstwas. Jedesmal, wenn ihr eins nehmt, spielt ihr mit eurem Leben russisches Roulette. Ihr wißt, daß das stimmt, denn ihr alle habt schon gesehen, welche üblen Folgen diese Pillen haben."[11]

Es gab Gerüchte über Messerstechereien und Überfälle, über rassistische Spannungen auf der Tanzfläche und Alpträume am Rande der Raves, und das unterstrich die vorherrschende Atmosphäre. Dies war die Zeit des Comedown nach den Flitterwochen von 1991 – und der Sehnsucht nach dem verlorenen Paradies. Wie ein Clubber *Mixmag* verriet: „Auf den Raves hat man jetzt ein total anderes Gefühl, als ob alles schiefgelaufen wäre. Die Leute müssen wieder zu dem ursprünglichen Feeling zurückfinden."[12]

Damals, Anfang 1992, kam der Begriff „Jungle" auf, um die Richtung zu beschreiben, in welche die Musik jetzt ging: Ragamuffin Techno. Die erste Platte, bei der dieser Ausdruck verwendet wurde, war eine Weißpressung mit dem Titel *Jungle Techno*, die auf dem Ibiza-Label erschien. Die Wurzeln von Ibiza, das der Soul-Veteran Paul Chambers führte (der im übrigen nie auf Ibiza gewesen war), reichten bis 1989 zurück, als Chambers, einer der wenigen schwarzen Promoter in der Gegend, riesige Warehouse-Partys bei King's Cross veranstaltet und dementsprechend viele Probleme mit der Polizei und den weißen Fußball-„Firmen" bekommen hatte. Chambers sagt, daß er den Titel der Platte von James-Browns Album *Jungle Groove* entlehnt hätte, obwohl das Wort bereits zum Vokabular von Rave-MCs wie Rat Pack gehörte. Die Herkunft des Ausdrucks ist umstritten: Shut Up And Dance verurteilten ihn als rassistisch – „jeder, der mir gegenüber diesen Begriff benutzt, kriegt eine in die Fresse", schäumte Philip Johnson –, während andere behaupteten, daß es sich einfach um ein Wort handele, das eine bestimmte Stimmung heraufbeschwor, die man erst in den House-Sounds der Tribes Ende der Achtziger gespürt hätte und die sich jetzt auch in dieser neuen Musik wiederfände.[13]

Im Jungle steckten – wie auf den Platten von Chambers – Samples von jamaikanischen Importen, Schimpfkanonaden von Ragamuffins, Gewehrsalven sowie die tieffrequente Bassline, die vertraut war, seit man 1989 Reggae-Elemente adaptiert hatte. „Der Ausdruck Jungle Techno paßte perfekt, weil er ein Mix aus europäischen Traditionen und den Sound Systems des Ragga war“, sagt Kemistry. „Dieser Mix wurde dann zum britischen Sound.“ Anfang 1992 konsolidierten zwei Katalysatoren diese Entwicklung: der Sunday Roast Club in London, in dem die frenetische Begeisterung des frühen Acid House sich mit einer Reggae-Blues-Partyatmosphäre mischte, und der in Hackney angesiedelte Piratensender Kool FM, dessen brutale Sound-Hexerei an die Tradition der Eastend-Outlaws von Centre Force anknüpfte. „Als Jungle bekannter wurde und sich zu einem schwarzen Thema entwickelte, zog es die Raggas an“, sagt Chambers. „Die hörten hier ihre Lieblinge wie Buju Banton und Ninja Man heraus, und deswegen kamen sie; man hatte ein ganz neues Publikum. Alle waren erstaunt. Und es gab kein E, es wurde nur Gras geraucht. Das Sunday Roast setzte den Trend, und alle anderen folgten.“

Eine der zentralen Legenden über den Mikrokosmos, der sich zur Jungle-Szene entwickeln sollte, war, daß die schwarzen Jugendlichen sich nun die Kontrolle über die ursprünglich von Schwarzen gemachte Musik aus Chicago, New York und Detroit zurückeroberten. Auch hier handelt es sich um eine stark vereinfachte Darstellung: Die Jungle-Produzenten gehörten verschiedenen ethnischen Gruppen an, wie Jumping Jack Frost betont: Diese Musik war das Produkt einer Generation schwarzer und weißer Jugendlicher, die in den Städten gemeinsam aufwuchsen und die auch Sorgen und Werte, Set und Setting miteinander teilten: „Einige der wichtigsten Platten wurden nicht von Schwarzen gemacht. Wir leben in einer multikulturellen Gesellschaft, und diese Musik ist eines ihrer Produkte. Ich glaube nicht, daß Jungle zu dem geworden wäre, was es heute darstellt, wenn es sich allein um eine schwarze Sache gehandelt hätte. Wir haben die Inspiration und den Vibe von der Acid-Szene geholt und modernisiert. Wenn dieses Phänomen ein Namensschildchen hätte, dann würde da einfach UK draufstehen.“

Trotzdem sprach Jungle eine schwarze britische Identität an. Die Jungle-Raves zogen viele schwarze Stadtkids an, die sich zuvor vielleicht für Hip-Hop oder Ragga interessiert hatten, die aber nie auf die Idee gekommen wären, in einen House-Club zu gehen. „Als das hier zu uns rüberkam, haben viele gedacht, House wäre Schwulenmusik, Musik für Weiße, und viele Schwarze wollten nicht zu Raves gehen", erklärt der Jungle-DJ Kenny Ken. Statt dessen machten sie sich daran, die Gegebenheiten nach ihren eigenen Bedürfnissen zu gestalten. „Als dann mehr Schwarze zu Raves gingen", sagt DJ Ron, „fand sich der schwarze Einfluß auch in der Musik wieder."

Diese Veränderungen wurden unter anderem von einem schier unglaublichen Track eingeleitet, dem Titel *Terminator* von Metalheads alias Goldie. Abgehackte, schlangenartige Drumloops wanden sich hier zuckend aus den Boxen heraus. Goldie war ein hyperaktiver Charakter, der sich in apokalyptischen Redewendungen ausdrückte – eine weitere charismatische Gestalt, die neue Impulse in der Dance-Szene setzen sollte, und sein Leben spiegelte die verschlungenen Pfade und den Kultur- und Völkermix, aus denen Jungle entstanden war. 1965 als Sohn einer Engländerin und eines jamaikanischen Vaters, der beide verließ, in den West Midlands geboren, wuchs er in staatlichen Heimen und bei Pflegeeltern auf: ein Ausreißer und Kleinkrimineller, der an dem Gefühl herumknabberte, daß er nirgendwo wirklich dazugehörte.

„Ich sah mir die Farbe meiner Haut an und dachte: ‚Ich bin nicht schwarz, ich bin nicht weiß, ich bin gar nichts, wer bin ich?' Ich war ein Halbblut in einer Schule, in der es fast nur Weiße gab. Sie sagten immer zu mir: ‚Goldie, du bist ein Scheiß-Paki' oder ‚du bist ein Nigger'. Damit mußte ich mich jahrelang rumschlagen." In den frühen Achtzigern begann er sich für die Anfänge des Hip-Hop zu begeistern, für Breakdancing und Graffiti und wurde schließlich einer der bekanntesten britischen Sprayer. Er zog dann nach Miami, wo er maßgefertigten Goldzahnschmuck herstellte, von der Art, wie Rapper ihn trugen, mit eingravierten Playboy-Bunnies oder Mercedessternen. Seine eigene Sammlung goldener Beißerchen gab ihm schließlich seinen Spitznamen.

Als Goldie nach Großbritannien zurückkehrte, traf er Kemistry und Storm, die ihn ins Rage mitnahmen – er brauchte schließlich acht Anläufe, bevor man ihn in den Club hineinließ –, und damit begann ein neues Kapitel in seinem außergewöhnlichen Leben. Im Rage nahm er das erste Mal Ecstasy, und die Breakbeats bohrten sich in sein Bewußtsein. Er war fasziniert von Fabio und Grooverider und träumte nächtelang davon, ihnen ein „überlebensgroßes Graffiti-Meisterstück" zu widmen, ein dunkles Epos, komponiert aus den Beats, die er von seinen Breakdancer-Tagen her kannte. Mit *Terminator*, bei dem er die Technik des Aufnahmestudios völlig auf den Kopf stellte, um einen eigenen Sound zu kreieren, gelang ihm das schließlich. „Ich fing an, mit dem Equipment rumzufummeln, und ich merkte, daß ich die Musik verändern konnte, daß ich einen Breakbeat nehmen und ihn so klingen lassen konnte, als ob er schneller würde, obwohl die Geschwindigkeit immer noch dieselbe war", sagte er. „Ich beendete den Track und mischte ihn ab, nachdem ich drei Es geworfen hatte. Und du weißt ja, was Es mit dir anstellen, du fängst an, Sachen zu hören, die sonst niemand hört, und ich habe das als Künstler ausgenutzt. Ich habe mich künstlerisch wirklich bis zum Äußersten gefordert."

Goldie und seine Kollegen Dego MacFarlane und Mark Mac vom einflußreichen Hardcore-Duo 4 Hero verbrachten endlose Wochenenden eingeschlossen in ihrem Dachbodenstudio in Willesden, wobei sie nicht etwa Tracks aufnahmen, sondern digitale Klänge untersuchten, Datenbanken mit verzerrten Sounds oder Noise-Loops zusammenstellten: Werkzeuge, die sie später einsetzen konnten, um neue Bereiche der Klangerfahrung zu erschließen – „um das Unvorstellbare real werden zu lassen", wie MacFarlane es ausdrückte.[14]

Die Cartoon-Phase des Hardcore war vorbei, und seine Ursprünge in der House Music lagen Jahre zurück. Nirgendwo wurde das besser ersichtlich als in *Junglist*, einem bemerkenswerten Splatter-Roman, den zwei scharze 21jährige, Two Fingers (Andrew Green) und James T Kirk (Eddie Otchere), geschrieben hatten. In einer der besten Passagen vergleichen die Autoren Jungle mit seinem musikalischen Vorläufer. Parallel wie die Kluft, die sich Ende der Siebziger zwischen dem Eskapismus von Disco und dem urbanen Realismus von Hip-Hop aufgetan hatte, beschreiben sie House als falsches Bewußtsein, eine Verleugnung der Realität, genau das Richtige für Leute auf der Suche nach „diesem falschen High, diesen falschen Hoffnungen. Dieser falschen Liebe, wenn du totaaaaal zerfließt und dann auf Trip voll vom Hocker kippst ... Wenn du jeden liebst und jeder dein Freund ist, dein engster Vertrauter im ganzen Universum."[15] Hier wurde deutlich, daß Jungle etwas qualitativ anderes war, ein Bruch mit der Vergangenheit und ein

Bruch mit Ecstasy. Jungle hatte begonnen, eine ganz andere Geschichte zu erzählen. In einem Brief an *Mixmag* hieß es: „Jungle ist Rezessionsmusik, es bereitet dich auf das Leben in den Neunzigern vor. Von wegen Hände in die Luft, hey, wir sind alle so tolle Leute – sind wir nämlich nicht. Wir sind nur voll breit."[16]

1993 spaltete sich dann die Hardcore-Szene. Jungle hatte keinen Stein auf dem anderen gelassen. Es wurde in beinahe biblischen Worten als dunkel und böse, als ein Vorbote des Schicksals dargestellt. Bei *Ravescene* trafen Sorge und Angst spiegelnde Zeilen ein, in denen über „düstere Vibes", „düstere Typen" und „düstere Musik" gemault wurde: „Ich fürchte, die Hardcore-Rave-Szene geht langsam ein", hieß es in einem Brief. „Meiner Meinung nach liegt das Problem bei den DJs. Die spielen so deprimierende Musik, die wird die Leute nie und nimmer in eine begeisterte, glückliche, lockere oder liebevolle Stimmung versetzen. Wahrscheinlich jagt sie ihnen eher Angst ein."[17]

Jungle wurde unvermeidlich mit Gewalt und Crack in Verbindung gebracht: schlechtes Verhalten und noch schlechtere Drogen, die Antithese der ursprünglich mit Rave assoziierten Ideale. Die Junglisten – und das wurde auf alle Schwarzen übertragen – seien finster, aggressiv, gewalttätig. „Ich nehme das nicht persönlich", sinnierte der *Junglist* in dem Roman von Andrew Green und Eddie Otchere, „das sind einfach die Denkmuster, die man ihnen beigebracht hat: Ein einzelner Schwarzer ist vielleicht ganz okay, aber ein Massentanz und dann diese düstere, deprimierende, gefährliche schwarze Musik? Auf keinen Fall, nicht dieser Kerl ... Alles, woran mehr als ein Schwarzer beteiligt ist, was sich an andere Schwarze wendet, ist von Natur aus gefährlich. Weil es nicht neu aufbereitet und für die weiße Massenkultur zurechtgemacht worden ist."[18]

Was dem zugrunde lag, war Angst. Angst vor diesem neuen Publikum, der neuen Musik, der neuen Atmosphäre, Angst vor Veränderung, Angst, die Kontrolle zu verlieren, Angst vor dem anderen. Einige dieser Ängste waren sehr real: Der Rave war kein sicherer Spielplatz für die E-Babys mehr. „Jede Menge Kriminelle und Dealer haben sich auf diese Szene gestürzt, weil sie leichte Beute für sie war", erinnert sich Kemistry bedauernd. „Sie kamen einfach rein, bedrohten einige aus dem Publikum, holten sich ihre Drogen und ihr Geld, und die Leute konnten nicht viel dagegen machen, weil sie total breit waren.

Am Ende einer solchen Nacht hatten diese Typen möglicherweise die Taschen voller Drogen und einen Haufen Geld und konnten damit verschwinden. Die Szene zog eine Menge unangenehmer Leute an, weil die Atmosphäre so lässig war, es gab damals keine großen Durchsuchungen wegen Waffen und so, es hatte noch nie jemand davon gehört, daß Waffen zu einem Rave mitgebracht wurden. Es war eine Schande, weil das wirklich üble Auswirkungen auf die Szene hatte, und natürlich brachte das auch die negativen Berichte in der Presse. Die Medien liebten das, denn nun konnten sie sagen: ‚Das haben wir ja gleich so kommen sehen.'"

Die Behauptungen über weitverbreiteten Crack-Konsum waren weitere Anzeichen für diese Angst. Die Zahl der Kokainfunde war in den Neunzigern stetig gestiegen – der National Criminal Intelligence Service berichtete, daß 1994 fünfundzwanzigmal soviel Kokain beschlagnahmt wurde wie Mitte der Achtziger –, und die Droge gehörte, als Pulver wie als Rock zum Rauchen, immer mehr zur Nightclub-Kultur dazu. Crack wurde allerdings von den Ravers, wie Heroin, als die letzte Teufelsdroge betrachtet. Die Modestimulanzien der Junglisten waren Grass und Champagner, obwohl man den schweren, bittersüßen Geruch der brennenden Rocks bereits 1991 auf den Dancefloors wahrnehmen konnte. Das Crackrauchen blieb weiterhin ein Tabuthema, auf das einige Anti-Crack-Jungleplatten zwar anspielten, über das man aber nie offen sprach, entweder aus Political Correctness oder um das Image der Szene zu schützen.

Zweifellos stand Jungle nicht unter dem Einfluß von Ecstasy und kannte daher weder das Empathische des Rave noch dessen stilistische Eigenheiten. Die Junglisten trugen teure Freizeitkleidung, schicke Designerteile von Versace und Moschino – diese Symbole der Konsumgesellschaft wurden damit für die Szene zurückerobert –, die Frauen zeigten ihre Reize kaum verhüllt in Spitze, Lycra und Gold. Man hielt brennende Feuerzeuge hoch, um seiner Lieblingsplatte Applaus zu zollen oder steckte sogar Butangasflaschen an, die dann einen Flammenregen zur Decke schickten. Es war ein raggabeeinflußter Stil mit cooler Haltung, der einen scharfen Kontrast zur lockeren, „nutty" Rave-Mode darstellte.

Es dauerte nicht lange, bis die Szene in zwei Lager gespalten war. Die vorwiegend weißen Raver blieben bei ihren Pillen, weißen Handschuhen, Gesichtsmasken und Leuchtstäben, ihre Musik war weiterhin von optimistischen Piano-Riffs, überzogenen Samples und schrillen Vocals geprägt und nannte sich, beinahe trotzig, *Happy* Hardcore. Sie badeten in nostalgischer Sehnsucht nach der Euphorie von 1991 und feierten den reinen Ecstasy-Trip: Wochenend-Hedonismus bis zum Abwinken. „Die Leute im Publikum, hauptsächlich zwischen 16 und 22, genießen ihren veränderten Zustand“, notierte ein Beobachter. „Sie zeigen mit demonstrativem Stolz ihr eingefrorenes Grinsen, die massiv geweiteten Pupillen und eine überschwengliche, übertriebene Freundlichkeit.“[19] Happy Hardcore und seine vor allem jugendlichen Fans waren ebensowenig angesagt, wie es Hardcore gewesen war. Die Szene-DJs versuchten sogar, die Musik in „4 Beat“ umzubenennen, was sich weniger oberflächlich und „billig“ anhören sollte. Aber obwohl die Szene in einer Zeitschleife hängenblieb – wie Jungle in der Medienwüste aufgeblüht war –, begann sie sich zu verändern und ein neues Kapitel der Rave-Geschichte aufzuschlagen.

Als Reaktion auf den Jungle-Boom spitzten sich die Haltungen zur Rassenfrage im Großbritannien der Neunziger zu. In der gesamten Populärkultur nach dem Krieg, von Rock 'n' Roll, R & B, Soul und Funk bis hin zu House und Techno hat schwarze Musik stets den Soundtrack für die Freizeitaktivitäten der weißen Jugend geliefert und die Basis für weißen Pop bereitgestellt, vor allem in den Dance-Clubs. Sobald jedoch Schwarze in großer Zahl in diesen Clubs auftauchen, beginnt sich die weiße Mehrheit unbehaglich zu fühlen. Schwarzen Männern wird der Eintritt in die städtischen Nightclubs oft unter fadenscheinigen Gründen verwehrt; und wenn Schwarze und Weiße Seite an Seite auf den Raves getanzt hatten, dann aber doch immer nach weißen Regeln, mit einer weißen Mehrheit, und die Weißen hatten die Profite dabei gemacht. Die Panikmache bei Jungle setzte ein, als Schwarze plötzlich keine Minderheit mehr darstellten und die Szene deutlich sichtbar kontrollierten. In allen Bereichen der britischen Gesellschaft ist Rassismus fest verwurzelt, und die House-Szene machte trotz aller rhetorischen Beteuerungen über ihre Einheit keine Ausnahme. „Nur allzu oft gründet sich die Abneigung gegen Jungle auf die Angst vor dem rauhen Kerl aus den Sozialwohnungsvierteln, der angeblich den Peace & Love-Vibe und den Traum von der ethnisch übergreifenden Einigkeit zerstört", meinte der Poptheoretiker Kodwo Eshun. „Jungle, so die rassistische Legende, verwandelt das kleine Woodstock eines jeden Ravers in ein Altamont mit Baßtönern."[20]

Die Musikindustrie reagierte auf Jungle ähnlich ablehnend wie einst auf Hip-Hop und House. Wie schon Hip-Hop in den Siebzigern geriet auch Jungle daher nicht in die Mainstreammühle und konnte wachsen, Wurzeln bilden und einen stimmigen Wertekanon aufbauen, der relativ frei blieb von dem kommerziellen Druck, Charthits produzieren zu müssen. Derart an den Rand gedrängt, entwickelten sich die Medien des Jungle – unabhängige Plattenfirmen und Piratensender – notgedrungen völlig autark. Bis 1994 war Stu Allens Sendung auf Key 103 in Manchester die einzige offizielle Show in England, die Hardcore etwas Raum gab. Die Musik konnte sich nicht anders Gehör verschaffen; sie mußte auf illegale Mittel setzen.

Zwischen 1992 und 1994 beschleunigte sich die musikalische Entwicklung enorm. Es war einer dieser seltsamen Flammpunkte in der Popkultur, wo eine ganze Musikrichtung den Abflug macht und sich selbst neu erfindet. Unter Einsatz des gesamten Klangspektrums definierte Jungle für die Dance Music auf einem wandlungsfähigen Level neue Parameter – hier ging es nicht mehr darum, Soundwälle zu errichten, sondern einen alles umschließenden Leib aus Klängen zu erschaffen. Drums und Baß wurden zu den tragenden Instrumenten, komplexe Perkussionsgewebe lösten den nüchternen Stampfrhythmus von House ab. Während The Prodigy, die über eine fesselnde Liveshow und virtuoses Geschick beim Programming verfügten, ihren apokalyptischen Hardcore auf eine radikale elektronische Rock-'n'-Roll-Linie brachten – *Music For The Jilted Generation* verkündete der Titel ihres zweiten Albums –, feilten die Jungle-Producer an den Breakbeats, bis eine polyrhythmische Mixtur aus House, Hardcore, Reggae, Hip-Hop, Soul, Jazz, Ambient Music und Techno entstanden war: ein Schmelztiegel urbaner Symbole und Stilistiken, den Fabio und Grooverider fünf Jahre im voraus gesehen hatten.

Für die Popmusik war Jungle ein historisch bedeutsamer Sound: die erste wahre *britische* Black Music – oder, um genau zu sein: multikulturelle Musik. Viele ihrer Eigenschaften leiteten sich direkt aus den Traditionen der Reggae-Sound-Systems her – etwa die Mikrofon-Monologe der MCs und der Einsatz von „Dub-Plates" (exklusive Einmalpressungen, meist eher aus Acetat als aus Vinyl, die nur an einflußreiche Personen wie Fabio und Grooverider weitergegeben wurden), auch die endlosen „Versions", Remixe und Reremixe sowie die ständig neuen Spontanzusammenschlüsse von Produzenten und DJs: eine Produktionsweise, die Welten entfernt ist vom marktorientierten, am CD-Format ausgerichteten Rockbusineß. Die Jungle-Piratensender wie Kool FM beschworen eine surreale Welt herauf, ein wildes Durcheinander von Ghetto-Sprachkunst, zischenden Becken und manischen Rhythmen, das den Augenblick – die konfusen, chaotischen Mittneunziger – ebensogut einfangen konnte, wie das der Popmusik je gelungen war.

„Wenn ich mir irgendwo auf der Welt einen Reiseprospekt über London ansehe, dann weiß ich, was man mir da zeigt: Buckingham Palace und rote Busse", sagt Jumping Jack Frost. „Aber es gibt immer noch eine andere Seite, die vorenthaltene Geschichte." Jungle artikulierte, wie zuvor Hip-Hop in Amerika, die unterdrückten Wünsche und Ängste einer entrechteten Unterschicht *(„all die bösen Jungs, die Typen mit den roten Augen, die Kerle, die ihre Freiheit genießen, die Spinner...")* – mehr noch durch die reine Klangstruktur als durch die Texte. Es war ein lebensbejahendes Verleugnen der Verzweiflung, ein Aufblitzen von Hoffnung und positivem Denken, obwohl die Chancen so schlecht standen: *Shining In The Darkness*, Leuchten im Dunkeln, lautete einer der bedeutsamsten Titel 1993.

Für Goldie war Jungle eine Art realistischer urbaner Blues, der einige grundlegende Wahrheiten über das Leben, das viele Jugendliche führten, aussprach. „Meine Musik", sagte er, „ist beeinflußt von allem, was ich gelernt habe, von jedem, den ich getroffen habe, von allen Erfahrungen, die ich gemacht habe und von den vielen anderen Spannungen, die in der Gesellschaft zum Tragen kommen. Zum Beispiel, daß Mädchen schon so jung Kinder kriegen, ihr Typ läßt sie sitzen, keine Kohle, ihr Typ nimmt Drogen, keine Möglichkeit, da rauszukommen, der ganze Druck, dem man in diesen üblen Wohnvierteln ausgesetzt ist. Jungle ist nicht schwarz oder weiß, Jungle ist jeder, der unterhalb eines bestimmten Levels lebt, der gesellschaftlich durch Drogen oder das Leben in den Ghettos völlig hinüber ist."

Jungle war ein weiteres Beispiel dafür, daß die schwarzen Subkulturen zunächst immer gefürchtet und verteufelt, dann aber vom weißen

Mainstream verpackt und kommerziell ausgebeutet werden. Wie schon ein Jahrzehnt zuvor bei Hip-Hop entstand 1994 plötzlich ein enormes Interesse an dieser Musikform, das in der Jugendpresse begann, sich dann zu den Plattenfirmen ausbreitete und innerhalb eines Jahres auch Radio und Fernsehen erfaßte. Die Reaktion auf diese Kehrtwende reichte von Skepsis bis zu offener Ablehnung in der Jungle-Gemeinde. Sie hatte mittlerweile aufgrund ihres Ausschlusses aus der Jugendkultur-Industrie eine klare Hierarchie und ein bemerkenswert starkes Netz kleiner Einheiten aufgebaut. „Die Presse hat uns noch nie einen Gefallen getan", ärgerte sich Grooverider. „Jetzt wollen sie rein, und wir brauchen sie nicht. Wir brauchen überhaupt niemanden mehr, weil wir alles selbst machen. Wir müssen mit niemandem reden. Als wir Hilfe brauchten, hörte uns niemand." Die DJs verabscheuten die Etiketten, die ihnen die Poppresse ihrer Meinung nach aufdrücken wollte. Sie hatten das Gefühl, daß die Journalisten versuchten, sich ihrer Sprache zu bemächtigen, sie zu spalten und über sie zu herrschen; ihnen sogar ihre Seele zu rauben, indem sie sie mit ihren Phrasen einwickelten.

Das Bedürfnis, die Kontrolle zu behalten, wurde noch stärker, als sich die wirtschaftliche Struktur der Szene 1994 und 1995 zu verändern begann und einige der wichtigsten Producer von den Dance-Ablegern der großen Plattenfirmen Angebote erhielten, angefangen mit Goldie, der von seinem Debütalbum *Timeless* 100.000 Exemplare verkaufte und ein internationaler Star wurde. Der Londoner Radiosender Kiss FM führte regelmäßige Jungle-Shows ein, BBC Radio One zog wenig später nach. Schließlich gründete ein Kreis führender DJs sogar ein Jungle Committee, um die erarbeiteten Grundsätze gegen Eindringlinge und potentielle Ausbeuter zu schützen. Im großen und ganzen jedoch sorgte sich die Jungle-Szene, anders als die puristischen Punks, nur wenig um den „Ausverkauf" an die Major Labels – nicht umsonst wurde Jungle im Schatten der Unternehmerkultur geboren. Den DJs und Produzenten war es mehr darum zu tun, die eigene kulturelle Identität zu bewahren. Kreativer Unabhängigkeit maßen sie eine wesentlich größere Bedeutung bei als kommerzieller Unabhängigkeit – was sich daran zeigte, daß einige Producer nicht nur mit einem, sondern mit vielen verschiedenen Labels Verträge aushandelten, während sie weiterhin ihre Indie-Projekte durchzogen und Remixe für die Tracks ihrer Kollegen machten. Es ging eher darum, das Establishment zu überlisten und ihm abzuluchsen, was man von ihm haben wollte, als auf seine Zerschlagung hinzuarbeiten.

Während einige Erfolg hatten, konnten sich all jene, die ohne Vertrag und Publicity außerhalb des Mainstream-Zirkus blieben, immer noch auf die unabhängige Infrastruktur stützen, die Jungle in seinen wilden Jahren aufgebaut hatte: auf einen Wirtschaftszweig am Rande mit Weißpressungen in kleinen Auflagen, Piratensendern und speziellen Plattenläden. Jungle-DJs sprachen in Interviews, wenn es um die Szene ging, immer eher im Plural als im Singular: „wir“ statt „ich“, ein Ausdruck der Entschlossenheit, den Eindruck einer kollektiven Mission aufrechtzuerhalten – ein Manifest, das sie ein ums andere Mal wiederholten. „Es ist eine Untergrund-Mafia“, insistierte Goldie in seiner neuen Rolle als Botschafter des Breakbeat. „Wir halten zusammen. Wir wissen, was geht, und wir wissen, was nicht geht. Das ist eine Musikrichtung, die *wir* kontrollieren. Das Spiel läuft verdammt noch mal nach *unseren* Regeln.“

Das im verborgenen geknüpfte Netzwerk persönlicher Connections sowie dessen entschiedene Haltung nach außen – Goldie und andere schwärmten auf fast religiöse Weise von „der Bruderschaft“ und wollten „den Glauben verteidigen“ – erinnerte erneut an die Hip-Hop-Szene in Amerika und die dort entstandenen Begriffe wie „respect“, „representing“ und „coming correct“, die auf ein respektvolles, korrektes Miteinander und einen starken Zusammenhalt abzielen. Solche Vorstellungen von Einheit und Selbsthilfe, motiviert durch pure Notwendigkeit, wurden zu den zentralen Glaubenssätzen des Jungle. Die Utopie einer unabhängigen Community, einer kreativen Spontangemeinschaft, die den DJs und Producers helfen sollte, sich einen Weg durch die Gefahren des Kommerz, die drohende Vereinnahmung durch den Mainstream und die Eingliederung in eine Massenkultur zu bahnen, zeichnete sich immer klarer ab, als Jungle – oder „Drum & Bass“, wie es immer häufiger genannt wurde – 1996 langsam in den Mainstream hineinsickerte, für Werbejingles und Kindersendungen verwendet und von anderen Dance-Richtungen imitiert wurde. Ganz gleich, wohin sie sich als nächstes wenden würde – die Jungle-Kultur hatte mit ihrem unternehmerischen Pragmatismus und ihrer sagenumwobenen Widerstandskraft bewiesen, wie die Acid-House-Grundsätze in einem flüchtigen Moment hart erarbeiteter Autonomie, ob nun echt oder nur eingebildet, noch immer eine aufbauende Kraft sein konnten: eine Möglichkeit, Räume zu schaffen, in denen es sich noch träumen ließ.

[1] *i-D*, 7/92
[2] *i-D*, 4/90
[3] *Time Out*, 19. 12. 1990
[4] *Mixmag*, 6/93
[5] *Mixmag*, 7/94
[6] *The Wire*, 1992
[7] *The Wire*, 1992
[8] Im Englischen zeichnet sich die Aussprache der unteren sozialen Schichten häufig durch die Auslassung des H aus (A. d. Ü.)
[9] Pete McKenna, *Nightshift*, ST Publishing, Dunoon 1996
[10] Gwen und Josh Lawford (Hrsg.), *Ravescene Yearbook*, Yage Corporation, London 1992
[11] *Ravescene*, 12/92
[12] *Mixmag*, 11/92
[13] *i-D*, 7/92
[14] *Mixmag*, 3/96
[15] Two Fingers und James T Kirk, *Junglist*, Boxtree, London 1995
[16] *Mixmag*, 6/93
[17] Two Fingers und James T Kirk, *Junglist*, Boxtree, London 1995
[18] *Ravescene*, 4/93
[19] *DJ*, 11/95
[20] *i-D*, 5/94

8

the chemical generation

FÜNFZEHN JAHRE nachdem die ersten Briten auf ihren hedonistischen Ausflügen nach New York erstmals MDMA kennengelernt hatten und ein Jahrzehnt nachdem House Music aus den schwarzen Schwulenclubs Chicagos gekommen war, hatte die Synthese dieser beiden Elemente das größte Jugendkulturphänomen geschaffen, das es in Großbritannien je gegeben hatte. Die Ecstasy-Kultur war zur wichtigsten Freizeitaktivität der jungen Briten geworden und hatte sich nahtlos in das Wochenendritual integriert. Seit 1990, als der Fallout von Acid House über das ganze Land niedergegangen war, durchdrangen seine Spuren, Sounds, Symbole und Slangausdrücke jeden Aspekt des Alltags.

Es war für die Akteure auf beiden Seiten des Gesetzes ein höchst lukratives Geschäft. 1993 schätzten die Wirtschaftsanalysten im Henley Centre den jährlichen Gesamtumsatz der britischen Dance-Szene auf 1,8 Milliarden Pfund, was in etwa der Größenordnung des Zeitungs- und Buchhandels entsprach – vielleicht eine übertriebene Schätzung, die aber dennoch deutlich machte, wie hoch die Einsätze waren, um die Club-Promoter, Plattenfirmen, Radiosender, DJs und Drogendealer pokerten, und die, falls das überhaupt noch nötig war, auch endgültig belegte, daß die Dance-Szene zu einem Bestandteil des Pop-Mainstream geworden war. Auch an der Tatsache, daß die Club-Seiten im Kalenderteil des Londoner Veranstaltungsmagazins *Time Out* ständig mehr Raum einnahmen, war abzulesen, welch lohnendes Geschäft Club-Promotion mittlerweile geworden war: Für Silvester 1985 wurden zwanzig Partys aufgelistet – durchschnittlicher Eintrittspreis: 10 Pfund. Zehn Jahre später gab es über einhundert, und der Preis war auf 25 Pfund gestiegen. Der Markt war in einem Jahrzehnt um ein Fünffaches gewachsen, und der Bruttoumsatz hatte sich mehr als verzehnfacht.

Die bekanntesten DJs – Top-Leute wie Sasha, Paul Oakenfold und Danny Rampling – konnten aufgrund ihrer Beliebtheit bei der Menge ständig steigende Gagen einstreichen. Mitte der Neunziger konnten einige mehr als 1.000 Pfund für zwei Stunden Arbeit verlangen und bekamen sie auch ohne Kommentar; das war viermal soviel, als sie 1989 erhalten hätten.

Ein Lieblingsmythos der Szene betrachtete die DJs als Schamanen der heutigen Zeit, die ihre berauschten Jünger auf eine Reise ins Ungewisse führen. Mittlerweile scheinen die Reglerkönige sich eher zu einer reichen Priesterkaste entwickelt zu haben. An Silvester 1995 soll der DJ Jeremy Healy, ein populärer Showman, in vier verschiedenen Clubs aufgelegt haben, wobei er angeblich in jedem 5.000 Pfund bekam und in einem gecharterten Privatflugzeug von einem Ort zum anderen düste. Ob das nun stimmte oder nicht, es zeigte auf alle Fälle, wieviel Geld in dieser Nacht-Wirtschaft von einer Hand in die andere wechselte.

Mit der weiteren Ausbreitung dieser Kultur wurden ihre sich ständig weiterentwickelnden Nebenlinien – House, Techno, Jungle, Ambient, Trance, Garage sowie die unzähligen Unterteilungen und regionalen Abweichungen dieser Stilrichtungen – immer facettenreicher. Vielleicht lag es daran, daß niemals musikalische oder kulturelle Richtlinien entstanden waren, daß diese Szene nicht stagnierte und in Selbstparodie erstickte, wie es mit früheren britischen Jugendkulturen in der Regel nach einigen kurzen vitalen Jahren geschehen war. Diese Szene blieb ständig in kreativem Fluß und regenerierte sich Jahr für Jahr mit frischem Blut und neuen Einflüssen. Aber auch wenn weiterhin viele Optionen offenblieben: Der Kern der Ecstasy-Kultur, ihr unpolitisches, hedonistisches Herz, wurde langsam in die britische Freizeitindustrie integriert.

Dieser Prozeß setzte zu Beginn der Neunziger so richtig ein: nach der Abspaltung der auf Massenwirksamkeit erpichten Rave-Bewegung von den „Balearic"-Jüngern, die begannen – abgestoßen vom Rave-Zirkus Marke Sunrise –, ihr eigenes Territorium abzugrenzen, indem sie auf genau die exklusive Einlaßpolitik zurückgriffen, gegen die sie sich einst aufgelehnt hatten. Beide Parteien gediehen prächtig. Sie bildeten neben den Technohippies in den folgenden fünf Jahren die wichtigsten Gruppierungen innerhalb der Acid-House-Gemeinde.

1991 hatten die legalen, genehmigten Hardcore-Raves, die nach der Einführung von Graham Brights Entertainment (Increased Penalties) Act stattfanden, riesenhafte Ausmaße angenommen und bereiteten den Boden für den Aufstieg von Jungle. Gleichzeitig gab es in den meisten größeren britischen Städten einen Balearic Club, dessen Richtlinien dem *Boy's-Own*-Fanzine entnommen waren und der ein Publikum anzog, das zwar noch immer Ecstasy nahm, sich aber mit unfehlbarem Designer-Chic zu unterscheiden wußte. Anspruchsvolle Mode, die man einst für die schweißaufsaugenden Jogginghosen und Stirnbänder von Acid House zur Seite geschoben hatte, erlebte ebenfalls ein Comeback.

Das sogenannte Balearic Network, ein Stamm von DJs und Promotern, die stets miteinander Kontakt hielten und die Balearic-Clubs wie das Flying in London, das Most Excellent in Manchester und das Venus in Nottingham organisierten, war entscheidend daran beteiligt, eine nationale Infrastruktur für die House-Kultur aufzubauen. Das Network war unermüdlich in seinen Unternehmungen, schuf eigene Arbeitsplätze in dieser Nacht-Wirtschaft, eröffnete Läden und Plattenfirmen und gründete Agenturen, um seine DJs zu vertreten, die dann von einer Stadt in die andere reisten, die Botschaft verkündeten und den Markt weiter ankurbelten. 1992 und 1993 betrat dann eine dritte Generation britischer House-Promoter die Bühne. Diese Leute errichteten zwar ihre Imperien mit Hilfe der Infrastruktur, die das Balearic Network geschaffen hatte, aber sie waren die ersten, die ausgeklügeltere Marketingstrategien einsetzten und der House-Kultur eine formelle Geschäftsgrundlage gaben. „Club-Promoter ist jetzt ein richtiger Beruf", bemerkte Jon Hill, der Promoter des Golden in Stoke-on-Trent. „House Music hat jetzt den Mainstream erobert. Es wird immer größer. Und Promoter werden immer professioneller."[1]

Diejenigen, die an der Spitze dieses neuen Professionalismus standen, die Top-DJs buchten und die opulentesten Partys veranstalteten, griffen zu Expansionsstrategien, um ihren Erfolg zu festigen. „Superclubs" wie das Cream in Liverpool, das Ministry Of Sound in London und das Renaissance in den Midlands gingen beim Marketing sogar noch einen Schritt weiter. Sie gründeten Dienstleistungsbetriebe, starteten eigene Labels, um DJ-Mix-CDs zu veröffentlichen (eine legale Weiterführung der illegalen Bootleg-Mix-Tapes, die in Spezialläden zu haben waren), stellten Merchandise-Artikel und Kleidung her, eröffneten Bars und Shops, boten landesweite Club-„Touren" und Pauschalreisen zu Urlaubszielen wie Ibiza an (wobei die Briten die Baleareninsel in der Sommersaison bald völlig übernahmen und dabei das sexuell mehrdeutige Weltbürgertum, das einmal ihren besonderen

Charme ausgemacht hatte, beerbten). Überall im Land waren Hunderte weiterer Club-Promoter bemüht, ihre kommerziellen Triumphe zu verdoppeln.

Innerhalb von vier Jahren nach seiner Gründung war Ministry Of Sound, finanziert von James Palumbo – einem ehemaligen Londoner Dealer und Sohn von Lord Palumbo, einem millionenschweren Immobilienmakler und Arts-Council-Vorsitzenden im Ruhestand –, zum weltweit führenden Hersteller von Club-Mode und Merchandising aufgestiegen. Sein Umsatz wurde auf 10 Millionen Pfund geschätzt, und er strebte nun danach, groß ins Plattengeschäft einzusteigen. Im Clubland hatte es schon immer verrückte Unternehmertypen gegeben, aber keinen, der wie Palumbo aus den Kreisen des alteingesessenen Geldadels kam.

Ministry Of Sound trat wegen Sponsoring-Verträgen an Markenartikler wie Pepsi und Sony heran und folgte so dem Beispiel der deutschen Techno-Szene, wo Rave-Flyer aussahen wie Formel-1-Rennwagen und nur so vor Firmenlogos strotzten, so daß die Schriftzüge von Camel oder Philip Morris den DJ-Lineups fast den Platz streitig machten. Das Renaissance ließ sich von der Zigarettenmarke Silk Cut unterstützen, das Haçienda von der Boddington-Brauerei – die Sponsoren erkauften sich damit eine gewisse Credibility innerhalb der Subkultur. Anfang der Neunziger hatten die Club-Flugblätter noch die Firmensignets nachgeäfft und bekannte Schriftzüge zu frechen Drogenanspielungen verdreht. Mittlerweile besaßen viele Clubs ihre eigenen sofort erkennbaren Logos, deren Werbewirkung sie auf T-Shirts, Jacken, Schallplattentüten und CDs ausschlachteten.

Was ursprünglich eine Alternative zur „Mainstream"-Ausrichtung der Raves bieten sollte, hatte nun einen eigenen Mainstream geschaffen: eine kommerzialisierte Dance-Drogen-Kultur. Das Freizeitangebot für junge Leute außerhalb Londons hatte sich seit den Achtzigern grundlegend verändert, und Vergnügungen, die früher nur einem kleinen Bohemezirkel vorbehalten waren, standen jetzt allen offen. Hedonismus in Reinkultur war angesagt. Daß es außer der hemmungslosen Jagd nach reinem Vergnügen keine festen Werte gab, machte die Szene noch zugänglicher, und es gab keine abschreckenden Extreme, kein unverständliches Verhalten, das „mental" oder „nutty" war. Die Dance-Session am Samstagabend – und House Music an sich – wurde nicht länger als subversiv oder irgendwie außergewöhnlich angesehen, sondern schlicht als ganz normale Sache, wenn man sich selbst für hip hielt. Sieht man einmal vom Drogenkonsum ab, war keine völlige Umkehr der eigenen Grundsätze oder großer persönlicher Einsatz notwendig, um dazuzugehören. Das Mainstream House Clubbing war mit seinen Überwachungskameras, seinen offiziell registrierten Türstehern und von den örtlichen Behörden ausgegebenen Richtlinien das sauber kontrollierte Gegenteil seiner illegalen Ursprünge geworden.

1996 startete die British Tourist Authority die erste Kampagne seit den Sechzigern, die sich an die 18- bis 30jährigen richtete. Das zu diesem Zweck gedruckte Magazin *UK Guide* orientierte sich in seiner Aufmachung an der Jugendpresse und konzentrierte sich auf das, was man als zwei der größten Touristenattraktionen Großbritanniens betrachtete: die Clubszene von Leeds und die Rockband Oasis. Eine Anleitung für den Oasis-Wortschatz, direkt auf den Tanzflächen der Clubs aufgeschnappt, lag bei; hier fanden sich auch drogenbeeinflußte Slangausdrücke wie „sorted", „bangin'" und „mad for it". Man flog ausländische Journalisten nach Leeds, Manchester, Liverpool und London ein und zeigte ihnen die Nightclubs. House, so vermittelte diese Broschüre, war letztendlich zu einem sicheren Vergnügen für Touristen und Gelegenheitskonsumenten geworden.

Auch im Bereich von Musikproduktion und -vertrieb hatte Acid House bleibende Spuren hinterlassen. Seit Ende der Achtziger hatte sich eine unabhängige, flexibel arbeitende Produktionsstruktur rund um die Dance-Music-Szene entwickelt, basierend auf Weißpressungen, die in Eigenproduktion in Heimstudios mit billiger Technik hergestellt wurden, und einem Vertriebssystem, das auf ein Netz von Mobiltelefonen gegründet war. Es war eine unabhängige Alternative, die auf derselben Autonomievorstellung basierte, wie sie früher einmal von Punkrock propagiert worden war, aber wesentlich weiter reichte, als die Punkideologen es sich je vorstellen konnten. Und dieses Produktionssystem führte zu einem gnadenlosen Output an Veröffentlichungen.

Der Danceboom zwang die etablierte Plattenindustrie, neue Möglichkeiten für Verpackung und Absatz von Musik in einem Markt zu finden, der sich mit rasender Geschwindigkeit immer weiter aufspaltete. Die Major Labels – Bertelsmann Music Group, MCA, Polygram, Sony, EMI und Time Warner, die sechs Branchenriesen, die weltweit den Vertrieb des größten Teils der Popmusik kontrollierten – brannten darauf, die fieberhafte Geschäftigkeit und Finanzkraft dieses immer größer werdenden Independent-Sektors auszubeuten, so wie sie sich bei den profitablen Elementen der Hippie- und Punk-Tradition in früheren Jahrzehnten bedient hatten. Sie riefen selbst Dance-Projekte ins Leben, die dann von Szene-Größen wie Paul Oakenfold geleitet wurden, beteiligten sich an bahnbrechenden Indie-Labels oder kauften sie auf, brachten Sampler heraus, bauten DJs zu Stars auf und nutzten das Remix-Phänomen, um ihren Produkten eine größere Langlebigkeit zu verleihen. Zwar war musikalisch einiges dabei, das nach wie vor aufregend und neuartig war, und viele der Top-Elektro-Akteure erhielten nun endlich die Anerkennung und Belohnung, die sie verdienten. Aber vieles erschien auch auf zynische Weise so konstruiert, daß die E-Heads wie ein Pawlowscher Hund danach schnappen sollten.

Im Anfangsstadium hatte sich House Music nicht im geringsten um Rockmythen wie Authentizität, Starkarriere, den Musiker als Künstler und die Eckpfeiler des Rock-Genres, Livekonzert und Longplay-Album, gekümmert. Mit dem Aufstieg wiedererkennbarer und marketinggeeigneter (häufig weißer) Techno- und Ambient-„Bands“, die Livekonzerte gaben und auch das Lieblingsformat der Plattenindustrie, die Compact Disc, benutzten – im Gegensatz zu den anonymen (häufig schwarzen) Studiogöttern, deren hauptsächlicher Produktionsträger die eher unprofitable 12-Inch-Vinylsingle war –, wurde Dance Music für die Geschäftsleute wie auch für die Rockpresse zugänglicher.

Die Medien schenkten der Szene nun ausführlich Beachtung. 1988 hatte niemand mit Acid House etwas anfangen können; es gab nur sporadische Artikel in *i-D* und *The Face*. Nuancen blieben verborgen, undokumentiert, im Underground. Mitte der Neunziger gab es dann plötzlich einen explosionsartigen Anstieg der Berichterstattung, da nun eine neue Generation von Popjournalisten heranwuchs – sie hatten ihren Beruf erst nach Acid House ergriffen und stammten aus dem Umfeld der Fanzines wie *Mixmag, DJ, M8, Jockey Slut, Eternity* und *Muzik*, die alle durch die Anzeigen überlebten, die das landesweite Netz von Clubs bei ihnen schaltete. Hier fanden sich die neuesten Erkenntnisse über Drogenforschung neben den Kritiken von Dance-Scheiben; Eternity hatte sogar einen eigenen medizinischen Korrespondenten.

Es gab Dance-Seiten in der Musikpresse, Berichte über Clubs in den Zeitungen, Dance-Infos im Internet und neue, offizielle Radiosender wie Kiss FM in London und Manchester. Früher waren die Piraten die einzigen Stationen gewesen, die solche Musik gespielt und dadurch ein enormes Gemeinschaftsgefühl geprägt hatten, aber jetzt begann Großbritanniens landesweiter Popsender, BBC Radio One, ehemalige Piraten-DJs für seine Abendsendungen abzuwerben – wie man sich in den Sechzigern Moderatoren wie John Peel von den Rock-Piraten draußen auf dem Meer geholt hatte.

Radio Ones erste Reaktion auf Acid House war ein Sendeverbot gewesen. Sechs Jahre später, 1994, als die Hörerzahlen um Millionen gesunken waren und das Programm schlapp und altbacken klang, holte man sich als Teil einer Strategie, mit der man sich wieder als angesagte Welle für die späten Neunziger etablieren wollte, den ehemaligen Shoom- und Kiss-DJ Danny Rampling für eine neue Samstagabend-Show. Die Einstellung eines Moderators, der zu „den Gründern des drogendurchdrungenen Acid-House-Wahnsinns“ gehörte, wurde von *The Star* als „Unglaublichkeit“ bezeichnet.[2] Daß niemand bereit schien, die moralische Keule zu schwingen, die diese Boulevardzeitung so demonstrativ hinhielt, war ein weiteres Zeichen dafür, wie tief die Ecstasy-Kultur schon in das Kollektivbewußtsein der Nation eingedrungen war.

Rampling zog mit seiner *Lovegroove*-Sendung zwei Millionen Hörer an, während er es bei Kiss FM nur auf 100.000 gebracht hatte – ein weiteres Beispiel für die Demokratisierung eines Phänomens, das einst die Musik eines kleinen Kreises eingeweihter Metropolenmenschen gewesen war. Die Machtverhältnisse hatten sich verschoben, von den illegal agierenden Rauhbeinen im Eastend bis zum Rundfunk-Establishment der BBC in Bush House, von Flugblättern und Fanzines bis zu den Verlagskonzernen.

Diese umfassende Medienresonanz bedeutete, daß die Entwicklung neuer Phänomene in der Clubszene kaum noch möglich war, ohne daß sofort darüber geschrieben wurde und eine Anpassung an den Massengeschmack stattfand. Die Dance-Szene hatte sich in eine Dance-*Industrie* verwandelt. Ihre Geheimcodes waren geknackt worden; nichts konnte lange „underground“ bleiben. Die graphischen Merkmale und Designelemente von House und Rave hatten ebenfalls Einfluß auf das kollektive Image-Bewußtsein, wurden von Geschäftsleuten und Marketingfachleuten aufgegriffen und jener Gruppe wiederverkauft, die sie ursprünglich erfunden hatte. Von Fertignahrungsmitteln wie Pot Noodles bis zu Softdrinks wie der Orangenlimonade Tango, von Regal-Zigaretten bis zu Fila-Schuhen: Reihenweise griff man bei den jugendorientierten Werbekampagnen auf hedonistische, respektlose und psychedelische Symbole zurück, ähnlich wie die Agenturen Ende der Sechziger mit Sound und Slang der Hippies abgesahnt hatten. 1967 hatten Jefferson Airplane den Psychedelic-Klassiker *White Rabbit* unter dem Titel *White Levis* für eine Jeansreklame aufgepeppt – ein Vierteljahrhundert später benutzte dieselbe Bekleidungsmarke Techno-Tricks und eine ausgeflippte Bildersprache, um ihre Jeans zu verkaufen.

Teilweise kam dieser Impuls auch von den jüngeren, kreativeren Designern in den Werbeagenturen, die selbst mit der Szene zu tun gehabt hatten und deren Arbeit von Ecstasy beeinflußt worden war. Einer, der nach einer Dance-Session in seiner Küche langsam runterkam, stellte fest, daß er um vier Uhr früh dasaß und Frühstücksflocken kaute. Seine Erfahrung, so heißt es, wurde in einer Werbung umgesetzt, die sich an die Clubgänger-Konsumenten richtete. Marketing-Spezialisten versuchten, den Medien-Overkill auszutricksen und das Interesse der immer besser informierten und medienerfahrenen Jugendlichen zu wecken, woraus sich einige bizarre Allianzen ergaben. So stellte beispielsweise die Cidermarke Drum Club-CDs zusammen und die Bierbrauerei Fosters finanzierte Weißpressungen von Heimstudioproduzenten, um damit selbst als Mäzen einer Dance-Drogen-Kultur zu erscheinen.

Die meisten Clubber waren zu sehr damit beschäftigt, sich zu amüsieren, um an die ökonomischen Aspekte dieses Vergnügens Gedanken zu verschwenden, aber einige wenige lehnten sich bereits gegen etwas auf, das sie verächtlich als „Kommerz-Clubbing“ bezeichneten und bei dem jeder Bereich des Erlebens von Geschäftsinteressen bestimmt wurde. Wurde die Spontaneität jetzt dosiert und kontrolliert? In seinem Buch *Highflyers* beklagte der Journalist Stephen Kingston, daß House mittlerweile ebenso umfassend verpackt und kastriert worden war wie die Rockmusik Ende der Sechziger. Die Clubgänger waren ein riesiger Kundenkreis geworden, der von den Großkonzernen „gezüchtet“ werden mußte und einem klassischen Muster folgte: Revolte wird zum Stil, Rebellion zu Geld; die Outlaws werden das neue Establishment. Der Traum war endgültig vorbei, insistierte Kingston, sein zerbrechlicher Geist ausgelöscht: „Die House-Bewegung ist nun in einen kapitalistischen Kral gesperrt worden. In der Clubkultur wurde immer viel über „Freiheit" gesprochen. Daraus ist jetzt die Freiheit geworden, gezüchtet zu werden."[3] Viele führenden Köpfe der Popkultur-Avantgarde pflichteten ihm bei. Innovation komme immer von den Randbereichen, nie aus dem Mainstream, argumentierten sie, und House sei längst zu einem aufgeschwemmten, konservativen Mainstream geworden, formelhaft und vorhersehbar, dominiert von einer selbstzufriedenen, an sich selbst denkenden Elite.

Ein Jahrzehnt später schienen sich die Schlüsselwörter verändert zu haben, von Love & Peace zu Investment und Promotion, von Musik zu Marketing. Profitierte die Clubkultur wirklich von der Infrastruktur, die sie für sich aufgebaut hatte, und schuf man dort wirklich alternative Arbeitsplätze, oder machte das Big Business wieder seine Rechte geltend und stand in den Startlöchern, um nach dem Comedown aufzuräumen? Die Antwort hing von den jeweiligen Interessengruppen und von Set und Setting ab, wie der Autor Nigel Fountain einmal über die Transformation der psychedelischen Forschung der Sechziger zu einem lukrativen Rockgeschäft gesagt hat: „Für einige war es die Erfüllung des Traums von 1967, das Wachsen eines Organismus, der von und für die Jungen, die Aufmüpfigen, unabhängig vom metropolengesteuerten Mainstream, gestaltet wurde. Für andere war es nichts als hipper Kapitalismus, das Abwerben der Aufrechten in die Vorzimmer der alten Clubs."[4]

Die Wirklichkeit hinter den ideologischen Differenzen war wesentlich komplexer. Die Ecstasy-Kultur hatte stets vom Handel mit Waren profitiert. Die Auseinandersetzung über die schleichende Kommerzialisierung legte die oft widersprüchlichen Impulse – die unternehmerischen, hedonistischen oder utopischen –, die diese Szene antrieben, aber auch spalteten, offen dar. Zwar hatten Gesetze wie der Entertainments (Increased Penalties) Act und der Criminal Justice Act den Traum von House als einer abweichlerischen Randkultur jäh beendet, dafür aber das Gegenteil der eigentlichen Absicht erreicht: Indem sie House in die Arme des Mainstream trieben, brachten sie den Dance-Virus in die Reichweite einer viel größeren Menge Infizierungswilliger.

Außerdem lag in dem Gemeinschaftsgefühl, das die Chemie des MDMA erwecken konnte, immer noch eine Kraft, die auch außerhalb des Dancefloor Wirkung zeigte. Unabhängige Zellen lösten sich vom Mainstream und entwickelten sich in unvorhersehbare Richtungen, von politischen Rave-Kollektiven wie Exodus bis zu den technologischen Ausbrüchen des Jungle, von den nomadischen Hardcore-Teknivals bis zum heidnischen Electro von Psychedelic Trance. Wenn dies ein neues Establishment war, dann auf alle Fälle ein instabiles, das sich selbst ständig hinterfragte und das seine anarchistische Schärfe niemals völlig verlor – weil es noch immer mit bewußtseinsverändernden, illegalen Drogen verbunden war, die noch nicht in ein legales, formales Korsett gezwängt worden waren.

Auch außerhalb der Grenzen Großbritanniens machte sich der Einfluß von Ecstasy bemerkbar. Seit die Acid-House-Formel 1988 andere Länder erreicht hatte, begann sie dort, landestypische Eigenschaften und kulturelle Einflüsse aufzunehmen. Deutschland, mit seiner reichen Tradition an elektronischer Musik, die sich vom Achtziger-Synthesizerpop der Neuen Deutschen Welle zurückverfolgen ließ zu Kraftwerk, der *Kosmischen Musik* der Siebziger, zu Tangerine Dream und Stockhausen, wurde eine Techno-Hochburg. Mit dem Fall der Mauer 1989 wurde Berlin eine europäische Club-Metropole, und der Soundtrack des Techno vereinte den ehemals kommunistischen Osten und den kapitalistischen Westen bei unglaublichen Partys, für die man leerstehende ehemalige Bunker, Kraftwerke und Fabriken auf ehemaligem DDR-Gebiet besetzte. Holland, Belgien, Frankreich, Spanien, Italien, Japan und Australien – sie alle gaben der Musik neue Formen, während Fernreiseziele wie Thailand oder Goa Techno-Touristenorte wurden. Die Ecstasy-Kultur wurde auch in ihr Ursprungsland, die USA, rückimportiert, aber nicht als Teil der Gay-Szene, die einmal ihre Wiege war; die blieb weiterhin ausgegrenzt im Untergrund. Statt dessen waren es junge, weiße Amerikaner, die einzelne Elemente der südenglischen Mega-Ereignisse von 1989 für sich passend machten, ihre eigenen Raves organisierten und dabei die Hippie-Anleihen von Acid House ohne Ironie für sich entdeckten. Daraus erwuchs ein globales Dance Network, das jede Region einschloß, die den Reichtum der ersten Welt genoß und sich daher eine gewisse Dekadenz leisten konnte. Die Ausprägungen der House-Kultur wiesen aber in jedem Land immer weniger

Ähnlichkeit mit dem britischen Muster auf: neue Mutationen, neue Möglichkeiten.

In Großbritannien hatte die Ecstasy-Kultur den Freizeitmarkt neu gestaltet, und keiner, der mit Jugendentertainment zu tun hatte, konnte es sich leisten, sie zu ignorieren. Die Brauereien und Brennereien – und die Plattenfirmen, die in den autonomen Independent-Labels und den Selfmade-Produzenten mit ihren Heimstudios zunächst sicher eine Bedrohung sahen – hatten dabei auf den ersten Blick am meisten zu verlieren. Wenn eine ganze Generation Alkohol gegen Ecstasy und Pubs gegen Raves eintauschte, wie würden dann die Bilanzen von morgen aussehen? Zu Beginn der Neunziger, als die ökonomische Rezession ihren Höhepunkt erreicht hatte, begannen viele Brauereien zu fürchten, daß diese Veränderung unumkehrbar sein könnte: Sie sahen eine neue Generation von Antialkoholikern, die von Pillen, Pot und Pulver high wurden und sonst nur Lucozade und Evian zu sich nahmen.

„Jugendliche können Ecstasy für zehn oder zwölf Pfund bekommen und erleben damit einen wesentlich besseren Kick als durch Alkohol", meinte 1992 ein besorgter Richard Carr, Vorsitzender von Allied Leisure, der Entertainment-Abteilung des Bier- und Spirituosengiganten Allied-Tetley-Lyons. „Das ist eine große Bedrohung für die Alkoholbranche."[5]

Wie offizielle Statistiken aus dem folgenden Jahr belegen, sank der Alkoholkonsum, während die Zahl der Drogenvergehen wuchs. Für einen Industriezweig mit einem Umsatz von 25 Milliarden Pfund waren das schlechte Nachrichten. Missionierende E-Heads sahen mit Verachtung auf die „Biermonster" herab, betrachteten sie als schwerfällig, ungeschickt, nicht erleuchtet, potentiell gewalttätig, leicht bereit, betrunken in den Clubs Frauen zu belästigen, und sahen den traditionellen Pub als verdummend und langweilig an. Eine Generation, die den Alkoholrausch als unmodern ansah, zitierte liebend gern die Tatsache, daß weniger als 100 Menschen in einem Jahrzehnt an den Folgen von Ecstasy gestorben waren, während Alkohol in einem Jahr allein fast 30.000 Todesopfer forderte. Das machte einigen Bierproduzenten Höllenangst. Frazer Thompson, der Entwicklungsstratege der Whitbread-Brauerei, stellte fest: „Die Jugend scheint heute weniger

Lust zu haben, vier Stunden lang Bier zu trinken. Diese Kultur zieht kurze, schnelle Kicks vor."[6]

Die Brauereien waren jedoch nicht bereit, stillschweigend zuzusehen, wie ihnen die Kunden davonliefen, als die Clubkultur den Charakter des Jugendmarkts veränderte. Die Strategen ließen ihre Phantasie spielen und entwickelten eine Reihe neuer Initiativen, um die elementar wichtige Gruppe der 18- bis 24jährigen zurückzugewinnen – von „Style Bars", die auf die Clubber ausgerichtet waren, wo House Music lief und angesagte Importbiere verkauft wurden, bis zum Sponsoring von Dance-Events und der Produktion stärkerer Lagerbiere, die diesen „kurzen, schnellen Kick" liefern konnten. Carlsberg-Tetley setzte sich wegen Cannabis-Cafés nach Amsterdamer Muster sogar mit Drogenberatungsstellen in Verbindung, für den Fall, daß die Drogengesetze einmal geändert werden sollten.

Drei Jahre nach den ersten Befürchtungen über eine Hinwendung der Jugend zur Abstinenz brachte Bass die „alkoholische Limonade" Hooch heraus, den künftigen Marktführer im Bereich der lukrativen neuen „Alco-pops" – süße, kohlensäurehaltige Limonaden mit hohem Alkoholgehalt, die auf diejenigen abzielten, die noch keinen Geschmack an Bier oder Hochprozentigem gefunden hatten. Die Verpackung für einige der etwa dreißig erhältlichen Marken (die von einer ganzen Reihe verschiedener Firmen vertrieben wurden) war schamlos auf die Dance-Szene ausgerichtet: Eines hieß „Ravers", ein weiteres, das alkoholversetzte Wasser DNA, hatte ein Etikett, das im Dunkeln leuchtete, was, wie die Hersteller erklärten, dazu dienen sollte, „den Spaßfaktor in den Nightclubs zu erhöhen".

Es schien, daß einige Strategen sich gut mit der Ecstasy-Kultur auseinandergesetzt hatten und jetzt begannen, bestimmte Produkte als *Drogen* anzubieten: als mächtige, sofort wirkende Stimulanzien, als purer hedonistischer Kick. Und kaum waren die Flitterwochen vorüber, wandten sich viele Ecstasy-Konsumenten wieder einer erprobten, vertrauten und legalen Droge zu – Alkohol. Die Brauereien hatten diese Generation doch nicht verloren. Der Unterschied bestand lediglich darin, daß viele Clubber Bier und Hochprozentiges jetzt ähnlich betrachteten wie Ecstasy oder Cannabis, als eine weitere Option im reichhaltigen Drogenangebot, als einen Kick unter vielen. Und die besonders cleveren Strategen der Alkoholbranche erkannten das auch.

„Alkohol wird jetzt als Teil eines Katalogs verschiedener Dinge gesehen, die man nutzen kann, nicht mehr als der einzige Weg, um sich anzutörnen", erklärte Frazer Thompson von Whitbread. „Vor fünf Jahren gab es weniger Alternativen, um high zu werden und drauf zu kommen. Die Herausforderung für die Industrie besteht nun darin, Alkohol zu einem Teil dieser Möglichkeiten zu machen."

Neben Kaffee, Tee und Zigaretten ist Alkohol die Lieblingsdroge der Briten. Die Alkoholindustrie gehört zu den mächtigsten Wirtschaftszweigen und hat daher eine entsprechend große Lobby in der Politik. Von Radikalen aus der Dance-Gemeinde wurde ihr deshalb häufig vorgeworfen, sie arbeite Hand in Hand mit der konservativen Regierung, und einige der wichtigsten Industriebosse zahlten in die Parteikasse ein, um dafür zu sorgen, daß die eigenen legalen Rauschmittel den Sieg über die Dance-Drogen davontrügen. Immer wieder tauchen Verschwörungstheorien auf, nach denen die Brauereien gegenüber den Konservativen ihre finanziellen Muskeln spielen ließen, um die Anti-Rave-Gesetze durchzubringen. Glenn Jenkins vom Lutoner Exodus Sound System glaubt, daß direkte Einflußnahme der Alkoholindustrie dazu führte, daß ungenehmigte Raves 1990 mit dem Graham Brights Entertainments (Increased Penalties) Act verboten wurden und daß versucht wurde, die Kunden weg von den alkoholfreien Events und zurück zum lizenzierten Alkoholkonsum zu treiben. Auch in Zusammenhang mit Ecstasy stehende Todesfälle aufgrund von Hitzschlag seien eine logische Folge dieser Gesetzgebung, da Raver wieder zurück in die überheizten Clubs gedrängt würden. „Tod durch Austrocknung ist ein britisches Phänomen, weil in Großbritannien der Entertainments Act verabschiedet wurde", meint er. „Wer brachte den Rausch auf die Tanzfläche? Waren es die Es oder waren es die Brauereien?"

1995 erhöhte die Regierung entgegen medizinischen Ratschlägen die empfohlene Höchstgrenze für den wöchentlichen Alkoholkonsum und wurde daraufhin von der medizinischen Fachberaterin der Weltgesundheitsorganisation WHO beschuldigt, „Handlanger der Getränkeindustrie zu sein".[7] Ein Jahr später kündigte das Innenministerium Maßnahmen an, nach denen Dance-Clubs, in denen es Drogen gab, geschlossen werden konnten. Die legale Droge forderte jährlich Zehntausende von Opfern; die illegale Droge hatte noch nicht einmal hundert auf dem Gewissen (obwohl auch die Zahl derer, die sie nahmen, insgesamt weitaus geringer war). Aber ließ dieser deutlich erkennbare Widerspruch auf eine zielgerichtete Kampagne schließen, die das gegenkulturelle Magazin *Squall* einen „Krieg um den Markt der Freizeitdrogen" nannte?[8]

Der letzte Bereich der Freizeitindustrie, der das finanzielle Potential der Clubkultur entdeckte, war der Buchhandel. Im Laufe der Neunziger begannen Ecstasy-Traktate den Markt zu überschwemmen: von trivialen Drogenstories und DJ-Porträts bis hin zu selbstverlegten, unabhängigen Arbeiten, die schnell und billig produziert wurden und an die Do-it-yourself-Weißpressungen der Wohnzimmer-House-Tüftler erinnerten.

Der meistgefeierte Indie-Schreiber war eher ein Antiheld. Anfang der Siebziger hatte Nicholas Saunders mit *Alternative London* einen Reiseführer verfaßt, der sich mit dem „anderen" London beschäftigte. Er war mittlerweile ein ernsthafter Herr mit zurückgehendem Haarwuchs, der auf die Sechzig zuging und wohl kaum ein typischer House-Head. Wie ein Beobachter meinte, wirkte er eher wie ein „moderner Pfarrer auf E, Marke typisch englischer harmloser Exzentriker".[9] Saunders hatte sich in den Achtzigern in MDMA verliebt und war betrübt, als dieser Stoff, den er als Balsam für die Seele ansah, von der Presse derart verteufelt wurde. Im August 1992 organisierte er unter dem Motto „Die positiven Eigenschaften von MDMA" ein Treffen im Londoner Covent Garden und begann wie besessen jede noch so kleine medizinische und wissenschaftliche Information zu sammeln, die er finden konnte, um die Ergebnisse später selbst mit einem einfachen Desktop-Programm zusammenzustellen und in Buchform herauszugeben.

Die 20.000 Stück, die insgesamt von *E For Ecstasy* und dem Nachfolgewerk *Ecstasy And The Dance Culture* gedruckt wurden, waren schnell verkauft und wurden so zu einer Underground-Erfolgsstory. Aber auch wenn Saunders seine Mission darin sah, über Fehlinformationen aufzuklären und er nebenbei seine eigene Überzeugung verbreitete, daß MDMA im spirituellen wie im therapeutischen Sinne ein Heilmittel sein konnte, war er kein Tim Leary. Wie die amerikanischen Psychonauten, die er bewunderte, bot er keine wilden Slogans, sondern nur Statistiken, Berichte und sanfte Überredungsversuche in zurückhaltendem Ton, nur leicht versetzt mit Enthusiasmus über die Vorteile der Droge.

Saunders empfahl sich als eine Art MDMA-Berater für die Dance-Szene. Er veröffentlichte monatliche Testergebnisse über die chemische Zusammensetzung von Ecstasy-Pillen auf seiner Homepage im World Wide Web, trat mit Forschern weltweit in Kontakt und berichtete über ihre wissenschaftlichen Fortschritte im Internet oder in seinem Magazin *Eternity*. Die Achtung, die viele Clubber diesem unermüdlichen Networker gegenüber verspürten (ein Bewunderer bot sogar an, ihn umsonst mit MDMA zu versorgen), war ein weiteres Indiz dafür, wie groß das Verlangen nach Erkenntnissen über eine Droge war, über die man einerseits schon so gut informiert war, andererseits aber noch so wenig wußte.

Das ungewöhnlichste literarische Phänomen der Ecstasy-Kultur war aber der aus Edinburgh stammende Autor Irvine Welsh. Welsh, der in dem tristen Sozialwohnungsviertel Muirhouse aufgewachsen war, hatte in die Postpunkszene reingeschnuppert und immer mal wieder Heroin genommen. 1993 lieferte er im Alter von 35 Jahren sein Meisterstück ab, *Trainspotting*, eine Erzählung von glühender Brillanz, die sich der blinden Hoffnungen und verrückten Träume einer Gruppe Jugendlicher in Edinburgh annahm: Junkies, AIDS-Kranke, Raver, Schläger, Säufer und Loser. Innerhalb von drei Jahren verkaufte sich das Buch eine halbe millionmal, und die Verfilmung wurde zu einem der größten britischen Kinoerfolge dieses Jahrzehnts.

Trainspotting wurde *der* Kulttext der Neunziger, und das nicht nur aufgrund von Welshs literarischem Talent, sondern auch, weil er eine Saite in jedem zum Klingen brachte, der jemals in die Drogenkultur eingetaucht war.

Als kundiger Erzählalchimist und Meister jener Art des Dialekts und inneren Dialogs, die auch ältere schottische Autoren wie James Kelman auszeichnete, war Welsh mehr als nur ein „Rave-Schriftsteller". Aber seine surreale, oft düstere und gleichzeitig lebensbejahende Prosa zeichnete ein hervorragend beobachtetes Bild dessen, was in den Köpfen der Hedonisten vorging. In den Büchern, die auf *Trainspotting* folgten, untersuchte er die sozialen und emotionalen Muster der Clubszene und wurde damit zu ihrem Idol und zu ihrem Barden. „Eine Pille", so berichtete er über seine eigene Verwandlung, „und nichts war mehr wie zuvor."

Diese zwei Chronisten der Chemical Generation standen stellvertretend für einige der widerstreitenden ideologischen Richtungen, die diese Kultur prägten, seit sich die an Profit und Vergnügen interessierte Texas Group der MDMA-Dealer Anfang der Achtziger von der therapeutisch/spirituell orientierten Boston Group abgespalten hatte. „Handelt es sich hier um eine große, bahnbrechende New-Age-Sache?" fragte Welsh. „Oder ist es bloß eine etwas intelligentere Art, sich zuzuknallen und zu amüsieren?"[10] Die einen, die von der sanften spirituellen Kraft des MDMA predigten, hielten Ecstasy für eine Art Sakrament, das, unter den richtigen Umständen genommen, harmlos war. Sie fanden es schwer verständlich, weshalb Leute sich vier oder fünf Pillen pro Nacht einpfiffen, abgerundet mit ein paar Päckchen Speed, ein paar Schluck Fusel, ein paar Kapseln Amylnitrat und ein paar Linien Kokain. Die anderen, die ihre Drogenerfahrungen auf der Straße gemacht hatten, wehrten sich. Die Mittelklasse wolle wohl behaupten, ihr Drogenkonsum sei kultiviert und höherwertig und die Art, wie sie ihre Ecstasy-Partys feierten, sei von irgendwie größerer Bedeutung als die der schwitzenden Raver, die sich in Clubs „zuknallten".

Wenn Saunders, der mit seinem dritten Buch „den Einsatz psychoaktiver Drogen für spirituelle Zwecke" ausloten wollte, das Anliegen der amerikanischen „Neuroconsciousness"-Bewegung neu vermittelte, dann widmete sich Welsh einer Tradition des proletarischen Hedonismus, den die Ecstasy-Kultur von Northern-Soul-Freaks, geleckten Mods und markenbewußten Fußballfans geerbt hatte, die für Kleidung, Musik, Rauschmittel und wilde Wochenenden gelebt hatten. Seine Figuren waren weder Künstlertypen noch völlig angepaßt. Sie verkörperten die Unstimmigkeiten und Widersprüche zwischen Materialismus und Kollektivismus, zwischen legal und illegal, von denen die Neunziger in vieler Hinsicht geprägt waren. In einem Land, in dem die wirtschaftlichen und sozialen Sicherheiten der Vergangenheit verschwunden waren, wo die Politik versagt hatte und die Kluft zwischen Träumen und Realität immer größer wurde, fragten die Stimmen in Welshs Büchern: Was kann es Besseres geben, als sich schick zu machen und Samstag nacht total auszuflippen? Sie wandten schlicht eine Logik an, die zu ihrem Set und Setting paßte: sich draufbringen, sich in die einzige Welt zurückziehen, die sie noch kontrollieren konnten – ihre eigenen geistigen Landschaften und körperlichen Empfindungen.

Wie eine Figur in seinem vierten Buch, *Ecstasy*, es formulierte: Es war beinahe ihre *Pflicht*, Party zu machen – um zu beweisen, daß sie trotz alledem noch immer *lebendig* waren.

london and manchester

„Wer auch immer House Music und Ecstasy und Amphetamine zusammengebracht hat, er ist ein absolutes Genie, und ich möchte diesem Mann die Hand schütteln."

Anonym, *The Face,* November 1991

„Ich nahm fünfmal soviel wie alle anderen. Weil alle E in Pillenform nahmen, schnupften wir es. Wir wollten mehr experimentieren. Ich war süchtig, ganz klar. Es war die Zauberdroge. Ich nahm soviel wie möglich. Ich fiel in eine Art Koma, mir wurde übel, Paranoia ... Orientierungslosigkeit, Angstzustände, Verwirrung ... das war ein Alarmzeichen. Es steigerte sich derart, daß schließlich alles auseinanderbrach ... es war, als hätte man den höchsten Punkt einer Welle erreicht und würde nun fallen ... Wenn ich noch mal ein halbes Jahr so weitergemacht hätte, glaube ich nicht, daß ich das überlebt hätte. Ich wäre total abgedreht ... durchgedreht. Ecstasy ist wirklich gut, um Blockierungen zu lösen, aber es kann auch zerstörerisch wirken. Es hat in mir viel Selbstvertrauen zerstört, den Respekt vor mir selbst ... Ich habe die Droge mißbraucht, und so mißbrauchte sie schließlich mich."

Gary McClarnan, *Young People Now*, April 1992

In den Neunzigern durchlief der Freizeitkonsum von Drogen einen Demokratisierungsprozeß, der die Entwicklung der Dance-Szene widerspiegelte. Die Statistik des Innenministeriums über die Beschlagnahmung von Drogen hatte in den Jahren vor der Geburt der Acid-House-Szene eine beinahe horizontale Linie gezeichnet. Wie um noch einmal Luft zu holen, zeigte die Kurve dann erst leicht nach unten, um ab 1988 völlig entfesselt nach oben zu schnellen und unbarmherzig zu steigen. In den sieben folgenden Jahren wuchs der Umsatz im Drogenhandel um mehr als 500 Prozent – vor allem die Menge an Ecstasy, Amphetaminen, Cannabis und LSD. Zwar läßt sich ein kausaler Zusammenhang unmöglich herstellen, aber es steht fest, daß in dem Jahr, als die Acid House-Bewegung Ecstasy zu einer Dance-Droge machte, der Drogenkonsum explosionsartig anstieg.

Eine zentrale Dynamik der Ecstasy-Kultur entsteht durch den Versuch, die ursprünglich erlebte Euphorie wiederherzustellen. Das eröffnete neue kreative Möglichkeiten, als Erstkonsumenten entsprechend ihrer persönlichen Wahrnehmung dieser Primärerfahrung bisher unentdeckte Richtungen erkundeten. Der Versuch, das fröhliche High zurückzuholen, die Jagd nach dem Kitzel dieses ersten Kicks, ließ eine Freizeitdrogenkultur entstehen, die an Ausmaßen alles übertraf, was es in Großbritannien in diesem Jahrhundert je zuvor gegeben hatte. Man kann die Bedeutung von Ecstasy für die Einstellung junger Menschen zum Drogenkonsum kaum stark genug betonen. Ecstasy stellte nach der Überzeugung vieler nicht nur eine Alternative zu Alkohol und Tabak dar, sondern darüber hinaus noch eine *harmlosere* Alternative – eine Behauptung, die gern aufgestellt wurde, um Drogenkonsum generell zu rechtfertigen.

Für Tausende von Menschen, die nie zuvor illegale Substanzen genommen hatten, war das harmlose Erscheinungsbild von Ecstasy das Gegenteil all dessen, was man ihnen früher über Drogen erzählt hatte. Es hatte nichts mit Spritzen zu tun, es gab keine düsteren Utensilien oder rituelle Vorbereitung. Diese Pille war buchstäblich leicht zu schlucken, und sie kam unter der Bezeichnung Freizeitvergnügen, nicht als Drogenkult daher, mit eigener Musik, Clubs, Kleiderordnung – viele erlebten damit den euphorischen Höhepunkt ihres Lebens. In den Achtzigern schreckten die Anti-Drogen-Kampagnen der Regierung junge Leute mit Bildern von Abhängigen, die wie pockenübersäte Magersüchtige aussahen. Aber das hatte mit den Erfahrungen, die sie dann mit Ecstasy machten, überhaupt nichts zu tun. Tausende von lächelnden Gesichtern, fröhliches Geplapper, völlig fremde Menschen, die sich umarmten – kein Wunder, daß Ecstasy den jungen Leuten in erster Linie ein überwältigend positives Erlebnis des illegalen Drogenkonsums vermittelte. Gewappnet mit dem Glauben an eine scheinbar unangreifbare Logik und erfüllt von der MDMA-Euphorie, durchschritt die Chemical Generation die Pforten der Wahrnehmung, hinein in eine

Welt, wo Drogen nicht nur akzeptiert, sondern von verzehrender Großartigkeit waren.

1991 setzten in der Dance- und Drogenkultur Veränderungen ein, als die anfängliche Unschuld zu schwinden begann. Das Jahr war von harter Rezession gezeichnet, dem Krieg im Golf und auf dem Balkan und von einer wachsenden wirtschaftlichen Unsicherheit. Genau die richtige Zeit für Flucht und Exzesse. Das spiegelte sich in der Dance-Szene unbewußt wider. Acid House hatte den Hedonismus zum Dogma erhoben. Mittlerweile schienen viele zu glauben, daß sie ein *Anrecht* auf Vergnügen hatten, und als der gesteigerte Ecstasykonsum eine immer geringere Wirkung zeigte und die Musik immer schneller wurde, fingen viele an, nach einem stärkeren Kick zu suchen, der über MDMA *hinausging*. Sie begannen, eine ganze Reihe verschiedener psychoaktiver Substanzen auszuprobieren, sie in jeder möglichen Kombination zu testen – von Alkohol bis zu Amphetaminen, Kokain, LSD, Amylnitrat, Cannabis, Ketamin, „natürliche Wirkstoffe" wie das koffeinverwandte Guarana, das stimulierende Wachstumshormon und Psychedelikum GHB – alles, um den Rausch zu steigern, um noch mehr *drauf zu kommen*.

Zu dieser Zeit war MDMA längst nicht mehr der einzige Motor der Ecstasy-Kultur. Obwohl Amphetamine, LSD und Cannabis immer beliebter gewesen waren als MDMA und es auch blieben, hatten sie nie die vorherrschende Stimmung definiert. Mittlerweile jedoch hatte sich die Szene zu einem Phänomen entwickelt, das Drogenexperten als „Mischdrogenkultur" bezeichnen. Die kalifornischen MDMA-Befürworter waren davon ausgegangen, daß die Droge kein Suchtpotential besaß – aber sie hatten auch nur gelegentlich eine kleine Dosis in kontrollierten, angenehmen Settings mit einer definierten therapeutischen Zielsetzung genommen. Ihr spirituelles „Werkzeug" hatten die Hedonisten nun neu definiert. Aber jagten sie jetzt unrealistischen Erwartungen hinterher?

„Ecstasy ist eine so angenehme Erfahrung, daß man sie wiederholen will. Und zwar so oft wie möglich. Im nachhinein möchte ich sagen, daß ich völlig abhängig wurde. Ich habe in einer Woche einmal 38 Es genommen – ich fing damit schon an, wenn ich aufstand." 1991 war dieser Rockjournalist ein bekanntes Gesicht in der Londoner Balearic Scene geworden; wie zahllose andere dealte er in den Clubs, um seinen eigenen enormen Konsum zu finanzieren. Eines Nachts verkaufte er, ohne es zu wissen, eine Ladung Kapseln, die das Betäubungsmittel Ketamin enthielten, eine „dissoziierende Droge", die Körper und Geist voneinander trennt und daher gern bei Amputationen auf dem Schlachtfeld oder bei tierärztlichen Operationen eingesetzt wurde. In den Nightclubs löste sie manchmal erschreckende Wirkungen aus. „Ich dachte, es sei E", sagt er. „Jemand gab mir einen Beutel mit durchsichtigen Plastikkapseln, die mit einem weißen Pulver gefüllt waren. Ich fragte: ‚Was ist das?' Er sagte: ‚Das ist wie Ecstasy, bloß besser.' Ich fragte: ‚Ist es Ecstasy?' Er sagte: ‚Ich weiß es nicht genau, aber es gibt denselben Kick.' Ich habe in der Nacht die ganze Tüte vertickt – und das löste ein absolutes Scheiß-Chaos aus. Eine Frau lag auf dem Boden und heulte. *Aber viele Leute kamen wieder zu mir!*"

Das ist zwar ein extremes Beispiel, aber dennoch beispielhaft für eine charakteristische Minderheit. Als die 48-Stunden-Partytypen die Spirale immer weiter nach oben trieben, veränderte sich auch der Slang. Man sprach nicht mehr von „getting on one", also „drauf" zu kommen, sondern es hieß „getting off my face", sich „zuknallen". Einige schränkten den Konsum ein oder verließen die Szene völlig, aber der harte Kern war abhängig vom Kick. Diese Leute schmissen immer mehr und mehr Pillen, Speed oder Kokain und merkten bald, daß sie Hilfsmittel brauchten, um aus dem Orbit zurückzukehren und mit dem schmerzlichen Comedown klarzukommen. Einige versuchten es mit Alkohol und Joints, andere mit verschreibungspflichtigen Beruhigungsmitteln wie Temazepam, einige wenige mit Heroin. Sie wurden Experten in der Manipulation ihrer Stimmung, indem sie genau auswählten, was in welcher Situation zu nehmen war, um bestimmte psychopharmazeutische Reaktionen zu erzeugen, und stellten aufwendige Kosten-Nutzen-Rechnungen für jede Substanz auf. Sie hatten sich zu richtigen Drogenkundigen entwickelt.

1991 begriffen langsam auch viele, daß Ecstasy nicht die Wunderpille war, für die man sie zuerst gehalten hatte. Es gab Leute, die nach langen Nächten auf der Tanzfläche im Krankenhaus landeten. Einige starben, und sie starben qualvoll, als Blut aus jeder Körperöffnung quoll. Das waren nur ganz wenige Fälle, aber dennoch wurde das Bild von Ecstasy als einer sicheren Freizeitdroge zum ersten Mal ernsthaft hinterfragt.

Die sporadischen Todesfälle, die sich 1988 und 1989 ereignet hatten, wurden seinerzeit als tragische Unfälle betrachtet und von den Clubgängern, die weiter glauben wollten, daß „ihre" Droge unschuldig war, in der Regel nicht recht ernst genommen. Aber nun schien sich ein gewisses Muster abzuzeichnen. In den Clubs kursierten Gerüchte über Geschwüre im Mund, Blackouts, Verwirrung und Depressionen, anfallartigen Brechreiz, knirschende Gelenke, Bauchschmerzen und seltsame Verdauungsbeschwerden. Man schob die Verantwortung auf die Dealer und Hersteller, denen man vorwarf, die Pillen mit allem möglichen, von Heroin bis Rattengift, zu strecken. Während es unzweifelhaft stimmte, daß Ecstasy verschnitten wurde – wenn auch, wie sich später herausstellte, mit harmlosen Substanzen –, machte sich auch MDA wieder auf dem Markt der Clubszene breit. Es war im Vergleich zum chemisch mit ihm verwandten MDMA knallharter Stoff – Clubgänger nannten es „Smacky", weil sie irrtümlich davon ausgingen, daß die verstärkte Wirkung auf eine Vermischung mit Heroin zurückzuführen war –, und in bestimmten Fällen konnte es den ganzen Körper lahmlegen. Nach dem Auftauchen von MDA-„Snowballs" sah man ganze Reihen von zusammengekauerten Clubbern, die sich völlig verzweifelt an den Wänden festhielten: völlig fertig, *monged out.* „Das E ist nicht mehr so gut wie früher" war die herrschende Meinung überall in den Clubs.

Die erste Journalistin, die den Stimmungswechsel dokumentierte, war Mandi James, die in ihrer Heimatstadt Manchester miterlebt hatte, wie Ecstasy zum Exzeß geworden war und wie sich die Partynächte in schlaflose Psycho-Wochenenden verwandelten, wa s nur auf Mißbrauch gründen konnte. In einem Artikel in *The Face* im November 1991 versuchte sie, das gesamte Wissen über die Gesundheitsrisiken von Ecstasy zusammenzufassen. Viel kam da nicht zusammen. „Nie zuvor sind so viele Leute in Clubs gegangen, und nie zuvor haben so viele Leute Drogen konsumiert, über die wir nur sehr wenig wissen", schrieb sie.[11] Es war das erste Mal, daß ein Jugendmagazin etwas äußerte, was zuvor in Clubkreisen als Ketzerei gegolten hatte – daß Ecstasy nämlich gesundheitsschädigend sein könnte. Aber abgesehen von vernünftigen Ratschlägen, beispielsweise nur von verläßlichen Leuten zu kaufen und dafür zu sorgen, daß dem Körper die Flüssigkeit, die er beim Schwitzen in den heißen Clubs verlor, wieder zugeführt wurde, konnte James nur mahnen: *macht langsamer.*

Im Jahr zuvor hatte die Drogenberatung Lifeline in Manchester die erste Ausgabe ihres Drogen-Aufklärungscomics *E by Gum!* veröffentlicht. Dessen Held Peanut Pete, ein glupschäugiger, ständig voll abgedrehter Scally, nuckelte an einem Dauer-Joint und gab gleichzeitig ohne Umschweife Infos über Drogen. Lifeline verband aktuelle Erkenntnisse über Drogen mit einer knallhart realistischen Darstellung, die keine Spur einer romantischen Verklärung von „Gegenkultur" oder „Bewußtseinserweiterung" zeigte. Binnen weniger Jahre gehörte diese Organisation genauso zur Clubkultur wie die DJs, und die Selbsterhaltungsrituale, die sie durch die Dance-Medien verbreiten ließ, trugen zweifellos dazu bei, Leben zu retten.

Die Idee zu *E by Gum!* war bei *Smack In The Eye* entlehnt worden, einem Comic für Heroin-User, das Lifeline 1987 herausgebracht hatte. Der Strip war im Stil der Underground-Comics mit den *Furry Freak Brothers* gestaltet und bediente sich des schwarzen Humors und des Straßenjargons der User, um ihnen Informationen zu vermitteln, ohne predigend zu wirken. Zu der Zeit war die Eindeutigkeit, mit der Lifeline das Thema anging, ein radikaler Schritt. „Wir wurden zweimal vom Leiter der Anklagebehörde vorgeladen, und verschiedene andere Drogenberatungsstellen schrieben ans Gesundheitsministerium, um zu erreichen, daß uns die Gelder gesperrt würden", erinnert sich der Designer der Comics, Mike Linnell. „Wir hatten erwartet, daß die Medien uns unter Beschuß nehmen würden, aber es waren die Profis, die uns kritisierten." Die Philosophie von Lifeline basierte auf „Schadensbegrenzung": Sie akzeptierten, daß Leute Drogen nahmen, ganz egal, was man ihnen erzählte, und die einzige vernünftige Reaktion darauf sei, die Risiken so gering wie möglich zu halten. Das bedeutete zu Anfang, Nadeln auszugeben und Methadon-Programme zu organisieren, um die Verbreitung von AIDS unter den Heroinsüchtigen zu verringern.

Als die ersten Berichte über Acid House zu den Drogenberatungsstellen durchgedrungen waren, hatte man zunächst nicht gewußt, wie man reagieren sollte. In den Achtzigern war das Schlüsselthema Heroinsucht und HIV gewesen, und Ecstasy war eine von Grund auf andere Droge, als die, die man kannte, noch dazu konsumiert von einer

Bevölkerungsgruppe, mit der man bisher nie zu tun gehabt hatte. Die erste Reaktion, wenn es überhaupt eine gab, war in der Regel, dieses Phänomen unter dem Gesichtspunkt des HIV-Risikos zu betrachten, Kondome auszugeben und den Leuten zu raten, an Safer Sex zu denken. Ecstasy, so hatte man gehört, war ja eine Liebesdroge. Da man sich immer noch auf die Betäubungsmittelabhängigkeit konzentrierte, konnte man sonst nur noch Rechtsberatung anbieten und darauf hinweisen, daß Ecstasy auf der Liste der harten Drogen stand und der Besitz mit Gefängnis bestraft werden konnte. Jetzt aber begannen Lifeline und andere, auch bei Ecstasy-Usern an Schadensbegrenzung zu denken, doch trotz des großen Erfolges hatte *E by Gum!* kaum etwas über die Droge an sich zu sagen. „Zu den interessantesten Dingen über Ecstasy gehört", hieß es im Text, „wie wenig wir darüber wissen."[12]

Als die Szene sich 1988 und 1989 erstmals richtig ausbreitete, waren die Moralhüter wegen MDMA in Panik geraten. Aber seither schienen die Zeitungen Ecstasy und die ganze dazugehörige Kultur vergessen zu haben. Vielleicht glaubten sie auch, die Szene hätte ihre Power verloren, als die Raves nach Verabschiedung des Entertainments (Increased Penalties) Act wieder in legale Veranstaltungsorte gesperrt wurden. Im Juni 1991 hatte das in Millionenauflage erscheinende rechtsgerichtete Massenblatt *The Sun* sogar behauptet, daß „Raves absolut in" seien und eine vierseitige Beilage über die „heißesten Dance-Trends" produziert, in der es auf der Höhe der Hardcore-Mania hieß: „Vergessen Sie das Schreckgespenst von Acid House. Beim Raven geht es einfach nur um guten, sauberen Spaß ... Jede Art von Drogen wird hier als äußerst uncool betrachtet."[13]

Die ersten Flugblätter, die um Schadensbegrenzung bemüht waren und die in dem Artikel von Mandi James zusammengefaßt wurden, weckten eine neue Panik und lösten eine Flut von Schauergeschichten in den Boulevardzeitungen aus, wobei sich die Verunglimpfungen und Beschimpfungen sowohl gegen Ecstasy-User wie auch gegen die Drogenberater wandten. Die Jugend der Nation befände sich, wie es in einer Schlagzeile hieß, „im Würgegriff von Ecstasy". Alte gerichtsmedizinische Berichte wurden ausgegraben und die Lebensgeschichten von Ecstasy-Opfern erzählt, während die Drogenberatungsstellen dafür angeprangert wurden, „den Kids zu sagen, daß es okay ist, die Killerdroge zu nehmen".[14] Schließlich kam diese Angelegenheit im Parlament zur Sprache. Der konservative Abgeordnete Gerald Howarth verlangte vom Innenministerium, die Unterstützung für die Organisation Release zu streichen, von der ebenfalls ein Flugblatt stammte – „so lange, bis die Berater den jungen Leuten eine klare Botschaft übermitteln: nein, nein, nein".[15]

Die Besorgnis steigerte sich im Sommer 1992 noch, als John Henry, ein Mediziner der National Poisons Unit zwei Aufsätze in medizinischen Fachzeitschriften veröffentlichte, von denen einer den sensationslüsternen Titel *Ecstasy And The Dance Of Death*, „Ecstasy und der Tanz des Todes", trug. Henry und seine Kollegen hatten verstärkt mit Untersuchungen auf diesem Feld begonnen, nachdem es 1991 bei der National Poisons Unit zu einem „auffälligen Anstieg" von Anfragen über diese Droge gekommen war.[16] Seine Analyse von sieben MDMA-Todesfällen rüstete die Boulevardpresse mit einer Fülle von toxischen Reaktionen auf die Droge: extrem hohe Körpertemperatur, Krämpfe, Blutgerinnungsstörungen, Muskelzersetzung, Nierenversagen, Leberschäden, Gelbsucht. „Ecstasy wird irrtümlicherweise weitgehend als ungefährlich betrachtet", schrieb er und fuhr mit der Warnung fort, daß die Todesfälle, ganz gleich, wie gering ihre Zahl auch war, auf eine weitaus größere Katastrophe in der Zukunft hindeuten könnten.[17] „Es ist tragisch, daß diese Menschen gestorben sind, aber das zentrale Problem sind die möglicherweise auftretenden Langzeitschäden. Hier findet momentan ein riesiges Experiment statt, und die kompletten Ergebnisse werden wir erst in den nächsten Jahren erfahren."

Henrys Theorie, die sofort allgemein – von einer kleinen Minderheit ausgenommen – akzeptiert wurde, lautete wie folgt: Menschen, die eine ganze Nacht lang in heißen, überfüllten Räumen tanzen und dabei Körperflüssigkeit ausschwitzen, ohne sie gleich wieder zu ersetzen, riskieren Überhitzung und Tod; die Symptome eines Hitzschlags. Henry, der so ganz das Bild eines strengen Onkels im grauen Anzug abgab, formulierte eine Parole, die er in den kommenden Jahren stets aufs neue wiederholte: „Die Einnahme von Ecstasy ist wie russisches Roulette."[18] „Hat der Alptraum jetzt doch begonnen?" fragte sogar das nun doch besorgte Dance-Magazin *Mixmag*. Aber die Gleichung Ecstasy = Tod war absolut nicht das, was die Clubgänger hören wollten.[19] Diese Botschaft wurde generell als Anti-Drogen-Propaganda abgelehnt: unmöglich, undenkbar, eine neue Verschwörung des Establishments, dessen Drogenpolitik zwischen Heroin und MDMA keinen Unterschied machte, das aber Alkohol und Nikotin guthieß – und dessen Argumentation in „Just say no!“, „Sagt einfach nein!“, gipfelte. Von der Boulevardpresse, die nur mit Lügen und Fehlinformationen handelte, ganz zu schweigen. Ecstasy würde eine Generation von Bekloppten hervorbringen (hatten sie das in den Sechzigern nicht auch schon von LSD gesagt? Sie sollten mal selber was probieren, das würde sie relaxen, hieß es oft. Dann würden sie kapieren, worum es ging.

Ganz gleich, welches Ziel er verfolgte – John Henry bot die erste zusammenhängende Erklärung für die Ecstasy-Todesfälle. Endlich gab es ein richtiges medizinisches Syndrom – Überhitzung –, und die Clubgänger konnten sich mit dem Gedanken beruhigen, daß man die Risiken vermeiden konnte, indem man nicht übertrieb. In Zusammenarbeit mit der Poisons Unit hatten die Drogenberatungsstellen bereits begonnen, ein paar Richtlinien aufzustellen, mit denen das Risiko der Austrocknung so klein wie möglich gehalten werden sollte, darunter der Rat, „jede Stunde etwa einen halben Liter Wasser zu trinken“. Cool bleiben, sich nicht überanstrengen, und dann geht's dir gut – so lautete die Botschaft.

Die Beratungsstellen wandten sich nun, bewaffnet mit der ersten richtigen Information über den Ecstasykonsum in Großbritannien, direkt an die Clubs. In Leeds hatten die Behörden bereits besondere Auflagen gemacht, zu denen auch das kostenlose Bereitstellen von Leitungswasser gehörte, und Lifeline begann im Januar 1993, unterstützt durch die Stadtverwaltung von Manchester, mit seiner Safer-Dancing-Kampagne. Zu den vorgeschlagenen Schutzmaßnahmen gehörten die Überwachung von Temperatur und Belüftung der Räume, Chill-out-Möglichkeiten, frei zugängliche Kaltwasserhähne sowie die Versorgung mit Informationen über Drogengefahren. Für Clubber, die an Räumlichkeiten gewöhnt waren, die übervölkerten Gewächshäusern ähnelten und in denen man sich nur mit teurem Mineralwasser Erleichterung verschaffen konnte, waren diese Richtlinien ein längst überfälliger Sieg des gesunden Menschenverstands. Endlich, und hier waren Beratungsstellen und Clubgänger einer Meinung, hatte man etwas erreicht: eine Umgebung für den Ecstasykonsum, die mehr Sicherheit versprach. Und nachdem diese Botschaft angekommen war, verlagerte sich die Sorge auf die Droge selbst.

Im Oktober 1993 brachte *Time Out* einen Bericht, in dem die größte Sorge dieses Jahres zum Ausdruck kam – daß es sich nämlich bei dem, was als Ecstasy verkauft wurde, kaum jemals wirklich um MDMA handelte. „Viele tausend Leben stehen auf dem Spiel, weil London mit gepanschten Ecstasy-Pillen überschwemmt wird", warnte das Magazin.[20] Zu dieser Zeit gab es auf dem Markt ebensoviel MDA und MDEA wie MDMA. Man machte sich Gedanken darüber, ob die eine Droge gefährlicher sei als die andere, aber generell konzentrierte sich die Besorgnis auf „schlechten Stoff". „Bei den Drogenberatungsstellen glaubt man, daß der Verschnitt mit Heroin, LSD oder sogar gemahlenem Glas und Rattengift die Gelegenheitskonsumenten letzten Endes dazu bringen wird, sich wegen der grauenhaften Nebenwirkungen von der Droge fernzuhalten", meinte *Time Out.*[21] Die Geschichte von dem gemahlenen Glas basierte auf einer unglaubwürdigen Anekdote, wie sich herausstellen sollte, und die Information über Heroin war nur zur Hälfte korrekt: Man hatte noch nie Heroin in Tabletten gefunden, die MDMA enthielten. Es war allerdings in einer Handvoll Pillen nachgewiesen worden, die Ecstasy simulieren sollten und außerdem andere Substanzen wie zum Beispiel Ephedrin enthielten. Der Artikel paßte zu der Clubland-Paranoia dieser Zeit und bestätigte die unter Ecstasy-Konsumenten als richtig angesehene Überzeugung: daß die gepanschten Pillen, nicht aber MDMA selbst, eine Gefahr darstellten.

Im folgenden Jahr zogen drei Todesfälle im Hangar-13-Club im schottischen Ayr diesen Glauben in Zweifel. Es waren die ersten Ecstasy-Opfer in Schottland, und sie lösten sowohl bei Clubgängern als auch in den Beratungsstellen panische Spekulationen aus. Eine schlecht produzierte Ladung Ecstasy, mit Ketamin und verschiedenen Schadstoffen versetzt, der Konsum von GHB, die Vermutung, daß es sich bei MDA um eine Art „Killer-Ecstasy" handele – all das wurde als möglicher Grund genannt. Einige sensationslüsterne Berichte machten die „machomäßige" schottische Rave-Szene verantwortlich und stellten den Club als eine Art Disco-Todeslager dar, wo junge Angeber mit nackter Brust eine Handvoll E auf eine kräftige Dosis Speed nahmen, dazu noch Temazepam-„Jellies", ein paar Pullen eines billigen, stark alkoholhaltigen Gesöffs hinterherkippten und sich so zu brutaler Techno-Mucke an den Rand des großen Vergessens beamten. Man weigerte sich kollektiv zu glauben, daß Ecstasy, die Zauberdroge, das unschuldige Entaktogen der kalifornischen Acid-House-Liebessommer, an diesen Todesfällen schuld sein konnte. Und doch erwies es sich bei der anschließenden Untersuchung der Todesursache, daß alle drei der jungen Toten MDMA genommen hatten.

In Wahrheit war das mittlerweile zusammengetragene Wissen über Ecstasy kaum mehr als eine Collage von unbewiesenen Vermutungen, Vorurteilen, Finanzinteressen und Falschinformationen, die häufig noch durch Journalisten verstärkt wurden, die Fehler und starke Vereinfachungen aus Artikeln von Kollegen übernahmen. Die kniffligen Nuancen und Grauzonen einer wissenschaftlichen Debatte boten wenig Stoff für eindeutige und aufregende Schlagzeilen, wie ein britischer Arzt betonte: „Die meisten Leute wollen eine Antwort. Ich habe mit vielen Medienvertretern gesprochen, und sie wollen alle wissen, ist es gefährlich oder nicht? Ist es weniger gefährlich als Alkohol, oder ist Alkohol gefährlicher? Ist es gefährlicher als Tabak? Und das sind Fragen, die wir schlicht nicht beantworten können. Wissenschaft ist nun mal nicht schwarz oder weiß."

Konnte Ecstasy wirklich tödlich sein, oder war Überhitzung schuld? Konnte es unheilbare Hirnschäden verursachen? Man wurde sich nicht einmal darüber einig, wie viele Menschen an Ecstasykonsum gestorben waren. Einige, die sich auf Pressemeldungen und Berichte von Gerichtsmedizinern beriefen, meinten, es seien etwa sechzig in zehn Jahren gewesen, und wenn man davon ausging, daß eine halbe Million Pillen pro Woche konsumiert würden, läge das Todesrisiko bei eins zu mehreren Millionen. Andere, wie John Henry, bestanden darauf, daß es fast fünfzig Todesfälle *pro Jahr* waren, von denen viele nicht gemeldet wurden. Andere bezweifelten die Menge von Es, die insgesamt konsumiert wurden; es seien weniger, sagten sie, oder mehr. Und was war mit den Leuten, die körperliche Schäden davongetragen hatten, aber nicht gestorben waren? Wie waren sie in diese Rechnung einzubeziehen? Niemand wußte das wirklich zu sagen.

In der Frage, warum es nach dem Genuß von MDMA zu Todesfällen kam, fand man eher einen Konsens. Bei den Ecstasy-Toten in Großbritannien hatten die meisten hitzschlagähnliche Symptome gezeigt: Anfälle, Bewußtlosigkeit, unnatürlich hohe Körpertemperatur, Zersetzung von Muskelfasern, manchmal auch Leberschäden und Nierenversagen, außerdem die sogenannte „disseminitierte intravasale Gerinnung"; hierbei verliert das Blut die Gerinnungsfähigkeit, und es kommt zu unkontrollierbaren inneren Blutungen, wobei Blut in den ganzen Körper gelangt und aus jeder Öffnung austritt, auch aus den Augen – ein Zusammenbruch des gesamten Organismus. Die zweite Erklärung ging von einer Überempfindlichkeitsreaktion aus – davon, daß einige Leute mit erhöhter Heftigkeit auf die Droge reagierten: Eine Menge, die für andere normal sei, könnte für sie bereits eine Überdosis bedeuten. Als dritte, weitere Erklärung wurde eine Wasservergiftung oder „Verdünnungshyponatriämie" genannt, nachdem bekannt wurde, daß drei Ecstasy-Opfer so große Mengen Flüssigkeit zu sich genommen hatten, daß eine Verdünnung des Blutes sowie ein Anschwellen des Gehirns schließlich zum Tod geführt hatten. Die Drogenberatungsstellen sahen sich durch diese Hypothese veranlaßt, ihren Ratschlag, einen halben Liter Wasser in der Stunde zu trinken, noch einmal zu überdenken. Offenbar hatten einige Clubber, wie der 20jährige Andrew Naylor aus Derby, der vor seinem Tod 13 Liter Wasser getrunken hatte, das ein wenig zu wörtlich genommen. „Wasser ist ein Gegenmittel gegen Überhitzung, aber nicht gegen Ecstasy", lautete der neue Slogan von Lifeline.

Den Märchen zum Trotz, die man sich im Clubland erzählte, gab es keinen Beweis dafür, daß jemand an gepanschtem Ecstasy gestorben war. Zwar waren Mitte der Neunziger nur etwa 40 Prozent der auf dem Markt erhältlichen Pillen tatsächlich MDMA (der Rest bestand zum großen Teil aus MDA und MDEA, hinzu kamen noch ein paar Imitate aus Ketamin/Ephedrin/Amphetamin), aber es hatte keine toxikologischen Katastrophen gegeben, wie das forensische Labor der Polizei in Aldermaston bestätigte. Dennoch wurden weiterhin Begriffe wie „Verunreinigung" und „Verschnitt" gehandelt, sowohl unter Clubgängern, die glaubten, daß „richtiges E" nicht tödlich sein konnte, wie auch unter Anti-Drogen-Kämpfern, die glaubten, daß solche Schauergeschichten die jungen Leute davon abhalten würden, Ecstasy zu nehmen.

Aber wenn schon niemand wußte, welche körperlichen Folgen Ecstasy mit sich brachte, wie konnte man dann abschätzen, wie es sich auf den Geist auswirkte? Immerhin handelte es sich hier um einen Wirkstoff, der sich besonderer Beliebtheit bei Therapeuten erfreute, weil er seelische Blockierungen auflöste. Was würde passieren, wenn so viele Menschen über einen langen Zeitraum große Mengen davon nähmen – würden die Hemmschwellen dauerhaft sinken? Jede neue Generation von E-Heads erzählte sich eigene Geschichten von geistigem Abbau, von Ecstasy-Opfern, die „abgestürzt" waren, Nervenzusammenbrüche erlitten, in die Psychiatrie gekommen waren, sogar Selbstmord begangen hatten. Waren das nur Leute, die sowieso schon halb verrückt gewesen waren und die durch die langen schlaflosen Wochenenden den letzten Schubs bekommen hatten? War die Droge an sich schuld? Oder war sie nur eine Möglichkeit, das Unerklärliche wegzuerklären?

1991 erschienen die ersten Berichte über paranoide Psychosen und Depressionen in medizinischen Fachzeitschriften in Großbritannien. Darin ging es um eine Handvoll individueller Fälle, hauptsächlich Personen, die bereits psychotisch waren und zu Exzessen neigten. Aber auch die Drogenberatungsstellen bekamen nun erste Anrufe von Clubbern, die über Stimmungsschwankungen und seltsame seelische Zustände sprachen. Dr. Karl Jansen vom Londoner Maudsley Hospital, ein Spezialist für drogenbedingte psychiatrische Probleme, meinte, daß „jeder, der sehr viel E nimmt, aufgrund der Eigenschaften dieser Droge Löcher in die Mauer zwischen Bewußtsein und Unterbewußtsein schlägt. Wenn man eine Droge nimmt, die Emotionen freisetzt, und wenn man das öfter tut, dann führt man damit zwangsläufig einige seelische Veränderungen herbei." Und dennoch, setzte er relativierend hinzu, waren die psychiatrischen Kliniken nicht voller Ecstasy-Opfer. Sehen Sie selbst auf den Stationen nach, lud er ein. „Verglichen mit den vielen Menschen, die unter alkoholbedingten Halluzinationen leiden, die aufgrund des Delirium tremens psychotisch und in betrunkenem Zustand selbstmordgefährdet sind, ist das kein großes Problem. Verglichen mit den Auswirkungen, die Alkohol auf die geistige Gesundheit hat, ist dies gar nichts."

Eine große Lücke klaffte zwischen der hoffnungslos grauen Stimmung des Comedowns während der Arbeitswoche, dem Ecstasy-Kater, mit dem die meisten Clubber umzugehen gelernt hatten, und Dr. John Henrys düsterer Vorhersage, daß durch Ecstasy eine Generation Manisch-Depressiver heranwachsen würde. Auch hier war es schwer, harte Fakten zu bekommen.

Selbst in Amerika, wo weiterhin ernsthafte Forschung – wenn auch in kleinem Rahmen – bezüglich der Auswirkung von Ecstasy betrieben wurde, gab es mehr Fragen als Antworten, und je mehr Ergebnisse veröffentlicht wurden, desto verwirrender wirkte das Gesamtbild. Als Ecstasy 1985 in den USA verboten wurde, hatte man als Grund angegeben, es sei wissenschaftlich erwiesen, daß es Hirnschäden beim Menschen hervorrufen könne. Diese Beweise waren durch Tierversuche zusammengetragen worden, und einer der daran beteiligten Neurologen, Dr. George Ricaurte aus Baltimore, hatte sich seitdem der Mission verschrieben, diesen Fall abzuschließen. Er fand in den zehn Jahren nach dem Verbot heraus, daß sich bei einigen Tieren der Spiegel des Serotonin – ein Neurotransmitter im Gehirn, der sich auf die Stimmung auswirkt – erst eineinhalb Jahre nach der Verabreichung von MDMA wieder auf die normale Höhe einpegelte. Einige Experten gingen davon aus, daß ein niedriger Serotoninspiegel mit Depressionen, aggressivem Verhalten und Selbstmord in Verbindung stand, aber wie es sich genau verhielt, blieb unklar.

Die Mengen, die Ricaurte seinen Ratten und Affen injizierte, waren um ein Vielfaches höher als die typischen Dosen beim Menschen, und er räumte nicht nur ein, daß „es nicht in unserer Absicht liegt, den menschlichen MDMA-Konsum zu kopieren", sondern auch, daß er bei einer anderen Studie mit menschlichen Langzeitkonsumenten festgestellt hatte, daß feindseliges und impulsives Verhalten eher zurückging als sich steigerte. Wie repräsentativ waren diese Untersuchungen, wurde gefragt. Ricaurte antwortete: „Ich glaube, man muß unbedingt berücksichtigen, daß einzelne Personen vor allem in der typischen Situation bei einem Rave in einem Zeitraum von 24 bis 48 Stunden sechs, acht oder zehn Tabletten nehmen. Daher kopieren die Muster des menschlichen MDMA-Konsums im Rave-Setting seit neuestem die Art der Drogenverabreichung, wie wir sie bei unseren Affen angewendet haben." Und was glaubte Ricaurte damit bewiesen zu haben? „Die Botschaft sollte lauten, daß MDMA neurotoxisches Potential besitzt." Daß Ecstasy bei *einigen* Tieren Gehirnschäden hervorrufen *könnte.* Vielleicht.

Die Diskussion ging weiter: Konnte man die Ergebnisse der Tierversuche auf den Menschen übertragen? Und bedeutete ein Mangel an Serotonin tatsächlich eine „Schädigung des Gehirns"? Ricaurte glaubte, daß es einen Zusammenhang gab (den die britische Presse ständig zitierte und übertrieb), aber er war sich wiederum nicht ganz sicher, worin er bestand: „Es muß nachdrücklich gesagt werden, daß wir die genaue Funktion des Serotonin im menschlichen Gehirn nicht völlig verstehen“, sagte er. Ein anderer amerikanischer Wissenschaftler, Dr. James O'Callaghan von der Umweltschutzbehörde Environmental Protection Agency in New York, beschäftigte sich ebenfalls mit Neurotoxizität, und auch er gab Tieren MDMA. Er stellte bei einigen Arten eine Serotoninarmut fest, bei anderen seltsamerweise aber nicht, und er folgerte, daß ein Mangel an Serotonin wohl unwillkommen sein mag, aber keinesfalls eine Schädigung des Gehirns bedeute.

Der entscheidende Wendepunkt in der amerikanischen MDMA-Forschung kam am 18. Mai 1994, als es Dr. Charles Grob vom Harbor-UCLA Medical Centre in Kalifornien als erstem amerikanischem Arzt gestattet wurde, MDMA seit dem Verbot erstmals wieder legal an Menschen zu verabreichen. Die „Neuroconsciousness“-Bewegung, angeführt von der Multidisciplinary Association For Psychedelic Studies des unermüdlichen Rick Doblin, bekam dadurch neuen Auftrieb und fühlte sich jetzt selbstbewußt genug, um von einer Art weltweiter „psychedelischer Renaissance“ zu sprechen. „Hätte man eine solche Art von Forschung wieder zugelassen, wenn die Hirnschädigung definitiv bewiesen worden wäre?“ fragten sie. Grobs Testreihen ergaben in erster Linie die Bestätigung zweier Punkte: MDMA verursachte einen geringen Temperaturanstieg im Körperinneren, obwohl seine Patienten bewegungslos in einem Krankenhausbett lagen und nicht bei tropischen Luftverhältnissen auf einer Tanzfläche ihre Hände hochstreckten – was nahezulegen schien, daß die Droge an sich zur Überhitzung beitrug. Und sie führte zu einer milden, aber bleibenden Erhöhung des Blutdrucks, wodurch MDMA für Menschen mit Herzproblemen potentiell gefährlich sein konnte.

Grob untersuchte die Wirkung einer gelegentlichen Einnahme von Ecstasy im therapeutischen Umfeld im Hinblick auf eine mögliche Behandlung unheilbarer Krebspatienten, nicht im Hinblick auf den Konsum in verschwitzten Nightclubs. „Wir stehen hier noch ganz am Anfang“, kommentierte er vorsichtig, „weil solche Untersuchungen zuvor nicht erlaubt waren. Für mich gehört es zu den wichtigsten Errungenschaften, daß wir gezeigt haben, daß die Forschung am Menschen möglich ist." Es war ein Anfang, aber nur von begrenzter Bedeutung für die Drogenszene. Es ergaben sich keine Hinweise darauf, was passieren konnte, wenn eine Testperson beispielsweise einen Cocktail aus Ecstasy, Speed, Alkohol und Zigaretten verdauen mußte und dann vier Stunden lang tanzen ging. Über die synergetischen Auswirkungen dieser Art von Mischkonsum, wie er in Großbritannien gang und gäbe war, hatte es tatsächlich überhaupt noch keine wissenschaftlichen Untersuchungen gegeben.

Die amerikanische MDMA-Forschung war durch Widersprüche und Ungewißheiten geprägt. Einig waren sich die Wissenschaftler nur bei Leerformeln wie „ich bin mir nicht sicher", „wir wissen es nicht", „darüber liegen noch nicht genügend Daten vor" und „manchmal haben wir Probleme, erneut dieselben Ergebnisse zu erhalten". Zwischen den Forschern, die verschiedenen ideologischen Strömungen zuzuordnen waren, gab es wenig Übereinstimmung und noch weniger Sympathie. Einige wurden vom National Institute For Drug Abuse finanziert und waren dementsprechend daran interessiert, vom Drogenkonsum abzuschrecken, während andere der „Neuroconsciousness"-Bewegung nahestanden, die dafür kämpfte, MDMA auf Rezept erhältlich zu machen. Das Fehlen konkreter Informationen, das die Reflexion über Ecstasy in Großbritannien prägte, entsprach genau der Situation auf der anderen Seite des Atlantiks.

Niemand konnte exakt auf den Punkt bringen, wie MDMA dieses einzigartige emphatische High verursachte. Man wußte nur, daß es mit der Freisetzung von Neurotransmittern wie Serotonin und Dopamin zusammenhing. Darüber hinaus war auch das Wissen über die Funktion des Gehirns absolut begrenzt. Es gab hitzige Diskussionen über die Wirkungen von MDMA und darüber, ob diese schädlich seien oder nicht. Und niemand konnte wirklich genau sagen, wie und warum MDMA töten konnte. Es stand lediglich fest, daß seit 1988 in Großbritannien eine unbestimmte Zahl von Menschen nach Einnahme der Droge gestorben war, viele davon mit Hitzschlagsymptomen. Und wer die lebhafte Debatte verfolgte, in der Hoffnung, sich eine Sammlung unwiderlegbarer Fakten über Ecstasy anzueignen, der fand schnell heraus, daß es noch sehr wenige Gewißheiten gab.

basildon, essex

„Heute würde ich kein ‚Ecstasy' anrühren, es sei denn, Dr. Alexander Shulgin höchpersönlich würde auftauchen, mit einer Phiole voll kristallinen Pulvers, und sagen: ‚Ich habe gerade eine frische Portion synthetisiert, möchtest du vielleicht mal probieren, mein Junge?'"

Colin Angus von The Shamen, 1995

Als sich 1995 die Wiederentdeckung von MDMA durch Alexander Shulgin zum dreißigsten Mal jährte, gab es keine Feierlichkeiten, aber es war ein entscheidendes Jahr für die Drogenkultur, die in seinem Gartenlabor ihren Anfang genommen hatte. Seit den Sechzigern hatte Shulgin sich bemüht, eine Substanz zu finden, deren magische Wirkung die des Ecstasy übertraf – ohne Erfolg, wie er zugab. Jetzt geriet sein „Penicillin für die Seele" in den Blickpunkt einer unbarmherzigen Öffentlichkeit.

Auf der anderen Seite des Atlantiks, in dem Dorf Latchington in Essex nahe Basildon, krümmte sich in den frühen Morgenstunden des 12. November eine junge Frau über dem Waschbecken des elterlichen Badezimmers zusammen. Ihre Pupillen waren extrem geweitet. In ihren Beinen war kein Gefühl mehr. Ihr Kopf dröhnte vor Schmerz, und ihr Körper wand sich in Krämpfen. Ihr war schlecht, und sie hatte Angst und schrie: „Bitte helft mir!" Dann fiel sie in ein Koma, aus dem sie nie wieder erwachte.

Eine Geschichte wie diese hätte man sogar in einer Fernsehserie als unglaubwürdig abgelehnt. Leah Betts nahm die Ecstasy-Pille, an der sie starb, auf der Feier zu ihrem 18. Geburtstag, auf einer Party, an der ihre Eltern – ihr Vater ein ehemaliger Polizeibeamter, ihre Mutter eine engagierte ehrenamtliche Kämpferin gegen Drogen – teilnahmen. Sie war weiß, aus wohlhabender Familie, ging aufs College, eine English Rose, die nicht im Großstadtdschungel von London oder Manchester oder in den abgerissenen Vororten Schottlands großgeworden war, sondern in einer verschlafenen Ortschaft im Herzen des torydominierten Südosten. Eine Tochter Mittelenglands. Ein Durchschnittskind.

Betts lag eine Woche lang im Koma und gab damit den Boulevardblättern die Möglichkeit, die Saga in fetten Schlagzeilen zu dramatisieren, einen Tag nach dem anderen, während ihre Eltern um die Entscheidung rangen, ob die lebenserhaltenden Apparate abgeschaltet werden sollten oder nicht. Wie Zyniker meinten, war die Geschichte in jedem Detail so perfekt, daß nicht einmal die Redakteure der Massenblätter sie hätten erfinden können, und sie wurde zum Auslöser der längsten und hysterischsten Drogenpanik des Jahrzehnts. Die Boulevardblätter ließen Poster drucken, die das im Koma liegende Mädchen auf ihrem Totenbett zeigten, starteten „Krieg-den-Drogen"-Kampagnen und schalteten Telefonnummern, bei denen Leute anrufen konnten, die „einen Dealer ans Messer liefern" wollten. Viele schickten getarnte Reporter aus, um die „Mörder", die Betts mit der Droge versorgt hatten, zu schnappen, wobei sie zu erwähnen vergaßen, daß es ihre Freundin gewesen war, die ihr die Pille gegeben hatte und daher nach dem Gesetz des Verbrechens schuldig war.

Als Leah Betts am 16. November starb, ließ der Wirbel nicht etwa nach, nein, er steigerte sich noch. Ihre Eltern waren entschlossen, ihren Tod der Öffentlichkeit als Abschreckung gegen Drogen zu präsentieren und erlaubten, daß ein Video von ihrer Beerdigung an Schulen gezeigt und ihr Bild für eine landesweite Posterkampagne benutzt wurde. Die riesigen Plakate boten einen befremdlichen und unbehaglichen Anblick: Eingefaßt in einen schwarzen Trauerrand, wie ein Nachruf auf die Ecstasy-Kultur, prangte dort das Foto des lächelnden Teenagers mit dem schulterlangen, zurückgekämmten Haar über den runden Wangen, dazu in großen Buchstaben ein einziges Wort: „Sorted" – der Szeneausdruck für fertig, erledigt. Unter dem Foto stand die ernste Warnung: „Eine einzige Ecstasy-Pille tötete Leah Betts." Das Plakat hing an 1.500 Reklametafeln in den Städten. Leah Betts war durch ihren Tod zum ersten Pin-up der Ecstasy-Kultur geworden, sie war berühmter, als sie es sich zu Lebzeiten je hätte vorstellen können, ein Symbol nicht etwa der befleckten Unschuld, sondern des Unverständnisses zwischen den Generationen.

Mehr als irgend jemand sonst veränderte Leah Betts das allgemeine Bild vom Drogenkonsumenten. Die Redakteure der Massenblätter, die jahrelang Schlagzeilen wie „Teufelsdroge Ecstasy" recycelt hatten, erkannten das und ließen sich von der Seuche der Gewissensprüfung anstecken. Sie hatten entdeckt, daß es sich bei den Menschen, die Ecstasy nahmen, um ihre Söhne und Töchter handelte. „Für Eltern ist das ein Alptraum", jammerte die *Sunday Times*. „Leah hatte ihrer Mutter und ihrem Vater stets gesagt, daß sie Drogen schrecklich fand. Aber vielleicht sah sie wie so viele Jugendliche Ecstasy gar nicht als Droge an."[22]

Es war, als ob sich ein fremdes Universum auftäte, das irgendwie innerhalb der Gesellschaft existiert hatte, unbekannt und nicht wahrgenommen. Die Medien entdeckten eine Kultur, die zuvor unsichtbar gewesen war, eine Welt, in der Drogen gut, nicht schlecht waren – und normal, keine Abweichung. Man schickte Journalisten in die Nightclubs, und sie kehrten mit schockierenden Berichten zurück: Gebildete Menschen aus der Mittelklasse – Ärzte, Anwälte, Journalisten, Menschen wie sie selbst! – *liebten* Ecstasy. Schon allein der Umfang der Berichterstattung ließ vermuten, daß die Droge einen empfindlichen Punkt in der Psyche der Nation berührt hatte. Schließlich freundeten sich viele Redakteure mit den Maßnahmen zur Schadensbegrenzung an und forderten sogar eine Entkriminalisierung. *The Independent* ging dabei am weitesten mit der Forderung: „Junge Menschen wie Leah Betts müssen beschützt werden. Das kann nur geschehen, indem man sich darüber klar wird, was sie konsumieren, und indem man dessen Qualität kontrolliert. Dazu müßte man es vielleicht zu einer Substanz erklären, deren Gebrauch kritisiert, aber nicht kriminalisiert wird, wie Rauchen oder Parken im Halteverbot."[23] Ein neues Kapitel in der Geschichte moralischer Entrüstung gegenüber der Droge begann, eines aber, das durch schlichten Realismus motiviert war, wie eine Schlagzeile der *Times* deutlich machte: „Ecstasy-Konsumenten sagen: ‚Wir hören wegen der Risiken nicht auf.'"[24]

Das entsprach der Wahrheit und wurde durch die Art bestätigt, wie über die Todesursache von Betts in den Clubs spekuliert wurde. War es schlechter Stoff? Hatte sie nach dem E zuviel Alkohol getrunken? Wie immer weigerten sich viele zu glauben, daß das MDMA schuld gewesen sein könnte. Im Internet schrieb sogar jemand abfällig in einer Mailing List, Betts sei eine „blutige Anfängerin gewesen, die mit Drogen nicht umgehen konnte". Obwohl sich für einige mit Betts' Tod die Zweifel gegen Ecstasy bestätigten, die amerikanische Fachschriften erhoben hatten, bestätigte eine Umfrage unter Clubgängern im *Mixmag* die Beobachtung der *Times*: Es war tragisch, sicher, aber hier handelte es sich um einen unglücklichen Einzelfall, der die wenigsten Leute davon abhalten würde, am nächsten Samstag wieder eine Pille einzuwerfen. „Es gab schon viele Todesfälle", sagte einer. „Man geht trotzdem am nächsten Wochenende abends weg und macht es wieder." „Alkohol zerstört Gehirn und Organe, und trotzdem hört niemand auf zu trinken, weil jemand am Suff stirbt", betonte ein anderer. „Ich kenne die Risiken, und ich bin bereit, sie weiter einzugehen."[25] Die bisher größte Untersuchung über die Gewohnheiten britischer Ecstasy-Konsumenten – sie wurde 1996 gemeinsam von Lifeline und *Mixmag* durchgeführt – zeigte das noch deutlicher: Im Lauf der Neunziger hatten jedes Jahr mehr Leute zum erstenmal Ecstasy probiert, und wenige vermuteten, daß sie in naher Zukunft damit aufhören würden.

Zwar hatte Leah Betts wirklich MDMA genommen, und die gerichtsmedizinische Untersuchung ergab, daß der Tod durch eine „Ecstasy-Vergiftung" eingetreten war, aber Dr. John Henry war der Ansicht, daß sie in Wirklichkeit an einer Wasservergiftung gestorben sei: an Verdünnungshyponatriämie. Betts hatte Panik bekommen, als sie schlecht draufkam und dann so viel Flüssigkeit hinuntergestürzt, daß sie daran starb. Vielleicht beeinträchtigte das Ecstasy auch ihre Nierenfunktion, so daß die Flüssigkeit nicht mehr verarbeitet werden konnte, oder die Droge hatte Zwangshandlungen hervorgerufen. Außerdem wurde bekannt, daß es – entgegen dem engelsgleichen Bild, das die Zeitungen aufgebaut hatten – nicht das erste Mal gewesen war, daß sie Ecstasy genommen hatte. Dieser aufsehenerregende Fall hatte zwar das gesamte medizinische Wissen über MDMA der Öffentlichkeit zugänglich gemacht und damit wissenschaftliche Termini wie „Serotonin" und „Neurotoxizität" auf die Seiten der Jugendmagazine und in das Clubland-Vokabular transportiert, doch die ideologischen Fronten blieben letztendlich bestehen: Die Ecstasy-Befürworter waren nach wie vor überzeugt, daß MDMA Leahs Tod nicht verursacht hatte. Ihre Gegner sahen das anders: Hätte sie es nicht genommen, wäre sie nicht tot.

Die Trennlinie zwischen legalen und illegalen Drogen ist zum großen Teil eine gesellschaftliche Konstruktion, die gleichermaßen auf Tradition, Moral und Kultur gründet wie auf Wissenschaft und Logik. Das erschwert eine rationale Diskussion über Drogenkonsum sehr. Mitte der Neunziger ergab eine Reihe von Umfragen, daß etwa 50 Prozent aller Jugendlichen in Großbritannien bereits illegale Substanzen probiert hatten, und das war ein deutliches Zeichen: Das Verbot hatte versagt. Was bedeutete das für die leeren Phrasen der Regierung, ihren „Krieg gegen die Drogen"? Wenn Ecstasy sich einen festen Platz unter den gängigen Freizeitvergnügungen erobert hatte, wenn entsprechend einer oft zitierten Schätzung eine halbe Million Menschen jede Woche es nahmen, was war dann die britische Jugend? Eine Generation Krimineller, die verhaftet und eingesperrt gehörte? Eine solche Strategie konnte nur zu noch größerer Desillusionierung über das Gesetz und seine Macher führen. Die Politiker aller Richtungen klammerten sich weiter an ihre Phrasen; sie befürchteten, sonst dem zu widersprechen, was sie für den moralischen Konsens hielten. Außerdem hatten sie Angst, daß man ihnen „Nachgiebigkeit gegenüber Drogen" vorwerfen würde. Die Polizei dagegen verfolgte bereits eine wesentlich pragmatischere Linie. Die oberen Dienstgrade wußten, was ging, um es im Clubber-Slang auszudrücken. „Es ist wesentlich wahrscheinlicher, daß man die Drogen das erste Mal von einem Familienmitglied oder einem engen Freund angeboten bekommt als vom klassischen fremden Mann, der auf dem Schulhof wartet", bemerkte Commander John Grieve, der damalige Leiter der Kriminalpolizei in London. „Wenn die Eltern verlangen, daß wir die Dealer festnehmen, dann sprechen sie von ihren eigenen Kindern."[26]

Das unaufhaltsam weiter eskalierende Drogenphänomen riß nicht nur ein enormes Loch in die Kassen der Polizei, viele hochrangige Beamte kamen außerdem allmählich zu der Überzeugung, daß die traditionelle Politik der strengen Gesetzesauslegung nicht nur undurchführbar war, sondern das Problem auch nicht lösen konnte. Verbote förderten und finanzierten die kriminelle Szene, wie die Ecstasy-Kultur erneut bewiesen hatte. Und genauso, wie man jetzt bei kleineren Vergehen wie Ladendiebstahl milder vorging, begann die Polizei, viele Ersttäter beim Besitz kleiner Mengen von Drogen, ob Cannabis, Ecstasy oder Kokain, nur zu verwarnen, statt sie anzuzeigen. Dem rapiden Anstieg der Drogenfunde entsprach die Zunahme bei den Verwarnungen: von zwei auf 50 Prozent oder mehr in einem Jahrzehnt. Zwar betrachtete die Polizei dieses Vorgehen offiziell nicht als „Laufenlassen" oder eine stillschweigende Entkriminalisierung – die Verwarnung wurde in die Akten eingetragen und konnte bei späteren

Verfahren hinzugezogen werden –, aber diese relative Nachgiebigkeit schien doch im Widerspruch zu den Ansichten der Regierung zu stehen. Während Innenminister Michael Howard einen fünffachen Anstieg beim aktenkundigen Besitz von Haschisch bekanntgab und Premierminister John Major damit drohte, den Geheimdienst vom MI5 gegen die Drogenhändler einzusetzen, vermutete Keith Hellawell, der Sprecher der Association of Chief Police Officers (ACPO) in Drogenfragen, daß „die Zahl der Verwarnungen in den kommenden Jahren langsam ansteigen wird". Darüber hinaus betonten ranghohe Polizeibeamte, zwar seien seit 1988 Tausende wegen Ecstasy-Besitzes angeklagt worden, aber sie hätten es niemals auf die Drogenkonsumenten abgesehen gehabt, sondern nur auf die Dealer. „Man sollte die Konsumenten schon ins Visier nehmen", bestätigte Hellawell, „aber nicht unbedingt durch Strafanzeigen."

Aber reichte eine Verwarnung denn aus? Bei einer Konferenz der ACPO über Drogen im Mai 1993 stellte John Grieve fest: „Wir stehen am Scheideweg ... wir müssen mit neuen Vorschlägen kommen. Wir müssen auch bisher Undenkbares in Erwägung ziehen."[27] Der undenkbare Vorschlag, den Grieve hier andeutete, war die Legalisierung illegaler Drogen. Insiderberichten aus Polizeikreisen zufolge befürworteten wahrscheinlich vier oder fünf der zweiundvierzig Polizeipräsidenten eine Art von Entkriminalisierung, ebenso wie andere Gesetzeshüter, beispielsweise Raymond Kendall, der Generalsekretär von Interpol: „Es ist sinnlos und sogar gefährlich, Drogenmißbrauch zum Verbrechen zu erklären. Ich bin absolut gegen die Legalisierung von Drogen, aber für eine Entkriminalisierung der User", erklärte er. „Ich möchte hier eine deutliche Warnung aussprechen und die Politiker darauf hinweisen, daß wir den Kampf für immer verlieren werden, wenn wir so gegen Drogen vorgehen, wie wir es die letzten zwanzig Jahre getan haben. Vielleicht haben wir ihn schon verloren."[28]

Angesichts des politischen Klimas war die Entkriminalisierung laut Hellawell etwas, „das keine Regierung in diesem Land und auf dem Kontinent in diesem Jahrhundert in Erwägung ziehen würde. Es wird einfach nicht dazu kommen." Hellawell – ein offener, pragmatischer Mensch, der keine Angst hatte, auch bei anderen Tabuthemen wie der Legalisierung der Prostitution kontroverse Diskussionen in Gang zu bringen – hakte dennoch in der Drogenfrage nach. Sein silbergrauer

Schnurrbart und sein eigenwilliger Haarschnitt tauchten ständig im Fernsehen und in der Presse auf, und seine wohlüberlegten Statements klangen aus dem Mund eines im Polizeidienst tätigen Beamten irgendwie radikal. Obwohl er daran festhielt, daß dem Gesetz Geltung verschafft werden müsse, äußerte er noch nie Dagewesenes, wenn er einräumte, daß die Leute Drogen nahmen, *weil es ihnen Spaß machte*, oder daß „die Atmosphäre bei Raves so freundlich und angenehm ist, weil die Leute unter dem Einfluß von Ecstasy stehen". Und der Drogenkrieg? „Ich mag den Ausdruck ‚Krieg den Drogen' nicht", meinte er, „weil das im Grunde bedeutet, daß wir gegen uns selbst Krieg führen, daß wir auf unser eigenes Volk losgehen." Hellawell schien damit Fragen zu stellen, die nur von der Regierung beantwortet werden konnten.

Die Regierung sandte bei dem Versuch, mit der Massendrogenkultur und dem Scheitern des gesetzlichen Verbots zurechtzukommen, ebenfalls widersprüchliche Signale aus. Als John Major eine neue politische Initiative ankündigte – *Tackling Drugs Together*, „Das Drogenproblem gemeinsam angehen" –, bezeichnete er sie reißerisch als den Beginn „des größten Krieges, der jemals gegen Drogen geführt wurde". Das fertige Programm, das eine Woche nach dem Tod von Leah Betts und fünf Jahre nach dem Debüt von Peanut Pete vorgestellt wurde, war nicht der angekündigte harte Schlag gegen die Drogen, sondern enthielt auch Elemente von schadensbegrenzenden Maßnahmen und Botschaften. Das Dokument räumte sogar ein, daß es positive Drogenerfahrungen gab. Abschreckungsmanöver waren out. *Tackling Drugs Together* zeigte eine veränderte Haltung, aber es war ein riskanter politischer Balanceakt, indem man einerseits eine liberale Tonart anschlug, die auf die Wichtigkeit von Gesundheit, Erziehung und Bildung hinwies, und andererseits der Öffentlichkeit versicherte, daß der Vollzug der Gesetze weiterhin Priorität besaß.

Einige Monate später versuchten die Politiker im Vorfeld der Parlamentswahl von 1997, sich gegenseitig mit aggressiven Leerformeln über persönliche Moralvorstellungen und einer „harten Hand gegenüber der Kriminalität" zu übertrumpfen. Während John Major ein positives Bild von der britischen Wirtschaft zeichnete und behauptete, er habe einen Wohlstand ermöglicht, aus dem unter anderem auch die lebendige Popkultur des Landes und seine „knackevollen" Clubs entstanden seien, schlug Innenminister Michael Howard wieder härtere Töne an. Er beschwor den Geist eines „intelligenten jungen Mädchens, das noch das ganze Leben vor sich gehabt hätte" (Leah Betts), gleich darauf präsentierte er neue Vorschläge, die es den örtlichen Behörden erlauben sollten, Dance-Clubs sofort zu schließen, sobald die Polizei Beweise hatte, daß es dort ein „ernsthaftes Drogenproblem" gab. Wenn man das wörtlich nahm, traf das auf den Großteil der House- und Technoclubs zu. „Clubs sind ein Magnet für Drogendealer", erklärte Howard. „Manchmal sind sie auch daran beteiligt, die Türsteher, die Manager, sogar die Besitzer. Die Polizei weiß oft, um welche Clubs es sich handelt. Aber sie kann sie nicht schließen, weil sie dazu nicht die Befugnisse hat. Diese Gesetze müssen geändert werden."[29]

Der Ball wurde Barry Legg zugespielt, dem Abgeordneten für Südwest Milton Keynes, der daraufhin einen Antrag einbrachte, die beiden Gesetze London Government Act von 1963 und Local Government (Miscellaneous Provisions) Act von 1982 zu überarbeiten. Legg stellte den Antrag bei einer Pressekonferenz vor, flankiert von Leah Betts' Eltern, und Politiker aller Parteien sagten ihre Unterstützung zu. Es war ein weiterer verzweifelter Versuch, den Konsum von Freizeitdrogen zurückzudrängen – um Jahre zu spät –, und es schien zum erstenmal, daß die Dance-Kultur jetzt von zwei Seiten in die Zange genommen wurde: Die Behörden wollten sie kontrollieren und beschneiden, Geschäftsleute waren begierig, sie keimfrei zu verpacken und massenkompatibel zu machen.

Daher war es doch nicht das Ende des Kriegs gegen die Drogen, aber es zeigte, wie sehr sich die Dinge geändert hatten, seit Ecstasy die Entwicklung der britischen Drogenkultur mit enormer Geschwindigkeit vorantrieb. Politiker, die Polizei, Sozialarbeiter, die Freizeitindustrie – sie alle waren gezwungen worden, ihre Haltung und ihre Taten zu überdenken, als Freizeitdrogen etwas Alltägliches, Gewöhnliches wurden. In nur zehn Jahren hatte Ecstasy, wie es schien, ganze Gebiete der sozialen Landschaft Großbritanniens dauerhaft verwandelt – aber in was genau, das war noch immer unklar.

Die Achtziger lagen nun weit zurück und erschienen im nachhinein fast unschuldig. Den Kindern von Ecstasy, die ihre erste Pille in den Vergnügungstempeln der Neunziger geschluckt hatten, muß der euphorische Pioniergeist von Acid House wie Frühgeschichte vorgekommen sein, und an die Wurzeln in der schwarzen Schwulenszene erinnerte man sich längst nicht mehr. Viele waren 1988 beim Sommer der Liebe erst zehn Jahre alt gewesen. Aber trotz aller Veränderungen waren die alten Unsicherheiten und Widersprüche die gleichen geblieben – zwischen einer angepaßten Kultur und den illegalen Drogen, zwischen den finanzstarken Investoren und den kriminellen Unternehmern, zwischen Phrasen und Realität, zwischen Wissen und Unwissen. Untermauert wurde all das durch die unermüdliche Suche nach Glückseligkeit. Die letzten zehn Jahre waren eine lange, seltsame Reise gewesen, aber in mancher Hinsicht sah es so aus, als finge die Geschichte gerade erst an.

[1] *Mixmag*, 4/95
[2] *The Star*, 4. 11. 1994
[3] *Highflyers*, Booth-Clibborn Editions, London 1995
[4] Nigel Fountain, *Underground*, Routledge, London 1988
[5] *The Independent*, 17. 8. 1992
[6] *The Sunday Times*, 8. 5. 1994
[7] *Squall*, 1996
[8] *Squall*, 1996
[9] *The Face*, 11/95
[10] *i-D*, 6/96
[11] *The Face*, 11/91
[12] *E by Gum!*, Lifeline, Manchester 1990
[13] *The Sun*, 13. 6. 1991
[14] *The Star*, 29. 1. 1992
[15] *Hansard*, 20. 1. 1992
[16] *British Medical Journal*, 4. 7. 1992
[17] *The Lancet*, 15. 8. 1992
[18] *The Star*, 2. 1. 1992
[19] *Mixmag*, 2/93
[20] *Time Out*, 27. 10. 1993
[21] *Time Out*, 27. 10. 1993
[22] *The Sunday Times*, 19. 11. 1995
[23] *The Independent*, 14. 11. 1995
[24] *The Times*, 17. 11. 1995
[25] *Mixmag*, 1/96
[26] *The Independent*, 19. 3. 1994
[27] *The Guardian*, 4. 5. 1993
[28] *Europa Times*, 6/94
[29] Presseerklärung der Conservative Party, 8. 10. 1996

Harry Shapiro

Sky High

Droge und Musik im 20. Jahrhundert

Sie ist eine der bedeutsamsten und faszinierendsten Geschichten moderner Kultur. Die Verbindung zwischen Drogen und Popmusik. Ihre Anfänge reichen fast hundert Jahre zurück, als Marihuana, Kokain und Morphin in den Bordellen, Flüsterkneipen und Bars von New Orleans, Chicago und New York zum erstenmal Bekannt-schaft mit dem Jazz machten. Jede Musik hat ihre spezielle Droge: Bebop-Jazz und Heroin, Rock 'n' Roll und Amphetamine, Psychedelik und LSD, Reggae und Cannabis gehören eng zusammen. Diese Drogen hatten ohne Zweifel auch stets einen entscheidenden Einfluß auf die kreativen Prozesse in der Popmusik.
Die aktualisierte und erweiterte Neuauflage geht auch auf die Rolle von Ecstasy in der Rave-Kultur sowie auf die Verbindung zwischen HipHop und Crack ein und schreibt so die Drogenchronik des Rock 'n' Roll bis zur Mitte der 90er fort.

„In den neunziger Jahren kamen Ecstasy und die Rave-Kultur. Die Geschichte hatte eine Fortsetzung bekommen, die endlich geschrieben werden mußte. *Sky High* ist die längst fällige Neuauflage.“

Harry Shapiro

Broschur, 300 Seiten, 20 S/W-Fotos, 1998 aktualisierte und erweiterte Neuauflage

ISBN 3-85445-148-2

David Toop

Ocean of Sound

Klang, Geräusch, Stille

Sun Ra, Brian Eno, Kraftwerk, Lee Perry, Kate Bush, Aphex Twin, Ryuichi Sakamoto und Brian Wilson kommen in diesem außerordentlichen Buch zu Wort. Toop begibt sich auf musikethnologische Streifzüge zu Pygmäen und ins alte und neue Japan, zu den „Instrumenten der Finsternis“ von Claude Lévi-Strauss und zu endlosen Zeremonien in balinesischen Tropennächten. Dieses Buch beschreibt die Geschichte des Klangs und des Geräusches in diesem Jahrhundert auf Reisen vom brasilianischen Regenwald ins virtuelle Las Vegas und in das Traumhaus von David Lynch in den Hollywood Hills, von der Begegnung Claude Debussys mit javanischer Musik im Jahr 1889 bis zu allerneuester Soundtechnologie im Tokio des ausgehenden 20. Jahrhunderts.

Broschur, 320 Seiten, Diskographie
ISBN 3-85445-139-3

„Ocean of Sounds ehrgeiziges Anliegen, ein so breitgefächertes Thema aufzuarbeiten, wurde aufregend umgesetzt ... Dabei ist ein Buch herausgekommen, das wie kein anderes erläutern kann, wie die Menschen heute Musik hören und machen.“
John Savage

„David Toop hat die geheime Datenbank der Welt der B-Boys, Planet Rockers und HipHoppers geknackt ... dafür gebührt ihm höchstes Lob.“
Record Mirror

David Toop

Rap Attack

African Jive bis Global HipHop

Broschur, 256 Seiten mit über 200 S/W-Fotos
ISBN 3-85445-076-1

Andrea Juno

Angry Women

Die weibliche Seite der Avantgarde

Die amerikanische Journalistin Andrea Juno hat in diesem Buch zwölf Gespräche mit solchen Aktivistinnen aufgezeichnet, die durch ihre Arbeit in Film, Musik, Literatur oder Performance in tabubrechende Zonen vorgedrungen sind. Es kommen die unterschiedlichsten Modelle aktivistischer Positionen zur Sprache – dabei spielt vor allem die Wiedereroberung des eigenen Sex eine große Rolle, und der weibliche Körper wird vom Objekt männlicher Lust in eine kraftvolle Waffe und in ein künstlerisches Ausdrucksmittel verwandelt. Die Auswahl führt von den Pionierfrauen des Rock, hier vertreten durch Chrissie Hynde und Joan Jett, bis zu den Riot Grrrls, Kathleen Hanna (Bikini Kill) oder Valerie Agnew von 7 Year Bitch.

Beiträge und Interviews mit: Kathy Acker, Valerie Agnew, Valie Export, Diamanda Galás, Kathleen Hanna, Chrissie Hynde, Jarboe, Joan Jett, Lois Maffeo, Linda Montano, Lydia Lunch, Annie Sprinkle, Tribe 8.

Broschur, Großformat, 280 Seiten, mit 150 S/W-Fotos durchgehend illustriert, Diskographie, Anhang mit Kurzbiographien und Porträtfotos der Künstlerinnen ISBN 3-85445-134-2

Michael Azerrad

Nirvana

Come As You Are – Die wahre Kurt-Cobain-Story

Kurt Cobain, der „Kronprinz der Generation X" *(Newsweek)*, erschoß sich am 8. April 1994 in seinem Haus in Seattle – wenige Monate zuvor hatte er dort gemeinsam mit Autor Michael Azerrad die Arbeit an dieser einzigen autorisierten Nirvana-Biographie beendet. Das Ergebnis sind achtzehn Kapitel voller persönlicher Details – kaputte Familienverhältnisse, Punk, Rock-Ethos, Depressionen und Drogen werden ebenso behandelt wie die gesellschaftlichen Umstände, die das Phänomen Nirvana begünstigten. In schonungsloser Ehrlichkeit erzählt Kurt Cobain über sein Leben, von der freudlosen Jugend in einer Kleinstadt, seinen emotionalen Verletzungen und physischen Leiden bis zu der Betäubung mit Drogen und dem zornigen Weltschmerz in seiner Musik, der ihn innerhalb nur weniger Jahre in die ungewollte Rolle eines Kulthelden katapultierte.

„Eine faszinierende Story, die vor dem tatsächlichen Selbstmord Ursachenforschung betreibt."

ME/Sounds

Broschur, 381 Seiten, 90 S/W-Abbildungen, Diskographie

ISBN 3-85445-099-0